CB060276

MONDO MASSARI

ENTREVISTAS, RESENHAS, DIVAGAÇÕES & ETC

Fabio Massari

EDIÇÕES ideal

Copyright © 2013, Fabio Massari

Copyright desta edição © 2013, Edições Ideal

Editor: Marcelo Viegas

Projeto gráfico, diagramação e capa: Guilherme Theodoro

Fotos: Marcelo Ribeiro

Revisão: Mário Gonçalino

Transcrição de entrevistas do ETC: José Julio do Espirito Santo

Diretor de Marketing: Felipe Gasnier

Agradecimentos: Felipe Hirsch, Pablo Miyazawa & Rolling Stone Brasil

CATALOGAÇÃO NA PUBLICAÇÃO
Bibliotecária: Fernanda Pinheiro de S. Landin CRB-7: 6304

M414m

Massari, Fabio, 1964-
   Mondo Massari : entrevistas, resenhas, divagações & ETC / Fabio Massari. - São Paulo: Edições Ideal, 2013.
   476 p. : 23 cm

   ISBN 978-85-62885-16-7

   1. Mondo Massari (Programa de televisão). 2. Jornalismo - Música. 3. Entrevistas. 4. Televisão (programas musicais). I. Título.

CDD: 791.45

16.10.13

EDIÇÕES IDEAL

Rua João Pessoa, 327

São Bernardo do Campo/SP

CEP: 09715-000

Tel: 11 4941-6669

Site: www.edicoesideal.com

*"I'm gonna do one song for you,
but I'm gonna do it good"*

(Neil Diamond & The Band)

SUMÁRIO

Prefácio _____ 8

Mondo Massari
    Introdução _____ 14

    MTV Brasil
    John Cale _____ 21
    Marianne Faithfull _____ 22
    Karlheinz Stockhausen _____ 22
    Control Machete _____ 23
    Molotov _____ 25
    Illya Kuryaki and the Valderramas _____ 26
    Fun People _____ 28

    Rolling Stone
    Resenhas _____ 30
    The Police _____ 56

    Yahoo! Brasil
    Debute _____ 61
    Roky Erickson _____ 64
    The Kissaway Trail _____ 68
    Plants and Animals _____ 72
    Band of Horses _____ 74
    Milocovik _____ 75
    Elephant9 _____ 78
    A-Z _____ 80
    Mark Lanegan _____ 83
    Tramplini _____ 88
    Tom Waits _____ 91
    Seven That Spells _____ 94
    Ozric Tentacles _____ 97
    Shining _____ 98
    Nina Hagen, 22 de Janeiro de 1985 _____ 101
    The Blood of Heroes _____ 105
    Drink To Me _____ 107
    7 Polegadas _____ 109
    The Church _____ 112
    Murmansk _____ 115
    Safra 2010 _____ 119
    Coletânea Nacional _____ 121

White Moth + Ponto Final	124
Um Depeche Entre Nós (Alan Wilder)	127
Brian Eno	130
Areia Nos Dentes	132
Fitas Fantásticas	136
Tem Quem Chame De Jazz	140
Zappa 70	144
Joshua Hoffine: Fotógrafo de Horror	147
Vinheta	150
Mick Karn e Trish Keenan: Tributo	151
Amplifier e o Novo Prog Inglês	154
Rock Raro e Colecionável	157
Um pouco de Grammy e o Kaoll	160
We Want Moore	164
The Italian Job	168
Os Young Gods da Suíça	173
Outros Carnavais	176
Mário Bortolotto	179
Pop. 1280 e Effi Briest	182
Queen, 20 de Março de 1981	184
Festa Belga	187

ETC

Introdução	194
Maquinado	200
Jack & Fancy	210
Marco Butcher & Steve (Black Mekon)	220
Cérebro Eletrônico	228
Firefriend	236
Violeta de Outono	242
Holger	252
Mamelo Sound System	258
Madensuyu	268
Jonathan Richman	282
The Dirty Skirts	290
The Parlotones	298
The River Phoenix	304
Needlepoint	318
Mão Morta	326
The Mars Volta	334
Yo La Tengo	340
Cavalera Conspiracy	346
The Vibrators	352
Blood Red Shoes	360
Gang of Four	366
Glen Matlock (Sex Pistols)	376
Television	380
Jon Spencer Blues Explosion	392
The Pains of Being Pure at Heart	398
Faust	408
The Kills	420
X	430
Bigbang	440
The Bellrays	450
Zola Jesus	456
Pink Industry	462

PREFÁCIO

P

Poucos foram os grandes teóricos da música pop. Também podemos contar nos dedos dos pés e das mãos os grandes jornalistas. E se um deles for um brasileiro? Você vai desconfiar? E se esse cara não limitou sua magnitude pop ao que você imagina do gênero e, pelo contrário, abriu mais e mais sua cabeça com tiros longos, jogando o osso lá na frente para você buscar na casa do X? Na casa do Faust? Na Islândia?

Greil Marcus e seu histórico *Mystery Train*, ou seu fascinante *Lipstick Traces*, sobre os Sex Pistols e os dadaístas, sobre os internacionais situacionistas e os libertinos, sobre a vanguarda e os revolucionários hereges medievais, não esperava que no sul do cu do mundo, brilhasse a cabeça de Fabio Massari e seu Mondo. Fabuloso, vai de Jonathan Richman até Stockhausen, passando por John Cale e Marianne Faithfull. Estou falando dos grandes e Massari, para mim, é um dos grandes, sem nenhuma concessão. Lester Bangs é outro. Mas ele morreu muito novo, aos 33 anos. Foi um dos heróis da Rolling Stone. Nick Kent, discípulo de Bangs, escreve desde 1972, como resultado de sua paixão por Truman Capote e Hunter Thompson. Segundo Kent, não há mais ensaístas que o interessem. Ele não leu a metralhadora Massari.

E é só com o acompanhamento desses caras que somos capazes de analisar obras em progresso. Tenho lido muito a *Wire* nos últimos vinte anos. Ela foi uma boa companheira quando decidi me aventurar pelos caminhos que me levaram até Die Like a Dog Quartet, Julius Eastman, The Last Poets, Sun Ra, Bernard Parmegiani, Laurie Spiegel, Mark Stewart e tentar entender mais Cecil Taylor.

É claro que uma cultura como essa, específica, isolada do senso geral, só atinge alvos marginais. Eu cresci assim, ouvindo música no meu quarto. Meus amigos também. Morrissey ouvia música no seu quarto em Hulme quando mandou uma carta, sobre os New York Dolls, para a redação da *NME*. Quando isso acontece em cidades pequenas, menos dispersas, a dependência se torna ainda maior. Rodávamos a cidade em busca de um vinil de 180 gramas qualquer. Quando me deparei com *Get Happy!!* do Elvis Costello, hiper-ventilei, meus pés formigaram, minhas mãos tremeram, meu coração quis fugir pela boca e anunciar que estava eternamente apaixonado. Desde então, tenho até relativo interesse pelo resto do mundo, mas o que há de integral em mim é minha paixão pela música.

O ato de escrever começou três mil anos antes de Cristo. E as primeiras formas de escrita foram as listas. Elas ainda servem aos nossos planos e iPods. Da mesma maneira que serviam às fitas gravadas e aos CDRs. Da mesma forma que servirão a qualquer evolução tecnológica futura. Porque o sentido não está na forma. Está no conteúdo amoroso da música. É uma necessidade fundamental dividir canções. É um ato afetuoso. Leonard Cohen disse: "As coisas vão se mover rapidamente em todas as direções, você não será capaz de mensurar mais nada." Livros como este do Massari são as âncoras que nos permitem navegar para longe e voltar. Ver o novo, ouvir o novo e voltar. Voltar para ouvir de novo. Sempre será tempo de ouvir Television.

Isso, tenho certeza, gera delicadeza. Massari divide suas paixões aqui. Honra seu espaço. É generoso. Um livro como este ajudará a lapidar seu mundo com repertórios mais complexos e sofisticados. Despertará a sua curiosidade. Hoje, temos as ferramentas que nos projetam no mundo. Não existem mais desculpas que justifiquem o desconhecimento. Só o autêntico desinteresse.

A música nos ajuda. Ela é a arte com o menor tempo de mediação intelectual. Mesmo a bela dodecafonia de Schoenberg não consegue afastá-la de nós. Acredite, podemos ouvi-la como ouvimos *Fun House* dos Stooges. E podemos ouvi-los como ouvimos Nelson Cavaquinho. Assim como podemos ler Thomas Pynchon (um grande amante da música pop) ou Kierkegaard (um grande amante) e listas de almanaques musicais. As únicas fronteiras são as que nós mesmos levantamos. Superar nossa própria defesa é o plano mais saudável.

Fabio Massari está na frente dessa batalha.

Aqui de Berlim, perto do Hansa Studio da trilogia de Bowie.
Felipe Hirsch

MONDO MASSARI

INTRODUÇÃO
MONDO MASSARI

O projeto Mondo Massari surgiu em meados de 1999, como programa semanal da MTV Brasil.

& surgiu na Islândia – concepção à sombra dos vulcões, no embalo das minhas investigações sônico-discográficas pelas quebradas geladas da terra do Purrkur Pillnikk.

Em Reykjavík recebo curioso telefonema da chefia.

Do Sumaré, o recado: se possível dê uma enxugada nessa trip & pense em alguma coisa para a volta.

Autoral, com assinatura.

Com algo da genética-Lado B em sua estrutura, a ideia era fazer um programa, com o perdão do clichê, de viagens musicais.

Videoclípicas.

Roteiros macrocósmicos que nos revelassem, a cada escala, um mundão de bons sons praticamente clamando por sua descoberta.

Não exatamente um programa de world music.

Nem parcialmente. Queríamos póspunk temperado daqui & triphops esquisitos & exóticos de lá.

& afins do tipo Mondo (isso veio direto do Lado B como herança de certo tratamento corporativo: na dúvida do que fazer com determinado artista, Mondo nele).

As grandes gravadoras poderiam ajudar (catálogos repletos de artistas encostados por falta de "motivo" para serem trabalhados) & os canais-irmãos liberariam na boa seu precioso material (que conhecíamos através de cultuadas fitas VHS demonstrativas de circulação interna restrita vindas da Rússia, India, Itália, Japão...); a "jovem" internet poderia dar uma forcinha na pesquisa & com alguns contatos; por falar nela, o departamento de marketing garantia algo inédito, revolucionário: transmissão simultânea do Mondo pela rede Mundial de computadores, imagina?; tudo isso a bordo do mais espetacular dos cenários televisivos das últimas décadas, em projeto de Muti Randolph: o fantástico cenário helicoidal tríptico giratório Mondo psicodélico!

Salvo raras exceções genuinamente interessadas, as gravadoras ignoraram & nossas colegas internacionais, sem surpresas & sendo otimista, se interessaram bem pouco; no dia da estreia, embora o correto fosse dizer na hora da estreia, a fanfarra marqueteira derrubou a transmissão pela net; & nosso glorioso cenário não foi executado em todo seu esplendor: só podíamos usar 2 dos 3 ambientes &, claro, um de cada vez.

Nada que abalasse a destemida, veterana equipe, dirigida pelo comparsa de várias batalhas internas Daniel Benevides.

À meia-noite do dia 22 de outubro de 1999, entrávamos no ar com o primeiro programa Mondo Massari, no ritmo cortante de "Revolution Action", dos chapas de encontros prévios (no sombrio parquinho de diversões próximo à emissora – outra história) Atari Teenage Riot.

[nesse programa de estréia, além do ATR compareceram os conterrâneos Einstürzende Neubauten & mais Air, The Chills, Spinetta Y Los Socios Del Desierto & Zappa]

Nesse limiar de uma nova era digital, realmente acreditávamos na importância, na validade de um programa de videoclipes &, principalmente, gostávamos muito da exploração.

Da Música.

Ao longo de cinquenta & tantas sextas-feiras, até dezembro de 2000, nos divertimos a valer com nossas estranhas programações (uma ou outra irregularidade para poder partilhar material precioso pontual, nada muito grave) & articulações, divagações, realizações estético-televisivas.

Divertido demais.

Que milagres da televisão uma bola de basquete no formato mapamundi pode operar!

Essencialmente um programa de vídeos, também recebemos nossa meia-dúzia de ilustres convidados para bate-papos descontraídos no charmoso espaço do hall de espelhos.

Em alguns casos, fizemos uso da cláusula Mondo & decretamos que alguns artistas simplesmente tinham que estar no programa – uma coisa filosófica ou espiritual; ou capricho mesmo.

Marianne Faithfull & John Cale são os digníssimos representantes dessa categoria: ouvir da cultuda, mítica autora de Broken English que por ela passaria o dia conosco, fez a alegria de muitos durante um bom tempo; & a tranquilidade, o tom sereno do intenso galês John Davies Cale também se fez notar em entrevista conduzida à beira de um palco da vida.

A missão Karlheinz Stockhausen foi tipo truque retroativo: atuação por empréstimo, em parceria póstuma com o programa-irmão Amp., já que o Mondo não existia mais.

Para nossa sorte, curiosamente no breve período de existência do programa, fomos visitados por uma sequência de bandas latinas para esparsas apresentações em território nacional – algumas pontuais demais para serem notadas.

O México teve representação de gala no programa: a artilharia pesada do trio hiphopper Control Machete passou pelo estúdio já com aura de predileta da casa & os simpáticos & igualmente cascudos (com groove) Molotov chegaram com a moral de quem já colocava as mangas tatuadas de fora no mercadão internacional.

A dupla argentina Illya Kuryaky and the Valderramas, de Dante Spinetta & Emmanuel Horvilleur, esbanjou simpatia & tirou de letra as recorrentes perguntas (antes, durante & depois) do apresentador a cerca do pai de Dante, o inesquecível & mui saudoso Luis Alberto Spinetta, El Flaco!

E a instituição do hardcore latino Fun People, do heróico Nekro, nos brindou com participação histórica – trocando altas ideias, escolhendo os sons & desempenhando ao vivo pepitas de seu precioso – emotivo & visceral – repertório.

Quando a casa decidiu não dar continuidade ao programa, ficou de cara uma sensação boa de missão cumprida – dentro das possibilidades, a mais divertida & deliciosamente estranha das trips.

[Missão que de alguma maneira continuou, através de 2 desdobramentos formais de mesmo espírito viajandão: na revista Rolling Stone & no portal Yahoo! Brasil, protótipos de roteiros - com certa preferência pelos caminhos estranhos, eventualmente improváveis - a sugerir diversão, prazer &, quem sabe, propor algum tipo de revelação por conta das maravilhas, das surpresas que se espalham pela galáxia da boa Música.]

O que não teria sido de um programa assim alguns anos depois, com a internet alterando geral nossas estruturas de comunicação? Daqui do futuro dá para dizer, sem muito erro, que alguns anos depois um programa como esse simplesmente não teria existido.

Fabio Massari
Vesúvio, SP
Outubro de 2013

MTV BRASIL
MONDO MASSARI
AMOSTRAS DE ENTREVISTAS

Entrevista John Cale (16.12.99)

Como você descreveria as performances que fez nos anos 70, quando era chamado de "mentor do punk" por causa da intensidade, violência dessas apresentações? Como você explicaria para quem não estava lá?
John Cale Tudo que precisam saber é que eu estava fora de controle.
A idéia era chocar as pessoas? Por isso ligaram você ao punk? Qual a diferença entre a sua atitude e o punk que surgiu um pouco mais tarde?
JC Em parte era uma reação ao punk. As cabeças de galinhas...
Então é verdade?
JC Era uma reação às cusparadas e ao "slam dancin'" que rolava. Também era para chocar a mim mesmo, para não tocar a mesma coisa toda noite.
É verdade que tem fitas do Theater of Eternal Music com trabalhos pré Velvet Underground que não quer que ninguém ouça?
JC LaMonte não queria que nós tivéssemos cópias dessas fitas, mas felizmente eu consegui algumas.
Que tipo de experiência foi essa? Que tipo de performances eram?
JC A gente mantinha um acorde durante uma hora e meia. As pessoas saíam do teatro tendo vivido uma experiência. Se perguntavam: "Quem tocou trompete nessa parte ou naquela?" Era realmente muito experimental [Risos].

Entrevista Marianne Faithfull (21.01.00)

A cada ano que passa temos mais e mais mulheres no rock, autoras incríveis, grupos de garotas da pesada... e parece que é sempre a mesma discussão sobre inclusão, preconceito. O que você acha disso tudo? Você identifica algum tipo de influência sua, algum tipo de herança?
Marianne Faithfull Não. A única pessoas que eu entendo é alguém como a Sinead. Acho que ela tem uma ligação direta comigo. Não vejo nenhuma relação do meu trabalho e minha vida com as Spice Girls por exemplo.
Talvez quando algumas delas falam que foram influenciadas por você, pela atitude e coisas assim...
MF Elas na verdade não falam bem isso. A única... A Courtney fala isso. Eu sei que a Courtney e o Kurt gostavam do meu álbum *Strange Weather* e isso me faz sentir bem orgulhosa.

Entrevista Stockhausen (Mondo Massari session para Programa AMP 19.07.01)

Karlheinz Stockhausen *Talvez eu tenha sido o primeiro a samplear músicas. Você lançou os seus estudos eletrônicos no começo dos anos 50. Hoje em dia nem conseguimos imaginar como era a tecnologia naquela época... Como era o estudo? Era preciso ser mais cientista do que músico para trabalhar com a eletrônica?*
KS Comecei a estudar música no Conservatório de Colônia [Alemanha] como pianista e como mandava a tradição, cantei no coral etc. Mas me interessava muito por ciência atômica e genética. Descobri que meus professores não sabiam nada sobre a qualidade acústica dos sons. E isso me perturbou imensamente. Me envolvi com a fonética, que é a transcrição de dialetos de línguas que eu desconhecia. E acabei compondo uma peça muito estranha. Gravei sons usando um piano preparado. Usei só o início da fita de cada um desses sons, juntei todos

os trechos e sobrepus alguns. Hoje em dia, parece uma carruagem do século 18 passando por cima de pedras.

Você também foi professor e ensinou muita gente. Muitos ainda lembram de você. Especialmente as bandas alemãs dos anos 60, tipo Can e Faust. Qual a sua relação com esse pessoal e que tipo de aula você ministrava?

KS Nos EUA, o Grateful Dead e o Jefferson Airplane... As bandas se interessavam pelo meu trabalho. Os Beatles também. John Lennon me ligou uma vez. Eles queriam fazer um show comigo em Londres. Eu estava disposto, mas os Beatles estavam acabando.

Que tipo de professor era?

KS Eu analisava meu trabalho e descrevia como era feito, em especial a música eletrônica, e os alunos se interessavam por aquilo e desenvolviam seu próprio estilo. Tinha de ser música popular. Todavia, com seu próprio estilo, eles adaptaram a minha curiosidade à técnica, em muitos casos, para fazer um novo som.

Entrevista Control Machete (13.01.00)

Gostaria que vocês contassem um pouco da história do grupo, quanto tempo juntos, onde surgiu...

Fermín IV Estamos há um bom tempo juntos, desde 1995, quando nos juntamos para fazer o Control Machete. Vínhamos tocando com outras bandas, cada um de nós tinha bandas diferentes. Começamos fazendo rap, o Toño fazia "beatbox" e mostrou pra mim e pro Pato. Aí começamos a fazer rap com isso e, aos poucos, a compor músicas. Em 1996 lançamos o primeiro álbum, *Mucho Barato*.

Esse é o melhor momento pro rock mexicano em geral? A gente não se lembra de nos anos 80 bandas mexicanas fazerem sucesso e hoje em dia a gente tem Café Tacuba em capa de revista, Molotov vende mais de um milhão de discos... Esse é o grande momento da cena mexicana?

Antonio Toy Acho que sim. Em determinada época a cena argentina foi muito forte internacionalmente, quando surgiram muitas bandas. A cena na Espanha também foi forte. Acho que agora o México se desenvolveu e se expandiu. Mas eu tenho certeza que é algo que vai ocorrer em outros lugares. Acabamos de tocar na Colômbia, num festival importante, Rock Al Parque, onde tocamos para mais de 100 mil pessoas e encontramos uma cena local muito interessante. Muitas bandas underground prontas para estourarem. Fora o Aterciopelados e as bandas que já fazem sucesso por lá. É importante que cada país está desenvolvendo sua música até chegar o momento de estourar lá fora.

E questão da língua? Nós, brasileiros, ficamos um pouco de fora porque falamos outra língua. Vocês conseguem notar a diferença da cena argentina, a respeito da língua, gírias...?

FIV É o espanhol. Em toda América Latina a língua que nos une é o castelhano. Mas cada país tem suas gírias e modismos. Algumas palavras que não significam nada no México, tem um significado na Argentina e vice-versa. Mas a gente se entende.

O que podemos esperar do Control Machete para o ano 2000?

AT Acho que muitas coisas. Especialmente este álbum [Artillería Pesada, presenta...], que é o começo da Artillería Pesada como um grande projeto. Artillería Pesada é um centro cultural e de comunicação, onde há colaboração de muitas pessoas e se fazem muitas coisas. Entre elas, discos, bandas, um selo independente, fanzines, programas de rádio, talvez fazer televisão... A intenção é essa, expandir e ter contato com as pessoas que querem fazer esse tipo de projeto crescer. Há muitos projetos. Queremos lançar um álbum de hip hop com a nossa banda Artillería Pesada. E, ao mesmo tempo, apoiar outros projetos. Em Monterrey [México] novas bandas estão surgindo e lançando álbuns. E elas precisam de ajuda. O mais interessante de vir pra cá e conhecer pessoas, é que através de um e-mail ou um telefonema podemos mandar novos trabalhos. O Control Machete não foi lançado aqui no Brasil, por exemplo. O novo álbum será lançado só no início do ano 2000. Mas o interessante é que muita gente já nos conhece, como também é interessante que no México conheçam Ratos de Porão, que é uma banda que não foi lançada lá. E que o underground continue e cruze fronteiras com respeito, sabendo o que está acontecendo.

Cruzar a fronteira com respeito e saber o que está acontecendo. Control Machete, muito obrigado.

CM Obrigado a todos e um abraço aos irmãos brasileiros.

Entrevista Molotov (10.02.00)

Molotov! Bem-vindos ao programa.
Paco Olá, obrigado. Sou o Paco.
Randy Sou o Randy.
Estão cansados? Precisam de férias?
P Sim, estamos precisando. Fizemos três anos de turnê por todos os lados. É preciso descansar para que a cabeça volte a funcionar e trabalhar mais em músicas novas.
Por quantos países vocês passaram?
R Mais de 2 e menos de 50.
P Na América Latina o único país que não fomos foi o Brasil e agora tivemos a oportunidade de vir. Estivemos nos EUA, na Europa...
Vamos falar um pouco agora de vídeos, algumas historinhas, temos Plastilina Mosh, Control Machete... Tem alguma coisa para contar sobre essas bandas?
P Bom, são bandas que começaram junto com o Molotov, há 3 ou 4 anos, uma nova proposta musical, uma nova geração musical que saiu do México, do norte e do Distrito Federal. São propostas diferentes, sonoridade nova, pensamento novo.
Você diria que esse é o melhor momento para a cena mexicana? Anos 90 e agora entrando nos anos 2000, várias bandas fazendo sucesso...
P Sim, além do mais, são bandas que podem ir à América Latina e não mais só a América Latina indo ao México.
Queremos falar da conexão com o nosso amigo brasileiro Mario Caldato Jr.

P Sim, isto foi um sonho realizado. Ele produziu nosso disco. A gente gosta muito de Beastie Boys e muitas outras bandas, e na hora de pensar em um produtor para esse novo disco, pensamos no Mario.

Como é vender mais de um milhão de discos, foi uma surpresa pra vocês? Por terem vendido muito, existe alguma pressão? Falem um pouco sobre o fato de serem uma grande banda agora.

R É muito estranho porque quando o disco saiu no México, muitas lojas vetaram, censuraram. A gente saiu para vender na rua e foi muito mais difícil para as pessoas aceitarem do que em outros lugares como aqui na América do Sul e na Europa.

Com o crescimento da banda, existe alguma pressão para vocês gravarem só em inglês?

R Sim. Tem uma proposta que chegou de uma gravadora dos Estados Unidos para fazermos um disco de oito músicas velhas traduzidas e adaptadas para o inglês, e oito músicas novas, que já estamos compondo.

Muito obrigado, voltem sempre ao Brasil para férias também...

P Sim, tomara. Estamos sempre prontos para tocar, tirar férias... música todos os dias. Obrigado.

Entrevista Illya Kuryaki and the Valderramas (24.02.00)

Convidados muito especiais diretamente da Argentina, nossos sócios de carteirinha, um clássico aqui da casa, Illya Kuryaki and the Valderramas. Bem-vindos, segunda vez no Brasil?

Emmanuel Sim, a primeira foi em Porto Alegre, no festival Tordesilhas, com Skank, Aterciopelados da Colômbia...

Boas recordações?

Dante Sim, muito boas recordações. Sempre tivemos muita afinidade com a música antiga do Brasil, como Djavan, que nossos pais escutavam. Sempre nos interessou muito a idéia de vir tocar aqui.

Estão muito próximos, mas também distantes por causa da língua?
D É claro que dificulta um pouco, mas esperamos justamente que isso mude, que comecemos a ter mais relação, porque me parece que ambas as partes têm muita coisa para mostrar e compartilhar.
E [Na Argentina] existe uma grande elite que escuta música brasileira, que consome Caetano, Milton, Djavan, Ed Motta e Marisa Monte. Também tem aqueles que escutam Sepultura, Ratos de Porão.
Vamos falar de Leche agora, o mais recente trabalho de Illya Kuryaki and the Valderramas. Leche, produzido na Argentina e nos EUA, por Bootsy Collins, como aconteceu?
D Bootsy foi uma experiência muito mística. Gravamos quase todo o disco em Buenos Aires, depois fomos até Ohio, porque Bootsy cantou e tocou em uma faixa, nos ajudou a compor a letra inclusive, dessa faixa chamada "DJ Droga". E foi uma experiência... a casa é como uma espécie de museu, na entrada tinham fotos com George Clinton, com toda a galera do Funkadelic... E ficamos ali uns dias com a família dele, nos tratou como família mesmo.
Vocês que escolheram Bootsy? Por que?
E O disco estava ficando similar com o que Bootsy está fazendo agora. Por outro lado, quando alguém ouve a palavra "funk" pensa nos anos 70, [então] acho que o Bootsy ou o Prince são pessoas que mantêm o funk vivo e atualizado. Por isso, este disco queríamos que soasse funk, mas um funk de agora.
Quais são os planos para o futuro? Turnês, trabalhar outro disco, férias...
D Amanhã temos um teste para sermos paquitos da Xuxa. Você se deu conta que aconteceu uma mudança na vida dela e ela vai colocar homens mais velhos, na faixa de 25, 30 anos. Se quiser, vamos todos juntos no teste.
Perfeitamente. Muito obrigado, voltem sempre.

Entrevista Fun People (30.11.00)

Uma biografia rápida da banda. Quanto tempo juntos, quantos discos?
Boom Boom Kid A banda começou em 1989, fizemos quatro álbuns, o primeiro se chama *Anesthesia*, o segundo se chama *Kum Kum*, o outro se chama *Toda niño sensible sabrá de que estamos hablando*, e agora o último [*The Art(e) of Romance*] que foi lançado pela Highlight aqui no Brasil. Bom, muitas turnês pela Europa, EUA, Bolívia, Paraguai, Chile, Uruguai, Brasil. Muita troca de formação, atualmente o único membro original sou eu; agora estamos com Buco, que é um amigo, tocando guitarra. Agora vamos lançar mais um álbum na Argentina [*Angustia no, no*] e possivelmente será lançado aqui no Brasil. Depois a banda vai parar por um momento...

Eu ouvi que a banda iria parar. É o fim da banda ou só férias?
BBK Não, não, estamos tocando por quatro anos sem parar, fazendo turnês e tudo isso. Eu quero fazer outro tipo de música, começar um projeto solo também. Vamos parar um pouco o acelerador...

The Art(e) Of Romance. Vamos falar um pouco desse disco, gravado na América com Steve Albini. Como foi, por que Albini?
BBK Um amigo é amigo da mulher dele e perguntaram por que não íamos gravar lá no estúdio. Já sabíamos quem ele era, mas não tanto, ou seja, não havíamos escutado um disco e identificado que era dele, sabe? Era mais barato viajar para os EUA, fazer uma turnê e gravar com ele, do que gravar na Argentina. Nem pensamos, fomos para lá e fizemos tudo em quatro ou cinco dias.

Dizem que não é muito fácil de trabalhar com ele... O que vocês esperam de um produtor?
BBK Nunca fizemos um disco com produtor, ou seja, Steve Albini gravou, se ele tivesse produzido o álbum, não sei como seria, mas ele só tinha quatro dias livres em todo ano e disse: "se querem vir fazer, fazemos agora". E nos cobrou muito barato.

É verdade que o Jimmy Page e Robert Plant estavam gravando ali perto?
BBK Não, o que aconteceu foi que a comida de Jimmy Page e Robert Plant

estava na geladeira e ele falou: "se quiserem comer, podem comer". Estava escrito "Jimmy Page food" e "Robert Plant food". E aí, bom, comemos.
Vocês ouviram bastante coisa argentina? A Argentina é um país que tem a tradição forte do rock'n'roll desde Almendra, anos 60...
BBK Sim, mas eu acho que o Brasil é mais rock que a Argentina. Aqui você pode ir numa loja de discos e encontrar muita coisa, não sei se vocês concordam com isso. Na Argentina é muito difícil conseguir. Na verdade, não sei se mais rock, mas um ouvido mais fino.
Você acha que é muito importante para as bandas hoje trabalharem com a internet?
Buco Sim, se faz muita coisa por email, mensagem rápida, que chega em seguida.
BBK As turnês dos EUA e Europa fechamos por email. A Highlight também, para vir pra cá. Email é mais barato e mais rápido. Mas eu prefiro receber uma carta, é mais romântico.

ROLLING STONE
MONDO MASSARI

[colunas mensais publicadas originalmente na revista Rolling Stone Brasil, entre agosto de 2008 e abril de 2010]

À guisa de epígrafe, um coquetel com os títulos embolachados mais consumidos no período de elaboração da coluna de debute:

[destilado texano com denominação de origem controlada e garantida, acentuada acidez]

Directions To See a Ghost (Light In The Attic Recs), segundo registro em longa duração dos **Black Angels**, sexteto de Austin capitaneado pelo polivalente Alex Maas (voz, baixo, cítara e teclados). Rockão combativo e viajante, tributário explícito dos seminais conterrâneos 13th Floor Elevators – a capa é emulação do clássico de 66 *The Psychedelic Sounds Of...*, debute da mítica banda de Roky Erickson, mas bem que poderia ter uma bandeira americana naquela tradição de MC5 e Jefferson Airplane.

[elixir inebriante de blues minimalista e gospel explosivo]

Guilty Guilty Guilty (Mute Recs), mais um ao vivo da inimitável e cada vez mais assustadora **Diamanda Galás**. Ela, o piano sendo habilidosa e lascivamente tratado e aquela Voz. Momentos de beleza sublime na reelaboração de certas tradições gospel/blueseiras e os habituais mergulhos no inferno mais infernal... pode até ser o menos hermético da "cantora" americana, mas fica evidente sua falta de limites no trato com o instrumento: aquela Voz! Gravado em boa parte de seus 40 minutos numa noite de "Valentine's Day Massacre" autoral, no Knitting Factory de NY.

[especiaria local de sabor autêntico e contagiante]

Punx (Diginóis/Urban Jungle), bolachinha em estado da arte do trompetista & manipulador válvulo-digital Guilherme Mendonça e seu **Guizado**. Com cidadãos instigados em cena. Intoxicante híbrido parajazzístico de iluminações eletrônicas, suíngue danado de bom trilhando o caótico panorama urbano da São Paulo universal, com a inequívoca pegada de um certo rock visceral. Com arte de MZK. Valia muito uma edição em vinil.

(Com a morte decretada dos discos como os conhecíamos, qual a sorte das listas de virada de ano? Driblando estatísticas, acreditando nas percepções ainda palpáveis, faça como muitos: várias listas de lançamentos legais ao longo do período, para ser bem justo na hora de fechar o balanço! As bolachinhas – e bolachas e bolachetes e bolachões - estão por aí circulando, em órbitas caóticas.)

Russian Circles - *Station* (Suicide Squeeze)
Quem já garantiu espaço na minha lista definitiva foi a dupla Russian Circles, de Chicago. E olha que eles representam a polêmica categoria do "rock instrumental"! Esqueça porém daquelas estranhas combinações de metal com instrumental e tente não pensar em matemática ao considerar a banda do versátil guitarrista Mike Sullivan e do baterista Dave Turncrantz. Eles são bem mais legais do que isso.

Gravado em Seattle, com a produção de Matt Bayles (Mastodon, Isis) e com a participação do baixista cabuloso Brian Cook (ex-Botch e atual These Arms Are Snakes), *Station*, o segundo álbum da dupla, é um pequeno clássico do gênero. Belo, pesado e transcendente.

Por conta dos óbvios limites dessa praia sônica, fica fácil de colocar a banda junto das outras colegas "instrumentais". Mas, graças a *Station*, é possível perceber que nem o gênero é tão limitado assim e que os Russian Circles foram/são capazes de explorar com maestria outras ideias, dinâmicas e dimensões. "Campaign" poderia estar numa abertura de disco do Sigur Rós; "Xavii" tem mais a ver com as tramas dos colegas... líricos, tipo Explosions in the Sky e This Will Destroy You; "Harper Lewis" é um superprog mântrico, quase um Porcupine Tree sem vocal; e "Youngblood" é a minha música predileta do ano até aqui: pensei em dizer que era para imaginar o Black Sabbath (ou o melhor Metallica!) refazendo seu Mogwai (ou Tortoise!) predileto, mas acho que vou deixar quieto (dentre os similares, a combinação mais direta talvez fosse a dos conterrâneos do Pelican com os ingleses do 65daysofstatic).

O Russian Circles oferece, com a encantadora rifferama de *Station*, uma das mais contundentes trilhas sonoras para um possível filme do estranho mundo em que vivemos.

Da juventude sônica. Números.
Em questão de um par de meses, chegam boas novas discográficas lá das bandas do mui estimado brontossauro indie Sonic Youth - os ele-

mentos, individualmente, como sempre vinham se mantendo ocupados, mas da mítica logomarca novaiorquina, poucos lances concretos.

Não se trata exatamente de um Sonic Youth "de linha", ainda que oficial. Para muitos, é como tinha que ser sempre!

Já estão em circulação os volumes 7 e 8 da colorida série de "lançamentos experimentais e principalmente instrumentais" SYR, chancela iconográfica de mais uma realização Sonic Youth Records.

Como na época em que surgiu a série cumpria o inevitável papel de ser uma "alternativa" aos lançamentos corporativos/majoritários da banda, o que tem se perguntado agora é acerca da validade desses lançamentos mais brutos, menos "produzidos", no instante em que a banda é independente de novo.

Beleza, o que eu me pergunto é por que fazer o volume 7 em edição do tipo só vinil? Para quebrar o lance geométrico da organização? E, como já disse, é bem possível que para uma grande maioria o legal mesmo é que o Sonic Youth seja assim. Esquisito e encantador depois de todos esses anos.

Com capa espetacular (foto dos arquivos da saudosa Melody Maker), Thurston Moore estilo Hendrix, o volume 7 registra, no lado A, a banda ao vivo na edição de 2000 do festival inglês All Tomorrow's Parties. "J'Accuse Ted Hughes" tem Kim Gordon na gritaria e não estaria fora de lugar num daqueles clássicos mais barulhentos da banda. O lado B do bolachão, gravado em 2003, resgata uma trilha inédita da banda para a designer de moda que batiza a faixa, "Agnes B Musique".

Andre Sider Af Sonic Youth, o oitavo da série (só CD), é dos mais interessantes. Captura a banda ao vivo em julho de 2005, no gigante festival dinamarquês Roskilde. No esquema poliglota que acompanha o projeto gráfico, os comparsas dessa louca balada noise são apresentados: Sonic Youth med Mats Gustafsson og Merzbow. Em esquema de 5, o Sonic Youth com Jim O'Rourke se junta ao intenso saxofonista sueco e ao deus do japanoise Merzbow para fazer o que mais gosta: debulhar estruturas sônicas em busca de um tipo particular de nirvana (ou só diversão mesmo) e, se possível, ainda aborrecer uns descontentes pelo meio do caminho. Na sequência desse show quem subiu ao palco foi o Black Sabbath.

Genghis Tron - *Board Up The House* (Relapse Records)
O segundo trabalho em longa duração do trio Genghis Tron chega com a chancela metálica da Relapse Records. Registrado em parceria com Kurt Ballou (Converge) na Philadelphia, atual base da banda, *Board Up The House* é um disco absolutamente desconcertante – também pelo aspecto gráfico, vale procurar a edição em vinil duplo. De maneira pragmática, o insano vocalista Mookie Singerman e seus comparsas buscam formas híbridas inclassificáveis. Pela destruição, claro. A espetacular "Things Don't Look Good" - em seus menos de 4 minutos de simbiose alucinada de grindmetal com eletrônica cerebral e invasiva - carrega em si quase todos os segredos desse universo apocalíptico. E assustadoramente belo. O metal do novo milênio sendo forjado para quem quiser, e conseguir ouvir.

Frank Zappa - *One Shot Deal* (Zappa Records)
Lançamento oficial de número 83 do catálogo zappiano, administrado com toques de excelência arqueológica (e idiossincrática firmeza administrativa) pelo Zappa Family Trust. Coletânea assumidamente despachada de registros ao vivo, com o saudoso músico de Baltimore destilando seu sarcástico veneno por palcos principalmente setentistas. Já valeria pelo intenso "blues" de abertura, "Bathtub Man", com apavoramento guitarrístico geral e groove safado de teclas cortesia do bom e velho George Duke. Mas *One Shot Deal* guarda ainda outros segredinhos. "Trudgin' Across The Tundra" é destaque, com sua curiosa vibração Miles Davis safra *Big Fun*. E para aquela hipotética seleta de momentos canonizáveis do guitarrista, os solos em "Occam's Razor" e "Heidelberg" são dos que calam fundo na alma.

(Para experimentar um Zappa mais sonicamente acachapante, explorador, confira o número 82 do catálogo oficial, o duplo Zappa/Wazoo)

Why? - *Alopecia* (Anticon)
Jonathan "Yoni" Wolf é um craque e *Alopecia*, terceiro álbum do seu "projeto" Why?, é prova contundente disso. Elemento fundamental da família Anticon (articuladores de um hip hop diferenciado, cerebral e volátil), Yoni, em formação de 5 que inclui integrantes do excêntrico Fog, despacha da Califórnia uma bolachinha deliciosamente inclassificável. Híbrido classudo de indie escola Pavement com rap viajante categoria cLOUDDEAD. Sexo e política(s) habilmente abordados em letras espertas, com melodias que num universo "twilight zone" fariam parte de qualquer cartilha dos bons sons. "These Few Presidents" é uma pequena gema.

Negativland - *Thigmotactic* (Seeland)
São 30 anos de atividade e duas dezenas de lançamentos no currículo, mas nada que desestimule os míticos terroristas sônicos do Negativland. Com Mark Hosler assumindo o controle das ações, a banda que deve entrar para a história como aquela da "confusão com o U2 (e SST)", comete, em pleno novo milênio e na sequência de lançamentos consideravelmente herméticos, seu disco mais... pop! No caso do Negativland (e suas narrativas distópicas recheadas de citações e colagens e riffs modelares corrompidos e estranhas locuções radiofônicas), diria-se que é algo como o seu *Commercial Album* (Residents). "Virginia's Trip" é uma espécie de kraut-boogie em clave Devo. E em alguns momentos, o estranho folk do Negativland traz ecos possíveis de um The Mae Shi ou de um Animal Collective tardio.

Offlaga Disco Pax - *Bachelite* (Santeria)
Se a ideia for consumir somente um bom som italiano nesse ano, considere o segundo trabalho do trio Offlaga Disco Pax. Com *Bachelite*, a banda de Reggio Emilia atropela as tais dificuldades do segundo disco

emplacando um pequeno clássico – *Socialismo Tascabile (Prove Tecniche di Trasmissione)* foi considerado o debute mais importante do indie local na última década. Sobre caprichadas bases eletrônicas enriquecidas por sutis espasmos pós-punk, o ex-militante comunista e escritor -elevado à categoria de (anti)herói da rapaziada - Max Collini desfia suas melancólicas crônicas existenciais em tom intimista e charmosamente professoral. Destaque para "Dove ho messo la Golf?", com participação marcante do nosso presidente Lula, "un grande". Bravissimo.

Steintryggur - *Trappa* (Smekkleysa)
A fantástica capinha personalizada - um oferecimento caprichado da mítica etiqueta islandesa Smekkleysa/Bad Taste - adverte: grooves orgânicos e áudio terrorismo. Em se tratando do grande Sigtryggur Baldursson, codinome Siggi, é bom ir logo desconfiando. Pode até ser isso mesmo: articulação vigorosa de estruturas percussivas e seu processamento eletrônico. Mas no caso do intenso ex-baterista dos Sugarcubes (e de mais meia dúzia de bandas legais, seminais da cena islandesa), a viagem é muito mais delirante. Steintryggur é a parceria de Siggi com o percussionista exótico Steingrimur Gudmundsson, e *Trappa* um disco de difícil classificação. São jams globais registradas pela dupla em suas andanças de pesquisa sônica, devidamente reconfiguradas pelo terceiro elemento da empreitada, o manipulador australiano Ben Frost. Mantras digitais da Mongólia e para-jazz caliente da quebrada polar. Mais ou menos isso...

Wovenhand - *Ten Stones* (Sounds Familyre)
Todo mundo em pé, mãos juntas em reverência extática para a pregação de David Eugene Edwards e sua banda Wovenhand (que também atende por Woven Hand e começou como projeto solitário do ex-líder do visceral 16 Horsepower). Sem contar *Blush Music* (que é uma espécie de reconstrução do epônimo álbum de estreia, encomendada por um grupo de dança

belga), *Ten Stones* é o quarto longa duração da trupe do Colorado. Tem cover de um certo Jobim e conta com curiosa participação do craque norueguês Emil Nikolaisen, capitão polivalente da cultuada banda Serena-Maneesh. Folk crepuscular, country rock incendiário, na melhor tradição "gospel" do bom e velho Nick Cave. Com *Ten Stones*, o rebelde filho de padre David Eugene Edwards entra para o time dos sagrados.

Madensuyu - *D is Done* (Digital Piss Factory)
Na Bélgica do dEUS já andam dizendo que até o lançamento de *D is Done* não se tinha ouvido nada parecido. Dá até para entender o entusiasmo. Apesar do ótimo momento pelo qual passa a cena local, com boas opções em várias frentes sônicas, fica difícil contrariar algumas evidências. O segundo longa do Madensuyu (água mineral em turco), jovem dupla de Ghent, realmente impressiona. Arrasadores nos palcos, destilam poderoso rock urgente de orientação guitarrística. Músicas habilmente esculpidas como "FaFaFaFuckin'", "Write or Wrong" e "Tread on Tread Light" fazem de *D is Done* o lançamento mais "novaiorquino" do ano. Coordenadas velvetianas na cabeça, pode arquivar ali com o TV on the Radio e o A Place To Bury Strangers.

Deerhunter - *Microcastle* (4AD)
Balanço de fim de ano bastante positivo para a lendária etiqueta britânica 4AD. A safra 08 do selo concebido por Ivo Watts-Russell, então funcionário da Beggars Banquet, no final dos 70, garante alguns dos melhores lançamentos discográficos da temporada. A casa que lançou, dentre outros, Bauhaus, Birthday Party, Cocteau Twins e Pixies, continua acertando no cardápio e mantem firme seu apego ao aspecto gráfico dos lançamentos. Continua fácil identificar um 4AD... Destaque para *Dear Science* (TV On The Radio), *Fordlândia* (Jóhann Jóhannsson), *In Ear Park* (Department of Eagles) e, principalmente, *Microcastle*, a estreia do Deerhunter no selo. Nesse terceiro

longa, a cultuada banda de Atlanta reapresenta seu "ambient punk" (ideia deles) de forma vigorosa e emocionante. A matriz é a do indie rock mais classudo, as tramas são bem elaboradas e revelam aqui e ali pequenos achados guitarrísticos, e o carismático vocalista Bradford Cox chega junto em pequenas gemas como "Never Stops" e "Nothing Ever Happens".

Brightblack Morning Light - *Motion To Rejoin* (Matador)
Nathan "Nabob" Shineywater e Rachel "Rabob" Hughes saíram do Alabama e montaram a barraca na perdição do norte californiano. Um lance de aproximação com as raízes "indígenas", incremento espiritual para a confecção do freakfolk cósmico por eles proposto – com chancela de qualidade Will Oldham, que os levou para a estrada bem no começo da carreira. Esse segundo álbum, em que se destacam os ventos quentes e sedutores do Fender Rhodes de Rabob, deve agradar aos saudosos do Mazzy Star mais viajante, mas tem lá seus momentos de trilha de David Lynch. Podiam gravar um split com os nossos Os The Darma Lóvers...

David Cronenberg's Wife - *Bluebeard's Rooms* (Blang)
Ia ser mesmo difícil manter Tom Mayne e sua brigada de nome esquisito naquela abstrata categoria dos "segredos bem guardados" dos palcos alternativos britânicos. Um par de singles e as disputadas apresentações ao vivo já davam conta do crescente culto em torno da banda radicada em Londres. Com a chegada do bombástico debute *Bluebeard's Rooms*, as coisas devem, deveriam mudar. Na melhor tradição opositora de um Mark Smith ou de um Billy Childish, Tom Mayne destila sua verve narrativa em antifolks alucinados e corpulentos. "I Couldn't Get Off" é como um punk-western do The Fall com vocais do Alan Vega (Suicide). "Runaway Pram" tem a urgência do melhor Clinic. E "My Best Friend's Going Out" é um clássico instantâneo do rock inglês.

Duchess Says - *Anthologie des 3 Perchoirs* (Alien8 Recordings)
Salve Annie-Claude Deschênes e seus comparsas de Duchess Says. De Montreal, com selo de denominação de origem garantida e controlada Alien8. Arrebatadora estreia em álbum desses vigorosos praticantes de um certo dancepunk autoral. Moogcore de responsa, synthpunk corrosivo. Difícil ficar indiferente. Para amantes de X-Ray Spex, Melt Banana e Le Tigre. Coisa finíssima.

Beta Satan - *Girls* (Crunchy Frog Records)
Lá no reino da Dinamarca, a novidade é que no momento não tem para ninguém. O abusado quinteto de Aarhus basicamente atropelou a mezzo parca concorrência com o lançamento, no final de 2008, de *Girls*, seu longa de estreia. Faixas como "Rave Kenneth", "Party on the Death Star", "666" e "Let's Talk About Sex" fazem valer a auto-proclamação de "banda de gênio". São petardos lapidares de novo rock urgente na linha de um Kaiser Chiefs muito fora da linha, ou de um híbrido defumado de Arctic Monkeys com Queens of the Stone Age.

Spindrift - *The West* (Beat the World Records)
Rumo ao oeste com o visionário Kirpatrick Thomas e seus cowboys beatniks. No mais recente longa, *The West*, esses oito magníficos, que integram a rabiscada genealogia dos mui perigosos Brian Jonestown Massacre, nos brindam com fantástica trilha sonora para um hipotético e viajante western psicodélico da alma. Um eco de Pink Floyd aqui, uma vinheta de filme de Robert Rodriguez ali e, de resto, Ennio Morricone, Butthole Surfers e Dandy Warhols se acabando numa jam crepuscular de acidblues com incensos e tequila.

Snowman - *The Horse, The Rat and The Swan* (Dot Dash Recordings)
A banda do império do boneco de neve surgiu na "cidade mais isolada do mundo", Perth, Austrália, está radicada em Londres e é composta por um britânico, um indonésio, um italiano e uma islandesa. E seu segundo registro em longa duração, *The Horse, The Rat and The Swan*, é desde já título obrigatório nas divagações canônicas que tratam de uma coisa chamada pós-punk (e seus arredores). Vocais dilacerantes, por vezes assustadores, mais rifferama cortante e precisa em seus estragos. Medo e delírio, Pere Ubu e Unsane... Dá até uma certa pena ouvir depois algumas bandas que se dizem praticantes desse tipo de "sonoridade".

Frank Zappa - *Joe's Menage* (VAULTernative Records)
Vi meus dois Zappa no Hammersmith Odeon de Londres, em 84. Cada concerto aberto por clássicos muito recorrentes na intensa carreira *live* do músico de Baltimore: "Chunga's Revenge" e "Zoot Allures". Os dois adorados temas que encerram *Joe's Menage*, numeração oficial 84, o quarto da série *Corsaga*, que vasculha os preciosos arquivos zappianos em busca de registros especiais, que exibam diferenciais artísticos e técnicos de relevância transcendente. Nessa oportunidade, Zappa se exibe no College of William & Mary, Virgínia, em novembro de 75. A formação é curiosa, combinando míticos como o baterista impossível Terry Bozzio com os pouco lembrados Andre Lewis (teclados) e Norma Jean Bell (sax), que canta em "Chunga's Revenge"! Vale lembrar que é 1975, período de alegria para os amantes do Zappa mais guitarrístico. "Ladies & Gentlemen, I'll now play a rhythm guitar solo...". Vem mais por aí.

Lower Heaven - *Ashes* (Independente)
São tempos agitados na interzona do novo rock psicodélico e os californianos do Lower Heaven (nome tirado de uma letra do Echo &

the Bunnymen) chegam para marcar território. Com produção de Rob Campanella (Brian Jonestown Massacre) e mixagem de Rick Parker (Black Rebel Motorcycle Club), *Ashes* é uma estreia inspirada. Ainda que ásperas, rasgadas em sua execução, as 10 protobaladas ácidas (45 minutos) propostas pelo quarteto do guitarrista/tecladista/vocalista Marcos Chloka, acusam filiação com uma abstrata falange de bandas britânicas de inflexão psych e pegada póspunk, musculosa, tipo Chameleons, Lucy Show, the Sound... sem contar os já citados Bunnymen e Jesus & Mary Chain. Em faixas como "Wave", "Ashes" e "Rain", o Lower Heaven acerta a mão na articulação, na harmonia de contagiantes vibrações de apelo pop com as divagações mais exploradoras e viajantes. A baixista Christina Park é destaque, ataca com charme e segurança, e o guitarrista Thomas Danbury é cúmplice de Chloka no trato de algumas das tramas de guitarra mais legais dessa estranha praça.

Jon Larsen - *The Jimmy Carl Black Story* (Hot Club Records)
Segunda parte de uma suposta trilogia espacial/marciana, *The Jimmy Carl Black Story* apresenta, em clave parajazzística, uma odisséia consideravelmente surrealista pelas quebradas do planeta vermelho. Contatos imediatos incluídos. Projeto de apelo existencial do guitarrista virtuoso e doidão norueguês Jon Larsen, esse segundo registro tem o eterno "indian of the group" (era assim que Jimmy Carl Black se anunciava emblematicamente à época áurea dos Mothers Of Invention de Frank Zappa) como tema, e como narrador-fantasma de si mesmo! Menos experimentador/estranho que o antecessor *Strange News From Mars*, não poderia haver tributo mais bacana ao cultuado músico texano, morto 5 dias depois de seu lançamento. Jon Larsen e sua superbanda (Tommy Mars é convidado especial nos teclados) ancoram a divertida narrativa numa daquelas fusões da pesada que podem agradar tanto aos amantes do Zappa fase *Roxy & Elsewhere*, quanto aos que se deleitam com as divagações sônico-esotéricas do bom e velho Sun Ra. O índio do grupo vive lá no espaço sideral, provavelmente cruzando vez ou outra com o asteróide 3834 Zappafrank...

Hey Colossus - *Happy Birthday* (Riot Season)
Se depender do sexteto de "south fucking London", eles continuam como segredo bem guardado do novo metal britânico (considerado aqui em suas instâncias mais extremas e pouco ortodoxas formalmente) e que se dane todo mundo. *Happy Birthday* chega com a chancela da perigosa etiqueta Riot Season e provoca consideráveis estragos. "War Crows" e "Are Coming To Kill You All", por exemplo, promovem verdadeiro ataque aos sentidos, com seus infinitos muros (murros?) de feedback, rifferama acachapante de apelo doom e vocais rasgados e venenosos. Se o seu gosto é o das fortes emoções, do tipo Neurosis, Eyehategod, Minsk e Fudge Tunnel, pode ir tranquilo. Do contrário...

Radarmaker - *Drawn Like Spires* (Independente)
Estranhas emissões captadas de Perth, Austrália. Wendi Graham e comparsas de Radarmaker sinalizando com experiências pós-shoegazers e intenções psicodélicas de acidez minimalista. Curiosamente tudo começou em 2001 como "projeto" do tipo folk sem compromisso, mas o novo caminho já se anunciava no EP de estreia, *Aristocracy and the Horse*. No debute em longa duração, *Drawn Like Spires*, a confirmação da vocação viajante do quarteto. Turnês com Múm e Explosions in the Sky e a promessa de que o próximo disco, que deve, deveria sair nesse ano, será uma pequena obra-prima. É esperar para ouvir.

Zu - *Carboniferous* (Ipecac Recordings)
Carboniferous marca a chegada do trio romano Zu à etiqueta Ipecac, de Mike Patton – que comparece com voz e efeitos em duas faixas. Contando também com participação ilustre de King "Melvins" Buzzo na guitarra, esse terceiro longa (vasta discografia com muitas parce-

rias) é, provavelmente, o mais completo já registrado pela explosiva e inusitada formação – sax, bateria (e efeitos) e baixo (cortesia do sensacional Massimo Pupillo). Retratos semi-improvisados e nada ortodoxos da instável tríplice fronteira sônica: jazz, metal e punk. Algo perigoso entre Melvins e John Zorn. Ou Black Flag e Peter Brötzmann.

DJ Spooky - *Sound Unbound* (Sub Rosa)
Com o perdão da colocação quase impertinente, *Sound Unbound* traz o genial DJ/produtor/turntablist Paul D. Miller, mais conhecido como DJ Spooky, That Subliminal Kid, atacando de raposa no galinheiro da cultuada etiqueta belga Sub Rosa. Incrível viagem pelo precioso arquivo do selo, na levada transformadora de Spooky. São 45 despachos "alegóricos", de tramas eletrônicas sutis, precisas, pós-triphop de autor com "vocais" reconfigurados de gente como Marcel Duchamp, James Joyce, Antonin Artaud, René Magritte, William Burroughs e... Caetano Veloso, recitando, com duplo remix de Bill Laswell/To Rococo Rot, poesia de Augustos [sic] de Campos.

Enablers - *Tundra* (Exile on Mainstream Records)
Tundra foi discretamente lançado em vinil no ano passado e ganha agora edição em CD. Não menos discreta: tiragem única de 1300 cópias com caprichado acabamento em madeira. Terceiro álbum da banda de São Francisco, gravado praticamente ao vivo com o poeta/vocalista Pete Simonelli explorando fisicamente o espaço do estúdio (em busca da energia dos palcos). Narrativas de poética beatnik/existencialista amparadas por trilhas híbridas de folk noir mezzo improvisado e um certo tipo simpático de pós-rock.

Evil Madness - *Demoni Paradiso* (12 Tonar)
Na Islândia dos bons sons, são comuns as brincadeiras sônico-discográficas que dão certo mercadologicamente (coletânea "infantil" com ídolos da cena; a banda Bogomil Font, de ex-punks, roubando certa cena com música lounge de corte bossanovista). A mais nova é de apelo cinematográfico e, apesar das graças conceituais, de resultados mais perigosos. No bom sentido. *Demoni Paradiso* é o segundo disco dos Traveling Wilburys da Islândia (embora os integrantes superstars pertençam às gerações digitais) e registra a exploração delirante de um certo universo de trilhas de cinema. Estranha jam eletrônica com elementos de Walter Carlos, John Carpenter, Tangerine Dream e Goblin.

Caballero Reynaldo - *The Grand Kazoo – Unmatched vol. X* (Hall of Fame Records)
Vem da Espanha um dos mais curiosos e surpreendentes tributos discográficos já prestados a Frank Zappa. E não são poucos! Com a chancela da etiqueta valenciana Hall Of Fame Records, chega o décimo volume da coleção *Unmatched*, dedicada exclusivamente à obra do *american composer*. Mas não se trata de mais uma coletânea, eventualmente irregular, de dezenas de bandas fazendo sua versão desse ou daquele Zappa. Para celebrar o expressivo décimo lançamento, o capitão do selo e craque multiinstrumentista Luis Gonzalez cravou mais um título certeiro da sua banda Caballero Reynaldo (ótimos registros "autorais" lançados pela HOF). *The Grand Kazoo* é sim um disco de Zappa revisitado, mas resulta absolutamente transcendente por conta da sintonia da banda com o material em questão e sua magnética, vibrante execução "conceitual". São 20 clássicos devidamente enquadrados numa caprichada e delirante moldura country. Há realmente algo de estranho no ar desse saloon, no corte lounge-minimalista-psicodélico desse country e no acento marcado pela esquisitamente charmosa voz de Marieta Tamarit. Da marchinha quase sydbarretiana de "The Torture Never Stops" ao emocionante final com "Joe's Garage" em levada didática e

com "gran solo de piano a quatro manos", uma viagem reveladora, com um Zappa como nunca ouvimos. Os "administradores" da obra de FZ costumam não gostar desse tipo de homenagem – como "mercado". Que seja, nesse caso dá para arriscar que *The Grand Kazoo* faria fácil a cabeça do mestre de Baltimore.

White Denim - *Fits* (Full Time Hobby)
O Texas já tem pelo menos um representante garantido no listão de grandes lançamentos discográficos da safra 09. *Fits*, do trio de Austin White Denim, é uma pequena pérola do novo rock psicodélico, e suas qualidades transcendentes só reforçam as teorias conspiratórias que garantem que há algo de estranho na água do local. Bolachinha consistente, de rifferama articulada e visceral. E melodias estranhamente belas, encantadoras. Tem seus momentos quase hendrixianos e se insere na tradição dos estranhos conterrâneos Moving Sidewalks e Sir Douglas Quintet, mas definitivamente representa certo zeitgeist indie – de hibridismos quase inclassificáveis, para o bem e o mal. Em alguns momentos, dá para pensar no Mars Volta refazendo os primeiros discos do Flaming Lips.

The Low Frequency in Stereo - *Futuro* (Rune Grammofon)
Trocadilho à parte, dá para dizer que a etiqueta norueguesa Rune Grammofon é uma das mais "cool" do planeta, lembrando bem, por exemplo, a 4AD de alguns anos: a identificação gráfica é imediata (tudo com assinatura do boss Kim Hiorthoy) e o cardápio sônico marcadamente autoral. No caso da RG, bandas norueguesas "aventureiras", que trabalham numa zona estética crepuscular e mezzo vanguardeira. Muita eletrônica de cientista maluco, estranhos elementos de jazz (quase sempre barulhento) e um certo tipo de metal experimental. *Futuro*, do quinteto The Low Frequency in Stereo, talvez seja o título mais ortodoxo, do ponto de vista "roqueiro", já lançado pelo selo. Mas o gosto desse

destilado continua peculiar. Algo como um Stereolab polar fazendo versões krautrock do seminal, legendário grupo local Motorpsycho.

The Drones - *Havilah* (ATP Recordings)
No final dos 80, consegui conferir, ao vivo, no clube Rolling Stone de Milão, uma das mais cultuadas/criminosamente pouco lembradas bandas do rock australiano desde sempre. No auge do seu momento "underground", partindo para outras (relativas) ligas, o Died Pretty botou abaixo a casa com seu poderoso pós-punk de matriz Velvet/Crazy Horse por via de tortas emoções do tipo Birthday Party. Nesse milênio, a responsa por essa tradição caseira de rock dilacerante fica por conta dos Drones, da fera Gareth Liddiard. As 10 faixas de *Havilah*, nas suas delicadas nuances e em todo esplendor do seu folkrock terminal, podem funcionar como batismo, iniciação no universo desses reais discípulos do pregador Nick Cave.

Meat Puppets - *Sewn Together* (Meat Puppets)
Nesse ano daria até para considerar uma categoria específica para os dinossauros de um certo "american underground", mas talvez o mais divertido seja vê-los disputando o listão principal dos melhores lançamentos da safra 09. Por falta de espaço(?), é bem provável que algumas dessas bolachinhas "clássicas" sejam sacrificadas no balanço final. Sai fora o *The Eternal* (Sonic Youth), dança o *Farm* (Dinosaur Jr.). *Varshons* (Lemonheads) e *Popular Songs* (Yo La Tengo): no pasaran! Não temos vagas para *Life and Times* (Bob Mould) e por aí vai... Ou não. "What's your pleasure, sir?".

Com *Sewn Together*, aproximadamente seu 12º álbum (sem contar registros ao vivo, formatos intermediários etc.), os irmãos Kirkwood do Arizona (aqueles do acústico do Nirvana!?), os míticos Meat Puppets, parecem querer garantir a vaga em qualquer lista e de qualquer jeito. Ou melhor, daquele jeitão especial deles: frenético country rock psicodélico com estranhas, surrealistas emoções à flor da pele. Ícones da cena alternativa americana (das primeiras falanges da seminal etiqueta SST), sacaram o sucesso e mergulharam no mais terrível dos infernos – a história tem drogas, tiros, cadeia e morte. Do reencontro dos irmãos em 2007 resulta o melancólico, quase narcótico e promissor *Rise To Your Knees*. Esse novo *Sewn Together*, independente, marca a volta dos Meat Puppets à grande forma. Suas músicas poderiam estar espalhadas pelo melhor da consistente discografia da banda (fora o início mais cascagrossa). Ecos de discos prediletos como *Huevos* e *Mirage*, e da subestimada fase "major", de *Too High To Die* e principalmente do ácido *No Joke*.

Sem surpresas aqui, só um reforço: Curt Kirkwood é o cara. O disco é um passeio do carismático líder do trio. Assina a caprichada arte da capa (escola muito ácido no deserto e Grateful Dead e punk rock na cabeça) e a meticulosa produção. Não bastasse encontrar sua melhor sintonia como vocalista, transformando fragilidade em drama, Curt prova, evidentemente sem a mínima intenção, porque é disparado um dos maiores guitarristas da sua geração. Destaque para "Blanket of Weeds", "Sapphire", "Rotten Shame" e "Nursery Rhyme", reluzentes gemas de rock existencial viajante, com belos vocais e guitarras plugadas no monstruoso cacto secreto que esconde a inscrição "cosmic jimi link".

Pink Mountaintops - *Outside Love* (Jagjaguwar)
Pelo menos por um tempinho, o futuro é rosa para o craque Stephen McBean. *Outside Love*, terceiro longa do Pink Mountaintops, deve garantir uma espécie de emancipação dessa que era, até então, a outra banda, o projeto paralelo do líder (compositor, vocalista e guitarrista) do Black Mountain. Sai a rifferama pesada, entram as deliciosas e envolventes protobaladas de psicodelia on the rocks. Menos Sabbath, mais... Mercury Rev/Dandy Warhols. Ou algo parecido. Acompanhado de comparsas legais (gente do Destroyer e do Godspeed You Black Emperor!), McBean destila toda sua habilidade, e sensibilidade, de compo-

sitor numa bolachinha ensolarada. Destaque para a faixa-título, com a incrível Jesse Sykes no vocal, e "The gayest of sunbeams", uma das pequenas gemas da safra 09.

Les Claypool - *Of Fungi And Foe* (Prawn Song)
Mais um capítulo na mirabolante saga solo do genial Les Claypool, mais um que leva só a assinatura do eterno baixista/vocalista da instituição prog/punkadelica Primus. *Of Fungi And Foe* teve como base trilhas compostas sob encomenda para um game (*Mushroom Men*) e um filme (*Pig Hunt*). Trata-se do registro mais "minimalista" do explosivo instrumentista e, não deveria soar estranho, é certamente seu mais esquisito. Obra inclassificável que se ouve como se fosse uma transmissão clandestina perdida, de outros tempos, de qualquer ou nenhum lugar. Parece que o convívio com Tom Waits só fez incrementar a doideira, o surrealismo das narrativas. Se não me engano, tem lugar até para um (eco de) riff subliminar de Rage Against The Machine ali no meio. Posso estar enganado.

Japanther - *Tut Tut Now Shake Ya Butt* (Wantage)
Peça discográfica diferenciada na já consistente galeria dos novaiorquinos Japanther, *Tut Tut Now Shake Ya Butt* registra o encontro inusitado da dupla de arteiros do punk lo-fi/experimentador com figura mítica do punk mui politizado britânico: do legendário Crass comparece, como anárquico trovador convidado e manipulador de sons, o irascível Penny Rimbaud. Combinação bizarra, estranha festa de punk paraeletrônico desmontado, reprocessado e regurgitado no estilo DIY dos tempos cínicos em que vivemos. Só o redivivo Subway Sect fez algo parecido recentemente. Tosqueira caprichada e deliciosamente cerebral.

Kid Congo & The Pink Monkey Birds - *Dracula Boots* (In The Red Records)
É basicamente uma questão de currículo. Ou, no caso desse delicioso e desencanado *Dracula Boots*, Kid Congo Powers soube muito bem como aproveitar seu currículo exemplar. Anote aí: o guitarrista californiano foi presidente do fã-clube dos Ramones, editou um fanzine dedicado aos míticos Screamers e emprestou seus dotes guitarrísticos para, dentre outros, Cramps, Gun Club, Bad Seeds e Angels of Light. Se melhorar estraga! Nessa nova empreitada solo, seu trio destila, com dentes afiados, o melhor dos punkbillies da praça. Alguém falou em tabasco-blues? Em alguns momentos, até parece um tributo informal ao saudoso Wille Deville e suas escorregadias tiradas latinas. Destaque para "Rare as a Yeti", simplesmente boa demais.

Minsk - *With Echoes In The Movement Of Stone* (Relapse Records)
Sanford Parker é um dos mais requisitados produtores num certo setor do metal do novo milênio. Cravou sua assinatura em bolachas poderosas de bandas como Nachtmystium, Pelican, Yakuza e Buried at Sea. Alguma dúvida do capricho dedicado às obras da sua própria banda? Depois do mini-clássico perdido *The Ritual Fires of Abandonment* (merece visita/será lembrado no futuro!), chega finalmente o terceiro longa (segundo pela Relapse) do quarteto de Chicago, Minsk. Com espetacular arte de Orion Landau, *With Echoes...* mostra, mais uma vez, porque o Minsk é dos poucos que podem se inserir (e enriquecer) pra valer na tradição pós-apocalíptica dos gigantes Neurosis. De proporções épicas e com "conceitos" bem articulados, o disco é uma viagem alucinante e poética pelas abissais quebradas da alma humana em ritmo de emocionante proto-doom psicodélico. Devastador.

Built To Spill - *There Is No Enemy* (Warner Bros.)
Mais um time de veteranos batendo um bolão, mais uma bolachinha que chega para se espremer naqueles tais listões de virada de ano. A

caminho dos 20 anos de estrada, Doug Martsch e sua pequena instituição indie Built To Spill cravam um disquinho memorável (com versão em vinil duplo). Esse oitavo título em longa duração (incluindo registro ao vivo) da importante banda de Boise, Idaho, parece capturar Martsch e comparsas em momento particularmente especial. Com um par de exceções (destaque para o ataque na jugular de "Pat"), trata-se do disco psicodélico da banda. Emocionante e visceral. Suítes empolgantes e poderosas (algumas longas) executadas no estado de certa arte guitarrística – escola Neil Young/Big Star/Pavement – e belas, contagiantes tramas vocais. "Hindsight", "Oh Yeah", "Things Fall Apart", "Tomorrow"... até parece uma coletânea do tipo best of! Emplacando ou não qualquer lista de "melhores", uma das mais gratas surpresas do ano.

Jackie-O Motherfucker - *Ballads of the Revolution* (Fire Records)
Por falar em veteranos em boa forma e título novo que mais se parece a seleção de grandes momentos da carreira, um salve para Tom Greenwood e seu enigmático (e incrivelmente batizado) coletivo Jackie-O Motherfucker. São 15 anos de estrada e, com esse *Ballads of the Revolution*, aproximadamente 10 álbuns com a assinatura dos improvisadores de Portland (vasta discografia alternativa). Trata-se de mais uma "experiência" proposta pela visionária banda, ocasionalmente mais acessível, ou menos hermética. Com um pouco de tudo que os caracteriza: colagens/cut ups, turntablism, microeletrônica, ataques e sonoridades do tipo improv/free, blues, gospel, folk... tudo a serviço de uma (trans)leitura idiossincrática e fantástica de certas tradições americanas. Estranha beleza emanando dos arquivos inclassificáveis. Apesar do culto, continuam sua estranha saga como um dos segredos mais bem guardados e preciosos da marginália sônica americana.

The Fall - *Last Night at the Palais* (Universal)
No fim das contas parece que se fez valer a história quase secular, com destaque aos serviços prestados à cena "live" britânica na virada dos anos 70 para os 80. Surgido no começo do século passado (dança e jazz) e sobrevivendo nos últimos anos como clube para atividades dançantes, o mítico Palais do bairro de Hammersmith encerrou atividades no começo de 2007 – perdendo a briga para indefectíveis projetos de reurbanização da área (no seu lugar: escritórios e restaurante). Nos tempos do pós-punk e da new wave, era o lugar a se visitar. Passaram por ali de Echo & the Bunnymen a U2, incluindo o Talking Heads da incrível fase *Remain in Light* (de minha parte visitei a casa no meio dos 80, vi os espertos Blow Monkeys e caí no reggae(!), com as 2 mil e tantas pessoas que abarrotavam o lugar, dos alucinados Blood Fire Posse).

Na despedida "oficial", em 31 de março, muitas emoções com Damon Albarn e seus comancheros The Good, the Bad and the Queen. Para delírio dos presentes, o baixista Paul Simonon levou para casa um cantinho do gramado: sacou de uma machadinha e lascou um pedaço do palco – já imortalizado em versos de Ian Dury ("Reasons to be Cheerful") e, claro, do próprio Clash ("(White Man) in Hammersmith Palais"). Só uma questão de direito.

Mas, tecnicamente quem apagou direito a luz do local foi um sujeito chamado Mark Smith, o "Johnny Cash de Salford", acompanhado da sua rejuvenescida brigada protopunk the Fall.

Armado com boa antecedência como parte da turnê de 20 datas locais para promover o (aproximadamente) 27º álbum da banda, *Reformation Post TLC*, o show do dia 1º de abril deveria ser apenas mais um na carreira da controversa e cultuada banda de Manchester. E foi assim, em ritmo de "business as usual", que mais um show do the Fall virou algo transcendente.

Acompanhado da sua altamente competente banda "americana", o poeta MS partiu pra ignorância, cagou e andou pra todo mundo e negligenciou seus "hits" antigos. Numa intensa toada de kraut sincopado e mezzo rebolante, atacou o (ótimo) repertório recente da banda, "Pacifying Joint", "Over! Over!", "Blindness", e retorceu implacavelmente a "Hungry Freaks, Daddy" dos Mothers of Invention.

Alheio à celebração, Mark Smith assistiu impassível à invasão do palco e respondeu aos protestos que pediam o respeito da banda ao momento histórico com cínicas e ofensivas tiradas bairristas.

Saiu escoltado, embalado pelo intenso ritmo do seu the Fall que, mesmo sem querer, trilhava majestosa e toscamente o fim de uma era. Não poderia haver final mais arrebatador para a saga do Hammersmith Palais. Tudo registrado em *Last Night at the Palais*, que traz como bônus de luxo a versão em DVD dessa explosiva e realmente histórica apresentação.

Giant Squid - *The Ichthyologist* (Translation Loss)
A etiqueta Translation Loss orgulhosamente apresenta uma bombástica aventura discográfica pelas assustadoras – e belas – profundezas do oceano da alma. Com direção (engenharia, produção e mixagem) de Matt Bayles (Isis, Mastodon, Pearl Jam) e fantástica arte de Sam Kieth (Batman e Wolverine), o segundo longa do Giant Squid, *The Ichthyologist*, é baseado numa graphic novel (ainda não publicada) de autoria do vocalista/guitarrista Aaron John Gregory. Prog titânico e articulado, pesadão e modernoso em sua versatilidade. Uma viagem "eclética" repleta de ação e emoção: rifferama dura, quase extrema, e seus contrários inebriantes, narcóticos; vocais severos e nervosos, extáticos, e o delicioso canto das sereias; metais entocados aqui e ali... Pela natureza da coisa, não é para todo mundo. Em algumas resenhas do disco, quando querem provocar, dizem que tem até seus momentos nu-metal.

Baroness - *Blue Record* (Relapse)
No caso do poderoso Baroness, vale o clichê dimensional: em outras instâncias existenciais, seriam monstros. O disco azul, *Blue Record*, segundo pela Relapse, vem na sequência da elogiada estreia vermelha, *Red Album*, e confirma a invejável forma do quarteto de Savannah, Georgia. A começar pelos ótimos vocais de John Baizley, trata-se de banda pra lá de compe-

tente em pleno estado da graça compositiva e com - se me permitem - absoluto e irredutível apetite por destruição. "Bullhead's Psalm", "The Sweetest Curse", "Jake Leg" e "Ogeechee Hymnal" são alguns dos destaques desse potencial, virtual clássico instantâneo. De inegável apelo setentista, explora com capricho matizes e texturas atemporais. As tramas guitarrísticas são precisas, no peso (tem muito) e na delicadeza. Fazendo bonito como herdeiros de certa tradição mais aristocrática do hard rock (Sabbath/Zeppelin), o que pega mesmo é o fato de que o Baroness cometeu, com esse *Blue Record*, uma obra transcendente, que fala por si. É possível que consumí-lo em vinil seja ainda mais divertido.

Frank Zappa - *Philly 76* (VAULTernative Records)
Mais uma transmissão do sagrado satélite de Laurel Canyon estrelando os sons absolutos de Frank Zappa. Para amantes do Zappa setentista, uma deliciosa e intensa festa de duas horas, com 20 e tantos petardos clássicos capturados ao vivo no Spectrum da Philadelphia, em 29 de outubro de 1976 – o CD duplo inclui as indefectíveis (e curiosamente poéticas) explicações técnicas a cerca do tratamento dado aos arquivos do músico e depoimentos legais de participantes e familiares (a viúva Gail forjou, ao longo dos anos, curioso e bem elaborado discurso para abordar a "questão" Zappa). Tem muita guitarra, "Stink-Foot", Terry Bozzio sensacional, "The Torture Never Stops", Eddie Jobson no violino, "Dinah-Moe Humm" e "Camarillo Brillo", Richard Nixon e a constituição (americana), animais ameaçados e Zappa ensinando a cantar "Muffin Man". Diversão garantida. PS: diferencial importante é a presença da vocalista (de escola soul/funkadelica) Bianca Odin, que vez por outra parece meio deslocada. Lançamento oficial 86.

The Jeffrey Lee Pierce Sessions Project - *We Are Only Riders* (Glitterhouse Records)
Devido e emocionante tributo ao mui saudoso Jeffrey Lee Pierce: se-

gundo o cineasta alemão Wim Wenders, nos depoimentos que acompanham a bolachinha, "um dos maiores blues singers de todos os tempos". Passados quase 15 anos da morte prematura do eterno líder do Gun Club, nem uma certa moral retrospectiva parece satisfazer os amantes da incrível banda losangelina e, principal e devotamente, da sua voz, JLP. Sua poesia (e paixão pela coisa!) punkblues faz uma falta danada e esse "projeto" é de encher os olhos. Com ilustração (já vale meia entrada) de Tomata du Plenty (Screamers) como bônus de luxo, a coletânea é fruto de uma missão de três anos na vida de um certo Cypress Grove, ex-parceiro de JLP. Numa limpeza de sotão, CG topou com uma leva de cassetes com pouca ou sem identificação. Bastaram poucos acordes para perceber que ali na "JLP Songs" escondiam-se algumas jams feitas com Jeffrey Lee Pierce pouco antes de sua morte em 96 – algumas covers, um par de inéditas... esboços, rascunhos em levada country de um disco que não existiu. Para revisitar suas opções de cover(!) e/ou arrematar, finalizar suas composições, formou-se, não sem esforço, um invejável time de galáticos malditos: Nick Cave, Mark Lanegan, Lydia Lunch, David Eugene Edwards, Debbie Harry, Crippled Black Phoenix, The Raveonettes... e pode considerar aí alguns encontros de arrepiar entre essas figuras. Jeffrey Lee Pierce deve estar felizão...

Sparklehorse + Fennesz - *In the Fishtank* 15 (Konkurrent)
Lançado há alguns meses, o volume 15 da série *In the Fishtank* (projeto discográfico da produtora independente holandesa Konkurrent) ganha impactante upgrade estético por conta da morte repentina de um de seus protagonistas. O que já era registro impressionante de uma simbiose de discretos gigantes, passa a funcionar como precioso apêndice no corpo da obra de cada um dos músicos – forjaram, nesse momento, uma dimensão mágica cheia de possibilidades...

A ideia da série é promover, quase sempre, encontros em estúdio de artistas/bandas com alguma conexão sônico-filosófica, registrar algo brutamente essas "jams" e lançá-las em disco (graficamente vão constituindo colorido e exótico aquário de espécies cultuadas).

Christian Fennesz e o saudoso Mark Linkous/Sparklehorse se reuniram durante dois dias em dezembro de 2007, por sugestão do "guitarrista" austríaco – já haviam se cruzado antes na estrada e ansiavam por um encontro mais concreto. São 40 gloriosos minutos, 7 "peças", de muita ins(piração): tramas minimalistas de guitarras überprocessadas, cacos abstratos de eletrônica cerebral, atmosferas estranhamente belas, sussurros quase sorrateiros, fantasmas de estruturas tradicionais.

Dentre os grandes acertos da coleção (Motorpsycho + Jaga Jazzist Horns; Sonic Youth + ICP + The Ex; Low + Dirty Three; Willard Grant Conspiracy + Telefunk), esses despachos fragmentados de (para)folk/ambient artesanal seduzem de maneira intensa e se impõem como destaque inapelável.

A cortina se fecha com vinheta sutil de Fennesz, "Christian's Guitar Piece", mas poderíamos considerar, como homenagem a Linkous, um final alternativo com sua "Mark's Guitar Piece", pequena pérola na tradição de John Fahey. Emocionante.

THE POLICE
Maracanãzinho, 1982.

A

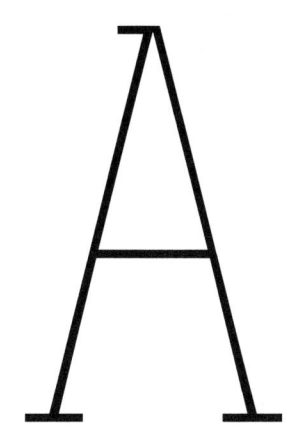

Agora não deve existir melhor lugar do que esse no ginásio - aboletado estrategicamente na grade da arquibancada, pernas balançando sobre a arena em polvorosa. É que por alguns instantes as atenções estão voltadas aqui para cima. A arquibancada está tranquila, com focos resistentes espalhados aqui e ali na iluminação estroboscópica de suas oferendas de escolha. Mas, eis a poesia, tinha uma corda no teto do Maracanãzinho. E no ato evidente de um empreendedor festivo a corda se transformou em cipó para que destemidas tribos de antepassados indie atacassem de tarzans e passassem a cruzar o espaço do ginásio, em manobras radicais de longo alcance e de destrambelhadas evoluções. Para delírio da galera, claro. Tudo muito rápido, mas intenso, principalmente a partir do momento em que o divertido passou a ser mesmo torcer para que a rapaziada despencasse das alturas sufocantes da arena, só para ver qual tipo de abordagem a segurança iria usar nos elementos paracircenses. Uma noite quente no Rio de Janeiro, com todos os seus 40 graus estampados, e empapados de suor na camiseta escura do vocalista. Logo aqui embaixo, o couro come no palco. Iluminação simples de matizes rasta. Time de metais dando o tempero com discrição e esperteza. E, para a alegria dos – aqui é nebuloso – quatro ou cinco mil presentes, um verdadeiro supergrupo em plena forma, fazendo uma certa história. Esse pode não ter sido um "show que mudou o mundo", como se diz daquele Sex Pistols em Manchester; ou, mais na nossa cartografia, o Nirvana no Morumbi, em 1993. Mas, nesse 16 de fevereiro de 1982, o Police, ainda que de maneira fugaz, nos iluminou no Maracanãzinho. Para além da música, a presença da banda no Brasil, nesse momento, nos deu uma sensação praticamente inédita de, com o perdão da palavra, modernidade. De frescor, de novidade... Foi a captação, a sacação coletiva, ao vivo e com riffs e coros, do tal do zeitgeist do pop planetário. Durante um par de horas, fizemos parte do mundão dos bons sons.

O "precedente" já fora aberto, já tínhamos recebido visitas internacionais legais (o que absolutamente não quer dizer "rota"): Alice Cooper, Genesis, Peter Frampton e Tosh, Queen... Mas o Police chegava com a bola toda - à parte divagações acerca da "decadência" ou não das bandas que "encaravam" visitar o país nas antigas. Ainda que a proximidade com o punk fosse torta (o primeiro single é da safra 77, mas o que pegou foi fazer o tal do comercial de chiclete fantasiado de punk), tinha lá seu apelo. Mas, no âmbito da tal da new wave, eram artífices consagrados. Pragmáticos e programáticos, beleza. Mas com habilidade pop inegável. O Police que chegava heroicamente ao Brasil em 1982 já era a "banda da década", já emplacara uma sequência de hits nas paradas do planeta e já vendera um parzinho de milhões de cópias com seus quatro álbuns até então. Tinham moral. Até com a *NME* já tinham seus problemas, o que é sempre sintomático. Numa resenha do disco *Ghost in the Machine* (de 1981), publicada pelo semanário dois meses antes da visita brasileira, o craque Charles Shaar Murray desanca o disco e as habilidades compositivas de Sting, tirado de chato. Mas concede a pérola ao dizer que pelo menos sonicamente a coisa está melhor: "parecem o cruzamento de Bee Gees com um Yes reggaeficado".

E no Brasil tinham torcida. As bolachas, isso, os discos, circulavam, as rádios tocavam várias e direto (e algumas até demais), e a mídia conferia. Me lembro – "mas não quer dizer que eu lembre direito! (U. Eco)" – de certa comoção no cenário com o anúncio brusco da visita à América do Sul, Brasil incluído. É curioso perceber que, eventual e retrospectivamente, o show é lembrado com pouco caso.

Informação. Memória. Brothers and sisters, eu vi. Eu estava lá e, podem acreditar, foi uma balada memorável. Para uma apresentação de quase 90 minutos, foi uma parada intensa. Com pouca conversa entre as músicas – sequências de duas, três emendadas –, pouco português e muito "iô- iô" cortesia do elétrico e aeróbico Sting (aquela dancinha!), o Police despejou seu pop arteiro de angulações reggae-desnatado sem dó e sem medo de errar. Apesar das indefectíveis tretas técnicas (as sutilezas guitarrísticas de Andy Summers se perderam), era visível a felicidade da banda. O batera cabuloso Stewart Copeland era só simpatia, destruindo seu aparato com suingue contagiante. E a galera cantava. Do começo demolidor de "Message in a Bottle", "Every Little Thing She Does Is Magic" e "Spirits in the Material World" aos últimos acordes do segundo bis. Curtição total nos interlúdios mais viajantes, como em "Walking on the Moon". Mas não tem alívio. Arranjos mais enxutos e pau na máquina. Um "best of" para as gerações futuras em ritmo de rock urgente. "Roxanne" foi ovacionada e emocionou. E lá no final, com "So Lonely", o Maracanãzinho parecia o... Maracanã! A massa em delírio, um grito extático... São só aquelas coisas do bom e velho rock'n'roll.

[texto originalmente publicado na edição 14 da revista Rolling Stone Brasil, em novembro de 2007, por ocasião da volta do The Police aos palcos]

YAHOO! BRASIL
MONDO MASSARI

[colunas semanais publicadas originalmente no portal Yahoo! Brasil, entre junho de 2010 e abril de 2011]

DEBUTE

Uma epígrafe para abrir os trabalhos:

"Acho que a entrevista é uma nova forma de arte. Acho que a autoentrevista é a essência da criatividade. Fazer perguntas a si mesmo e tentar achar respostas. O escritor está apenas respondendo a uma série de perguntas não feitas."

(Jim Morrison em Wilderness – *The Lost Writings of Jim Morrison vol/1*)

"Predileta da casa" de destaque (no trânsito recente da "coleção") para trilha de abertura: **Alberta Cross**, atacando com seu impressionante disco *Broken Side of Time*. Hardfolk dramático na melhor tradição de Neil Young e The Band, com o, digamos, frescor de "jam bands" como My Morning Jacket e a pegada moderna de um Band of Horses... Rifferama rocker classuda e vocais transbordantes de emoção. Banda do eixo Nova Iorque-Londres, capitaneada por um sueco do tipo craque, Petter Ericson Stakee, guitarrista e vocalista, dono da bola nesse time de primeira.

Copa do Mundo chegando, álbum de figurinhas completo(?), times preparados de acordo com o professor, vuvuzelas afinadas e uma perguntinha desdobrada: qual a situação dos bons sons na África do Sul? Qual sua banda predileta (de agora ou desde sempre!) da terra da Copa? Conhece alguém que vai para lá ver a bola correr e a ideia é fazer uma listinha com encomendas incluindo aquele parzinho de discos? Ou simplesmente interessaria uma seleção amiga de sons "locais" legais para quem sabe trilhar alguma balada pós-futebol?

Pequena pausa para divagação e vamos em frente, seguindo roteiro possível de atrações representativas da multi-facetada cena local – é legal lembrar que trata-se de um país praticamente camaleônico no seu aspecto sócio-cultural, com 11 idiomas oficias, dezenas de dialetos e o entre-cruzamento (ou não) de diferentes manifestações culturais incluindo os bons sons.

(Para os interessados em anos 70, algumas bandas locais estão presentes em livros e coletâneas. As mais recorrentes costumam ser Freedom's Children e Abstract Truth. Representam o bom e velho rock progressivo – no caso, não são da turma "sinfônica", são mais esquisitos que isso...)

(Os Kalahari Surfers devem ser conferidos. Só por esse nome legal já valeria a pena. E o fato de terem sido, curiosamente, obscuro sucesso em alguns clubes do underground paulistano nos anos 80, já incentivaria a investigação. Mas a enigmática banda de Warrick Sony se destaca pela experimentação – no caso de algumas de suas colagens proto-eletrônicas de corte dub, dá para dizer que os caras estavam à frente do seu tempo.)

aKING – Formada por dois ex-integrantes da mítica Fokofpolisiekar (representante parapunk da cultura africâner), a banda da Cidade do Cabo capricha nos arranjos e melodias do seu powerpop. Na bolachinha *Against All Odds*, procuram retratar a correria, a sobrevivência nos subúrbios locais.

BLK JKS – Lançado no ano passado pela importante etiqueta indie Secretly Canadian, *After Robots*, álbum de estreia da banda de Joanesburgo BLK JKS, figurou com certo destaque em várias daquelas listas de melhores do ano. Nada mais justo. Trata-se de verdadeira especiaria de indie irriquieto ("felakutiano", para ficarmos em sintonia africana), cheio de groove e estranho na medida certa.

The Dirty Skirts – Esse jovem quarteto da Cidade do Cabo representa o que há de melhor na cena indie local – apesar de atacarem território mais amplo que inclui pistas de dança/baladas de corte mais eletrônico. Com terceiro álbum a caminho, já exibem no currículo um par de minihits internacionais ("Home Wrecker" e a balançante "Daddy Don't Disco"). É difícil não se deixar envolver pelo pós-punk charmoso de apelo dançante dessa banda.

Goldfish – Dominic Peters e David Poole têm o que se chama de formação "jazzística". Gravaram o primeiro álbum, *Caught In The Loop*, em casa, na base do sax, baixo e sintetizadores. Por conta da pegada (e do projeto!) dançante, cairam na estrada abrindo para gente do calibre de Fatboy Slim e Audio Bullys. Veio o elaborado *Perceptions of Pacha* (Pacha sendo o famoso clube espanhol) e nada mais foi o mesmo. Tudo culpa de uma azeitada fórmula de dance music em que tudo parece simples até demais, efeito da organicidade instaurada por músicos que sabem bem o que querem. Se não for para dançar, é para pelo menos não ficar parado.

The Parlotones – De olho nas grandes ligas do rock/pop planetário, a banda do vocalista Kahn Morbee não tem mais o que conquistar "em casa". Serão um dos principais nomes locais a integrar o show-evento no dia anterior à abertura da Copa. E já estão mais ou menos morando na terra de alguns de seus ídolos ou modelos: Coldplay, Starsailor e Muse. *Stardust Galaxies* é o recém lançado quarto álbum do quarteto (sem contar registro "acústico" e coletânea), com produção no estado da arte e baladas cuidadosamente construídas para frequentar (pelo menos tentar) paradas de sucesso globo afora.

...

Para quem gosta de documentários, vale a visita à locadora mais próxima – enquanto elas ainda existem – ou ao programa de predileção para "acessar" filmes. **Commune**, documentário de Jonathan Berman lançado em 2005, chega ao mercado brasileiro com a chancela da etiqueta de filmes "cult" Magnus Opus (o catálogo é cheio de preciosidades, mas as edições têm que ser mais caprichadas). Sai por aqui com o "inspirado" título de *Sociedade Alternativa – A essência da paz e amor dos anos 60*. Trata-se da história, fascinante e em alguns momentos emocionante, de uma comunidade hippie californiana que existe até hoje! Com o lema de "terra livre para as pessoas livres", a comunidade foi erguida no rancho Black Bear por hippies da gema que incluíam o hoje famoso ator Peter Coyote. No filme, contam que no início foram batendo nas portas de bandas e atores famosos que "capitalizavam" em cima dos hippies para pedir o dinheiro "de volta" para poder montar o circo. Zappa, os Monkees e os Doors estariam entre os acionistas da empreitada. Há uma certa dose de inocência no ar, ainda mais nesses tempos pragmáticos em que vivemos. Mas, aí a força do filme, prevalece o elemento humano nos depoimentos, o que garante os tais dos momentos de emoção quase transcendente. Papo de hippie? Vale conferir.

Um bom som belga para encerrar: **Mary & Me** e a dúzia de gemas do álbum *Songs for Johnny*. Retrato do excelente momento por que passa a cena independente belga (curiosamente exibindo várias duplas em suas frentes), é rock "teatral" na linha dos Dresden Dolls – arranjos estilosos, letras espertas e entrega vocal diferenciada cortesia da mui talentosa Elke Andreas B.. Disco noturno de todas as horas...

"MEUS DESEJOS SÃO AQUELA MÚSICA/ MEUS DESEJOS SÃO AQUELA CANÇÃO" (ROKY ERICKSON)

E é na balada dele mesmo, Roger Kynard "Roky" Erickson, que abrimos essa coluna. Título certo nos listões de fim de ano dedicados aos grandes lançamentos discográficos da temporada, *True Love Cast Out All Evil* é uma obra especial – emocionante e algo catártico trabalho de superação, registra a salvação através do bom e velho rock'n'roll. Com uma dúzia de canções de forte apelo autobiográfico (inéditas ou pouco conhecidas recolhidas da gaveta de guardados, com direito a pequenos "flashbacks" dos tempos de encarceramento em prisão para criminosos com insanidade), o lançamento da etiqueta ANTI- estabelece a parceria do legendário músico texano com os conterrâneos do **Okkervil River**, banda já com alguma moral na estrada de um certo folk/country crepuscular, capitaneada pelo talentoso Will Sheff – além de assinar ótimo texto introdutório ao universo do cultuado músico, Sheff garante produção irreparável para o disco, abrindo frentes espertas de formato folk-rock para a articulação, a poesia bem particular de Roky.

Com canções de amor e redenção, a temática é bem menos surrealista do que já foi. E a sonoridade "psicodélica" dos tempos do 13th Floor Elevators é apenas um eco mezzo distante. Apesar disso (ou por causa disso), trata-se de um título que pode tanto agradar aos fãs mais reverentes (são muitos), quanto aos iniciantes.

Roky Erickson poderia ter se tornado uma estatística, ser mais uma daquelas fatalidades da era psicodélica (representando a decadência, o lado obscuro da geração colorida, paz e amor...). Sobreviveu e já há um tempinho vem contando sua dramática história através da música. É um longo e estranho caminho. Hoje em dia temos menos monstros e mais luzes de estranho brilho no fim dos túneis. Graças a discos como esse *True Love Cast Out All Evil*, vale encarar sem medo.

Com relação à definição "básica", até parece haver um certo entendimento: "rock psicodélico" como estilo de rock influenciado ou inspirado na cultura psicodélica dos anos 60 – emulação, réplica sonora das experiências de alteração de consciência provocadas por drogas específicas. Uma matriz meio híbrida de folk/blues-rock trabalhada com novas técnicas de gravação e efeitos variados. Com formas, digamos, mais abertas.

Com relação a quem veio antes...

O duo novaiorquino de folk Holy Modal Rounders usou o termo em 64 (talvez de maneira ainda um pouco vaga, ou diferente mesmo, como Zappa ao falar em "punk" no disco *We're Only In It For The Money* de 68, que aliás promove acerto de contas com a tal geração hippie). Os Beatles também estavam por ali desde cedo: *Rubber Soul* (65) e *Revolver* (66) são clássicos do gênero.

Mas aparentemente quem primeiro se auto-proclamou banda "psicodélica" foi a rapaziada do 13th Floor Elevators, do garoto prodígio Roky Erickson. Segundo um artigo do jornal *Austin Statesman* de fevereiro de 66, a banda "brilha com rock psicodélico". E em 66 é lançado seu histórico debute discográfico, o auto-explicativo *The Psychedelic Sounds Of The 13th Floor Elevators* – gravado sob efeito de LSD.

Roky Erickson tinha 19 anos – o hit "You're Gonna Miss Me" fora composto um pouco antes, quando ele tinha 15!

Numa tarde de sábado, primavera de 69, Roky Erickson é flagrado numa blitz com um cigarro de maconha. Para a lei, oportuno lance de dados: só o que faltava para transformar o carismático e meio célebre líder contracultural, que advoga o uso de drogas para toda uma geração, em bode expiatório. O inimigo, simples assim. Sem dinheiro para bancar um advogado decente, foi praticamente induzido a se declarar "insano". Num assustador efeito dominó, foi rapidamente avaliado como esquizofrênico "agudo" e encarcerado, por tempo indeterminado, na temida Rusk (prisão de segurança máxima para criminosos com distúrbios mentais). Ele, 22 anos, mais assassinos e estupradores. No "tratamento", drogas "oficiais" devastadoras e eletrochoques. Ao sair, dois anos depois, não era mais a mesma pessoa (contribuiu para o lado obscuro da lenda a tendência à auto-destruição, o abuso de drogas e álcool, que perdurou ao longo dos anos 70 e 80).

Para aquela atividade do tipo leia o livro e veja o filme:

You're Gonna Miss Me – A Film About Roky Erickson é o documentário definitivo sobre o homem, e o mito. Trabalho de fôlego do diretor Keven McAlester, o filme de 94 minutos (mais extras) traz um sem-número de preciosidades de arquivo e depoimentos emocionantes. Vários registros "live".
Eye Mind – The Saga Of Roky Erickson and The 13th Floor Elevators, The Pioneers Of Psychedelic Sound, de Paul Drummond (com prefácio ilustre de Julian Cope), é a contrapartida literária do filme, no sentido de ser, por hora, o estudo definitivo sobre o som da banda texana, suas influências e as vidas loucas que circularam em sua órbita.

Mesmo que alguns apontem certa irregularidade na vasta discografia (pensando possivelmente em várias das edições não-oficiais, lançadas à revelia do músico), no caso de Roky Erickson vale aquela impressão de que ele tem feito, ao longo dos anos, o mesmo disco. Ficamos com o processo, as tentativas do poeta de cantar aquela música, sempre única, que só ele parece ouvir.

No encarte que acompanha a colecionável coletânea de tributo a Roky Erickson, *Where The Pyramid Meets The Eye – A Tribute To Roky Erickson,* o organizador Bill Bentley, ao explicar a origem do título, acaba por revelar toda a sabedoria transcendente do "ascensorista" homenageado. Quando perguntado sobre a definição de música psicodélica, Roky disse: "Cara, você não sabe? É onde a pirâmide encontra o olho".

O epicentro de todo esse abalo contracultural psicodélico foi São Francisco. Dali partiram as "vibrações" para o resto da América e do planeta. A "cena" das famosas esquinas da cidade, dos grandes encontros humanitários e festivais, das bandas locais e adotadas – e toda uma articulação underground de agitos e informações (e os seminais 13th Floor Elevators tem participação aqui também já que, para muitos, tudo aconteceu depois da primeira visita da banda à cidade – "You're Gonna Miss Me" havia se transformado em "hit" dos descolados).

E é da "Slam Francisco, Kalifornia" dos dias em que vivemos que comparece uma das mais instigantes representantes do "psych rock" do século 21 - reconhecendo e reverenciando alguns modelos tradicionais e levando o, com o perdão do trocadilho, barco psicodélico para frente.

O **Wooden Shjips** do guitarrista e vocalista Erik "Ripley" Johnson é, mesmo que a idéia inicial não tenha sido essa, uma das bandas quentes do momento – considerável moral com a crítica e a capacidade de atravessar algumas fronteiras "editoriais" e levar seu rock viajandão para diferentes tipos de festivais e turnês.

No longínquo ano de 2003, a ideia era intensificar o apelo colecionístico – nada de internet, só edições em vinil com tiragens limitadas. Mas o inesperado sucesso do primeiro álbum em 2007 e de uma coletânea dos primeiros singles mudou os planos do quarteto. De lá para cá, aumento de atividade para o craque Ripley (cada dia mais parecido com o herói Roky Erickson!) e seus comparsas, praticantes de rock estilo narcótico, de alta densidade guitarrística e teclados safadíssimos. Estranho "krautrock" de matriz velvetiana, de tonalidades *Nuggets* e com referências ao subestimado "Paisley underground". Tudo executado com muita personalidade. Quase um daqueles casos em que se parece com muita coisa, mas não tem nada parecido.

Ripley Johnson fala com exclusividade a Mondo Massari.

Na estrada com Wooden Shjips.
Ripley A gente nem gosta tanto assim de excursionar... é sempre divertido mas tem muito trabalho a ser feito: se mexer, empurrar coisas, esperar, esperar... Uma certa chateação logística. O legal de festivais é conhecer gente diferente, músicas e pessoas em geral. Acho que isso é o mais legal. Muito do que rola ao vivo é mesmo improvisação, cada dia é de um jeito. Há muita flexibilidade, mesmo tocando as mesmas músicas.
Os compactos em vinil já valem uma graninha!
R Eu amo discos, não fazê-los nem é uma questão para mim. Acho que eles têm sim um valor diferenciado nessa era digital. Considero

os discos como pequenos objetos de arte, esculturas multimídia, com imagens, sons, interação com quem ouve... Gosto de ouvir músicas no formato álbum, gosto de como o formato as preserva. Sem contar todas as vantagens da qualidade do áudio. Mas aí é papo chato haha.
E quem fala de música...
R Não me sinto qualificado a falar sobre a imprensa musical. Leio algumas coisas, tem uns blogs que me agradam. Servem mais como indicações de sons mesmo. Leio mais frequentemente os antigos textos do Lester Bangs. Mas aí também por causa do tipo de texto.
Afinal, é rock psicodélico?
R Gosto de pensar que o que fazemos é rock. Simples assim. Entendo que tudo tem que ter sua etiqueta, as subcategorias... Podemos ter sido influenciados pela primeira leva de psicodélicos, tipo 13th Floor Elevators, mas acho que igualmente pelo rock'n'roll mais seminal, original – Bo Diddley, Chuck Berry, Link Wray. A gente só expande um tanto as músicas, talvez a gente deixe a coisa um pouco mais esquisita sonicamente, entende? O que a gente quer mesmo é ser uma banda dance. É sério! Só que a maioria das pessoas não dança mais o rock'n'roll...
Guitarra. E Zappa, claro.
R Os dois que eu conheço mesmo e gosto são *Freak Out!* e *Hot Rats*. Desculpe, mas sou um cara mais "beefheartiano" haha. Guitarristas são especialmente suscetíveis a se dispersar na busca por aqueles sons elusivos... e isso acaba envolvendo a procura por determinados tipos de equipamento. Eu nem tenho grana para entrar nesse jogo, então procuro aproveitar a oportunidade com o que eu tenho. Aprendi muito com o jazz, morro mesmo é de inveja do pessoal dos metais: eles não têm as mesmas distrações provocadas pelas novas tecnologias e pela eletrônica. É puro êxtase.

THE KISSAWAY TRAIL

Tem coisa boa rolando no reino da Dinamarca. Pelo menos a trilha sonora que embala as baladas do reinado é das boas. É bem possível que "nunca antes na história" do país tenha-se consumido, produzido e, principalmente, exportado tantas bandas locais legais – e alguns de seus discos canonizáveis, ou muito recomendáveis.

País-sede de um dos maiores, mais importantes festivais do verão europeu, o modelar Roskilde Festival (desde 1971 transformando a pacata ex-capital do país em babilônia do rock e derivados), a Dinamarca nunca teve uma tradição forte de emplacar bandas no difícil mercado internacional (quase em qualquer extrato). Mas isso vem mudando nos últimos anos.

Justiça seja feita: Kim Bendix Petersen é cidadão dinamarquês e fincou, no começo dos anos 80, bandeira preta de demarcação de território no grande mapa do rock com a seminal banda de metal Mercyful Fate. Mais conhecido como King Diamond, é referência em determinados setores da divisão metálica. E já que estamos nesse rincão, o baterista do Metallica, Lars Ulrich, também veste a camisa da Dinamarca em tempos de Copa.

Odense é a terceira maior cidade do país, com aproximadamente 200 mil habitantes. Localizada na região central, é das mais antigas e tem nome inspirado em Odin, o chefão de Asgard, deus da mitologia nórdica. Orgulha-se por ser a cidade natal daquele que é, possivelmente, o mais famoso dos dinamarqueses, o escritor, fabulista e poeta Hans Christian Andersen.

Novos cidadãos ilustres da cidade de Odin, The Kissaway Trail é um jovem quinteto que merece atenção. Em 2005, como Isles, três dos cinco integrantes lançaram o algo raro título independente *We Have Decided Not To Die*. Já como quinteto, quase viram o projeto da banda ruir por conta de tragédia pessoal (de natureza geral pouco conhecida) envolvendo a família do vocalista e guitarrista Soren Corneliussen.

No caminho da salvação pelos bons sons, a banda se transforma em The Kissaway Trail. Depois do e.p. *Into the Ocean and Rise Again*, de 2006, seguiu-se a estreia, em 2007, com álbum epônimo. Muitos festivais e turnês com bandas como Editors, Ra Ra Riot e The Boxer Rebellion. E a pausa para trabalhar no difícil segundo registro em longa duração.

Gravado em 4 sessões, ocorridas entre setembro de 2008 e abril de 2009, *Sleep Mountain* foi produzido pela banda e por Peter Katis – destacado produtor norte-americano que já assinou trabalhos de nomes como Interpol, The National, Fanfarlo, The Twilight Sad e The Swell Season. São 12 faixas no formato físico (vinil ou CD), mais umas exclusivas (inéditas e remix) de acesso restrito aos que tiverem uma cópia das bolachas.

A versão de "Philadelphia", de Neil Young, parece ter dividido opiniões - aliás, mesmo não se tratando de unanimidade, no sentido de que cada especialista procura apontar esse ou aquele defeito, trata-se de um daqueles álbuns sobre o qual muita gente, muito crítico quer ter opinião diferenciada. Não se fica indiferente, o que é bom sinal.

Chega até a ser divertido ver a quantidade de nomes de bandas ou artistas que recheiam as resenhas de *Sleep Mountain*, ou da banda. De Arcade Fire a Sigur Rós, incluindo muito The Polyphonic Spree, tem um pouco de tudo. Se soam muito derivativos, também têm o mérito de confundir essas referências na busca de uma sonoridade particular. Entre eventuais erros e impressionantes acertos, sobra um álbum inspirado, consistente e de estranha poesia à flor da pele.

Em faixas como "SDP" (épica abertura), "Beat Your Heartbeat", "New Lipstick" e "Three Million Hours", a banda (e)leva as tramas sutis, detalhistas, do seu *folkrock* arteiro e levemente ácido para aquelas dimensões fantásticas ora habitadas por bandas como St. Johnny, Flaming Lips e, principalmente, Mercury Rev - algo como o eixo, ou órbita do produtor Dave Fridmann.

Pequena gema discográfica da safra 2010, é título essencial para uma sacação dos bons sons - dinamarqueses - dos tempos em que vivemos.

Desde o lançamento do disco, o Kissaway Trail corre o planeta em turnê sem data para terminar. Tem feito a cabeça de muita gente graças às intensas apresentações ao vivo. Do meio da estrada, o vocalista e guitarrista e gente boa **Soren Corneliussen** trocou uma ideia exclusiva com Mondo Massari.

Como te disse, toquei umas músicas da banda no meu programa de rádio (ETC) e foi legal ouvi-los na sintonia do dial! Qual a importância do rádio para uma banda como o Kissaway Trail, para a "cena" dinamarquesa em geral?
Soren Cara, antes de mais nada queria dizer que é demais saber que

nosso som rolou por aí. Mesmo em tempos de internet, é bem legal saber disso. Rádio é muito importante por aqui. A maior estação local é a P3 e é o principal local para se trabalhar a sua música – são muitos ouvintes. Se sua música não toca por lá, os discos não vendem e as pessoas não vão aos shows: simples assim!
Como vê a questão da música de graça na internet? Baixa sons? Compra discos?
S Como músico procuro ter um tipo de consciência que me permite ajudar outros músicos, outros artistas... então compro discos e filmes e procuro não baixar música de maneira ilegal. Eu compro muito vinil, porque acho o formato atraente. Você pode conseguir o Kissaway Trail novo em vinil se quiser. É claro que eu tenho uns sons no meu Mac, que peguei de amigos. Mas procuro usá-los quando ataco de DJ – aí acho que é ok, porque tocar esses sons para as pessoas vira uma espécie de promoção gratuita! Essa questão dos downloads ilegais pode ser abordada de várias maneiras. Não acho que seja legal ir baixando e distribuindo tudo de graça, mas quanto mais gente conhecer seu som, mais gente irá aos shows. E esse é o jeito de ganhar dinheiro hoje em dia. Você pode ir a sites simplesmente para ouvir coisas legais, conferir bandas antes de comprar qualquer coisa.
A língua foi questão para vocês em algum momento?
S Não, na verdade não. Seria bem mais fácil compor em dinamarquês, porque obviamente é mais natural... Mas acho que a gente se vira bem na composição e na execução em inglês.
Tem algo de "dinamarquês" no som da banda?
S Só o fato de sermos dinamarqueses! [Risos] Não, sempre nos disseram que não temos aquele som típico da Escandinávia – seja lá o que for isso!
Sleep Mountain foi, no geral, muito bem recebido. Grandes momentos...
S Legal! Cara, estamos muito felizes com o resultado. Na primeira vez em que ouvi as músicas, depois de voltar do estúdio do Peter Katis, pensei: é isso, é assim que tem que rolar... e foi a primeira vez na vida em que senti isso! São canções fortes as desse disco, com produção vigorosa, especial eu acho, do Peter.
Como está a vida na estrada?
S Na verdade, boa demais. Estamos nos divertindo muito. Muito mais

momentos legais do que ruins. Quando você está na estrada tem que se concentrar só nas coisas boas. As chateações vão estar presentes de qualquer maneira. Ficar sentado um tempão num ônibus horrível, algumas brigas, comida ruim do MacD...

Se voces fossem armar um festival, quem convidariam para tocar? Pode ser um critério de afinidade, bandas que admiram, gostam de ver ao vivo...

S Boa! Seria mais ou menos assim: Sonic Youth, Interpol, Blonde Redhead, Pixies, Neil Young, uma dinamarquesa chamada The Conquering Light Of Flora And Fauna, Figurines, The Temper Trap, Editors, Mogwai, Psyched Up Janis...

Uma das poucas bandas dinamarquesas a tocar no Brasil foi o Raveonettes. É um bom cartão de visita para os sons dinamarqueses? Eu cheguei a entrevistar a banda do Sune Rose Wagner, Psyched Up Janis...

S Eles são um dos maiores exemplos de uma banda local se dando muito bem fora de casa, e acho que podem ser, sim, uma boa introdução à nossa cena. Não que eles tenham algo de típico dinamarquês, né?! Eles são um exemplo de banda que trabalhou muito para conseguir chegar onde chegou. Quanto ao Psyched Up Janis, que legal! Eles são minha banda dinamarquesa predileta desde sempre! Das que estão na ativa, acho que meus prediletos são os Figurines. Eles escrevem grandes canções, do coração direto para o seu coração!

PLANTS AND ANIMALS

Nessa edição de Mondo Massari visitamos *La La Land* - mais recente álbum do esperto trio de bons camaradas canadenses Plants and Animals. A banda do craque Warren C. Spicer começa a se destacar no multi-facetado cenário local, se impondo como um dos principais produtos de exportação do rico filão de corte mais independente.

Das 11 faixas desse novo disco, 5 foram gravadas no estado da arte em estúdio montado nos arredores de Paris, o La Frette – em casarão do século XIX, os músicos armaram pequeno circo de equipamentos do tipo "vintage" para atacar o novo material, embalados, quentes que estavam da turnê do disco anterior. Apesar do climão bacana da balada, não consideraram a experiência seu momento mais, digamos, Rolling Stones. Foram sessões diretas, enxutas. E precisas.

Já as gravações no estúdio caseiro da banda, The Treatment Room, em Montreal, parecem ter sido bem mais divertidas. Apesar do controle de qualidade quase exagerado sobre diversos aspectos da produção, o clima foi decididamente mais festivo. Na base das altas dosagens de... cuba libre, intensificaram sua pegada mais guitarrística, se acabando em jams repletas de pedais e efeitos.

Sobre uma das boas faixas do disco, "Tom Cruz", o capitão Warren Spicer diz que surgiu num daqueles recorrentes momentos de euforia quase delirante, de açucar no vermelho, em que parecia transbordar da banda uma confiança especial, diferenciada mesmo. Uma confiança meio Tom Cruise!

O surgimento do Plants and Animals se deu nos corredores da Universidade de Concordia, no comecinho dos anos 00. Transplantados de Quebec, o guitarrista e depois também vocalista Warren C. Spicer e o baterista Matthew "The Woodman" Woodley se juntaram ao franco-canadense Nicolas Basque (por conta de afinidades sônicas e gastronômicas) e começaram a rabiscar sua versão bem particular e moderna de rock pós-hippie safra 72.

A estreia discográfica - o epônimo mini-álbum lançado em 2003 - captura muito pouco do que viria a se caracterizar como sonoridade típica do trio. No clima de trabalho universitário, trata-se de obra totalmente instrumental, mezzo conceitual, de folk-rock grandiloquente e de estruturas livres.

Já com Warren nos vocais lançam, em 2007, o EP *with/avec*, e o elogiado debute em longa duração *Parc Avenue*, em 2008 – presença constante nas listas de grandes lançamentos daquele ano, o disco rendeu à banda, além de moral com a crítica, uma agenda de shows gigantesca, só encerrada para as gravações do disco novo umas 200 apresentações depois.

É de *Parc Avenue* a deliciosa "Feedback in the Field", pequeno (possível) hit do milênio, uma daquelas da restrita categoria das músicas de assobio (isso na mesma época daquela outra música de assobio, a do Peter, Bjorn & John).

La La Land, também lançado pela etiqueta de Montreal Secret City Records, apesar de todas os delírios e veleidades setentistas, é disco de frescor entusiasmante. Warren C. Spicer é guitarrista dos bons (um dos mais promissores da sua geração) e tem habilidade invejável com as melodias. Em registro ensolarado e vibrante, o Plants and Animals acaba por se revelar, uma vez ou outra, como inusitado elo perdido entre o classudo Steely Dan e o eficiente Strokes. Dá para dizer também que transitam, cheios de bossa, naquela fronteira entre o powerpop do Big Star e a psicodelia leve dos subestimados The Coral. Em "Undone Melody" ecoam, com charme, a emoção do Radiohead menos hermético e mais floydiano.

Nos tempos, nem tão jurrássicos assim, das lojas de disco, encontraríamos *La La Land* no departamento do "rock". Simples assim. No caso, é um daqueles trabalhos em que parece haver toda uma galáxia de emoções sob a aparente simplicidade. E para aqueles que sabem, fica difícil não sair assobiando...

BAND OF HORSES, *INFINITE ARMS*

Sobre o novo disco da banda Band Of Horses, *Infinite Arms*, chegaram até a dizer que se trata basicamente de um pequeno marco discográfico, uma espécie de novo clássico do rock norte-americano.

Pequenos exageros à parte (ou santa relatividade!), é bem possível mesmo que esse terceiro registro em longa duração da cultuada banda de Seattle seja o do acesso, exposição, penetração em setores mais amplos do mercado mainstream - chega com carimbo, algo subliminar, de garantia de qualidade moral dos tempos de independência, e forte distribuição majoritária (lançamento Fat Possum, distribuição Columbia).

Surgida em Seattle, em 2004, curiosamente a Band Of Horses passa cada vez mais a ser tratada como banda da Carolina do Sul – terra do líder Ben Bridwell que, de volta para casa com aquela que considera a formação mais estável do grupo, fez questão de imprimir nas composições do disco novo as marcas, as vibrações existenciais (e sônicas) do lugar.

E no começo - meio dos 90 - era o Carissa's Wierd: seminal e um tanto obscuro combo de neocountry autoral, chegaram do Arizona e construíram reputação "live" no circuito de clubes de Seattle. Com o final das atividades em 2003, ao cabo de enorme e festejada turnê norte-americana, surgem as bandas Grand Archives e Band of Horses - mais um parzinho de anos e estariam reunidas sob o mesmo teto bacana, o da lendária etiqueta local Sub Pop.

Everything All The Time e *Cease To Begin*, lançados em 2006 e 2007 respectivamente, são dois dos mais contundentes cartões de visita do indierock do milênio - representam também, com destaque, uma fase de retomada, de fôlego artístico renovado nas bases do veterano selo do Nirvana.

Possivelmente transitando naquele fio de navalha que separa o disco maduro do vendido, comercial ou algo parecido, *Infinite Arms* é daqueles que vão se revelando a cada audição. Não traz, de fato, algo tão emocionalmente devastador, impactante quanto "The Funeral", mas as melhores qualidades compositivas da banda estão presentes e se acentuam na articulação precisa, caprichada do quinteto.

Na melhor tradição das narrativas melancólicas cantadas por Neil Young, Byrds, Grant Lee Buffalo, My Morning Jacket e Fleet Foxes, faixas como "Laredo", "Factory" e "Compliments" revelam, além do invejável bom gosto para as tramas, as incontestáveis habilidades do compositor e incrível vocalista Ben Bridwell. Canções de amor e redenção, entregues como se não houvesse amanhã. Mesmo nas baladas de apelo mais pop, Ben parece querer alcançar algum tipo de elevação espiritual. Maneirismo que se esgota ou não, muitas vezes é de arrepiar.

Essa Band Of Horses é uma banda para (se) conquistar aos poucos. A previsão é a de ocorrência de pequenas e deliciosas iluminações.

MILOCOVIK

Notas do subterrâneo brasileiro. Da divisão de destaques emergentes da cena paulista, comparece Milocovik - esperto quarteto de indie rock cosmopolita e policromático, praticantes de intoxicante pós-punk balançante de apelo urbanáutico e modernoso no bom sentido! Ou algo parecido.

Gustavo Gialuca, Everton Tonini, Claudio Dantas e Toni Pereira são os 4 do Milocovik e conversam, a 8 mãos, com Mondo Massari.

Voces têm tocado bastante... festivais, clubes... têm ido para fora de SP também? Como está a vida "on the road" do Milocovik? A estrada serve também para criar, compor, trabalhar nesse sentido?

Milocovik Sim, temos tocado bastante. Participamos das viradas Paulistana (capital) e Paulista (interior); tocamos no SESC e em outros clubes que já estávamos de olho. Mesmo assim, queremos muito mais! Nossa vontade é estar em turnê constante. A sequência de festivais que fizemos no último verão despertou esse sentimento de grupo, de cumplicidade dentro da gente. A estrada dá tudo isso pra você. Essas experiências afetam, sem dúvida, nossas composições. Porém, não é só isso: o dia-a-dia, a rotina, a porrada de incertezas que martelam nossas mentes, os tapas na cara, as conquistas, relacionamentos, e tantas cabeçadas, fazem um prato mais que cheio de histórias que vomitamos nas letras. Compor está longe de ter uma fórmula pra gente; é uma coisa muito intensa, mexe com os nossos fantasmas. Mas o intuito final é sempre botar esses "fantasmas" pra dançar. Festejamos com os nossos fantasmas! [Risos]

Com que tipo de "mídia especializada" voces cruzam pelo caminho? Dão muitas entrevistas, são perfilados e/ou analisados, por quem? Zines, rádio, TV, jornais... curtem esse movimento, dá para tirar coisas positivas? Gostam de como a banda é retratada?

M Agradecemos muito à mídia espontânea, surgida através dos zines, blogs, facebooks e dos twitters. É o apoio dessa galera que nos dá visibilidade para sermos convidados para tocar nesses festivais, clubes e viradas. Sobre como a banda é retratada, achamos muito divertido. Nós temos nosso universo estético e musical. Algumas pessoas decodificam isso, outras não, mas isso nunca foi algo que nos desagradou. Às vezes acontece de nos descreverem de maneira que nem temos consciência; por referências que fizeram parte da nossa vida, que estão presentes no nosso trabalho, e que nem havíamos dado conta. Isso ajuda você a se conhecer melhor e ao seu som, saca? É muito legal.

O disco Sex pack é basicamente de graça... Apesar do CD físico, parece que o lance da banda é liberar geral, né? Esse é o caminho? Baixam música, compram disco?
M O que fazemos não é nenhum idealismo comunista. Trata-se, simplesmente, de estar aberto às realidades, tanto nossa, como do mercado. Tiramos grana do nosso bolso para gravar as primeiras músicas e lançar nosso EP independente. E, num "mundo ideal", se espera ter o retorno do investimento, normal e justo. Porém o mercado está se reorganizando, acreditamos que as coisas vão funcionar em novos termos a médio prazo. Provavelmente, de maneira muito mais justa do que estava acontecendo, onde muito dinheiro rodava na mão de poucos. Outro motivo é que também pensamos nessa distribuição como um investimento. É através dessa distribuição gratuita que as pessoas têm acesso ao nosso trabalho; estão conhecendo a gente, pois somos independentes. Essa é uma maneira direta de divulgação da banda. Quem gosta, vai nos nossos shows depois, e assim vai.
Pensam no "conceito" disco/álbum, como pacote fechado?
M Pensamos sim. Não se trata de uma coisa dura, tipo: "Vamos, então, fazer um álbum conceito?"; mas, até pelo nosso lado "designer", sempre vemos o trabalho como um todo e detectamos o que ele diz; quais os pontos em comum entre as faixas; qual é o universo que nos afeta no momento etc. Tudo isso é usado como um recurso para amarrar um trabalho. Seja ele o nosso EP, o nosso álbum futuro ou até mesmo o nosso press kit. [Risos]
Se tivessem que estar na trilha de um filme, qual seria?
M Curtindo a Vida Adoidado. Seria animaaaal!!!
Se organizassem um Milocovikchella ou algo semelhante, quem tocaria com vocês - por afinidade, influência...
M Putz, bandas que ainda estão na ativa, certo? Vamos lá: Arcade Fire, Band of Horses, Black Rebel Motorcycle Club, Blur, DataRock, David Bowie, Dinosaur Jr., El mató a un policia motorizado, Flaming Lips, The National, New Order, Paul McCartney, Pavement, Peter Bjorn and John, Phoenix, Pixies, Radiohead, The Rapture e Sonic Youth. E, como banda revelação: The Drums. [Risos]
Dá para falar algo sobre a música "Daniel Johnston"?

M Bom, o Toni um tempo atrás, ouvindo a rádio californiana Indie 103.1 conheceu "Devil Town" de Johnston. Curtiu muito. Disse que não sabia se aquilo era uma piada ou se era a coisa mais profunda que ele tinha ouvido na vida. Fomos pesquisando mais e chegamos ao documentário sobre Daniel. Suas loucuras e sua arte visceral. Nos sentimos assim quando colocamos pra fora nossos ritmos, riffs e letras. Fizemos, também, uma cover (voz/violão) de "Silly Love", de Johnston. Pode baixá-la em nosso site - www.milocovik.com - que, aliás, é o nosso espaço só de conteúdo "lado B".

Nesses rolês, qual a banda mais foda que vocês viram ao vivo?
M Os festivais nos deram o prazer de tocar no mesmo palco de bandas que são, realmente, feras ao vivo: Em Recife, foi impressionante a devoção do público nos shows do Sepultura e do Nação Zumbi. O Dirty Projectors, no Goiânia Noise, fez um show hipnótico! Também, a Comunidade Nin-Jitsu, André Abujamra, Ultraje a Rigor, Macaco Bong, Mundo Livre S/A, dentre outras várias performances incríveis.

ELEPHANT9

Se o rio Nilo fosse na Noruega ficava mais fácil de explicar; ou, imagine uma imponente e remodelada embarcação do tipo viking, com 3 ensandecidos guerreiros noruegueses estilo madmax e suas eletrificadas clavas demolidoras, a descer o mítico, simbólico rio atropelando o que ou quem se meter pelo caminho...

Ou, quem sabe, é só botar a culpa na água norueguesa, batizada sabe-se lá com que curioso elixir em tempos imemoriais, capaz de encher de estranha energia gerações e mais gerações de bandas e artistas sônicos locais - de A-ha a Ulver (um dos possíveis eixos de extremos estéticos), no cardápio caleidoscópico dos bons sons da terra do bacalhau, o vislumbre de uma das cenas mais agitadas e interessantes da Europa nos últimos anos.

Walk The Nile é o segundo lançamento em longa duração do trio de Oslo Elephant9. Com chancela da cultuada etiqueta local Rune Grammofon (lançamento em CD e vinil e já aviso que é música para se ouvir no bolachão!), chega na sequência do elogiado debute *Dodovoodoo*, de 2008.

Selo independente destacado em certos setores da independência global, o Rune Grammofon é projeto pessoal do empreendedor Rune Kristoffersen. Fundado em 98, já exibe em seu catálogo uma centena de títulos assinados por bandas locais (há apenas um par de exceções não-norueguesas na seleção), que atacam na zona algo abstrata, espectral em que se cruzam o jazz, o metal, a eletrônica, a improvisação e toda sorte de experimentação maluca.

Merece atenção especial o projeto gráfico proposto pela grife Rune Grammofon: todas as capas levam a assinatura de um único artista, o craque Kim Hiorthoy. De forte apelo visual, a plástica classuda de Hiorthoy explora com incrível sutileza tanto os vazios monocromáticos quanto as explosões de cores mais intensas, de proporções psicodélicas - tradução gráfica de conteúdos efervescentes. Com essa eficiente demarcação de território estético, a identificação com um título da RM é praticamente imediata - como acontece com algumas dessas etiquetas de autor, dá quase para imaginar que tipo de som você vai encontrar por ali. Quase.

Em *Walk The Nile*, gravado ao vivo em corte analógico, o cabuloso trio formado pelos experientes e nada caretas Stale Storlokken (do legendário combo Supersilent, manipula teclados alucinantes em geral), Nikolai Eilertsen (baixista monstruoso) e Torsten Lofthus (baterista insano, também integrante do igualmente explosivo Shining), acaba por pulverizar implacavelmente algumas das fronteiras formais de maior evidência na sua sonoridade essencialmente instrumental.

Se antes se dizia que a fusão de estilos praticada pelo trio era uma mistura de Miles Davis com Deep Purple e Medeski, Martin & Wood, agora a situação ficou ainda mais complicada. Faixas como "Aviation" e "Hardcore Orientale" exibem até correspondência com os grooves escorregadios de um Wayne Horvitz por exemplo, quando acompanhando da sua banda Zony Mash. Mas as construções, as tramas são tão interessantes e a execução tão bombástica, que a questão das referências acaba indo por água abaixo. Aquela água!

Curiosamente é o fantasma de certo rockão progressivo dos 70 que parece querer funcionar como curinga dessa saga - marcação cerrada dos teclados, tonitruantes sem perder a malícia, e bateria do tipo panzer (Torsten Lofthus assusta pela capacidade de imprimir peso quase descontrolado a uma articulação quase improvável).

A sombria faixa-título soa como excerto perdido, apócrifo do elétrico *Big Fun* de Miles Davis; e "John Tinnick" arremata *Walk The Nile* nos mais devidos conformes da adrenalina e excitação.

Em se tratando de música instrumental, vale sempre aquele exercício (ou quase sempre e pode ser só uma brincadeira) de se perguntar em que filme esse ou aquele som cairia bem. No caso desse surpreendente *Walk The Nile*, ainda não me decidi - são tantas emoções cinematográficas...

Elephant9? Pode procurar ali, naquela estranha prateleira "ação/drama/europeu".

A-Z

Nesse curioso dia de efeméride do ROCK (considerar que existem, dentre os vários tipos de, digamos, opositores, os que acreditam que todo dia é dia de rock), proponho lúdico exercício: elaboração de álbum com instantâneos fundamentais, rasante coletivo no abecedário pessoal dos bons sons através de uma seleção de momentos transformadores. Transcendentes. Ou simplesmente divertidos. Recorte em alta velocidade com verbetes despachados de primeira, sem muito tempo para pensar.

Amanhã pode ser uma outra lista.

Para efeitos desse dia 13 de julho, vale o escrito.

A – Alice Cooper e o disco *Muscle of Love*. Num artigo para a cultuada revista General, "decidi" que o primeiro disco da coleção foi esse, de 73 - um ano antes da apresentação do músico em terras brasileiras. Não fui – tinha 10 anos! – mas ganhei o disco e... nada mais foi como antes.

B – Blondie e o bolachão *Wet Lips and Shapely Hips* - bootleg duplo de show no Hammersmith Odeon, em 81, com Robert Fripp nas guitarras de "Heroes", do Bowie. Meu primeiro pirata, comprado na mítica loja Punk Rock do centro de SP.

C – (A) Cor do Som, no parque do Ibirapuera (SP), abril de 1980. Meu primeiro grande evento de rock, meu primeiro woodstock pessoal. Esperavam 4 mil pessoas. Dizem que éramos 60 mil! Muita confusão, polícia, cheiro de mato queimado, futebol coletivo improvisado, gente caindo das árvores... E o rock tropical-progressivo correndo solto pelo parque.

D – Diamanda Galás, dona da Voz, seus discos, suas intensas apresentações ao vivo, a alegria desmedida de tê-la entrevistado longamente e a incontornável tristeza de ter perdido o material dessa entrevista antes que ela fosse ao ar e/ou pudesse ter sido gravada como arquivo – só para piorar, até tenho minha teoria de quem foi o vacilão que apagou a fita... (ps: sobraram apenas algumas fotos)

E – Elvis é Elvis é Elvis. Primeiro ídolo, poster na parede, diversão com os filmes (*Saudades de um pracinha!*) e muitas emoções com os discos - comecei pelo final, pela sua fase anos 70. Basicamente furei o duplo *Aloha from Hawaii*.

F – Festivais e mais festivais: uma galáxia de sons e figuras, flashbacks e impressões, marcas indeléveis. Cada pequeno retrato, uma grande história. Só uma palavra: Juntatribo.

G – Greek Theatre, Berkeley, California. Churrasco de 4 de julho (93) com Basehead, Firehose, Stone Temple Pilots (com o pai de Scott Weiland na platéia) e os espetaculares Butthole Surfers. Segundo o texano do cachimbo colorido sentado à minha frente, dos 20 e tantos shows que ele já tinha visto dos conterrâneos, aquele era o melhor.

H – *Hex Enduction Hour*, The Fall safra 82. Nesse capítulo da incrível (e em pleno andamento) saga da banda de Manchester, encontramos nossos anti-heróis na Islândia – trata-se de registro do tipo fundamental na discografia do grupo de Mark Smith e provocou estragos estéticos irreparáveis na cena islandesa.

I – Indians in Moscow no Upstairs at Eric's. Nesse clube instalado no último andar de um estacionamento vertical da cidade litorânea de Bournemouth conferi, no ano de 84, meus primeiros shows ingleses. O da banda de Adele Nozedar, do hit da galinha do sexo trocado, foi o segundo. Entrei até para o fã-clube...

J - Joe Strummer. Tirei uma foto com a lenda gente fina no backstage de um festivalzão no começo do milênio. Não tenho. Porque quem tirou NUNCA ME DEU uma cópia.

K – Kraftwerk e o cassete de *Radioactivity*. Fui de skate comprar o meu, num supermercado da Pompéia, depois de pirar nos sons estranhos que emanavam da casa vizinha – ocupada por uns caras da pesada para uma festa idem. O som era tão incrível que tomei coragem, subi no muro e perguntei o que era aquilo? Um sujeito simpático me mostrou o cassete e disse onde encontrar. Obrigado mais uma vez.

L – (The) Last Waltz, Scorsese e The Band: possivelmente o filme de show mais legal já feito. Simples assim.

M – Metamorfose Ambulante. Raul Seixas. Foi duro dar adeus ao maluco beleza naqueles últimos shows com o Marcelo Nova. Mas foi de uma alegria transbordante cantar com a galera as músicas enquanto Raul meio que olhava emocionado...

N – Nick Cave & Nick Drake.

O – *Ocean of Sound*, de David Toop, um dos livros de bons sons mais legais da divisão sônica da biblioteca – o cara é um daqueles craques que provocam até uma certa aflição. Erudição e piração nas boas medidas. A salvação pela palavra – pela crítica musical, acredite se quiser.

P – *Pânico em SP* e *Pretobrás*. Clemente e Itamar. Cronistas viscerais e seus títulos fundamentais para a boa, real sacação de uma certa São Paulo brasileira de todos nós.

Q – Queen no Estádio do Morumbi, março de 1981. Ainda tenho a camiseta do show (promoção da Rádio Cidade, que transmitiu ao vivo). E o ingresso. E as revistas de época (nacionais e gringas) com fotos da visita brasileira. E a gravação, claro.

R – Rádio, o mais legal dos meios para a difusão dos bons sons.

S – Sigur Rós e a turma islandesa. Leia o livro(!) e mergulhe de cabeça nessa cena no mínimo surpreendente. O cardápio de especiarias musicais da terra da Björk merece sempre atenção – seja lá qual for sua preferência formal, é bem possível que tenha um islandês fazendo de um jeito estranho, instigante.

T – Third Ear Band e a alegre música do cosmos. A cultuada e algo obscura banda parapsicodélica inglesa foi uma das entrevistadas no meu antigo programa de rádio Rock Report (89fm) – entrevistas depois reunidas em livro. O saudoso Glen Sweeney foi o único a me mandar um cartão postal de agradecimento pela entrevista um tempinho depois.

U – Unsane e Neurosis ao vivo no Great American Music Hall de São Francisco. Outubro de 1993. Balada de aniversário da etiqueta Alternative Tentacles, do sr. Jello Biafra. Basicamente insano!

V – Virgin Prunes e Gavin Friday. O lado B da turma do Bono.

W – Wander Wildner e Replicantes. A tentação de chamar o Wander de o nosso... sei lá, Shane Macgowan ou algo parecido é até grande, mas significa também não sacar direito qual é a do nosso bardo rocka'n'rollero. Para consumir, sem moderação, nas intensas baladas ao vivo ou na solidão do quarto escuro.

Y – Young Gods e como uma das bandas mais poderosas de todos os tempos é meio brasileira. Um salve ao mais verde e amarelo dos suíços, Franz Treichler, e sua enxuta guerrilha de desconstrutores, remodeladores de certa canção bluseira.

Z – Zappa. Porque MUSIC IS THE BEST.

O **X** tá aqui, como variável dessa equação sônico-existencial, como X da questão: tem a ver com o envolvimento de cada um com esse tal de rock. É medida individual e intransferível. Ninguém tasca. Vale para aquele que acha que o rock morreu e para aquele que não sabe o que é viver sem ele. Tem um mundo aí no meio.

MARK LANEGAN

O cantor e compositor norte-americano Mark Lanegan representa a classe de 64 e é um dos craques da sua geração.

São 25 de estrada, duas dezenas de lançamentos discográficos. Serviços prestados ao underground, moral com a crítica, um certo tipo de adoração por parte dos fãs.

Está concentrado, ligado na sua arte e não abre. Forja trajetória tão especial, com legado musical tão consistente, que parece caminhar, como Nick Cave por exemplo, de maneira implacável para a restrita galeria dos grandes, gigantes da boa música. Lá do futuro, será visto em ótima companhia.

Nessa edição de Mondo Massari, proponho uma cartografia subjetiva, um corte autoral no cancioneiro de Mark Lanegan.

Apesar de bem abrangente, o panorama não se pretende completista ou definitivo. Esse é um roteiro pessoal, no formato mixtape, pelos bons sons protagonizados por um dos "vocalistas" mais legais dos últimos tempos.

Hoje essa é a minha coletânea de prediletas de Mark Lanegan.

"Standing On The Edge" (Screaming Trees) – Nos 5 minutos dessa diferenciada canção do álbum de estreia *Clairvoyance*, um vislumbre do que vem pela frente. Lançado no ano de 1986 pela etiqueta caseira Velvetone (nome do estúdio do produtor Steve Fisk, que assinou também a produção da primeira demo-tape do grupo, *Other Worlds*, de 1985, relançada posteriormente em diversos formatos), captura a urgência garageira da jovem banda de Ellensburg, Washington. Aos 21 anos, o vocalista Mark Lanegan já impressiona: mete a garganta e, na procura pelas modulações ideais ou algo parecido, não tem medo de errar.

(Para tirar do caminho: Ellensburg fica a uns 150 km de Seattle – mesmo que em determinados momentos isso até tenha feito parte de certo marketing oficial, o Screaming Trees nunca foi uma banda de Seattle, num certo sentido se ressentiram, declaradamente, de que a percepção fosse essa e, com relação ao grunge, chamá-los de "padrinhos" do estilo ou algo parecido, nunca foi considerado elogio.)

"Polly Pereguin" (Beat Happening/Screaming Trees) – Curioso encontro de parceiros de underground, lançado em 1988 pela etiqueta Homestead. O Beat Happening de Calvin Johnson e o Screaming Trees de Mark Lanegan, todo mundo meio junto, cada um cantando uma... Segundo consta, Kurt Cobain considerava essa faixa, com Lanegan nos vocais, sua canção predileta dos anos 80. Simples assim.

"Black Sun Morning" / "Flower Web" (Screaming Trees) – Para muitos, não há o que discutir: os anos de etiqueta SST são os anos de ouro da banda de Mark Lanegan e dos grandalhões, tresloucados irmãos Conner. Foram 3 registros em longa duração lançados pela seminal gravadora independente de Greg Ginn (Black Flag). Do álbum que marca a despedida do selo, *Buzz Factory*, de 1989, esses dois sublimes momentos não têm como ser melhorados. Na acachapante psicodelia de "Black Sun Morning", embalado pela rifferama ácida do subestimado guitarrista Gary Lee Conner, Mark alça vôos impressionantes. Um de seus grandes, mais completos momentos como vocalista.

(O "sucesso" do rock alternativo dos anos 90 só foi possível por conta de alguns culpados específicos, destemidos empreendedores hardcore, e pode por o time da SST aí no meio. E que time! Na mesma correria – que praticamente estabeleceu certo circuito underground americano – do Screaming Trees cruzamos com, dentre outros, Black Flag, Minutemen, Meat Puppets, Sonic Youth, Saccharine Trust, Dinosaur Jr e Hüsker Dü.)

"Bed of Roses" / "All I Know" (Screaming Trees) – Da fase majoritária dos Trees, duas das suas, digamos, típicas baladas de corte psychrock. A primeira vem do debute pela Sony, *Uncle Anesthesia*, produzido por Chris Cornell. A faixa-título e "Alice Said" também são das boas. E a capa de Mark Ryden deve ter feito o pessoal da corporação coçar a cabeça geral. "All I Know" é do algo incompreendido disco de despedida da banda, *Dust*. Entre eles, *Sweet Oblivion*, de 1992. O disco famoso...

(Em 2 de agosto de 1996, vi o Screaming Trees ao vivo. Era o começo de um dia quente em San Jose, na California. Era dia de Lollapalooza no estádio Spartan e para mim era dia de "trabalho", com a gravação de mais uma edição do especial *Todos Os Festivais Do Mundo*, para a MTV Brasil. Naquele dia, conforme combinação interna da cúpula da equipe(!), só começaríamos a fazer qualquer coisa depois do show do Screaming Trees. Com o ex-Kyuss Josh Homme integrando a banda como segundo guitarrista, partiram para cima da platéia mezzo hostil e arrasaram. Entrevistei-os depois, menos Lanegan, que nunca foi muito chegado numa conversa com a imprensa. O então baterista da banda, o poderoso Barrett Martin, já professava seu interesse pelo Brasil – depois tocaria com Nando Reis – e o guitarrista Gary Lee aproveitava para dizer que nem ele tinha uma cópia do primeiro álbum da banda, e que portanto eu vacilara legal ao não arrematar um quando me surgiu a oportunidade. Vacilei.)

"Down In The Dark" (Mark Lanegan) – Do debute solo, *The Winding Sheet*, lançado em 1990 pela etiqueta Sub Pop. Jack Endino no baixo e Kurt Cobain nos backing-vocals. Cobain e o parceiro de Nirvana Chris

Novoselic também participam da versão de "Where Did You Sleep Last Night", de Leadbelly. Ver acústico Nirvana...

"Carry Home" (Mark Lanegan) – Do disco de versões *I'll Take Care Of You*, de 1999. Com a chancela da Sub Pop, o disco revela, em clave intimista, um pouco da cartilha "roots" de Lanegan. Dentre estandartes da tradição folk/blues americana, destaque para a emocionante versão de "Carry Home", da banda Gun Club, do saudoso Jeffrey Lee Pierce. No disco de tributo *We Are Only Riders – The Jeffrey Lee Pierce Sessions Project*, de 2009, Lanegan comparece 2 vezes. Uma sozinho e outra com Isobel Campbell.

"Hit The City" (Mark Lanegan Band) – Do poderoso *Bubblegum*, de 2004. Mark + Ian Moore + Josh Homme + (P)olly Harvey!

"A Song For The Dead" (Queens Of The Stone Age) – Paulada do álbum *Songs For The Deaf*, safra 2002, número 3 dos gigantes Queens Of The Stone Age, é mais uma parceria certeira de Lanegan com o brother de longa data Josh Homme. O veterano Lanegan como parte integrante de uma das trupes mais cabulosas do milênio. Num certo sentido, as já míticas sessions desérticas organizadas por Josh desde meados dos 90, sempre registradas no Rancho de La Luna com comparsas convidados, acabaram por servir de rascunho para muito projeto futuro. No disco que reúne as sessions 7 e 8, de 2001, encontramos versão embrionária de "Hanging Tree" com Lanegan nos vocais; e o riff de "No One Knows", mais uma parceria da dupla, vem de uma música dessas sessions, "Cold Sore Superstars".

"Revolver" (Isobel Campbell & Mark Lanegan) – Essa é a única composição assinada por Lanegan nos 2 discos gravados com a ex-Belle & Sebastian Isobel Campbell, *Ballad Of The Broken Seas* (2006) e *Sunday At Devil Dirt* (2008). Apesar de assumir geral a responsa dos trabalhos, compondo, produzindo, tocando, mandando e desmandando, Isobel abre habilmente caminhos legais para o tarimbado Lanegan fazer o que sabe. Emprestar o calor do vozeirão algo sombrio, quente – tratada a uísque, nicotina e os detritos daqueles excessos ali de cima – de emoções rasgadas, à flor da pele, a essas baladas intoxicantes. Essa "Revolver" é do primeiro álbum da dupla, que traz ainda outra pequena pérola do catálogo do vocalista, "The Circus Is Leaving Town".

"Crawl Like A Dog" (Creature With The Atom Brain) – Mark Lanegan encontra belgas doidões. Com nome tirado do universo mítico de Roky Erickson, a banda de Aldo Struyf é um dos segredos (mais ou menos) bem guardados da intensa cena local. Mas com a camaradagem ilustre de Mark Lanegan, que colabora ocasionalmente com a banda, fica difícil não ser notado. Essa "Crawl Like A Dog" é do primeiro álbum do grupo, *I Am The Golden Gate Bridge*, de 2007, e é de autoria de Mark. Ele também dá o ar da graça no segundo, *Transylvania*, do ano passado.

"Bête Noire" (The Gutter Twins) – Encontro dos sonhos para gerações de amantes da cena Sub Pop, *Saturnalia* (2008) captura em disco o encontro histórico do ex-Screaming Trees com o ex-Afghan Whigs, Greg Dulli (também chapa da antiga de Mark). Nessa pequena gema, o melhor diálogo entre as vozes heróicas, Mario Lalli numa das guitarras e groove matador do Rhodes de Mr. Dulli.

"Revival" (Soulsavers) – Emocionante faixa de abertura do segundo álbum da dupla Soulsavers. *It's Not How Far You Fall...* foi lançado em 2007 e marca o início das colaborações entre os produtores/músicos ingleses com Mark Lanegan. Basicamente Mark é o vocalista da banda nesse disco e no seguinte, *Broken*, de 2009. E compõe a maioria das músicas. Novas molduras para a voz de Lanegan. Capricho nos arranjos e texturas. Gospel com bossa, para as gerações eletrônicas.

"Black River" (Bomb The Bass) – Terceiro single do álbum *Future Chaos* (o álbum é de 2008, a música foi lançada como single em 2009), trata-se do inesperado e altamente bem sucedido encontro de Mark com a legenda das pistas inglesas/planetárias, o músico, DJ, produtor, ícone Tim Simenon, capitão do projeto Bomb The Bass. A música é tão boa que pede uma colaboração exclusiva entre os dois. Aqui sim o vislumbre de toda uma galáxia de possibilidades formais, sônicas para enquadrar, ou liberar de vez, a voz especial e versátil de Lanegan. O remix do brasileiro Gui Boratto para "Black River" merece atenção. Um dos nossos produtores de música eletrônica mais consagrados, Boratto explora com sutileza as tramas da faixa, se demorando em detalhes, explorando nuances, preparando sutilmente o terreno para a entrada emocionante de Lanegan.

"Another Night Out" (UNKLE) – Outro craque das searas mais eletrônicas, triphopicas e experimentadoras, James Lavelle conta com time legal de convidados no mais recente registro em longa duração do seu projeto UNKLE. *Where Did The Night Fall*, lançado em maio desse ano, conta com participações de, dentre outros, Black Angels, Sleepy Sun, Big In Japan e Autolux. Todos atuando naquela vibe mais ou menos característica do UNKLE, das espertas colagens paraeletrônicas, dos selecionados grooves espaciais, das intensas vibrações alienígenas. Cabe a Mark Lanegan o encerramento dos trabalhos, em clave algo melancólica, como de costume. Cheio de emoção, como sempre.

TRAMPLINI, DA LETÔNIA

Para aqueles que se divertem, deleitam com os bons sons (descobertas e efeitos), a situação é bem recorrente e reflete aquela deliciosa sensação experimentada pelo mítico personagem literário Holden Caulfield – do *Apanhador no Campo de Centeio*. Tem músicas (singles, EPs, álbuns) que fazem com que tenhamos uma vontade quase incontrolável de ligar para o artista/banda simplesmente para trocar uma idéia.

No caso da banda Tramplini, da Letônia, vale o elemento, digamos, exótico, inusitado de ser uma banda que canta na sua (para nós) impenetrável língua local. Mas isso não valeria muita coisa se o indierock proposto pelo quarteto não fosse tão caprichado. E charmoso.

A banda surgiu em 97, por iniciativa do guitarrista e vocalista Janis Birznieks, na cidade de Liepaja. O primeiro EP, *Planetas*, é de 98. O segundo só seria lançado em 2006 – *Hallo, Mazie!*. Nesse longo intervalo ocorrem a mudança para a capital Riga e a entrada da tecladista e vocalista (e espécie de musa-indie local) Anete Kozlovska. Em 2008 integram o volume 7 da série de coletâneas globais *Retrospective*, organizadas pela etiqueta de Nebraska Series Two Records. No momento estão em estúdio preparando disco novo.

Para amantes de Stereolab, Lush, Saloon, Luna, Sambassadeur, Unun, (sempre citados) Yo La Tengo...

Experimente Tramplini, especiaria mezzo shoegazer do norte-europeu. "Tas Pats", do EP *Hallo, Mazie!*, é uma daquelas...
De Riga, na Letônia, fala **Janis Birznieks**.

Queria começar com a questão brasileira: mesmo em tempos de internet, parece que vocês se surpreenderam com o fato de que o Brasil os chamava! Conhece algo dos nossos bons sons?
Janis Pois é, foi uma grata surpresa para a gente que você tenha nos encontrado! A primeira coisa que me veio à cabeça é que é um lugar que eu adoraria visitar. É demais estar conectado de algum jeito a um lugar tão bacana. Quanto à música, cheguei a ouvir umas coisas mais na linha folk, world music. Depois que você me falou dos Mutantes fui dar uma conferida e foi uma incrível descoberta! Agora parece que eu vou ter que começar a sacar mais desses sons.
Qual o papel do rádio para vocês, para a cena local? Internet é o que liga né?
J O Tramplini toca muito pouco no rádio. A Letônia é um país pequeno, de 2 milhões de habitantes. A maioria das rádios é de formato comercial, tocam sucessos, paradas etc. Na maioria dos casos não fazemos parte desses formatos. Acho que o rádio tem sua importância na medida em que eventualmente ajuda as pessoas a descobrir novos sons. Tem quem seja preguiçoso e não queira ir muito atrás das coisas... A internet é obviamente muito importante: nos conecta diretamente com os ouvintes, possibilita que nos relacionemos de maneira "pessoal" com eles.
Costuma baixar música de graça? Como artista, o que acha da questão?
J Acho demais que exista música de graça na net. Para ouvir, descobrir coisas. Uns mp3 gratuitos, tudo bem, mas não me agrada a bagunça, os playlists desarrumados, a separação dos singles... É por isso que prefiro ter o álbum completo, num CD, de maneira legal. Tento dar uma ouvidinha e compro, para ouvir no carro.
Me fale um pouco da cena local, na qual estão mais inseridos.
J Muitas bandas da cena "indie" aqui na Letônia se conhecem e se ajudam bastante. É aquela coisa: de repente o cara toca em três, quatro bandas diferentes. Mas posso dizer que a cena local anda bem divertida.
A questão da língua ainda é relevante?

J Essa sempre foi uma questão importante por aqui, ainda é. Para o Tramplini a prioridade é cantar em letão. Queremos imprimir algo da nossa comparativamente pequena cultura local, e ser diferente, claro [Risos]. Tem tanta banda boa no mundo cantando direitinho em inglês... Se alguém se interessar pela nossa charmosa língua, não nos ofendemos não.

Como é fazer discos para vocês?

J Nossos discos até aqui não têm algo como um conceito – são mais como álbuns de fotos, pequenos detalhes capturados, como pequenas histórias reais. Queremos imprimir uma marca sensível, humana nas canções. Gravamos tudo por nossa conta, só a gente mesmo, em casa ou numa igreja. Adoramos o faça-você-mesmo, acertar os microfones, buscar por aquele determinado som. É tudo muito divertido, mesmo que às vezes demore demais. Possivelmente nos trancaremos num estúdio para fazer o próximo...

Fale um pouco do disco Hallo, Mazie!.

J Ah, isso foi muito divertido. *Hallo, Mazie!* quer dizer *Olá, Pequenos!* O título surgiu porque na época nossos filhos estavam nascendo. Isso sempre nos trará memórias legais. Foi um processo de 3 anos. No começo eu tinha as músicas mas não tinha a banda. Eu conheci a (vocalista) Anete e ela ficou insistindo para que eu as gravasse. Fui gravando tudo só acompanhado de um batera, sem ter ideia de como seria o resultado final. Num determinado momento chamei a Anete para dar uma força com o (orgão) Farfisa e aí surgiu um novo Tramplini, reformado e melhor! Muita coisa desse disco foi gravada no meu quarto.

Vocês poderiam facilmente ser confundidos por banda inglesa, não fosse a língua... Tem algo que caracterize vossa música como da Letônia?

J Acho que tem algo de contemplativo que é característico da nossa atitude, da nossa identidade local.

Quem chamariam para tocar num festival?

J Basicamente bandas com atitude positiva. Bandas criativas e interessantes. O legal seria um festival que trabalhasse decentemente uma questão social por exemplo, sem papo furado ou demagogia. Que estimulasse as pessoas a terem atitudes mais saudáveis com relação ao meio ambiente, e ao próximo.

Quais as bandas mais legais da Letônia?
J A melhor música daqui vem da área clássica: Peteris Vasks, Arturs Maskats, Eriks Esenvalds. Do pop local eu diria que provavelmente as mais destacadas são Satellites LV, Mofo, Tribes Of The City, The Mundane e Oceanfall. Os mais famosos, claro, são os Brainstorm.
Você disse que a banda tem trabalhado no disco novo em períodos noturnos, por causa do trabalho.
J Pois é, já fizemos uma primeira session em estúdio com material do próximo disco, que esperamos lançar ainda nesse ano pela etiqueta Series Two. Vamos ver o que acontece. Esperamos que seja nosso melhor disco, claro [Risos]. Todo mundo tem outros trabalhos e alguns têm famílias – a grande paixão, que é a música, fica para o tempo livre. Eu trabalho com design gráfico, o que me dá uma visão diferente das coisas. Procuro trazer algo como simplicidade, ou algum outro valor estético, para a minha música.

TOM WAITS, NIGHTHAWKS ON THE RADIO

O "american composer" e guitarrista sublime Frank Zappa detestava pirataria. Não curtia, claro, o fato de que vários de seus títulos circularam, ao longo dos anos e em diversas praças, na base do clone, da falsificação, da réplica ilegal. E também não simpatizava com o universo dos bootlegs – vertente, digamos, mais branda da pirataria, que parece(u) gozar de certo salvo-conduto artístico por ser uma atividade mais próxima do fã, com interferência menor nas carreiras discográficas, já que falamos invariavelmente de registros alternativos como shows, gravações perdidas etc. O capricho gráfico, de produção de alguns desses bootlegs é de fazer inveja aos lançamentos oficias das grandes corporações. Para a indústria do disco, tudo a mesma coisa: atividade ilegal e condenável.

Na briga contra o elusivo e gigante mercado dos bootlegs, Zappa encampou curioso projeto de contra-ataque no limiar da década de 90. Consultou um especialista na sua (gigante) discografia não-oficial, selecionou os 15 títulos mais legais/famosos/prediletos e os lançou, através de dois pacotes, em caráter oficial. A série *Beat The Boots* fez a alegria daqueles que só conheciam esse ou aquele título (tiragens sempre reduzidas), mas não resolveu exatamente a questão. Tudo bem que mais gente teve acesso aos discos, com qualidade melhorada, mas os bootlegs originais passaram a valer mais e nada disso impediu que Zappa continuasse a ser um dos artistas mais perseguidos pelos produtores clandestinos planeta afora.

O músico de Baltimore não foi o primeiro e nem o único a atacar, dessa forma, esse lado da sua pirataria. O Sr. Zimmerman, por exemplo, também tem sua *Bootleg Series*. Aliás, segundo o jornalista Clinton Heylin, no seu fantástico livro *Great White Wonders – A History of Rock Bootlegs*, é o próprio Bob Dylan quem inaugura o filão dos bootlegs no rock (já ocorriam no âmbito da ópera, do jazz e do blues). Ou melhor, os espectrais responsáveis pelo bolachão *Great White Wonder*, que começou a pipocar em pequeno circuito de lojas independentes de Los Angeles, no verão de 1969. Na capa de papelão, só as 3 letras, GWW, e nos dois discos (selos brancos), material inédito de Bob Dylan – gravações caseiras de 61 e 67. Para Heylin, e especialistas em geral, surgia aqui toda uma nova indústria de discos. Alegria quase irrestrita dos apaixonados e entusiastas desse ou daquele artista. Do outro lado, emoções e reações variando de acordo com a percepção de cada um desses artistas com relação à questão (exemplo grande de liberação geral é o do Grateful Dead, que praticamente incentivou a atividade, chegando ao ponto de criar áreas exclusivas nas dependências de seus concertos, para que os interessados em registrá-los o fizessem de maneira algo organizada).

Tudo isso para dizer que, se fizerem um listão com os títulos obrigatórios da discografia alternativa de Tom Waits, *Nighthawks On The Radio* é um daqueles que absolutamente não podem ficar de fora. Aliás, dada a qualidade quase transcendente do registro, é quase um crime que não tenha, ainda, uma versão oficial em circulação.

Em Nova Iorque, no dia 14 de dezembro de 1976, fazia um frio danado na rua. Nas dependências do estúdio Media Sound, a situação é bem diferente. Com o produtor radiofônico Vin Scelsa estão o baterista/percussionista Ralph Ebler e um já notório Thomas Alan Waits ao piano.

Ao cabo de aproximadamente uma hora terão gravado um programa especial chamado Nighthawks In The Studio – referência ao disco *Nighthawks At The Diner* de Waits, lançado em 75. Transmitida parcialmente à época, a session seria retransmitida integralmente quase 20 anos depois, em 24 de março de 96, numa edição especial do programa From The Archives Weekend, pelo próprio Scelsa e nas mesmas ondas radiofônicas da WNEW-FM. Por ocasião dessa celebração surgiu, em caráter semi-oficial ("proibida a venda, só para trocas"), com a chancela do produtor, o disco *Nighthawks On The Radio*. A partir desse registro, a session começou a circular no mercadão abstrato dos bootlegs. E se impôs como fetiche, necessária para quem quisesse sacar legal a obra do cultuado e peculiar músico californiano Tom Waits.

Por conta da alta qualidade técnica do material, somos arrastados (clichê dos clichês radiofônicos que só funciona quando as coisas estão... funcionando!) para dentro da brincadeira. Sem roteiro ou ensaio, na base da conversa descontraída regada a cerveja e cigarros, o animado (de modo discreto) e algo reverente (sem chateação) Vin Scelsa vai pontuando a narrativa geral das canções com pequenas e procedentes indagações de teor biográfico. É quase possível sentir o cheiro da cerveja e cada cigarro aceso parece ter seu lugar específico nessa jam. Tosses e engasgos não são obliterados por questões de padrão... Em alguns momentos, as conversas se transformam nas músicas do repertório sem forçação de barra alguma, simplesmente se harmonizam nas narrativas saltitantes, sinuosas de corte blues/jazz.

Tom Waits fala de Los Angeles e discorre sobre os fetiches da subcultura automobilística endêmica do sul da Califórnia – o fascínio pelo motor e a estrada, quase mais importante que a puberdade! Elabora, à sua maneira, sobre suas influências, preferências e referências. Sobre não ser exatamente um cantor de jazz. Mose Allison comparece, assim como Lord Buckley e Charles Bukowski também dão o ar da graça na conversa. E é sintomático que Waits cite o maldito Bukowski: sua voz poderosa se transforma ocasionalmente num grunhido disforme, as palavras são praticamente vomitadas num dialeto que, por incrível que pareça (ou não), acabam por transcender seu próprio significado. Poesia musical em estado bruto...

Com repertório dos discos *The Heart Of Saturday Night, Nighthawks At The Diner, Small Change* e *Foreign Affairs*, esse *Nighthawks On The Radio* já nos revela um artista totalmente embalado, imerso na sua trip pessoal. Ainda faria muita coisa, claro, mas é surpreendente perceber o quão resolvido o músico já estava com relação aos seus caminhos estéticos.

Em "A Sight For Sore Eyes", ecos do conterrâneo iconoclasta Captain Beefheart. Em "Step Right Up", um Cab Calloway da quebrada. E na impagável "Diamonds On My Windshield", efeitos sonoros (vocais) espetaculares para ilustrar crônica divertida sobre as maravilhas proporcionadas pelo primeiro carro.

Tom Waits é um dos mais legítmos e (im)pertinentes herdeiros dos beatniks. Transita pelo blues e pelo jazz com a graça truculenta de um visionário caprichoso que quer fazer as coisas à sua maneira. Léxico dominado, faz música das altas esferas. Se encanta com certas tradições essencialmente americanas da canção, e nos encanta pelo desvirtuamento alucinado com que abraça essas tradições.

Música de verdade (!?), em transmissão que, felizmente por conta de sua natureza radiofônica, continuará a circular pelo espaço por toda a eternidade.

SEVEN THAT SPELLS

Atenção (e um exultante viva!) senhoras e senhores às tempestuosas transmissões guitarrísticas despachadas dos confins da galáxia psicodélica pelo satélite Seven That Spells e seu alucinado capitão Niko Potocnjak. Rifferama pós-atômica – de referências comprimidas e transfiguradas – de prazo de validade indeterminado e efeitos colaterais reais e imprevisíveis. Ou, de outra forma, Niko Potocnjak é um cara legal, divertido à beça, guitarrista monstrinho que vem apavorando certo sistema de sons instrumentais viajantes com seu poderoso trio Seven That Spells. Diretamente de Zagreb, na Croácia.

Na ativa desde 2003, quando surgiu como power trio, digamos, mais ortodoxo, o Seven That Spells já contou com a presença de aproximadamente 50 músicos em suas fileiras. Nesse tempo Niko trabalhou, qual alquimista maluco, sua estranha fórmula acidulante, imprimindo ao seu psych rock moderno e agressivo, curiosas e sensuais características formais e poéticas – "polimetrias e os ocasionais ritos funerais vikings"!

O Seven That Spells, assim como alguns de seus comparsas sônico-filosóficos (Acid Mothers Temple, White Hills, Oresund Space Collective, U.S.Christmas, Ozric Tentacles), trabalha intensamente sua produção discográfica – o oitavo álbum, *Superautobahn*, deve ser lançado até o final do ano.

Mas o que pega mesmo é a dimensão "live". Tocar, tocar e tocar. Essa é a missão do Seven That Spells: cair na estrada cósmica dos sons balsâmicos e fazer a alegria de quem cruzar seus bizarros e coloridos caminhos.

De Zagreb, na Croácia, fala o nosso animado chapa **Niko Potocnjak**, com exclusividade para Mondo Massari.

Internet e Brasil.
Niko Potocnjak Minha opinião é a de que a internet nos deu e dá muito em termos de informação, velocidade de comunicação etc, mas definitivamente matou o elemento surpresa graças à sua eficiência brutal. Do Brasil conheço, e ouço, só duas bandas: Mutantes e, claro, Sepultura!
Falando em cena, existem bandas similares ao Seven That Spells aí na Croácia? Se sentem "isolados" de alguma maneira?
NP Não, acho que não... Existem umas bandas legais de stoner rock, tipo Cojones e Stonebride. E umas bandas psicodélicas mais "old school", como Fjodor. Mas ninguém tem o fator de piração que a gente tem, a selvageria – tô aqui falando de estilos musicais, pegadas diferentes, nada a ver com qualidade, claro. Para citar do livro *Medo e Delírio em Las Vegas*: "ele é um tipo de super mutante/muito estranho para viver, muito raro para morrer." [Risos]
Psicodélico e improvisação: essas parecem ser as palavras inevitáveis quando o assunto é a banda, certo?
NP Pois é, a coitada da palavra "psicodélico" tem sido tão maltratada, mal interpretada através dos tempos, da história do rock, que acabou perdendo seu significado. Várias das bandas ditas psicodélicas que são baseadas em improvisação soam super chatas para mim – gosto de

música excitante, perigosa! Mas as pessoas precisam da sua dose de etiquetas, algo a que se agarrar, para poder descrever, capturar a música de maneira mais rápida, fácil. Quer saber? Qualquer uma dessas etiquetas tá valendo para o Seven That Spells – eu não ligo a mínima. Eu vou tocar o meu rock até morrer – o resto não tem importância para mim.

Vocês ensaiam muito? Gostam de trabalhar em estúdio?
NP Na verdade, isso depende muito. Muita gente passou pela banda nesses 7 anos, uns 50 músicos, então com cada disco a situação é diferente. Cada um tem seu conceito e o jeito de se abordá-lo é que muda: em alguns casos, liberdade geral; já outros são mais cerebrais, premeditados. Eu gosto de trabalhar em estúdio, mas quero ser o mais eficiente possível – basicamente porque somos duros [Risos]. Às vezes trabalhamos gravação e mixagem com técnicas totalmente analógicas. Em outros casos, digital geral. O Seven That Spells é uma banda muito flexível. [Risos]

Queria falar sobre os títulos dos discos, né?! Superautobahn, Black Om Rising *e, principalmente,* Men From Dystopia *e* My Mommy Wants To Kill Your Mamma. *Referências não muito subliminares aos seus prediletos?*
NP Nada subliminar mesmo, direto e reto e na maioria dos casos engraçado e/ou bobo! O rock basicamente estaria morto sem o humor, sem algum tipo de pensamento mais abstrato. Eu faço música completamente influenciado pelo passado, o tempo não significa nada, a boa música sim! Eu só acrescento temperos diferentes, um ataque mais agressivo ao clichê do rock psicodélico. [Risos]

Como se deu sua conexão, seu trabalho em discos e shows, com o guitarrista insano Makoto Kawabata e o pessoal do Acid Mothers Temple?
NP Fácil: conheci o Makoto e trocamos uma ideia! Ele foi – e continua sendo – uma forte influência no meu jeito de tocar guitarra. Ele é um dos caras mais legais, mais "cool" que eu já conheci nos meus rolês pelo mundo. Fiz vários trabalhos de design para ele e uns lances de edição em vídeo. Ele tocou em alguns dos nossos discos e armou nossa turnê japonesa. Basicamente isso: uma moderna troca do tipo rock'n'roll!

Enquanto vocês não tocarem no Brasil, estamos perdendo o que?
NP Não estão perdendo nada! Nós é que perdemos muito, porque não temos a grana para as passagens de avião [Risos]. Rock'n'rolll!

OZRIC TENTACLES

Como uma espécie de família Robinson do novo milênio, perdidos estelarmente nas quebradas da galáxia dos bons sons, continuamos nossa elíptica aventura devidamente embalados pelos deslocamentos eletromagnéticos provocados pela guitarra do nosso anfitrião da semana passada, Niko Potocnjak – e seu bombástico Seven That Spells.

Na mesma rota cósmica das sonoridades inclassificáveis, parada para abastecimento, recarregamento das energiais vitais nos domínios fantásticos do mago guitarrista Ed Wynne. Recepção calorosa dos Ozric Tentacles e suas xamanísticas suítes parapsicodélicas transbordantes de groove e de rifferama transcendente.

Hoje uma curiosa instituição inglesa, a banda Ozric Tentacles surgiu durante uma jam de 6 horas no lendário festival de Stonehenge, em 1983 (curiosamente já se falou, em caráter oficial, que foi em 84!). Típica cria de uma cena de festivais realmente alternativos que aconteciam na Inglaterra do período (eventos de corte liberal, com forte apelo hippie, muitas vezes organizados algo clandestinamente em locações secretas, bastante perseguidos pelas autoridades locais), de cara impuseram sua marca.

Estética de fantasia do tipo Tolkien doidão nos trópicos e as impressionantes, impossíveis guitarras em espiral de Ed Wynne – seus extasiantes fraseados ultra-articulados e cheios de referências formais não convencionais. Floreios eletro-eletrônicos de apelo ao transe raver, cozinha poderosa e cheia de suingue, especiarias percussivas en el coco.

Para os colecionadores, chegados numa arqueologia discográfica, vale procurar pela já lendária caixa de sucrilhos da banda, *Vitamin Enhanced*, lançada em 94 e esgotada praticamente desde então. Em 6 CDs, reúne os também muito colecionáveis primeiros registros da banda em cassete, cobrindo o período 1984-89. A caixa de sucrilhos é referência direta à explicação mais oficial acerca do significado do nome da banda. Cereais psicodélicos alguém?

Em 89, já cobiçados por gravadoras de verdade (?), decidem caminhar pela independência e estabelecem a etiqueta Dovetail Records, debutando em longa duração com *Pungent Effulgent*.

Em 91 se arriscam no estranho formato (pelo menos para uma jam band de peças, digamos, radiofonicamente inviáveis) single, com *Sploosh!*. E, por curiosa conexão astral, caem nas graças da então emergente cena dance (ecstasy, raves e derivados) local. Primeiro lugar nas paradas indie!

Em 93, o álbum *Jurassic Shift* entra para o top 10 na parada oficial britânica.

Nesse quarto de século de intensa atividade, duas dezenas de álbuns registram a doida cosmogonia, a colorida, divertida e emocionante visão de mundo (mágico) de Ed Wynne e seus Ozric Tentacles. Há quem diga que são sempre os mesmos discos – cá entre nós, isso é elogio... E no padrão viajante das capas, janelas para que miremos encantados esse mundão de sons instigantes, poderosos e transformadores.

O disco mais recente de estúdio é *Yum Yum Tree* – de fato, deliciosamente igual aos outros. Música instrumental que dispensa classificação, escorrendo como seiva de uma milenar árvore sagrada, talvez uma tal de "Plant Music". Os Ozrics parecem conhecer o caminho.

SHINING

Na categoria disco demolidor do ano, vai ficar difícil para a concorrência. *Blackjazz*, álbum de número 5 do quarteto norueguês Shining, tem a força arrasadora de um buraco negro. E não deixa de ser sintomática a presença desse lado negro da força já no nome desse mais recente álbum da banda do craque multiinstrumentista (e vocalista) Jorgen Munkeby (oriundo da instituição local Jaga Jazzist, que abandonou ainda garoto – prodígio – para criar o Shining no finalzinho da década de 90). Da terra do black metal e de vertentes algo experimentadoras do jazz, comparece esse registro explosivo e transcendente que combina rifferama ridiculamente pesada com articulações espertas e sinuosas.

Se no começo – pelo menos nos dois primeiros discos – a pegada jazzística era um pouco mais ortodoxa, nesse *Blackjazz* a quebradeira chega ao ápice do inclassificável. Basicamente, em alguns momentos parece um disco do Ministry! A cover de King Crimson ("21st Century Schizoid Man") que fecha o disco, também diz algo a respeito das tramas complexas que esperam quem se aventurar pelos círculos desse jazz infernal.

Não exatamente chegados em conversas fiadas, toparam trocar ideia rápida com a coluna, na condição de que fosse algo concentrado, duas, três perguntinhas apenas. De Oslo, com exclusividade para Mondo Massari, fala **Jorgen Munkeby**.

Nesses tempos de música de graça na internet – goste o artista ou não – queria saber do seu entusiasmo com o formato "álbum". Existe ainda aquela aura de, digamos, antigamente? Do ponto de vista artístico, da criação, mudou muito a atitude, a vida da banda em estúdio? E você ainda compra discos?
Jorgen Munkeby Para mim, o álbum ainda é a fonte mais importante para a música nova. Embora eu ainda tente ir ao maior número de shows possível, ainda compro mais discos do que vou a esses shows – e imagino que esse seja o caso da maioria das pessoas. Eu tenho o meu iPod e uso direto, mas não comprei mais do que alguns pares de músicas na net. E nada de downloads. Eu realmente prefiro ter o CD original (não compro muita coisa em vinil), com encarte, capinha, aquela coisa toda. Depois acabo por ouvi-los no iPod. Acho que assim fica mais fácil para eu me lembrar dos discos, separá-los de algum jeito na minha cabeça. A arte das capas e as informações complementares ajudam o cérebro a criar certos tipos de ganchos para capturar os sons, acabamos por conhecer o álbum mais intimamente. Acho que esse é o caso da maioria das pessoas, dos seres humanos, e não acho que nosso cérebro vá mudar muito nesse sentido num futuro próximo. Ainda preferimos a coisa real, e continuaremos a ter uma relação de sub-valorizar arquivos digitais sem cara, totalmente impessoais.
Mas, tendo dito isso, devo admitir que o formato álbum parece caminhar para uma certa morte nesses tempos. Acho que isso é muito triste e compromete a música e sua qualidade. Quando as pessoas deixam de comprar música (álbuns em geral), a indústria sofre economicamente: as lojas não faturam o suficiente com os artistas grandes a ponto de justificar um estoque de artistas menores, iniciantes; os distribuidores não ganham com os selos pequenos, então os descartam;

os selos (grandes ou pequenos) ganham menos com os grande nomes e nada com os pequenos, o que significa prejuízo para todo o espectro das bandas. Os músicos têm então menos grana para investir no novo disco, fazê-lo melhor do que o anterior; terão então menos tempo para compor e ensaiar, terão que mudar para um estúdio mais barato com equipamento ruim e não serão capazes de aprimorar a performance. E comprometerão o produto final.

De modo geral, haverá mesmo um comprometimento de qualidade: primeiro sofrerão os artistas, mas na sequência o público em geral, porque haverá menos música boa, menos músicos profissionais e compositores. E os que ainda estiverem por aí, terão que cobrar muito mais dinheiro nas instâncias em que isso ainda lhes for possível: shows por exemplo.

Quase sempre que se lê algo sobre o Shining, eis que surge o "jazz experimental". Está de acordo com essa definição? Às vezes o nome do Zappa aparece também: esse jazz que vocês fazem é tipo aquele "jazz from hell" que ele fazia? Ele nunca gostou muito daquela coisa de jazz-rock...

JM Não acho que esse lance de "jazz experimental" tenha a ver com nossa música, pelo menos não mais. Eu realmente gostaria de ter apenas uma palavra para descrever nosso som, assim não teríamos que forçar a barra juntando palavras para descrevê-lo. Realmente tentamos fazer com que a nossa música seja uma mistura natural, desencanada, de ideias em erupção, não uma colagem fria de diferentes tradições sonoras. Apesar de não soarmos exatamente como Zappa, acho que temos muitos dos mesmos objetivos que ele tinha (esse lance da mistura natural das ideias). Adoraria que ele curtisse nosso som se ainda estivesse por aí!

Essa é fácil, a questão norueguesa: existe alguma caracterísitca que faz do Shining uma banda essencialmente norueguesa? A música da banda é intensa, abrasiva... quente. Qual é a desse calor norueguês?

JM Pelo que entendo do assunto, a Noruega é conhecida principalmente por 3 tipos de música (pelo menos nas últimas duas décadas): o chamado "Mountain Jazz", de Jan Garbarek, Mari Boine, Nils Petter Molvaer etc; o tal do "Nu-jazz", do Jaga Jazzist, Wibutee, Supersilent...; e o "Black Metal", de incontáveis bandas como Burzum, Darkthrone,

Dimmu Borgir, Mayhem, Enslaved, Emperor, Immortal etc. Acho que o Shining não se encaixa exatamente em nehuma dessas categorias, mas vejo sim coisas em comum: todos esse artistas/músicos/bandas têm uma certa urgência de criar algo novo, único, sem ligar para o eventual fato do resto do planeta achar que é tudo esquisito (pelo menos no começo, depois as pessoas passam a entender!). Acho que esse é um aspecto que podemos chamar de "norueguês", pelo menos está de acordo com traços da nossa tradição cultural e ideais: fazer o que a gente acha que é certo, sem ligar a mínima para o que os outros dizem. Acho que isso, somado à perseverança e a uma forte ética de trabalho – nunca desistir! – contribuiu para a construção de um panorama musical único como o nosso.

NINA HAGEN, 22 DE JANEIRO DE 1985

Com a principal porta de acesso ao barco ainda fechada, o que há mais ou menos uma hora até se parecia com uma fila virou bagunça. Mas apesar dessa ou daquela exceção mais exaltada – ficar espremido por causa de atraso exagerado, no calor, enquanto a moça da organização não fala coisa com coisa, pode esquentar mesmo alguns ânimos – as pessoas parecem se divertir.

Minha preocupação, no entanto, juntamente com alguns dos comparsas de balada, é colocar para dentro da caravela o aparelho gravador que capturará, registrará o evento mezzo histórico que está para acontecer.

Apesar da segurança severa, o velho e inocente expediente da bolsa da amiga se faz valer e estamos a bordo e prontos para a blitze nesse estranho ballroom.

Dias depois (talvez algumas horas), a fita cassete Basf LH ExtraI, de 90 minutos, já tem capa personalizada (sobre anúncio de jornal) e integra divisão especial da coleção – gravações originais de corte bootleg do tipo "eu-estava-lá".

Pouquíssimas cópias de fato existiram dessa gravação, muito provavelmente só duas sobrevivem.

Nesse dia 22 de janeiro do ano de 1985, uma terça-feira, apresenta-se na casa noturna paulistana Latitude 3001°, a responsável pelo "maior show do Rock In Rio", a cantora alemã Nina Hagen.

Aproveitando a moral conquistada poucos dias antes no histórico megafestival (chegou bem à reta final da überbalada, qual simpático e espalhafatoso azarão no meio de feras e grifes), a cultuada Catharina Hagen baixou na cidade para duas "únicas apresentações ao vivo com exclusividade" no inusitado clube Latitude 3001° – na verdade aconteceria ainda outra "única apresentação" no Palácio das Convenções do Anhembi, no dia 24.

O Latitude 3001° foi certamente uma das mais estranhas casas de espetáculo/show do cenário "live" paulistano do meio dos anos 80. Clube de vários ambientes, tratava-se de uma verdadeira e até imponente embarcação de madeira ancorada às margens da avenida 23 de Maio, já nas proximidades do parque do Ibirapuera. No modesto e algo elevado palco desse galeão do asfalto se apresentaram nomes importantes do rock nacional do período, como Plebe Rude, Ultraje a Rigor e Ira.

A passagem da polêmica cantora alemã pelo barco fez a alegria dos amantes das sonoridades, digamos, mais alternativas... ou realistas mesmo. Num certo sentido, com a exceção do Police em 1982 (vale considerar as Go-Go's e os B-52's nessa divagação), Nina representava legitimamente uma certa intimidade, garantia de alguma maneira certa proximidade com o universo do punk/pós punk/new wave e afins sônico-estéticos. Ainda que chegasse como veterana com 8 anos de estrada e meia dúzia de discos lançados, projetava frescor artístico – garantia-nos uma certa vibe de contemporaneidade, uma sacação mais intensa, imediata, do tal do espírito (dos bons sons) da época.

A discografia básica até a chegada de Nina Hagen ao Brasil:

Nina Hagen Band – Álbum de estreia lançado na Alemanha em 1978 (edição internacional em 79). "TV Glotzer" é uma releitura da clássica "White Punks On Dope", dos tresloucados The Tubes – sempre uma referência, por conta da imprevisibilidade do ataque punk/prog e do apelo provocador das performances. Uma das faixas fala da famosa estação Zoo de Berlim, imortalizada depois por Christiane F.

Unbehagen – Representando grande salto de qualidade na comparação com a estreia, nesse segundo registro Nina vem acompanhada de novos e afiados músicos (depois seguiriam sem ela, como Spliff). Lançado em vinil na Alemanha em 79 (edição internacional em 80), o álbum já nos revela a incrível versatilidade vocal de la Hagen – narrativas de certa decadência existencial, o desconforto do título, em molduras de artrock estranho e de recorrentes inflexões reggaeras.

Nunsexmonkrock – Clássico da safra 82, é o disco novaiorquino da cantora. Primeiro totalmente concebido em língua inglesa – ainda que do jeitão da autora –, conta com participações ilustres de Paul Shaffer (aquele mesmo do David Letterman) e do mítico guitarrista inglês Chris Spedding (aquele dos Sex Pistols!). Deliciosa confusão de ritmos – rock, punk, funk, opera, reggae – a serviço do doido sincretismo pregado por Nina. Sexo, drogas, política, religião, pirações místicas e a voz impressionante de uma artista que parece desconhecer, ignorar, tripudiar dos limites. Caso remoto daqueles registros que parecem até melhorar com o tempo. *Nunsexmonkrock* circulou muito por aqui – item discográfico obrigatório nas coleções (proto-indie) da época.

Angstlos/Fearless – Versões do mesmo disco (83/84), marcam nova mudança nos caminhos sônicos de Nina Hagen. Primeiro dos registros californianos, tem produção do legendário Giorgio Moroder e, consequentemente, pegada mais dançante. Daqui saiu um nono lugar na parada americana, "New York, New York", e um romance duradouro com o Chili Pepper Anthony Kiedis, que participa do rap "What It Is".

In Ekstasy – Um pouco mais do mesmo clima Califórnia nesse álbum de 85. Muito do repertório brasileiro saiu daqui...

Nesse cabaré de Nina Hagen todos vestem preto. Couro e muito suor. Meio atabalhoadamente, nossa comandante desfila seu modelito S&M com cachorrinho de pelúcia adornando estrategicamente a fivela do cinto. De língua para fora, claro. Nina troca uma ideia com o público, mas nada de apelo muito carnavalesco ou populista. Os quinhentos e tantos pagantes (que desembolsaram algo entre 120 e 150 mil cruzeiros pelo ingresso) parecem não se importar – respondem a tudo com entusiasmo, entram no clima e abraçam a oportunidade, a causa dessa festa punk de saloon decadente europeu – com ecos mil de um soundsystem jamaicano, estandartes de rock festivo e uma pitadinha de gospel berlinense. Numa barca no coração de Sampa!

O set:
"La Habanera"
"1985 Ekstay Drive"
"White Punks On Dope"
"New York, New York"
"Zarah"
"Universal Radio"
"Spirit In The Sky"
"Gods Of Aquarius"
"African Reggae"
"The Holy Spirit"
"Russian Reggae"
"Herman's High"
"Ballroom Blitz"
"My Way"
"Don't Think Twice It's Alright"

A banda:
Nina Hagen – voz
Roger Scott Craig – teclados
Peter Krause – bateria
Karl Rucker – baixo
Billy Liesegang – guitarra

Singrando os mares da twilight zone,
a nau de Nina Hagen manda sinais...

THE BLOOD OF HEROES

Na intensa briga por um lugar de destaque no listão de bons lançamentos da safra 2010, quem chega arrasando é o supergrupo The Blood Of Heroes – e já vale considerar que são tempos graúdos para as articulações estelares, formações por vezes estranhas, inusitadas, mas aqui e ali pertinentes... Tem supergrupo de tudo quanto é jeito e invariavelmente a expectativa em torno dos resultados vem a reboque do naipe dos elementos envolvidos. Existem, claro, os que abraçam a oportunidade por conta de certo oba-oba inevitável. Mas eventualmente surgem os que estão nessa pela experiência, pela trip de trilhar os nossos tempos da melhor maneira possível.

Com chancela da etiqueta Ohm Resistance, essa algo discreta superbanda anglo-americana despacha seu cinematográfico debute em longa duração, o epônimo *The Blood Of Heroes*. Capturando como poucos o espírito da época em que vivemos - de hibridismos sônicos quase sempre inclassificáveis – o The Blood Of Heroes acerta muito a mão na sua fusão transcendente de ideias e ritmos. Eletrônica dos novos tempos, beats apocalípticos, ecos de dub monstruoso e rifferama cortante e emocionante. Com a nítida sensação de que tudo é muito orgânico, natural - como se desses encontros rituais (alguns transoceânicos) brotassem, sem forçação de barra alguma, essas pequenas gemas de pós-triphop pesado e viajandão.

Sob o comando camarada dos capitães da empreitada, o já legendário baixista (multiinstrumentista, produtor e dono de selo) norte-americano Bill Laswell e o seminal (e low profile) guitarrista inglês Justin Broadrick, dão o recado comparsas ilustres como Dr. Israel, End.user e Submerged - na representação das vibrações mezzo rastafári, das frituras paraeletrônicas e do léxico (triturado) de certo hiphop sombrio.

A primeira impressão de "Blinded", que abre os trabalhos de maneira urgente, é a de que poderia figurar na trilha de uma possível refilmagem (melhorada) de *Judgement Night*. Em poucos instantes, porém, somos atacados pelo fantasma anfetaminado da quebradeira drum'n'bass e aí não tem mais volta.

Lynn Standafer é End.user, de Ohio, produtor de hip hop, jungle e drum'n'bass. Fã de Skinny Puppy.

Kurt Gluck é Submerged, produtor do Brooklyn, cofundador da etiqueta Ohm Resistance.

"Salute To The Jugger" é raga-jungle belicoso; "Transcendent" é ambient estranho e envolvente da escola Aphex Twin.

"Repositioned" é crônica burroughsiana de efeito narcótico; poderia integrar, por aproximação, *The Road To The Western Lands*, registro discográfico do Material, com a assinatura de Laswell, dedicado ao escritor norte-americano. A narrativa, no caso dessa "Repositioned", trata de um futuro despedaçado em que a única diversão parece ser "o jogo" - uma história de vitória, morte e honra.

Em "Remain" destaca-se a guitarra, única, já instantaneamente identificável, de Justin Broadrick.

Sobre o guitarrista de Birmingham, basta dizer que é um craque do seu tempo e tem tido sua importância (e influência) progressivamente reconhecida ao longo dos anos.

Atacou de punk DIY com a banda Final e gravou *Scum*, do Napalm Death, no meio dos anos 80 (até hoje seu maior bestseller – mais de meio milhão de cópias vendidas). Integrou o cultuado grupo Head of David e liderou a importantézima Godflesh. Com Kevin Martin (hoje The Bug) trampou no God e juntos apavoraram com seu Techno Animal. Dentre muitos outros, produziu Pantera, Isis e Earth. Hoje à frente do fantástico Jesu, diverte-se trabalhando sua tradição, seu discurso de guitarrista de metal extremo/experimentador em molduras, tramas mais "pop". Em poucas instâncias riffs tão pesados e densos soaram tão belos.

The Blood Of Heroes é um filme, de produção australiana, dirigido por David Webb Peoples em 1989. Co-roteirista de *Blade Runner* (assinou alguns sucessos, como *Ladyhawke*, *Os 12 Macacos* e *Os Imperdoáveis*), Peoples se reencontraria aqui com seu chapa, o ator holandês Rutger Hauer. Correria geral e muito sangue nesse thriller de ficção científica pós-*Mad Max* - em que se disputa "o jogo", para deleite das massas em conflito.

The Blood Of Heroes, a banda, declara inspiração nesse curiosos artefato do cinema de fantasia. Mas dessa possível trilha alternativa que é o disco *The Blood Of Heroes*, saltam para fora, nos assaltam, fragmentos bombásticos, retratos ultrarrealistas do estranho presente em que nos (ou não) encontramos.

DRINK TO ME
Para celebrar mais um destaque das novas (boas) safras do indie italiano, um brinde batizado com especiarias estimulantes e de inspiração (metafórica) brasileira. Se acreditarmos nos elogios especializados, praticamente unânimes, estamos diante da banda mais legal do rock italiano na atualidade. Simples assim. E a culpa dessa moral toda do trio Drink To Me foi, é garantida pelo seu segundo registro em longa duração, lançado há um parzinho de meses, o disco *Brazil*.

Surgido como quarteto em 2002, na cidade de Ivrea (província de Turim, na região do Piemonte), o Drink To Me lançou inicialmente 4 EPs, no formato CD-R, pela etiqueta ultraindependente Stuprobrucio Records (que lançaria também um colecionável split-single de 7" em parceria com a banda Edible Women). A ótima recepção desses trabalhos, que já revelavam algo da complexa fórmula dançante da banda (de pegada musculosa e vibrações póspunk), serviu de estímulo à rapaziada que encampou projeto aventureiro de gravar o debute em longa duração na Inglaterra - com algumas grifes do mercado internacional dos bons sons.

Don't Panic, Go Organic! foi gravado em Londres, em 2006, e lançado pela Midfinger Records, em 2008. Com trabalhos técnicos assinados pela cobiçada turma do produtor Alan Moulder, trata-se de estreia de fôlego, na correria discopunk característica do período, na cola, com graça, dos modelares LCD Soundsystem (referência necessária e pertinente quando se fala nessa fase do Drink To Me; mais tarde os italianos entrariam para o time de bandas que regravaram alguma pérola do cabuloso combo de James Murphy).

Andy Savours, que já trabalhara com Blonde Redhead, Yeah Yeah Yeahs e The Horrors, mixou a bolacha; não deixa de ser curioso perceber que o discurso sônico bem particular de uma das mais internacionais das bandas (fundamentalmente) italianas, o Blonde Redhead, se imporia de alguma forma nas conversas futuras do Drink To Me - nas crônicas realistas e grooves espertos do surpreendente *Brazil*, o disco.

Para gravar *Brazil*, o vocalista e guitarrista (e manuseio de samplers) Marco Jacopo Bianchi, o baixista (tecladista e guitarrista) Carlo Casalegno e o baterista (responsável gráfico pelo projeto legal do disco) Francesco Serasso se decidiram pela opção caseira. Diretamente dos estúdios Superbudda de Turim, com trabalhos técnicos de grifes do indie local, saiu aquele que é, de fato, um dos registros mais contundentes da multifacetada cena local.

Já sabemos que embarcamos em viagem diferenciada na abertura "Small Town", e seus ecos estranhos, transmissões confusas do satélite Flaming Lips. "B1" é pop alienígena dançante, teria lugar garantido na pequena gema discográfica (e transgressora) que é *Post Nothing*, álbum dos canadenses doidinhos do Japandroids. "The End Of History (America)", primeiro hit de *Brazil*, reforça as manias circulares, as explorações algo mântricas da banda nas suas baladas imponentes e charmosas – com boas doses de saudável nerditude e indulgências sônicas peculiares. Tipo Animal Collective das fases mais recentes, sem ofensa.

"David's Hole" tem a graça bubblegum do indiefolk, torto, praticado por The Mae Shi e Starlight Mints. Na ótima (e metalinguística!) "Amazing Tunes" somos instruídos a não prestar atenção à letra, já que a banda não tem nada a dizer. O refrão se foi, vale a simplicidade. Viva a simplicidade. "We're Human Beings" e "Paul and Kate" são viajantes trilhas para aquele colorido e sinistro parquinho de diversões em que se refestelam as vibrantes e hedonistas almas do milênio - vale, como sacação da cena abstrata em que a banda se insere, uma conferida nos conterrâneos do Disco Drive e do Offlaga Disco Pax.

E na fantástica "B9", os segredos subliminares dessa viagem que é *Brazil*: qual os escorregadios Liars manipulando aquela "aquarela brasileira", o Drink To Me faz surreal uso do mote brasileiro, do seu DNA, para mutar seu eletrorock cosmopolita e transformá-lo em algo, se possível, transcendente. Insondável e selvagem.

Esse *Brazil* da banda Drink To Me, retórica manquitola descontada, não é exatamente um disco revolucionário. Imagino que nem tenha sido essa a ideia. Mas algo deu muito certo nessa experiência genético-musical. A segurança com que a garotada do Drink To Me despacha esse petardo de novo rock requebrante (e cerebral) chega a impressionar. Assim como no caso do *Brazil* de Terry Gilliam, o filme, dificilmente se fica indiferente frente a *Brazil*, o disco. E pode apostar que muito da culpa é nossa. E ninguém tasca.

7 POLEGADAS

Transmissão compacta nessa edição de Mondo Massari. A propósito, compacta de movida a compactos de 7 polegadas.

Na vibe de efeméride pessoal, anoto essa coletânea de registros marcantes e prediletos. Espalho-os aqui como fotos, instantâneos de um possível álbum de viagens sônico-existenciais. Além de suas histórias, digamos, técnicas, esses singles contam também uma outra história, estão devidamente eletrizados, energizados pelas emoções e sensações e reações que provocaram em mim num determinado momento, ou em precisos momentos recorrentes... Contam, ainda que de maneira prosaica, ou cifrada mesmo, um pouco da minha história.

Memorabilia em 7 polegadas.

Gianni Morandi – *Capriccio/Chissà...Però...* (RCA Victor, 1971): Na representação das impactantes categorias de base - primeiras audições transformadoras - esse é o ícone Emiliano Gianni Morandi (cantor e comunicador de retumbante sucesso), a derramar emoção em 4 canções de amor e desespero. Da faixa principal, a extasiante "Capriccio", a revelação de todo um universo sônico-gramatical na pontuação da metaleira pomposa (Elvis nos 70's). Curiosamente as duas músicas principais do compacto, destacadas na capa, estão situadas no Lado B. Considera-se que, por conta da situação política da Itália no período, a contundência dos recados embutidos nas peças principais tenha provocado a mudança na formatação do single. No lado A, então, as quase escondidas "Al Bar Si Muore" e "Delirio", baladões dramáticos e raivosos, despachados como desabafo, desesperada intimação às mudanças num contexto político-social de tragédias e sofrimentos. Garoto, no entusiasmo das primeiras descobertas musicais e seus prazeres ulteriores, não entendia nada do que se passava ali. Mas marcou a sensação real, quase física, de que algo realmente pulsava entre os sulcos daquela bolachinha (além dos tiros na noite daquele bar).

King Crimson – *Sleepless/Nuages* (That which passes, passes like clouds) (EG Records, 1984): Nota de certo desapego amigo. Edição autografada pelo lendário Robert Fripp, com dedicatória a Boo! e ao "time". Presente de um camarada que era vizinho de porta do guitarrista inglês, nos arredores da pequena Wimborne, na Inglaterra do meio dos anos 80. Conhecedor do meu entusiasmo pela obra frippertônica e reconhecendo meu nobre esforço de ficar na moral ao avistar, em certa ocasião, o ilustre vizinho de passagem pela porta do pub, achou que eu merecia ficar com a bolachita assinada.

(O André Christovam me deu um disco que o Lou Reed autografou para ele – mas essa é outra história).

Divine – *Native Love Step By Step (Amor Natural, Passo A Passo)* (Fermata, 1985): O ator/transformista/ícone cinematográfico Harris Glenn Milstead, Divine, em mais uma super-subprodução dançante de Bobby Orlando. Do cocô do poodle do John Waters às pistas escorregadias dos clubes do planeta - playback sintético de corte Giorgio Moroder, muito suor e um transbordante (e algo melancólico) carisma.

Hot Blood – *Soul Dracula* (Carrere, 1975): Eurohit do meio dos 70 com assinatura alemã - sucessão nos jukeboxes italianos do período, muita gente achava que era mais um daqueles times locais de disco music artesanal, customizada. Get down geral no embalo de grooves vampirescos absolutamente irresistíveis.

Frank Zappa – *I Don't Wanna Get Drafted/Ancient Armaments* (Zappa/CBS, 1980): Zappa e banda cabulosa (Ray, Ike, Tommy, Arthur e Vinnie) reiterando que se registrar para votar é legal; ser compulsoriamente enviado para a guerra não é. "Is this trip really necessary?".

Cocteau Twins – *Pearly-Dewdrops Drops/Pepper-Tree* (4AD, 1984): Do colecionável catálogo da etiqueta 4AD, numeração oficial 405. Pequena obra prima de uma das mais instigantes bandas dos bons sons britânicos de todos os tempos. Gema do pop alienígena-transcendente com a marca vocal inconfundível de Liz Fraser. Escoceses seminais e inimitáveis. E acredite, houve um tempo em que bandas assim dominavam as paradas independentes do Reino Unido!

Life's A Riot – *Life's A Riot* (Witchhunt, 2001): Punk rock de fora do tempo com a chancela de finlandeses obscuros - e putos da vida. Compactos assim costumam salvar o dia. Capa dupla, escola PB com colagens agressivas. "Scared" e mais 5 petardos. 10 minutos de revolução em 7 polegadas.

Leather Nun – *Plays Abba Single – Gimme Gimme Gimme/Lollipop* (Wire Records, 1986): Auto-explicativo! Uma das mais cabulosas bandas do rock garageiro sueco (pelo menos na sua fase oitentista), refazendo meio loureedianamente hits da maior banda sueca do planeta.

Gun Club – *Walkin' With The Beast/Secret Fires* (Sympathy For The Records Industry, 2004): Edição comemorativa ligada ao relançamento de parte da obra do Gun Club, do saudoso Jeffrey Lee Pierce. Trabalho nobre da cultuada etiqueta SFTRI. A faixa-título é versão exclusiva do single; "Secret Fires" vem da versão digital do obrigatório álbum *The Las Vegas Story*. Punkblues de arrepiar. Bolachinha dedicada a Jeffrey e ao também saudoso (guitarrista e baixista) Rob Ritter.

Blondie – *The Tide Is High/Susie And Jeffrey* (Chrysalis/RCA, 1980): Mais um compacto de produção nacional, nesse caso com carimbo de "mostruário", "amostra grátis tributada" e coisas parecidas. Arrematado na obscura e há muito desaparecida loja Popism - na área do Rose Bom Bom...

A balada graciosa no lado A; e a trágica balada do acidente no lado B. A banda já em processo de deterioração, mas ainda capaz de revelar em disco toda sua força artística - no inquebrantável apelo pop de uma canção; na poesia dilacerada, dilacerante da outra.

THE CHURCH

Considerando uma hipotética (e babélica) biblioteca dos bons sons, principalmente a divisão das biografias, não dá muito para arriscar a máxima de que cada um, cada banda tem o livro que merece - em muitos casos, longe disso.

Algumas que merecem, digamos, apenas relativamente, têm prateleiras exclusivas recheadas de títulos. E muita gente passará batido pela história – poucas lembranças bibliográficas ou cruel esquecimento mesmo.

Ao final da prazerosa leitura de *No Certainty Attached – Steve Kilbey and The Church*, uma coisa fica muito clara: esse é exatamente o livro que alguém deveria ter feito sobre a importante banda australiana The Church e seu enigmático líder Steve Kilbey.

Professor, músico e fã do tipo desesperado da banda, Robert Dean Lurie encampou projeto existencial de contar uma história complexa, de mais de 30 anos, num formato capaz de articular, bem decentemente, suas pirações pessoais (por vezes um "making of" da própria realização do livro) com apurado trabalho de investigação jornalística.

Com 320 páginas, que exibem 70 fotos dos arquivos da banda, o livro tem a chancela da etiqueta Verse Chorus Press (responsável por títulos sobre o punk australiano, Bon Scott e The Go-Betweens) e é "oficial", já que contou com a autorização de Kilbey e traz depoimentos exclusivos dos integrantes e envolvidos com a banda de alguma maneira.

Para se conseguir validar o clichê da viagem, do transporte do leitor para o mundo da banda, não basta a habilidade técnica do profissional, tampouco o entusiasmo onívoro do missionário fanático. O aspecto químico é importante e Robert Dean Lurie conseguiu imprimir, contaminar seu texto com o melhor dessas vibrações. Não deixa escapar nada e não facilita a vida para ninguém. É crítico e dá voz também aos detratores. Se envolve e se emociona, mas mantém a linha e nos cativa em narrativa honesta e cheia de detalhes curiosos, interessantes e doidos.

Parafraseando o Grateful Dead, que longa e estranha balada essa do The Church. Está no livro: os longos anos de correria pré-Church em Canberra (destaque para a reprodução de um anúncio de show da banda Baby Grande, de Steve, abrindo para os "top punk rockers" AC/DC, em 75); Sidney e o total desentrosamento da banda com a cena local; brigas e mais brigas e lances de bizarra auto-sabotagem; a estranha relação com o mercado americano, que cada hora empacotava a banda de um jeito; sucesso, grana, fãs e turnês bacanas; decadência em várias frentes e momentos, e drogas quase o tempo todo, das experiências "artísticas" com ácido à barra pesada da heroína; a vasta discografia e os projetos solo.

No Certainty Attached presta um honestíssimo tributo a uma banda de resposta, que sempre fez de tudo para se manter fiel aos seus elaborados ideais poéticos-musicais.

Parece pouco provável que um título como esse ganhe tradução por aqui, o que é uma pena. Será que vale lembrar que a banda teve sucesso radiofônico por aqui em outros tempos?

Os discos e os sons estão por aí – e decididamente merecem (re)visita. Não se fazem mais bandas assim...

Parece que com relação à discografia, não ocorre mesmo a tal da unanimidade. Talvez um bom sinal - vários títulos no grande páreo dos prediletos e seus ferrenhos apostadores! O ideal seria (não seria sempre?) elaborar uma coletânea, diferente das existentes, claro.

O debute *Of Skins And Hearts* (81), do primeiro hit "The Unguarded Moment", ainda impressiona. O colorido *Heyday* (86) é o subestimado e *Priest = Aura* (92) é o *OK Computer* da rapaziada. *Starfish* (88) tem "Under The Milky Way" e *Remote Luxury* (84), uma reunião de dois EPs, tem "No Explanation".

The Blurred Crusade (82) é o disco definitivo da banda do baixista e vocalista e poeta Steve Kilbey. Produzido por Bob Clearmountian (no embalo de trabalhos com Rezillos e Chic, antes de Springsteen, Bowie e outros gigantes), é uma pequena gema do powerpop psicodélico. Letras surrealistas viajandonas (influência assumida do herói Syd Barrett mais leituras herméticas e esotéricas em geral) em caprichada moldura byrdsiana. As tramas guitarrísticas de Peter Koppes e Marty Willson-Piper são encantadoras, envolventes, revelando ocasionalmente o lado Television/Only Ones das influências. Lindas melodias. Kilbey encontrando a voz... Nos grooves oitentistas dessa bolacha se eletrizam os segredos para a canção pop de sucesso e os resíduos ácidos, festivos daquela jam visceral e transcendente. Um belo disco de rock.

No dia 21 de outubro de 1988, num breve intervalo na segunda perna da (grande, mais de 60 shows) turnê americana do disco *Starfish*, o The Church passou pelo Brasil. Em São Paulo se apresentaram no lendário (e saudoso) galpão da Barra Funda, o Projeto SP.

Curiosamente um dos meus primeiros artigos assinados na imprensa foi sobre esse show - na verdade, artigo em duas partes, uma sobre o show e um complemento sobre novas bandas australianas.

O artigo foi publicado pelo tablóide Il Corriere (edição 224, de 31/10/88), jornal dedicado à comunidade italiana que circulou em meados da década de 80.

Um recorte:

/.../ mais uma noite de rock internacional na Barra Funda.

/.../ expectativa por conta das surpresas e decepções de um ano ainda magro, mas eclético sem dúvida para o Projeto SP.

/.../ a banda já mostrava, com suas baladas nervosas, mais do que um simples retorno a certas tradições do folk-rock.

/.../ parte do público foi embora e essa foi a gota d'água!

/.../ daí em diante a banda de Sydney mostrou aos seus poucos dignos e calorosos fiéis a fórmula para se fazer uma das apresentações mais rasgadas e viscerais da praça em apenas um resto de show.

/.../ o guitarrista Marty Willson-Piper pirou e torceu sua Rickenbaker, fazendo com que poderosos agudos ricocheteassem nas paredes e espaços vazios e agredissem tímpanos dispersos.

/.../ atacando suas baladas delirantes sem cerimônia, com uma certa raiva até.

/.../ no bis, ao invés da tão desejada, e solicitada, "No Explanation", sem dar explicações, a banda abriu fogo com "Tantalyzed".

/.../ o Projeto SP encolheu nessa semana e os que perceberam ganharam preciosa recompensa sonora do pessoal do Church.

MURMANSK

Murmansk, Finlândia. Não, não se preocupe com a coordenada geográfica incorreta. No caso dos ilustres convidados dessa edição de Mondo Massari, a importante cidade portuária localizada no extremo norte da Rússia (pertinho do cabuloso Mar de Barents e base da única frota de submarinos nucleares quebra-gelo do planeta), nas proximidades da fronteira com Finlândia e Noruega, serve de nome a uma das mais interessantes bandas do indie finlandês dos tempos em que vivemos.

Quarteto de Helsinki, surgido em 2003, debutaram em disco três anos depois, com o EP caseiro *Teeth*. Os dois registros em longa duração, *Chinese Locks* (Around Your Neck, 2008) e *Eleven Eyes To Shade* (Ranch, 2009) revelam obra consistente, bem resolvida e mezzo irreverente, de mui intenso e algo sexy póspunk transiberiano - seja lá o que for isso. Ecos gelados de Cocteau Twins das primeiras safras e rasgação poderosa que lembra os melhores momentos do Hole - ou os esquecidos Die Monster Die (os bons e emotivos vocais de Laura facilitam nesse jogo de referências).

O primeiro contato se deu com o baixista Olli, mas foi o resto da rapaziada que compareceu para essa conversa exclusiva. **Laura** (voz e guitarra), **Jaakoo** (bateria) e **Jari** (guitarra) falam de Helsinki, Finlândia, com Mondo Massari.

Queria começar com a pergunta brasileira, ou pelo menos um tipo de pergunta brasileira: você sabia que houve intensa conexão entre Brasil e Finlândia na época do punk? Rattus e outras bandas "impronunciáveis" circularam muito por aqui. Fora a existência de um grupo como o Força Macabra, finlandeses cantando em português! Alguma ligação com esse tipo de música finlandesa?
Jari Eu sei sim a respeito da conexão punk entre Brasil e Finlândia, embora eu nunca tenha me familiarizado muito com essa cena. O Rattus, claro, é conhecido. Não era o pessoal do Sepultura que curtia esse hardcore finlandês? É legal demais que algo assim tenha acontecido, ainda mais nos tempos pré-internet! Hoje em dia com tudo tão conectado me parece mais difícil de rolar algo assim, com a força dessa devota base underground... Você acaba por ter acesso a tanta coisa e de modo tão rápido que,

possivelmente, não vai se concentrar numa coisa só. Talvez devêssemos começar uma conexão Finlândia-Brasil na linha indie/alt/noise!

Qual a situação da banda na cena local? De que tipo de cena estamos falando e qual o papel da língua na definição de questões artísticas e de mercado?

Jari Eu diria que estamos inseridos na cena indie/alternativa local, que vai bem obrigado. É meio pequena, no sentido de que todo mundo se conhece, mas tem muita coisa legal rolando. A situação realmente se concentra em Helsinki - mas isso ocorre com a cena musical em geral por aqui. A língua costumava ser um problema, ou uma questão importante se você preferir. Muito mais do hoje em dia. Para o tipo de som que a gente faz, sentimos que o inglês é o mais adequado.

Laura E é claro que cantando em inglês temos a possibilidade de nos aproximar de outras nações ou nacionalidades. Para nós, a escolha da língua não é uma questão de marketing ou algo parecido. Nos parece lógico na verdade, já que todos ouvimos principalmente bandas que cantam em inglês.

Vocês já tocaram com A Place To Bury Strangers, Kinski, Liars e dEUS, dentre outros. São bandas com quem se identificam? Convidariam quem para tocar no vosso festival particular?

Jari Essas são todas bandas legais, com quem achamos que rola uma identificação. Bandas boas de palco... Juntar e tocar com Sonic Youth, Black Rebel Motorcycle Club e Yeah Yeah Yeahs seria bem divertido.

Laura Eu só chamaria gente morta – isso sim seria um show inesquecível!

Em que filme/série gostariam de emplacar uma música?

Jaakko Acho que o mais importante seria entrar num filme ou numa série por conta de alguma situação mesmo, que tenha a ver com roteiro ou algo parecido. Só para fazer marketing não dá. *Miami Vice* teria sido demais!

Parece que alguém da banda definiu o som do Murmansk como "shoegaze de corte agressivo". É por aí?

Jari Acho que essa definição pintou por conta da necessidade de descrever os elementos bipolares entocados na nossa música. Mas o que nos interessa mesmo é fazer o que nos parece certo - pelo menos no momento em questão. As definições podem ficar para as outras pessoas que quiserem arriscar.

É música viajante da boa - em outros tempos alguém até poderia gritar: prog! Com pitadinhas de psych aqui e ali. Talvez póspunk agressivo com corte, apelo pop?!
Jari Haha legal. Eu não vejo exatamente dessa maneira, mas é interessante você me dizer isso - até já ouvi algo nessa linha. Acho que algum elemento do prog até aparece aqui e ali, mas não é nada que tentemos de maneira consciente. Se você isolar, digamos, o que cada instrumento traz individualmente para o nosso som, verá que é tudo muito simples... Acho que isso acontece porque todos esses simples elementos são arranjados em conjunto. Às vezes podemos soar até meio ambient - quer dizer que em algum momento ouvimos esses sons, curtimos determinadas sonoridades. No fim das contas, tudo afeta, interfere na música. Mas não de maneira tão consciente assim.

Em tempos de música de graça na internet, qual a relação de vocês com o formato álbum?
Jari De minha parte adoro álbuns e acho que esse é o formato em que nossa música tem que ser apresentado. Não me identifico com essa evolução que prega o distanciamento, onde tudo fica por conta de singles, músicas isoladas. Um álbum bem trabalhado dá uma nova dimensão, emancipa as canções. Basicamente acho que as pessoas têm que ampliar seu espectro para além das músicas de 3 minutos.
Jaakko Claro, mas o bom é que nesses tempos em que a ênfase se dá na canção lançada solitária e digitalmente, quem sabe não tenhamos um corte no excesso, diminuindo as porcarias - de validade curta - produzidas para preencher espaço.

Vocês baixam coisas de graça na net, é ok se baixarem vossos discos diretamente dos blogs da vida?
Jari Não me importo realmente se as pessoas baixam nossos discos de graça - se esse é o jeito de chegar a um maior número de pessoas... Estamos nessa para espalhar a música, não exatamente pela grana.
Laura Para mim o que incomoda um pouco é se tem alguém ganhando dinheiro com isso. Do contrário, é ok.
Jaakko O mesmo para mim: não me importo com downloads gratuitos - contanto que não tenha alguém ganhando grana às nossas custas. Só espero que a boa e velha loja de disco não desapareça! Geralmente é

o primeiro lugar a se procurar numa cidade, né? Talvez até sejam um cartão postal! E o cheiro é sempre muito bom.

Como é a vida na estrada com o Murmansk? Correria e diversão? Imagino que, pela natureza do som, sobre um bom espaço para improvisação, piração mesmo nos shows, procede?

Jari Tocar ao vivo é uma parte importante da nossa atividade. Polir um disco até a (quase) perfeição é legal, mas é ao vivo que a coisa fica... viva! São duas experiências distintas, não acho que devemos tentar reproduzir o disco no show. Uma das razões pelas quais sempre curti ver shows, é que as versões sempre ficam mais nervosas, cruas mesmo – estão lá apenas os elementos essenciais da canção, ou variações curiosas desses elementos. Claro, com o nosso tipo de som, no ataque ao vivo, sempre tem lugar para pirar, intermezzos barulhentos cheios de feedback, o que for.

Já demos vários rolês e sempre tem alguma coisa rolando na estrada – mas no geral nada muito complicado. Nossa turnê de 5 dias e 5 shows pela Rússia nessa primavera foi bem interessante. De São Petersburgo até as montanhas Urais, na base do bate-volta. Balada intensa mesmo, umas 6 horas de sono... em toda a viagem. Parecia uma viagem sem fim, de um lugar para o outro, trens noturnos, a paisagem siberiana. No final tudo parecia meio fora de foco, mas foi legal. Bem diferente das nossas 3 datas alemãs: 3 dias e 3 gerais da polícia! Testes de drogas, revistas, acho que parecíamos suspeitos!

Jaakoo A polícia alemã estava de olho na gente. E, sabe né, tem sempre alguém da equipe com diferentes gostos pessoais, para o bem e para o mal - geralmente para o bem hahaha.

Qual a maior banda finlandesa de todos os tempos?

Jaakoo Essa é difícil. Se você considerar uma perspectiva, digamos, folky, acho que a mais legal é uma banda chamada Leevi & The Leavings. Eles são os mestres em descrever a mentalidade aqui do país. Eles nunca fizeram um show sequer, apesar de estarem na estrada há décadas e já terem ouvido propostas zilionárias.

Material novo a caminho?

Jari Estamos trabalhando em material novo e tocando de vez em quando. Estamos ainda no tal do processo, escrevendo coisas novas. Devemos entrar em estúdio provavelmente até o final do ano. Mas qualquer coisa nova que preste já entra como teste nos nossos shows.

SAFRA 2010

Números gelados ou estatísticas calculistas podem até decretar o contrário, mas a percepção é a de que nunca antes na galáxia dos bons sons se produziu e, principalmente, se lançou tanta coisa boa – de vários tipos e nos mais variados formatos/suportes. Seja com a chancela da esperta etiqueta artesanal/independente ou com o carimbo de alguma elasmossáurica major, as bolachas (e derivados) estão circulando legal – em redes tanto digitais quanto físicas (lojas de disco ainda existem!).

De minha parte, já quase desisto do listão único de fim de ano - vale celebrar as realizações individuais, autorais, e de maneira intransitiva.

Safra boa essa de 2010.

Aqui em Mondo Massari, meia dúzia de grandes discos que merecem o confere. Parafraseando o mote frankzappiano, seria essa só a primeira parte de uma lista em várias partes?!

Hawkwind - *Blood Of The Earth* (Plastic Head Music): Por essa é bem possível que nem os maiores entusiastas da legendária banda inglesa esperassem: com mais de 40 anos de estrada, o Hawkwind emplaca, em pleno 2010, bolacha de resposta, digna de figurar entre as boas da vasta discografia da trupe do incansável Dave Brock. Os discos clássicos são aqueles dos 70 (o "motörhead" Lemmy Kilmister foi integrante em fase áurea) e, efetivamente, sempre foi uma banda para se consumir ao vivo (curiosamente, salvo algumas exceções, a pletora de registros ao vivo não dá conta de capturar a força do ataque "live" do Hawkwind). Mas nesse *Blood Of The Earth*, a veterana banda de rock espacial se apresenta para o serviço cheia de gás (hilariante-revigorante), emoldurando suas crônicas esotérico-psicodélicas em rifferama envolvente e poderosa. Uma hora de trip pelo espaço dos bons sons a bordo de uma das naves mais loucas do rock inglês.

Blondie – *At The BBC* (Chrysalis): Uma das mais queridas bandas novaiorquinas de todos os tempos capturada no auge da forma, para o rádio, a TV e, claro, delírio de testemunhas cheias de sorte! Produto híbrido, CD + DVD, registra a banda de Debbie Harry em apresentação emocionante no teatrão Apollo, de Glasgow, no reveillon de 1979. No CD, a transmissão do concerto na íntegra - conforme consumida pelos ouvintes da Radio 1 da BBC à época. No DVD, além de imagens dessa apresentação no Apollo (muito pirateada aliás), performances da banda para a TV britânica, com destaque às aparições históricas no programa Top Of The Pops ("Denis", "Picture This", "Sunday Girl" e "Dreaming").

The Orb featuring David Gilmour - *Metallic Spheres* (Columbia): Segundo Alex Paterson, da distinta grife eletrônica inglesa The Orb, esse encontro, ou colisão com David Gilmour do Pink Floyd, era apenas uma questão de tempo, já que circulam, desde sempre, em órbitas parecidas. Tudo começou com uma versão beneficente de "Chicago", de Graham Nash, trabalhada, produzida pelo colaborador de longa data do The Orb, o super produtor (ex-Killing Joke) Youth. Foi tão divertido que quiseram mais - Gilmour se soltou em mais uma jam exclusiva e o The Orb impôs sua precisa, preciosa marca de manipulação, alquimia sônica. São essencialmente duas longas faixas/lados - "Metallic Side" e "Spheres Side" – subdivididas em 5 temas cada. Ambient psicodélico classudo, embalado por deliciosas e espertas tramas guitarrísticas. Lançamento em diversos formatos (CDs, vinil e download com extras).

Blonde Redhead - *Penny Sparkle* (4AD): Capítulo novo na saga de Kazu Makino e dos irmãos Pace, *Penny Sparkle* não chega exatamente para abalar a moral da cultuada banda indie de Nova Iorque - mas a se julgar pela recepção algo inflamada de parte da crítica, deve forçar, para o bem ou para o mal, uma reavaliação do status do trio (ser sempre o tal do segredo bem guardado deve basicamente encher o saco!). Esse oitavo álbum do Blonde Redhead talvez soe mesmo menos... angular, intenso, torto do que nos primórdios, mas como evolução dos predecessores *Misery Is A Butterfly* e *23*, faz todo sentido. Disco de detalhes, de sutis efeitos eletrônicos, em que se destaca a voz suave de Makino.

Alguns radicais podem até chiar, mas trata-se de um disco bem bonito. O disco pop do Blonde Redhead, no melhor sentido do termo.

Wolf People – *Steeple* (Jagjaguwar): *Steeple* é o debute em longa duração (depois de *Tidings*, coletânea dos primeiros e já colecionáveis singles) do quarteto inglês Wolf People - aliás, primeiros ingleses no catálogo da etiqueta americana. E é basicamente um petardo de hardrock tipo 70's, cheio de bossa e graça visceral. Na base do clichê setentista, gravaram a bolacha num celeiro secular perdido nos vales galeses - reforçando a vibe quase prog, o nome da banda vem de livro infantil, Little Jacko & The Wolf People. Mas não se deixe enganar: a banda do vocalista e guitarrista Jack Sharp tem pegada e sabe como articular sua conversa blues/psychrock na sintaxe dos nossos dias. Cruzamento estiloso de Cream e Traffic, por exemplo, com o mais bombástico Wolfmother - cuidado, (mais) lobos à solta.

Holy Sons – *Survivalist Tales!* (Partisan): Holy Sons é na verdade Emil Amos, multiinstrumentista baseado em Portland, também integrante do combo de pós-rock Grails e da heavy-mística família Om. Como Holy Sons trabalha sem parar desde a metade da década de 90, na correria do ataque caseiro lo-fi, cantando e tocando todos os instrumentos. Nesse que é seu nono álbum como Holy Sons, Emil harmoniza notavelmente suas pirações sônico-estéticas. Baladas existenciais de moldura acústica, divagações mezzo psicodélicas de apelo intimista. "From Home" é pequena gema que lembra o melhor do Why?, de Yoni Wolf. E "Pay Off" é deliciosamente estranha, com algo da catarse gospel do Woven Hand, do doidão David Eugene Edwards. Emil Amos é mais um desses artistas inquietos que revelam, em sua ética de trabalho, um pouco do espírito da época em que vivemos. Cabeça a milhão, referências mil, está sempre flertando com a musa. Sem pudores de editor (de si mesmo), escreveu, gravou... virou disco!

COLETÂNEA NACIONAL

Camarada passa pelo QG em descabelada carreira rumo à plataforma de transporte e me pede na lata: "que tal uma coletâneazinha, improvisada mesmo, do que você mais tem ouvido recentemente de sons brasileiros?! De preferência as coisas novas..."

Arrisco um "tá difícil, a situação se encontra meio complicada por aqui na região da divisão brasileira da coleção, por conta de uma arrumação do tipo reorganização espacial, geopolítica e tal..."

"Sem critério nenhum, só uns prediletos como você mesmo diz... dos mais novos..."

"...esses aqui estão, digamos, de passagem, ou a caminho dos seus respectivos lugares, são todos, ou a grande maioria pelo menos é, lançamentos desse glorioso ano de 2010 - ainda que alguns artistas estejam na correria faz um bom tempo... acho que dá para dizer que são, sim, os mais consumidos nos últimos tempos, pelo menos devidamente conferidos né... sem contar relançamentos, coisas mais 'clássicas', enfim, posso fazer um corte aleatório aqui nessas duas, três pilhas, serve?"

"Serve."

Ficou assim.

A Banda de Joseph Tourton ("A Festa de Isaac"): Para dar o clima na abertura da coletânea do camarada, uma das mais instigantes bandas da boa safra de pós/proto-rockers instrumentais brasileiros. Poderia ser qualquer uma do epônimo álbum de estreia do jovem e talentoso quarteto pernambucano – download gratuito no site da banda. Desfile estiloso de ótimas referências em execução caprichada e vibrante – das sinuosas trips jagajazzísticas aos mais delirantes santanismos de certo Cidadão Instigado.

MDM ("Cores Voltando") | **Chankas** ("Olha o Sol"): Da cultuada família Hurtmold compareçem os versáteis irmãos Cappi. Bolachinhas autorais e surpreendentes. MDM é Mario Cappi e Fernando é Chankas. Gravações caseiras mais as indefectíveis conexões com o estúdio El Rocha. "Cores Voltando" conta com a participação de M. Takara na bateria, "até 3min e 40s" - depois entra Flávio Cavichioli. "Olha o Sol" tem participação do norte-americano já mezzo brasileiro Rob Mazurek no trompete. Itamar curtiria.

Lurdez da Luz ("Ziriguidum") | **Karina Buhr** ("Avião Aeroporto"): Garotas bacanas na boa representação da concorrida, hypada e algo saturada "cena" das novas vozes femininas dos sons brasileiros modernos.

A MC Lurdez da Luz, da família Mamelo Sound System, chega junto na crônica social rimada do seu hiphop cheio de groove – aqui em "Ziriguidum", acompanhada por time de responsa: o parceirão Rodrigo Brandão e os internacionais Rob Mazurek e Mike Ladd. A escolada Karina Buhr, nascida na Bahia mas distinta representante da cena do Recife, também chega em boa companhia para esse seu primeiro registro solo, *Eu Menti Pra Você*. Na ótima "Avião Aeroporto", a ex-integrante do Eddie e do "folky" Comadre Fulozinha, canta sua curiosa poesia amparada pelos craques Guizado, Dustan Gallas (apavorando no Rhodes) e Fernando Catatau.

Tetine ("Electric Sun Ra"): Uma das mais internacionais das nossas bandas independentes em mais um petardo certeiro de música dançante cosmopolita e transcendente - para corpo e cérebro. Bruno Verner e Eliete Mejorado continuam a despachar da base no Reino Unido, mas a vibe tropical está sempre presente no meio da fiação sônico-existencial. A primeira do disco *From A Forest Near You* se chama "Tropical Punk".

Cassim & Barbária ("That Old Spell" e "Blixa"): Essas são de 2009. Mais especificamente do EP com o nome da banda, ou sem nome, 5 músicas, número 98 do catálogo da histórica etiqueta carioca Midsummer Madness – lançado por ocasião da turnê norte-americana da banda de Cassiano Fagundes (ex-Magog e Bad Folks). Espécie de supergrupo catarinense, conta com a participação de integrantes do Pipodélica e Ambervisions. Basicamente um daqueles casos em que se dissessem que vem dessa ou daquela cidade (da vez), as coisas talvez fossem diferentes. Talvez não. Art-rock certeiro e bem emocionante - em qualquer lugar.

Apanhador Só ("Nescafé"): Essa é uma das bolachinhas que quase foram embora viajar, por conta também do seu belo tratamento gráfico. Falei que depois mandava uma (rs). Essa "Nescafé" revela, talvez mais intensamente, a porção Los Hermanos do quarteto gaúcho. Possivelmente por conta do registro vocal do competente Alexandre Kumpinski. Mas a natureza estranha, algo surreal das letras, conspira a favor. Fica difícil não entrar na viagem. Felipe Zancanaro bate um bolão nas guitarras.

Watson ("Asa Abelha" e "Tupanzine"): Uma das mais gratas surpresas da safra 2010, *Watson* é o primeiro registro em longa duração do quarteto de Brasília – surgido em 2002 como trio e com 2 Eps + 2 singles digitais no currículo. Um lançamento com a chancela da etiqueta Senhor F Discos. Indierock de altíssima qualidade, transbordante de referências bacanas. Com estilo e em português. Um pequeno triunfo. O meu fica ali do lado do disco El Toro!, pequena gema perdida do rock alternativo brasileiro, dos conterrâneos desaparecidos Suíte Super Luxo.

Zefirina Bomba ("Molde"): A banda se explica, em aspas do disco porreta *Nós só precisamos de 20 minutos pra rachar sua cabeça*: "hostilidades em nome do progresso"; "zefirina bomba é uma banda da Paraíba que toca com um violão todo fudido e faz um barulho desgraçado"; "in-legível" e "in-letrado"; "gravado no estúdio Tambor na cidade maravilhosa do Rio de Janeiro"; "expanCIVISMO de merda"; "yeah". A saber: são 21 faixas em 33 minutos de ataque.

Lenzi Brothers ("Você Desperdiçou"): Marzio Lenzi, Matheus Lenzi e Buca Lenzi são os Lenzi Brothers, de Lages, Santa Catarina e... eles fazem rock'n'roll. Simples assim. Made in Brazil e Forgotten Boys e Stones! Alto astral geral. Teve uma época em que se usava um estranho termo (sem ofensa): "radio friendly".

Mechanics ("Fogo"): Dos "Monstruosos" Mechanics, mais um disco no estado da arte gráfica e da piração conceitual. *12 Arcanos* joga cartas ameaçadoras num tarô da pesada. Simplesmente devastador no seu ataque de implacáveis cortes neometálicos/hardcore. Fire in the hole!

Devotos ("Eu Tenho Pressa", "Roda Punk", "Futuro Inseguro" e "Punk Rock Hard Core AJP"): Da coletânea que comemora os 20 anos da legendária banda do Alto José do Pinho, *Devotos 20 anos*, destaquei o final da apresentação caseira da banda, no dia 21 de setembro de 2008. Dos amplificadores artesanais Altovolts, grita a mais deliciosa e contundente rifferama punk rock da praça, da roda, lá do Alto!

WHITE MOTH + PONTO FINAL

Começamos essa emissão de Mondo Massari com os sinistros zumbidos emanados do álbum *White Moth*, debute em longa duração do projeto de mesmo nome - espécime único de inseto-satélite esquisito e de vaga classificação, foi liberado, algo arriscadamente, do laboratório de um tal R. Loren, situado em Denton, Texas. Com seus cultuados Pyramids, R. Loren já desafia os instintos classificadores ao cometer peças complexas em que se cruzam sutilmente alguns gêneros mais pesadões e grandiloquentes - articulando sua narrativa semiprog entre silêncios bem explorados e os inevitáveis arremates catárticos.

White Moth é sua estranha criatura, forjada ao longo de mais de uma década em casulo de infusões estéticas variadas (algumas referências são mais explícitas e programáticas), e colocada em funcionamento com a participação cúmplice de elementos de grifes como Krallice, Zs e Dälek. E estrelando Lydia Lunch e Alec Empire!

Pequena gema do noise desorientador, White Moth chega a produzir alguns efeitos hilariantes nos que entram em seu raio de ação. Os riffs massivos estão presentes, claro, mas fazem parte de um sistema mais elaborado, quase hermético, de reconfiguração e despacho de sonoridades intensas e virulentas. Uma algazarra danada de terror digital, delírios parapsicodélicos e metal genghistrônico das esferas alienígenas - das trips desopiladoras do Atari Teenage Riot aos experimentos sônico-biológicos do Tribes Of Neurot.

Impossível ficar indiferente a esse verdadeiro assalto aos sentidos. Mesmo que for para detestar...

...

"A voz de Cash denuncia a idade e a vulnerabilidade, mas raramente soa frágil. Na realidade, em algumas faixas de Solitary Man sua voz é surpreendente. Em suas versões de 'I See Darkness', de Will Oldham, e 'The Mercy Seat', de Nick Cave, ele canta como um homem que faz sua prece mais desesperada, descobrindo uma voz que não sabia ter, que era uma demonstração de força, embora seu coração e sua mente afundassem em desespero e caos (no caso de 'The Mercy Seat', Cash cantava com uma voz que narrava a aproximação da morte e a libertação do inferno)."

Esse é um trecho de Johnny Cash: quando setembro chegar, meia parte (a outra é de Bob Marley) do capítulo Os Deslocados, um dos 5 principais que estruturam o livro *Ponto Final* (439 pgs), do jornalista norte-americano **Mikal Gilmore**. Nessas "crônicas sobre os anos 1960 e suas desilusões", o tarimbado escriba da revista-grife Rolling Stone (original) trata dos agitados anos 60. Através de perfis de figuras seminais, avalia, ilumina e de alguma maneira discute as causas preliminares e os efeitos duradouros (ou não) desse período contra-revolucionário – "*...no fim, tratou-se de uma confluência de música, cinema, teatro, literatura, artes plásticas, ciências, sociedade, política, guerra e revolta, quase tudo impulsionado pelo poder da imaginação e por um intenso entusiasmo, pela esperança e pela angústia. /.../ isso aconteceu entre meados dos anos 1950 e início dos anos 1970: foi algo impetuoso e rápido, e parecia, na época, que poderia levar à transformação do mundo.*"

Gilmore sabe como fazer as coisas, atua desde as categorias de base na escola Rolling Stone de jornalismo cultural. Os textos reunidos nesse *Ponto Final* são realmente cativantes; os ricos perfis transbordam informação, intensamente pesquisada e apurada, mas são capazes de revelar também a emoção de quem se envolve a valer com seus temas – Mikal não é tão protagonista de suas histórias como, digamos, Lester Bangs ou Nick Kent, mas sabe onde se colocar e se garante na agilidade de sua prosa esperta e, mais uma vez, muito bem fundamentada.

Os textos sobre Allen Ginsberg e Timothy Leary já valem parte do ingresso, e a abertura da crônica do "último fora da lei" Hunter Thompson (espécie de mentor inescapável da turma de Gilmore na redação da Rolling Stone) é de arrepiar.

Os Beatles comparecem, também separadamente, e Dylan e Leonard Cohen dão as caras em versões inéditas de seus retratos. O rock está garantido com Grateful Dead, Doors, Led Zeppelin e Pink Floyd.

O mercado brasileiro de livros musicais vem se aquecendo nos últimos anos - sempre dá para reclamar, claro, mas é visível a melhora nesse setor. Se tiver que arrematar só um parzinho deles nos próximos tempos, pode ir na fé nesse *Ponto Final*, de Mikal Gilmore. Diversão garantida – para embalar uma audição de sons daquela época, daquela festa que parece não terminar.

UM DEPECHE ENTRE NÓS (ALAN WILDER)

Agitação geral nas alfândegas brasileiras, expressiva correria de artistas internacionais em visita ao país nesse final de ano. No embalo das aparições quase míticas, de grandes festivais ou das miniturnês alternativas (incluindo fugazes eventos pontuais), uma sequência incrível de notáveis figuras têm dado as caras por aqui e a situação ainda promete se intensificar nas próximas semanas.

Na úmida quarta-feira passada, por exemplo, passaram só pela cidade de São Paulo a grife eletrônica Faithless, os ora cultuados Belle and Sebastian e, de nosso interesse aqui, o ex-Depeche Mode Alan Wilder. Essa meteórica passagem de Wilder pelo Brasil, com seu projeto Recoil e como parte da perna sul-americana da turnê Selected Events 2010, foi um daqueles eventos que só aconteceram graças à intervenção direta dos fãs - em formato (de empreendimento empresarial alternativo) consagrado recentemente pelo esperto quinteto - mais os 60 acionistas da galera carioca que armou o lendário Circo Voador para a apresentação na cidade da banda sueca Miike Snow.

Não dá para se dizer que a moral de ser um ex-Depeche Mode (figura importante na banda, que integrou como tecladista de 82 a 95) garantiu suporte exageradamente entusiasmado da torcida; o que também não quer dizer que o clima de festa, algo reverente, não tenha embalado o público que compareceu (65% da casa?) ao clube Inferno para uma noite de vibrações digitais caprichadas.

O músico de formação "clássica" e produtor estiloso Alan Wilder dividiu o palco com o parceiro de longa data Paul Kendall e, a partir de enxuta configuração de laptops e teclados (mais telão explorado com eficiência), despachou suas texturas musculosas e ricas em detalhes (samplers em profusão, incluindo sons do próprio Depeche Mode) para público atento, feliz de estar ali, e que parecia conhecer tudo do repertório do Recoil!

Vale a especulação de que, com uma banda ou pelo menos mais um músico fazendo as partes mais orgânicas e viscerais (ao invés de disparar tudo pelas máquinas), a apresentação ganharia em vibração.

Mas nesse momento a ideia não era essa e, repito, a galera estava se divertindo, se divertiu mesmo assim.

Um par de horas antes da apresentação, enquanto Paul Kendall passava o som dos Macs, o tranquilão Alan Wilder recebeu Mondo Massari para um papo exclusivo.

Seja bem-vindo ao Brasil, mais uma vez.
Alan Wilder É, essa é a segunda vez, estive por aqui em 1993 [com o Depeche Mode]...
Foi abril de 1994, na turnê Devotional...
AW É isso, 1994... era o final dessa turnê muito longa e confusa e, para ser bem honesto, não me lembro de muita coisa. Num ritmo desses, depois de um tempo os shows ficam todos meio parecidos. É claro que para o público não é assim - você passa por um lugar uma vez e, claro, as pessoas se lembram. Mas, a não ser que aconteça algo muito diferente, fica tudo meio parecido. Sei lá, é capaz de eu me lembrar de algo como o banheiro do hotel ou algum detalhe estranho.
Costumas, consegues dar uma circulada pelos lugares que visita?
AW Quando consigo até me interesso em conhecer os lugares que visito, mas no caso dessa miniturnê não tem dado para fazer nada! Até já sabíamos... Acabamos gastando o pouco tempo livre para agilizar coisas de produção, transporte etc. É uma pena, queria ter aproveitado mais de Buenos Aires, Santiago, São Paulo... São retratos muito fragmentados dos lugares.
Você está aqui por causa dos fãs - como é trabalhar nesse esquema?
AW Isso nem é novidade para a gente, já nos envolvemos antes em eventos que foram basicamente organizados por fãs. Aliás, muitos fãs acabaram por se transformar em grandes promotores de eventos! O entusiasmo é sempre muito grande, claro – alguns fãs são responsáveis por encontros oficiais do Depeche Mode e são eventos muito bem organizados, trabalho bastante profissional.
Esse show brasileiro aconteceu dessa maneira - nos encontramos aqui pela primeira vez e tem sido muito divertido. Eles obviamente têm um jeito diferente de fazer as coisas, dá para se perceber o capricho com

tudo, o camarim todo arrumado... Não é sempre assim, né? Mesmo que alguma coisa não dê certo, a sensação é boa demais. Eles simplesmente fizeram acontecer.

Como é cair na estrada com o Recoil, você muda muito o jeito de se apresentar?
AW Para mim, a essa altura, o importante é que eu me divirta na estrada! Tento não me preocupar muito se algo não dá certo. Procuro fazer com que cada apresentação seja diferente, mudando os convidados por exemplo. Fica muito difícil fazer isso numa turnê como essa, infelizmente é inviável. Na Europa dava para se esquematizar com convidados diferentes em cada cidade. Já pensou trazer alguém para participar em 7 minutos de apresentação?

E como reproduzir, ao vivo, as intensas vibrações dos discos? Fico pensando nas músicas de um disco como subHuman...
AW É sempre um desafio, claro. O que fazemos com o Recoil não é mesmo um lance de banda, de apresentação de "live band". Para fazer justiça, digamos, aos sons que produzimos, teria que armar uma bigband ou algo parecido. Não daria para se levar, por exemplo, todos os vocais dos discos para a estrada. Mas na verdade o que me diverte é fazer a coisa funcionar desse jeito mesmo, a ideia não é cair na estrada como banda de rock. Tendo dito isso, já que você citou o *subHuman*, no caso desse disco tudo foi gravado, no Texas, como banda mesmo. Guitarras e tudo mais. Depois é que eu levei tudo para o estúdio e mexi, fiz lá as minhas artes. [Risos]

Queria que você me falasse um pouco sobre o Alex Harvey, por causa da sua cover de "The Faith Healer". Você chegou a vê-lo ao vivo?
AW Recentemente na América (do Norte) me disseram que por lá ninguém sabe quem ele é! Era uma grande personagem, um tipo meio bagunceiro, visionário, morreu faz um tempo já... O que acontece é que quando eu era moleque ele estava lançando alguns de seus grandes discos, tipo *Next*, *Framed*, e eu cheguei a vê-lo algumas vezes - era demais, um lance todo teatral, com a banda fantasiada, fiquei muito impressionado com tudo aquilo. E essa música é uma das minhas favoritas, um grande som, por isso fiz a versão – a única que fiz até hoje. Costumo tocar uma espécie de versão da música ao vivo (versão da versão!), que não é exatamente como a gravação.

Gostas de vinil, dos formatos físicos? Os colecionadores de Recoil parecem ter material para se divertir.

AW O vinil parece estar sempre por aí. No caso do Recoil, existem muito fãs que gostam de colecionar o material nos seus formatos físicos. Edições especiais, box sets, e também livros de fotos... Eu acho legal. O lance é se adaptar basicamente. Imagino que a maioria, de fato, não ligue para os produtos físicos. Procuro fazer um pouco de tudo, afinando as tiragens de acordo com a demanda, oferecendo algum bonus para o pessoal do download e por aí vai.

Como é lidar com o fator Depeche Mode? Imagino que o assunto seja recorrente em conversas com a rapaziada, em entrevistas. As perguntas sobre a banda são bem-vindas?

AW Existe esse fator, é verdade. Vou te dizer, as perguntas não são recusadas. Eu não me importo, embora nem sempre me pareça o assunto mais interessante para discutir. Mas entendo que é uma parte da minha história, uma parte bem importante - a ponto de me possibilitar fazer o que faço agora, hoje. Eu tenho que respeitar isso. Fizemos umas coisas legais, rolaram outras não legais... Mas certamente tocou o coração de muitas pessoas. Talvez hoje eu não estivesse aqui se isso não tivesse acontecido.

BRIAN ENO

Edição de apreciação & tributo a uma das mais interessantes figuras, personagens (de si mesmo) dos bons sons dos últimos 40 anos. Por ocasião do lançamento de seu novo disco, embarcamos numa celebração fragmentada (mas não menos festiva) desse elemento praticamente inclassificável, tamanho o alcance, e impacto, da sua obra.

Brian Peter George St. John le Baptiste de la Salle Eno é, piada prontíssima, um dos nomes mais importantes (e distintos!) da música contemporânea. Simples assim, como dizer Brian Eno - e visualizar de imediato grife de razoavelmente ilibada reputação como produtor e moral de músico genial, visionário etc. e tal. Há quem diga que o homem é bom mesmo de marketing, impondo, acima de tudo, o valor da marca.

Pontinho a mais para ele. A força dos resultados e suas implicações (no presente e eventualmente futuras) artísticas e estéticas falam por si.

Levam sua assinatura trabalhos de Devo e da Microsoft(!), de David Bowie e de U2. E da sua considerável discografia autoral, pelo menos alguns pares de registros são no mínimo seminais - o que seria, por exemplo, do tal do ambient e de bom pedaço da eletrônica moderna se não fosse o senhor Eno?

Small Craft On A Milky Sea, novinho disco do também artista plástico e escritor Brian Eno, já chega em clima de festa, por conta da chancela da importante etiqueta inglesa Warp (Sheffield, 1989) - assim como o encontro do The Orb com David Gilmour, a parceria de Eno com o selo de Aphex Twin, Boards of Canada e Flying Lotus (dentre dezenas de outros afins sônico-filosóficos) é daquelas conexões de pertinência cósmica total. Tinha que acontecer.

Gravado entre 2009 e 2010, o álbum instrumental traz excertos de 5 peças criadas (e recusadas) para a trilha do filme *The Lovely Bones* (dirigido por Peter Jackson, baseado em livro de Alice Sebold), mais sequências de improvisações baseadas (mais ou menos livremente) em trilhas de filmes (imaginários ou não). Segundo Eno, ocorrem temas recorrentes ao longo do disco - algo na linha do "conceptual continuity" de Frank Zappa.

Habilmente acompanhado por comparsas de longa data, Jon Hopkins e Leo Abrahams (responsável pelas ocasionais e ótimas guitarras), Eno despacha um disco que é, no fim das contas, até meio complicado digamos - tudo dependendo das expectativas, claro.

Em meio às vinhetas de ambient polar e das turbulências mais experimentadoras com eletrobeats instáveis, destacam-se "Horse" e "2 Forms Of Anger" - ácidas e impactantes gemas de dubstep reconstruído, reembalado, quem sabe, para as próximas gerações.

...

Com a safra Eno 74 não tem erro: em seus dois primeiros registros autorais, pós-Roxy Music, Brian Eno praticamente rabiscou uma cartilha de rock visceral, arteiro e glamuroso, que parece valer com mais intensidade a cada dia que passa. *Here Come The Warm Jets* foi lançado em janeiro de 1974 e tem algo da vibe glamrocker da ex-banda de Eno. Acompanhado por time de primeira – Phil Manzanera, Chris Spedding, Robert Fripp e John Wetton dentre outros – Eno já apronta das suas com esse glam rock e arrisca tanto nas experimentações formais quanto poéticas (mezzo surrealistas). "Baby's on Fire" e "Needles in the Camel's Eye" são duas gemas dessa impressionante estreia solo.

Em novembro desse mesmo glorioso ano de 74 chega o solo número 2 de Eno, *Taking Tiger Mountain (By Strategy)* – baseado em cartões/imagens de uma ópera revolucionária chinesa. Para tratar do assunto, mais uma vez comparecem os chapas de Roxy Music e o (cada vez mais) cultuado ex-Soft Machine Robert Wyatt. A fantástica "Third Uncle" vem desse disco. Mais fundamentos para as tribos futuras...

AREIA NOS DENTES: CAUBÓIS E ZUMBIS NA NOVA LITERATURA BRASILEIRA

"Carlitos, qual é o melhor faroeste, Era Uma Vez No Oeste *ou* Meu Ódio Será Tua Herança*?"*

"O que isso tem a ver?"

"Isso tem tudo a ver. Eu não sei qual filme prefiro. Eu quero saber se sou um homem de reflexão ou um homem de ação, compreende? Porque vou passar isso para o meu relato. Quero saber se, em Mavrak, as coisas eram, e agora cito o mestre italiano, 'como uma dança da morte', ou se... ou se..."

"Se as pessoas morriam em câmera lenta o tempo todo? Merda Juan. Escute, é tarde. Não é hora de discutir cinema. Que diferença faz? Você está contando a história do seu Juan, não de um Clint Eastwood."

Apesar do questionamento cinematográfico-existencial desse diálogo entre personagens, parece não haver muita dúvida sobre a situação em que nos encontramos, página 34, como leitores: trata-se de um western quase clássico, no México fantástico de Mavrak ("*A única coisa que impede a Mavrak verdadeira de ser uma cidade fantasma é o fato de que é habitada*"), onde (sobre)vivem em constante conflito os Ramirez, os

Marlowe e os McCoy. Não fosse o tal do aviso na primeira linha, difícil de abstrair: "E os mortos voltarão à vida!".

Novela em alta velocidade de caubóis e zumbis, *Areia Nos Dentes* é o livro de estreia de Antônio Xerxenesky - porto-alegrense da classe de 84, sócio-fundador da etiqueta literária independente Não Editora, que lançou uma primeira versão do livro há 2 anos. Em versão "remasterizada", *Areia Nos Dentes* ganha relançamento agora pela Rocco (136 páginas) e, se o xamã de Mavrak permitir, vira filme logo mais.

Não se trata de mashup oportunista ou pastiche sem propósito. A trama é caprichada e envolvente, e se desenvolve em vários tipos de registros diferentes, com confusão calculada entre quem conta o que e como. Xerxenesky se mostra bastante hábil ao descrever as vibes, os climas calientes e sensações arenosas (nos dentes) desse deserto de almas perdidas. E, por conta da construção inusitada da narrativa e seu ritmo preciso, quando irrompem os zumbis... o bicho pega.

A única coisa que parece atrapalhar a leitura fluída desse *Areia Nos Dentes*, surpreendente debute de promissor autor, é que, pelo menos no meu caso, me peguei divagando, pensando em cenas de cinema para vários momentos do livro (considerando cenários, atores, diretores possíveis etc.). Isso sem falar nas músicas para uma trilha sonora dessa curiosa e violenta novela. Agora que já sei um pouco mais sobre o gosto musical do autor, a releitura deverá ser feita com outros ouvidos...

Antônio Xerxenesky fala com exclusividade para Mondo Massari.

Queria começar falando do ofício, do seu trabalho como escritor: é isso mesmo, vives disso?
AX Como a Não Editora não sustenta ninguém, trabalho como "editor" somente no tempo livre. No momento, me sustento com base em traduções de livros infanto-juvenis e freelas diversos que surgem em decorrência da "vida de escritor", como resenhas para jornais, palestras, artigos em revistas, orelhas de livros, qualquer coisa que dê dinheiro.

Como é o seu trabalho na Não Editora e qual a, digamos, situação da etiqueta no mercado editorial? Trata-se de empreitada totalmente indie? Distribuição continua sendo problemão?

AX A Não Editora é uma editora "independente" com todos os prós e contras que isso envolve. Temos consciência de que o mercado editorial no Brasil funciona da seguinte maneira: as editoras pequenas garimpam o que há de melhor na nova produção, as grandes passam um pente fino e pegam para si os autores que receberam o maior destaque. Criamos a editora sabendo disso, até com o propósito de servir de trampolim para novos autores. Damos um tratamento gráfico de primeira que não conseguiriam com outras editoras. A questão da distribuição, que era a grande inimiga, está muito mais fácil em tempos de internet. Se nossos livros não estão, por exemplo, na Livraria Cultura, eles podem ser vendidos pelo mundo todo pela internet. E livros bonitos (editorialmente) sempre são aceitos nas livrarias.

No caso do Areia nos Dentes, *ele já havia sido publicado antes - não sei o quanto vale a analogia, mas relançá-lo pela Rocco é como aquela banda indie mezzo obscura que relança um disco bacana por uma major? Ajuda geral, atrapalha de algum jeito?*

AX A analogia é excelente, até porque migrar para uma major significa que muitas pessoas apontarão para mim e dirão: "vendido!". E sim, ajuda bastante. Além de uma distribuição "presencial" mais sólida, a mídia respeita muito mais um autor que vem com o carimbo de uma grande editora, como se fosse um selo de qualidade. Festivais literários, feiras, todos esses entornos que dão dinheiro, também prestam mais atenção e valorizam mais um autor que publica pelas grandes. É triste, mas é como funciona. O meu *Areia nos Dentes* da Rocco é essencialmente o mesmo, mas o carimbo Rocco abre muitas portas.

Os contratos com as grandes editoras, principalmente no caso de novos autores, costumam ser cruéis no que diz respeito à... "matemática" referente a vendas etc. E como escritor não faz show (!), pergunto: como fica a questão financeira do artista? E qual o best-seller da editora?

AX O best-seller da Não Editora é a série *Ficção de Polpa*, nossa coletânea de terror, ficção científica e fantasia. Tinha um público sedento por isso no país que acabamos acidentalmente descobrindo. Quanto à questão financeira da vida dos novos autores, bem... escritor, no Brasil, nunca viveu de direitos autorais. A grana vem dos entornos, da "vida literária". Autor não faz show, mas dá palestra...

Caubóis e zumbis: para muita gente, melhor não fica! O quão pragmático foi esse encontro de filões? Daria até para dizer que o mote dos zumbis é oportuno editorialmente... Acompanhas, tens interesse no gênero, se preocupou em dar tratamento diferenciado, autoral?

AX Comecei a escrever o *Areia nos Dentes* em 2007, quando a "moda zumbi" estava começando a estourar, mas não tinha atingido seu ápice ainda (mashups de Jane Austen, série de TV...). Valorizo muito o gênero, especialmente o uso simbólico da figura do zumbi. Ele pode representar tantas coisas! Nos filmes de Romero, por exemplo, já representou tanto tensões da guerra fria como uma massa de consumidores sem cérebro. Por isso, quando fui escrever meu livro, busquei ressignificar essa figura à minha própria maneira.

Mas é essencialmente um western, certo? Estilo Sergio Leone: contemplativo/ viajandão e violento!

AX Sem dúvida, é um western, com todos seus mitos e arquétipos. Sou um apaixonado pelo cinema de faroeste, especialmente pelo de Leone. Há uma força poética nas suas imagens capaz de transformar um mero olhar numa paisagem.

Apesar do clima de tensão constante, você parece ter optado por detonar a violência mais gráfica de modo estratégico...

AX Engraçado, não pensei muito na questão da violência durante a escrita. Veio de forma natural para mim, baseada nos meus gostos particulares de filmes e games, mas também prestando atenção na fórmula "Tubarão" de que, escondendo a violência, muitas vezes a tornamos mais incômoda.

E o tal do "processo": tinhas um esquema, uma estrutura montada antes de começar? Até para dar conta dos vários registros narrativos. Muita coisa foi/ vai acontecendo pelo caminho? Reescreveu muito?

AX Nesse sentido, sou muito racional. Havia montado diagramas e tabelas com a estrutura de tudo que deveria acontecer em cada capítulo. O que não muda o fato de que reescrevi todas as partes, e quando fui chamado para fazer uma segunda edição para a Rocco, melhorei dezenas de frases, desenvolvi melhor certas passagens. O trabalho estético é inevitavelmente braçal (e exaustivo).

Acho que dá para dizer que o livro tem muito cara de filme, possivelmente em outros mercados já estaria vendido para o cinema. Nesse caso cinematográfico: que filmes apontaria como modelo; daria para transferir a ação para cá; quem poderia atuar e dirigir?

AX Não posso comentar muito sobre isso, mas digamos que o *Areia nos Dentes* já está "in talks" para virar um filme... Quanto aos modelos? Os faroestes italianos, sem dúvida, e os filmes de zumbi, para além dos clássicos do Romero, também os italianos. Dá-lhe Lucio Fulci! Pela questão metalinguística, acho que uma boa referência seria *Le magnifique*, um filme com o Belmondo que só descobri depois de ter escrito o livro.

E na trilha, quem mais além do Morricone?!

AX Para escrever, escutei muito uma banda chamada Dirty Three. Tem um disco deles chamado *Horse Stories* que sinto ser a cara do *Areia nos Dentes*. E, durante a parte da invasão zumbi, a trilha que eu tinha em mente (e escutava durante a escrita) era uma banda de drone metal chamada Sunn 0))). Tem uma faixa intitulada "It took the night to believe" que é de trazer os mortos de volta à vida...

FITAS FANTÁSTICAS

Recorte de algumas fitas fantásticas - filmes disponíveis nas boas casas do ramo. Divagação com lançamentos mais ou menos recentes - títulos oficiais (de época), edições nacionais. Suas trilhas. E umas conexões musicais.

Produção polonesa de 1965, dirigida por Wojciech Has a partir do livro *O Manuscrito Encontrado em Saragoça* (1815), do conterrâneo Jan Potocki (nome fundamental da literatura fantástica), **O Manuscrito de Saragoça** é peça rara no universo do cinema psicodélico. Especiaria surrealista. Ou fita viajandona mesmo. Já de cara entramos em sintonia com os oficiais – inimigos nas tretas Napoleônicas – que topam com o precioso livro de manuscritos e por ele são (somos) praticamente enfeitiçados, arrastados para um mar de histórias mirabolantes. Protagonizadas pelo quixotesco avô de um dos oficiais, as baladas pela Espanha do século 18 são absurdamente divertidas e violentas. O desfile de personagens bizarros parece não ter fim, e o fato de invadirem, se meterem nas histórias alheias (graças a esquema narrativo deliberadamente confuso) parece só por mais lenha na fogueira. Por falar nela, abundam caricatos agentes da Inquisição e toda sorte de agentes diabólicos e seus feitiços malucos. Na trilha cabulosa (efeitos sinistros!) desse que era um dos filmes prediletos de Luis Buñuel, comparece outro conterrâneo do diretor, o compositor e regente Krzysztof Penderecki - atuou nas vanguardas sessentistas mais experimentadoras e tem 3 prêmios Grammy no currículo, tendo emprestado trechos de sua obra para filmes como *O Iluminado*, *O Exorcista* e *Coração Selvagem*.

Meio sumido durante um tempo, o filme foi resgatado nos anos 90 por outros de seus ilustres entusiastas: Francis Ford Coppola, Martin Scorsese e Jerry Garcia (Grateful Dead) bancaram restauração geral da obra e a recolocaram no mercado em todos os seus gloriosos 182 minutos (na América circulava versão com 147 e, no Reino Unido, com 125). Seja em capítulos ou numa intensa sessão à meia-noite, diversão que vale cada instante (ainda que nos percamos aqui e ali no meio da confusão). Um lançamento Platina Filmes.

No caso de **Planeta Selvagem**, não é exagero: estamos mesmo diante de uma obra-prima da ficção-científica. Parceria da França com a (ex-)Tcheco-Eslováquia, a animação faturou prêmio especial do juri em Cannes, em 73 - na América, a distribuição ficou por conta do lendário Roger Corman. Dirigido por René Laloux e escrito em parceria com o craque diretor de arte Roland Topor, o desenho surrealista pode ser de fato consumido como alegoria algo hippie de apelo político-pacifista (referência à invasão da Tcheco-Eslováquia pelos russos em 68). Mas há algo de transcendente no planeta Ygam, dos gigantes Traaqs (ou Draaks) e dos excêntricos animais domésticos Oms, ora humanos. Meditação como comunicação entre as espécies, cenários embasbacantes e trilha sonora de acordo: altamente sampleada ao longo dos anos (na maioria das vezes sem crédito), a trilha do jazzman Alain Goraguer, pianista ex-parceiro de Serge Gainsbourg, é um arraso - tramas downtempo cheias de groove sinuoso, funk das altas esferas, e explosões psych-rock de intensa coloração. Magistral. Vale ver e rever e pode ficar, na prateleira, na companhia do tributário estético (e digníssimo herdeiro) *Heavy Metal*, de 1981.

Mais uma vez entre nós, clássica produção B norte-americana, **Die, Monster, Die!** (também atende por *Monster of Terror*). Um lançamento da etiqueta especializada em cults/títulos diferenciados Magnus Opus - *Planeta Selvagem* integra o mesmo catálogo bacana. Dirigido por Dan Haller (assinaria anos depois a série *Buck Rogers no Século 25*), o filme é levemente baseado em conto de H.P.Lovecraft e é praticamente um tributo ao grande ator inglês Boris Karloff, no sentido de que tudo parece estar a seu serviço, sua presença ao mesmo tempo assustadora, imponente e charmosa (e a indefectível língua presa). Karloff morreria apenas 4 anos depois de *Die, Monster, Die!*, mas ainda teve fôlego para atuar em pelo menos uma dúzia de filmes nesse intervalo! Afinal, quem colocar para o papel de cientista mezzo maluco mezzo decadente às voltas com um meteorito que provoca horríveis mutações ("um zoológico infernal"), sua esposa pobre vítima, o mocinho destemido...? Os efeitos especiais são, digamos, de época (Haller era da turma de Corman), eventualmente toscos mesmo, mas a cenografia é classuda, consistente. E Karloff é puro magnetismo. Na época do lançamento, 1965, chegou em pacote duplo, dividindo o cartaz com pérola do cineasta italiano Mario Bava, *Planet Of The Vampyres* (ou *Terrore nello Spazio*) - no elenco, destaque para a grande atriz carioca Norma Bengell.

[Em 91, Alice Cohen, ex-Vels, formou o quarteto Die Monster Die, homenagem explícita ao querido "midnight movie" de mesmo nome. Em Nova Iorque (via Athens) fizeram e até aconteceram, no embalo dos tempos graúdos para alternativos emergentes e por conta de certa qualidade acima da média nas composições e eficiência no ataque ao vivo. Os álbuns *Chrome Molly* e *Withdrawal Method*, de 93 e 94 respectivamente, merecem visita, lá no limbo dos bons registros esquecidos, perdidos da década de 90.]

Na capa de *Corrida Contra o Destino*, da coleção exclusiva da Livraria Cultura, o aviso: "o filme essencial sobre corrida de carro!". Com exclamação e tudo e, mais uma vez, não é exagero (apesar do pouco charme retórico): **Vanishing Point** (no original) é mesmo, dentre muitas outras coisas, um filme seminal nesse sentido – perseguições e, principalmente, percepções da longa estrada americana como palco de conflitos físicos e existencias, não foram mais as mesmas depois desse petardo de road movie totalmente rock'n'roll. Dirigido por Richard C. Sarafian e lançado em 1971, o filme teve roteiro assinado pelo ilustre escritor cubano Guillermo Cabrera Infante, sob o pseudônimo Guillermo Cain, e basicamente criou um ícone contracultural na figura do protagonista antiherói Kowalski. No gospel inebriante do DJ Super Soul (outra mítica figura do filme), entoado a partir da rádio KOW, a mais barulhenta do oeste (depois rebatizada KOWalski), trata-se do último herói americano. Na força do motor do seu Dodge envenenado (que não é dele, entregá-lo na Califórnia é o serviço), na velocidade máxima contra os atrasa-lado ideológicos e morais, Kowalski busca a libertação da alma. Representa o fim de uma América que há bem pouco tempo parecia possível. Ecoa o tom raivoso-melancólico de Hunter Thompson ao tratar do sonho americano; e dá para considerar que os caras que colocam os tratores no seu caminho são os mesmos que mandam chumbo em Wyatt e Billy, personagens de Peter Fonda e Dennis Hopper em *Easy Rider*, de 1969.

(Muitas "interpretações" ao final...)

O responsável pela trilha marcante de *Vanishing Point* foi Jimmy Bowen, que chamou camaradas (teve alguns nomes vetados) e se virou em grande estilo com seus quase improvisados J.B. Pickers. Dos convidados famosos, destaque para Delaney, Bonnie & Friends (que aparecem no filme) e para o Mountain do fantástico Leslie West ("Mississippi Queen"). Como curiosidade, o belo country-gospel dos créditos finais, "Nobody Knows", de Kim & Dave, primeiro registro da cantora californiana Kim Karnes (aquela de "Bette Davis Eyes"). Para muitos brasileiros, bastam alguns instantes da música "Freedom of Expression", de Bowen, para que os neurônios comecem a se agitar: diretamente de um dos melhores momentos do filme, seu poderoso ataque instrumental de guitarras invocadíssimas virou música-tema do programa Globo Repórter.

Em 1997, Bobby Gillespie e seus comparsas de Primal Scream lançaram o álbum *Vanishing Point*, concebido como trilha alternativa para um dos filmes prediletos da banda. Segundo declarou Gillespie, a ideia era devolver à trilha algo do clima paranóico, claustrofóbico do filme (vibe perdida na trilha antiga, que era "muito hippie"). O videoclipe do single "Kowalski", dirigido pelo ex-baixista do Jesus & Mary Chain e cobiçado clipemaker Douglas Hart, também contou com a participação de roteirista ilustre, o escritor escocês Irvine Welsh. Kate Moss atua e rolam uns samples (creditados) do filme, via DJ Super Soul.

(Viggo Mortensen faz Kowalski num remake ok de 1997.)

TEM QUEM CHAME DE JAZZ

"Let Them Call It Jazz" (Jean Rhys)
"Jazz From Hell" (Frank Zappa)

Não mais que 10 minutos de apresentação e lá se vão os primeiros desistentes. Ao final, nem serão tantos assim - mas se fazem notar com certo destaque, graças à localização estratégica das vias de escape (escadas coladas ao lado do palco). A fuga como parte da performance...

Pouco mais de uma hora depois, o trio deixa o curioso palco semi-subterrâneo do Centro Cultural São Paulo ovacionado, rapaziada em êxtase e de alma lavada, ou revigorada, após experiência musical diferenciada (não se trata exatamente de unanimidade e tem quem continue achando barulhento e chato – mas indiferença jamais!).

Na sexta-feira passada se apresentou por aqui (iria depois para Porto Alegre), como parte do enxuto Festival de Improvisação do CCSP, o cultuado compositor/músico de jazz (sax e clarinete) norte-americano Ken Vandermark. Na companhia do baterista inglês Mark Sanders e do legendário baixista do The Ex, o holandês Luc Klaasen, mais conhecido como Luc-Ex (os dois já haviam passado por aqui antes como parte do grupo SPEEQ), Vandermark veio basicamente para destilar sua fúria instrumental "tipo" freejazz com os comparsas - aproveitando para revelar, se possível, através do choque de éticas e técnicas de improvisação diferentes (escolas americanas e europeias), um pouco desse universo sônico complexo e fascinante. Que acontece, essencialmente, na dimensão ao vivo e, para além do virtuosismo matemático, se manifesta algo fisicamente na relação dos músicos com seus instrumentos.

Em determinado momento, instantâneo revelador das dinâmicas

que animam, movimentam algumas dessas apresentações de música "improvisada": enquanto a cozinha - o mais correto seria mesmo usina - se metia por acidentados terrenos, Ken Vandermark, que acabara de encostar o sax para atacar de clarinete, fecha os olhos e começa a sorrir. De modo discreto, com pequena marcação silenciosa dos dedos e um ou outro meneio de cabeça. Se o baterista Mark Sanders parece buscar o lúdico através da exploração de detalhes quase minimalistas, Luc-Ex vai logo para as cabeças e transforma seus acordes em artilharia pesada de proporções hecatômbicas. Vandermark devolve o clarinete, sem usá-lo. Ainda com sorriso maroto no rosto, empunha novamente o sax, chega mais perto dos comparsas e segue o caminho. Ou cai para dentro e, na rasgação nervosa de seu ataque, qual efeito especial surrealista, parece fundir seus dedos agora quase invisíveis ao instrumento. Fire in the hole! Saraivada incandescente de notas que parecem se comprimir num único mantra - barulhento e, para quem embarca, transcendente.

No saguão de entrada, agitação na banquinha de discos: pequena, mas boa seleta de títulos dos convidados (e semelhantes) a preços camaradas. Destaque para a bela edição da etiqueta polonesa Nottwo Records para mais um título do Vandermark 5 (uma das suas bandas mais consagradas, formada em 96). *Annular Gift* captura a banda ao vivo em duas noites de 2009, na Polônia, e é um dos melhores registros da vasta discografia do quinteto. Longas suites viajantes (a maior das seis dura mais de vinte minutos) dedicadas a figuras como Brecht, Weill e Francis Bacon. Na comparação, por exemplo, com a porção Improv dos trabalhos de KV, o resultado soa quase comportado. Quase. (É possível que alguma coisa ali no meio se pareça com um certo jazzrock).

Pouco antes da apresentação, **Ken Vandermark** recebeu a coluna Mondo Massari para um papo rápido - "ainda quero dar uma aquecida nos dedos".

Salve Ken. Conseguiu fazer algo pela cidade ou veio direto para cá?
KV Nada, aquilo de sempre: chegamos por volta do meio-dia, parada rápida no hotel e já viemos direto passar o som.
De alguma maneira você encerra um período legal, intenso de shows de colegas (saxofonistas): teve Ornette Coleman, Pharoah Sanders, Roscoe Mitchell, Peter

Brötzmann, até o Napoleon Murphy Brock (Zappa) passou por aqui. Ficas à vontade nesse time?

KV Caramba, saber disso intimida demais! Agora vou ter que considerar isso na hora em que estiver no palco [Risos]. É realmente um time de primeira, não sabia que tinha rolado essa sequência... até você me dizer! Vou ter que caprichar.

Gostaria que você falasse um pouco sobre essa banda que está com você no Brasil – de modo geral, parece que você prefere ter várias bandas, tocar sempre com gente diferente...

KV Na verdade, dessa vez fui convidado pelo Mark e pelo Luc para tocar com eles - já toquei com o Mark, esquema trio também, há alguns anos; com o Luc nunca toquei, essa me parece uma ótima oportunidade. Você está certo, gosto de tocar com muito grupos, músicos diferentes. Alguns desses grupos duram bastante, tem gente com quem toco há mais de dez anos. Tudo depende do quanto o projeto se mantem criativo ao longo dos tempos. O legal é ter a oportunidade de cruzar com artistas diferentes.

Muita gente (ainda) acha que improvisação é caos, desorganização. Dá para explicar, mostrar algum tipo de engrenagem de uma apresentação como essa de hoje? E como rola a passagem de som (ouvi dizer que não durou nem dez minutos)?

KV A passagem foi meio curta mesmo. A gente só queria ter um tempinho para se ouvir mesmo, ter algumas sensações, um balanço, esse tipo de coisa. E foi legal. No caso da música de improvisação, por um lado consigo entender porque algumas pessoas acham que trata-se de uma realidade caótica... Porque você não tem os típicos pontos de referência que você tem numa música mais convencional, com formato de canção: batida constante, melodias convencionais... Isso tudo é suprimido no tipo de som que fazemos - mas em música existem diferentes tipos de estruturas envolvidas. No caso da música Improv, existe um grande espectro, muitas possibilidades para a abordagem. O Peter Brötzmann, por exemplo, que é tremendo, tem uma proposta bem diferente da minha, pensa e ataca a música de improvisação do seu jeito. Gosto de pensar que as pessoas que estão no show têm a possibilidade de "ver" o músico se apresentando, "ouvir" a música e perceber essas referências diferentes, sacando mais claramente a troca de ideias que acontece entre os músicos.

Que tipo de público vai aos seus shows hoje em dia? Tribos diferentes, várias gerações? Antes do advento da internet, ficava mais clara a divisão entre públicos, quem consumia jazz, rock...

KV É sempre uma alegria quando vejo uma galera mais nova no público. Você tem razão, com a internet muito mais gente teve acesso ao tipo de som que fazemos, à nossa turma. O impacto da mídia mainstream é muito menos importante para o que fazemos - há muitas fontes de informação sobre os sons em geral. Acho que o público é essencialmente formado por fãs de música, gente como eu - você olha para a minha coleção de discos, ou de caras que tocam comigo, e percebe que não é uma coleção só de jazz: tem jazz e improv e funk e reggae e rock e soul e afrobeat... E acho que a maioria das pessoas que vem nos ver, vem pela curiosidade - curiosos com a música e seus caminhos hoje em dia. Esse é o melhor público.

Já teve algo seu remixado, retrabalhado por DJs ou cientistas da eletrônica? Gosta da ideia?

KV Não acho que já tenham feito algo parecido com meu som, mas posso dizer que estaria aberto se me parecesse algo realmente interessante. Nada contra. Em se tratando de tecnologia e coisas do tipo, prefiro trabalhar com alguém que saiba mais do que eu. Já tenho muito o que fazer, pensar na esfera acústica, composições...

Sempre achei legal sua conexão com o Sun Ra e com o Funkadelic e pensei que talvez pudesse haver alguma com o Zappa...

KV Sempre tive muito respeito pelo Zappa, mas algo no seu distanciamento, ou no cinismo exacerbado, me afastou um pouco... sabe, sempre que pintava aquela polarização Zappa-Beefheart, eu ficava do lado do Beefheart...

Você é um daqueles...

KV Eu sou um desse aí [Risos].

Sobre o saxofone: vislumbras muitas possibilidades para o instrumento, tem gente criando, forjando novos caminhos, pensas nessas questões estético-filosóficas?

KV O tempo todo! Eu quero criar, fazer coisas novas, diferentes, únicas - os instrumentos estão aí para serem descobertos. O que estamos fazendo agora, claro, foi construído pelas gerações anteriores, coisas desenvolvidas por Evan Parker, Peter Brötzmann; mas o que eles fizeram surgiu de experiências anteriores, Coltrane, Pharoah Sanders... Existe essa espécie de fundação e o que fazemos, eu, John Butcher, Mats Gustafsson e vários outros, é buscar, a partir daí, criar algo diferente. E autoral. São caminhos fascinantes, de pura conexão com a ideia de se fazer música agora.

ZAPPA 70

21 de dezembro de 2010. Data estelar comemorativa, efeméride de responsa celebrada efusivamente galáxia dos bons sons afora, das reconditas quebradas brasileiras (onde a cachorrada é batizada com o sobrenome próprio do homem) àquele asteróide que leva seu nome invertido prefixo 3834.

Aniversário de Frank Zappa, 70 anos do nascimento do "american composer" (dezembro é também mês de seu passamento, assim como passa a marcar também o do camarada de juventude, parceiro cultuado Don Van Vliet, o Captain Beefheart). Passados quase 20 anos de sua morte, Zappa continua despertando emoções e paixões (e alguns contrários, claro, como ele provavelmente preferiria) - em tempos de hibridismos quase inclassificáveis, sua obra, ainda em movimento, continua a impressionar por seu volume assustador e impensável nos dias de hoje e, claro, por sua proposta radicalmente autoral de subversão de convenções, gêneros e sistemas. É de se imaginar o que o sublime guitarrista de Baltimore estaria fazendo hoje em dia com as traquitanas tecnológicas disponíveis...

Para rápida celebração de sua Música, 7 peças de circulação recente no mercado:

Congress Shall Make No Law é uma compilação das atividades, digamos, políticas de Frank Zappa - ainda que tenham sido desencadeadas ocasionalmente por questões musicais. Lançamento oficial de número 88 do catálogo zappiano, trata basicamente da cruzada de um artista contra a censura - estão aqui os depoimentos de Zappa no congresso norte-americano, em 1985, na briga contra os selos de "aviso" na produção discográfica de então, mais vinhetas estranhas de temática mezzo bíblica e, no encarte, reprodução de carta de Frank ao presidente hollywoodiano Ronald Reagan.

Greasy Love Songs é edição comemorativa dedicada a um dos discos prediletos da vasta discografia de FZ, *Cruising With Ruben & The Jets*, de 1968 - o tributo pessoal de Zappa às sonoridades que fizeram sua cabeça de garoto. Além da versão original (do vinil), muitos extras e a presença ilustre de Cheech Marin (Cheech & Chong) no libreto, lembrando de um teste realizado à época do disco, para ver se conseguia uma vaguinha nos Mothers Of Invention...

Frank Zappa – The Freak Out List não é, segundo informa a etiqueta responsável Sexy Intelectual, um DVD autorizado pelos administradores do legado zappiano. O fato de Zappa sempre ter detestado declaradamente a pirataria parece não ter desestimulado, em momento algum, a busca pelos incontáveis registros não-oficiais que ilustram sua carreira. Esse documentário merece ser conferido. Partindo da lista de nomes exibida no disco *Freak Out*, investiga-se, com depoimentos de músicos e especialistas, as raízes musicais de Frank, algumas de suas linhagens estéticas e principais referências. Dentre os extras, uma rápida visita à sua coleção de discos.

Um pouco mais oficial (!) e delicioso é o DVD *The Drummers Of Frank Zappa - Roundtable Discussion & Performance*. Com a assinatura do legendário Terry Bozzio, promove o encontro de 5 bateristas que tocaram com Zappa em diferentes períodos para uma conversa descontraída e cheia de emoção. Com Bozzio estão Ralph Humphrey, Chester Thompson, Chad Wackerman e a incrível Ruth Underwood. Histórias saborosas - algumas surpreendentes - e "exibições" das diversas escolas de ataque à bateria.

Zappa The Hardway vem para enriquecer, ainda mais, o espaço da biblioteca dedicado à vida e à obra de FZ. Assinado pelo craque escriba inglês Andrew Greenaway, com a benção (e sob encomenda) da família, o livro propõe, através de entrevistas com quase todos os envolvidos, um mergulho na legendária e algo trágica turnê de 1988 - em 224 páginas, mais de 70 imagens, assistimos a uma das mais consagradas formações de Zappa literalmente implodir no meio do caminho por conta de tretas pessoais entre os músicos. Ao tomar partido do baixista doidão Scott Thunes (segundo a esposa Gail Zappa, foi basicamente um motim armado por elementos não-profissionais), Zappa acabou por cancelar a turnê, perdeu uma bolada de dinheiro e basicamente nunca mais excursionou.

Hammersmith Odeon é o título oficial 89, é CD triplo e captura Zappa e banda em gloriosa apresentação no importante teatro londrino de mesmo nome - um dos palcos prediletos de Zappa para apresentações em solo inglês. Já de cara Zappa avisa que os trabalhos serão registrados para programa de rádio da sua terra natal e convoca o público a agir de acordo - da forma mais barulhenta possível. Como de costume, Zappa experimenta material que reencontraremos anos depois em discos de estúdio. E em meio a hits e muita participação da audiência, alguns de seus grandes momentos guitarrísticos. Zappa se sentia em casa no teatrão próximo à estação Hammersmith do metrô, e isso se faz notar visceralmente em alguns momentos. Acompanham esse belo título da etiqueta familiar Vaulternative Records, bexiga comemorativa de aniversário e outros presentinhos curiosos.

No dia do nascimento de Frank Zappa, faz-se mais que oportuna a lembrança, e celebração, do nascimento recente de um Frank Zappa na nossa literatura. *O Destino De Um Certo Frank Zappa E Outros Contos* (artepaubrasil, 142pgs, 2009) é reunião de 13 contos do prolífico escritor Lourenço Dutra - incluindo o conto que dá título ao volume e capa explícita com bigode logotípico. Brasiliense da classe 63, cronista urbano da escola Sabino-Bukowski (valem outras combinações), LD foi baixista e vocalista da banda oitentista Liberdade Condicional e trabalhou em importantes lojas de discos da cidade. Sua onda com os sons vira e mexe invade os domínios da crônica, e se faz personagem. É autor também de *O Olhar Dos Outros* e lançou nesse ano *Safira E Outros Contos Preciosos*.

Trecho da abertura do conto "O Destino de um certo Frank Zappa":

"Curtia os fones de ouvido, a expectativa do nascimento e o som. Alfredo estava na sala à espera do corte do cordão umbilical e do choro. Trilha sonora: 'The Torture Never Stops'

do álbum Zoot Allures. A enfermeira bateu no seu ombro.

Nasceu, é menino, parabéns!

Alfredo deu um sorriso e pensou:

É isso, ele vai se chamar Frank Zappa. Ainda no quarto, convalescente da cesariana, Maria Paula chiou. Não queria nome americano, queria nome brasileiro e melecado: Marcelo, que na escola vira Celo; Edgar e Paulo, que com sorte chamarão no diminutivo, Edgarzinho e Paulinho.

O pai comprou uma briga feia com a mulher e venceu o embate. Batizou seu filho em uma quarta-feira de um agosto seco em Brasília, no cartório da 504 Norte: Frank Zappa de Oliveira e Silva."

Viva Zappa.

JOSHUA HOFFINE: FOTÓGRAFO DE HORROR

Do jeito que andam os colecionadores, em breve estarão procurando por "obras" de Joshua Hoffine nos arquivos da gigante dos cartões comemorativos Hallmark - aproveitando para investigar cartórios do estado do Kansas em busca de casamentos realizados sob determinadas e específicas condições dimensionais, que garantiriam a presença do então jovem fotógrafo nas equipes envolvidas em imortalizar as cerimônias (se soubessem o que ele viria a fazer com a fotografia uns tempos depois, é bem provável que não conseguisse passar nem perto da igreja - mas é também possível vislumbrar aqueles que se deleitarão com o fato de terem sido fotografados nessa situação por esse tipo de fotógrafo!).

Esse simpático pai de família, entusiasta de certa (contra)cultura fantástica e formado em literatura inglesa, pratica o que ele chama de "fotografia de horror" e, principalmente com o estudo serial *After Dark, My Sweet*, caiu nas graças de blogs, publicações e sites especializados em fotografia e de temática "horror" em geral. São imagens arrebatadoras e viscerais. Agressivas pinturas de medos fundamentais, esboços no estado da arte fotográfica de nossos sustos primais. O horror, o horror. Como se Dario Argento rabiscasse, em cores absurdamente vivas, um conto de fadas atual com o bom e velho bicho-papão de sempre.

Joshua Hoffine fala com Mondo Massari.

Sua formação é de fotógrafo? Trilhou outros caminhos artísticos em algum momento?
Joshua Hoffine Eu comecei trabalhando como ilustrador profissional ainda garoto, na escola. Depois fiquei focado, por uns anos, na poesia. Logo depois de me formar parti para a fotografia – é o que tenho sido, em período integral, desde então. Minha infância foi bem normal e feliz. Cresci no subúrbio, com meus pais e duas irmãs. Meus pais sempre deram muita força para minhas... tendências artísticas. Eles curtiam filmes de horror e sempre me liberavam para assistir o que eu quisesse. Me meti em algumas confusões na escola por fazer, digamos, arte "inapropriada" para aquele tipo de ambiente – uma vez, ainda no 2º grau, fiz um desenho bem detalhado de um Papai Noel zumbi comendo um elfo. Meus pais sempre me defenderam!

Imagino que as principais referências venham de filmes, livros... Existe uma tradição para esse tipo de fotografia que você faz? Tem gente fazendo algo parecido?
JH O horror, como gênero, pode ser definido pela intenção de perturbar ou assustar um público. O horror floresceu, se desenvolveu em vários meios – novelas, filmes, programas de TV, games, quadrinhos... A iconografia do horror, seus elementos - lobisomens, vampiros, Freddy Krueger e por aí vai - funciona como marcos, modelos com os quais nos identificamos. A fotografia, claro, tem seus próprios gêneros: retrato, paisagem, jornalismo, casamento, animais, submarina, aérea etc. Mas é bem recente o reconhecimento da "fotografia de horror" como subgênero viável para o profissional. De minha parte, estou tentando estabelecer algum tipo de padrão que possa inspirar jovens fotógrafos. Dois dos meus artistas/fotógrafos prediletos forjaram precedentes para esse subgênero, ainda que não descrevam seu trabalho como fotografia de horror: Joel-Peter Witkin e Floria Sigismondi. A Sigismondi é famosa por ter criado os melhores e mais assustadores videoclipes do Marilyn Manson; e se por acaso alguém ainda não conhece o trabalho do Witkin, definitivamente vale a procura. Seu trabalho é bem intenso.

Há quanto tempo você trabalha esse conceito? Essa é, digamos, a única moldura do seu trabalho?

JH Tenho trabalhado nesse meu projeto-horror há uns bons anos, material quase suficiente para um livro. É bem possível que tente algo bem diferente quando esse projeto estiver completo.

A criança está sempre presente em seus trabalhos - medos primais e situações ameaçadoras... Parece haver também uma adaptação desses medos fundamentais ao espírito da época em que vivemos, drogas, serial killers...

JH A criança representa a figura da inocência, da vulnerabilidade - daí a empatia com quem observa. Procuro fazer com que as imagens sejam ou pareçam arquetípicas, e atemporais. É possível sim que elas representem o espírito da época, mas quero que elas provoquem o mesmo efeito no espectador daqui a 50 anos.

Como encaras a reprodução do seu trabalho? Hoje dá para se ter uma cópia de alta qualidade de algumas de suas fotos (ou todas!). É como baixar música de graça?!

JH Yeah, as pessoas roubam mesmo o meu trabalho. Eu realmente não me importo se essas pessoas fazem uma cópia meia-boca, meio borrada, a partir dos arquivos (pequenos) que eu disponibilizo... para pendurar na geladeira, no armário, onde quer que seja. Não dá para comparar com a qualidade das cópias de luxo, assinadas, que eu vendo para os clientes.

E qual sua relação com o original? Existem algo como níveis de originalidade para suas fotos impressas?

JH Não, todas as impressões são feitas do mesmo jeito, no mesmo papel Museo Silver Rag. A diferença fica por conta do tamanho e da numeração da edição. Quanto maior a impressão, menor o número de cópias - daí o valor vai aumentando.

De que tipo de mercado estamos falando? Net, galerias? Quem compra essas fotos?

JH 90% das minhas vendas são feitas pelo meu site. Eu faturo o suficiente vendendo impressões pequenas mensalmente, a ponto de não precisar arrumar um emprego de verdade. Eu vendo mais para fãs de Horror em geral do que para entusiastas de fotografia.

O processo (das fotos) é insano! Geralmente quanto tempo leva, quantas pessoas envolvidas?

JH Uma nova imagem demanda algumas semanas de produção. Geralmente no set estou acompanhado por dois assistentes, Demian Vela e Matt Tady. Mais os amigos e familiares que atuam como modelos.

É demais, valioso mesmo, você mostrar no seu blog como as coisas funcionam - o tal do processo. Mas não é como o mágico que revela o truque?! Será que não se perde algo da emoção?

JH Você tem razão, a imagem não é mais tão assustadora quando você vê como foi feita. Mas essa sensação é substituída pela surpresa, pelo encanto de ver a quantidade ridícula de trabalho empregado para te proporcionar aquele primeiro momento de medo.

Qual a foto bestseller?

JH Lady Bathory.

Um som para trilha do seu trabalho?

JH A trilha de abertura do filme O Iluminado.

VINHETA

Um camarada inglês tinha uma conversa toda preparada para as ocasiões em que me encontrava - invariavelmente entusiasmado com um showzinho que acabara de ver ou mesmo com a possibilidade de cruzar caminhos e conhecer esse ou aquele músico bacana que por acaso era vizinho de um, amigo do outro. Para ele, nada superaria, por exemplo, o encontro com um cara como Jack Lemmon, ou Gene Hackman, ainda que fosse por acaso no aeroporto. Havia estranha ênfase no aeroporto. A energia dessas figuras, sua presença meio transcendente seria, segundo o brother, muito mais rock'n'roll do que no caso da maioria das bandas ou músicos que me interessavam no momento (começo dos 80). Eu só dizia que aquilo era basicamente, como se dizia por lá, cocô de vaca, ou conversa para boi dormir, ou algo de similar simpatia. O que tinha uma coisa a ver com a outra? O que esses ícones do cinema teriam a ver com assistir aos Indians In Moscow, ou aos (The) Lotus Eaters, no último andar de um estacionamento meio abandonado ou bater os canecos com o Gordon Haskell (Les Fleur de Lys/King Crimson) na festinha de um conhecido? Não tinha jeito, a conversa se repetia mesmo que eu trocasse de protagonistas ou situações - nem certa ironia foi captada quando disse que, se o lance era cinematográfico, eu me divertira a valer, em ocasião recente, num show da mítica Divine, glamuroso ícone do cultuado cineasta John Waters... Era um lance de presença mesmo, energia, magnetismo, mágica e coisa e tal e não se falava mais nisso até a próxima oportunidade. Era como uma **vinheta**. De corte bem parecido, aliás, com aquela que me era proposta, também com certa frequência, pelo dono do estabelecimento subgastronômico italiano que usávamos como base para nossas atividades recreativas. Ao me encontrar na volta de algum clube ou teatro, parecia disparar automaticamente, como numa gravação e com aquele sotaque carregado e mantido na raça a despeito dos mais de 20 anos de Inglaterra: "dois shows (two gigs)", dizia com sorriso caricato de vilão mezzo-galã canastrão de filme B; "eu vi dois shows na minha vida", mais uma risadinha; "Beatles e Hendrix", explode a gargalhada.

MICK KARN E TRISH KEENAN: TRIBUTO

Com Mick Karn, o impacto foi imediato. Já nas primeiras audições da super-cool banda Japan, percebia-se que o baixista, no caso, não era exatamente um baixista qualquer. E imagino que isso deva ter acontecido, com muita gente, ao longo dos mais de 30 anos de carreira, fosse qual fosse o caminho de entrada, ou o cartão de apresentação - essa banda ou a participação naquele disco.

Cipriota de nascimento (Andonis/Antony Michaelides), chegou à Inglaterra ainda criança. Construiu carreira como multi-instrumentista a partir de meados dos 70 e se impôs, em ritmo discreto, como um dos mais admirados, importantes e instigantes baixistas da sua geração. Forjou assinatura destacada, por conta do impressionante ataque ao seu baixo do tipo "fretless" - sonoridade musculosa, esguia, algo complexa e cheia de groove. Basta uma nota, maestro, e já sabemos que se trata de Mick Karn.

Morto precocemente em 4 de janeiro desse ano [2011], aos 52 anos de idade, deixa consistente corpo de obra discográfica que merece recorrentes visitas. Tocou com bastante gente, de Gary Numan a Kate Bush a Porcupine Tree. Mas poderia ter produzido mais, muito mais. Alguns dos projetos futuros prometiam bastante...

Nesse tributo a Mick Karn, Mondo Massari destaca 4 grandes discos que levam o carimbo, a chancela de qualidade artística transcendente do baixista.

Japan - *Oil On Canvas* (1983): A banda do crooner David Sylvian, seu irmão baterista Steve Jansen, do tecladista Richard Barbieri e de Mick Karn surgiu em Londres, em 74, com a proposta inicial de, no espírito da época, fazer glam rock - Bowie e Bolan na cabeça. Chegaram a ter o lendário Simon Napier-Bell (Yardbirds e o próprio Bolan, dentre muitos outros) como empresário. Os primeiros álbuns, *Adolescent Sex* e *Obscure Alternatives* (ambos de 78), só fizeram sucesso mesmo no Japão. A virada, na busca de uma sonoridade mais autoral, se dá com o disco *Quiet Life* (79), que incorpora mais elementos eletrônicos ao art-rock cerebral da banda. *Gentlemen Take Polaroids* (80) e *Tin Drum* (81) revelam o Japan no auge. Em todos, a presença protagonista do baixo imediatamente reconhecível de Mick Karn. O último show do Japan aconteceu em dezembro de 82, no Japão. Na Inglaterra, se despediram da galera em novembro, numa sequência avassaladora de 6 shows no lendário teatrão londrino Hammersmith Odeon. Trechos de algumas dessas apresentações (mais um par de inéditas) estão reunidos em *Oil On Canvas*, disco (duplo) lançado postumamente no começo de 83.

Polytown - *Polytown* (1994): Basicamente um massacre. Encontro da pesada de 3 super músicos para arregaçar formatos e elevar seus instrumentos (e suas fantásticas sonoridades) a outras dimensões. Fusão de referências sônicas em longas e complexas suítes cheias de groove - calientes, mezzo improvisadas e explosivas. Nesse projeto essencialmente de estúdio, formam o power trio com Mick Karn o guitarrista acadêmico-vanguardeiro David Torn e o baterista cabuloso Terry Bozzio (Zappa/Fantômas).

Rain Tree Crow - *Rain Tree Crow* (1991): Gravado entre 89 e 90, o disco marca o reencontro dos integrantes do Japan alguns anos depois do final não exatamente feliz de suas atividades - pelo menos no âmbito pessoal. Praticamente todo concebido a partir de improvisações, considera-se que é um disco solo de David Sylvian, que centralizou as atenções da produção e barrou na cara dura o projeto de uma volta do Japan - ao vetar o uso do nome da banda (que era a vontade dos outros músicos), impondo sua versão das coisas com RTC. O discreto Mick Karn faz valer cada segundo de sua participação.

Dali's Car - *The Waking Hour* (1984): O creme do creme da arte baixística do ilustre e saudoso Mick Karn está aqui, nesse curioso e cultuado projeto em parceria com Peter Murphy. Do encontro do ex-Bauhaus com o ex-Japan surgiu essa verdadeira anomalia discográfica - que causou certa espécie no público mais desavisado do período, góticos e póspunkers e afins, e que vem angariando fãs geometricamente ao longo dos anos. Completamente livres das eventuais pressões impostas pelos compromissos (ou tretas) com suas respectivas ex-bandas, Murphy e Karn fazem a festa e se revelam em todo seu esplendor artístico. Um Peter Murphy menos nervoso, visceral (o que não quer dizer sem intensidade), busca novas articulações vocais em meio a novas divagações conceituais; Mick Karn faz miséria, ou milagre, ou mágica com o instrumento, revelando toda sua sábia versatilidade e impressionante poder de fogo. Disco de sonoridade única, no caso de Mick Karn fica sendo um de seus grandes registros como músico (em absoluta sintonia cósmica com seu instrumento e a musa).

...

Registra-se também o passamento prematuro, e bastante inesperado (em 14 de janeiro, aos 42 anos), de Trish Keenan, vocalista da banda inglesa Broadcast. Golpe duro que encerra, de maneira abrupta e implacável, empreitada artística celebrada e de altíssimos resultados estético-sônicos alcançados. Surgido em Birmingham no meio dos anos 90, sob inspiração do combo anárquico sessentista The United States Of America e emulando os comparsas modelares do Stereolab, o Broadcast se consagraria na década seguinte como um dos nomes mais queridos e prestigiados do pop britânico do novo milênio.

A atividade sampledélica, as pirações analógicas e valvulares, os formatos disformes de estranho apelo pop e a voz angelical e misteriosa de Keenan acabaram por chamar atenção da importante etiqueta Warp, que deu início aos trabalhos com a banda lançando, em 97, a coletânea *Work And Non-Work*. Vieram então os 3 registros em longa duração que consagrariam a banda de Keenan (a partir de 2005, o Broadcast seria essencialmente uma dupla, Trish e James Cargill): *The Noise Made By People* (2000), *Ha Ha Sound* (2003) e *Tender Buttons* (2005). Pérolas e mais pérolas de (art)pop eletrônico emotivo e luminoso. E muito transgressor. Poucas bandas conseguiram articular, como o Broadcast, um discurso tão experimentador, inventivo mesmo, com uma perspectiva fundamentalmente pop da canção. Assim como o Stereolab ou os Fiery Furnaces (às vezes), conseguiam, conseguem fazer as tramas mais esquisitas e complicadas soarem simplesmente belas. E a voz de Trish Keenan, vulnerável ou brincalhona ou manipulada ou sexy ou emotiva ou submersa em efeitos, do jeito que fosse, sempre foi muito responsável por esse astral especial da banda. Em 2009 lançaram, em parceria com o The Focus Group de Julian House (artista gráfico que assinou as capas dos discos do Broadcast, dono do selo Ghost Box Music e manipulador de sons e arquivos de áudio), *Broadcast & The Focus Group Investigate Witch Cults Of The Radio Age*, eleito melhor disco daquele ano pela revista inglesa The Wire. Registro conceitual e ultra-fragmentado, o disco é uma pequena obra-prima de pop folktrônico especulativo. Para ouvir sem parar...

AMPLIFIER E O NOVO PROG INGLÊS

O site especializado Prog Archives, que tem cacife para tratar do assunto rock progressivo, propõe, no começo de longos debates e polêmicas, definição sintética (aceitável) do gênero que gera sempre tanta desconfiança: virada dos anos 60 para os 70, bandas (no início britânicas) procurando (e)levar o rock para novos patamares de piração estética e credibilidade artística. Exploração dos recursos tecnológicos e alargamento das fronteiras estruturais das canções - não convencionais, de apelo menos popular. Discos conceituais e/ou sons instrumentais presentes com certo rigor. Temáticas viajandonas, eventualmente herméticas.

Numa rápida conferida na lista de sub-categorias possíveis nesse começo de milênio, um indicativo da sobrevivência e adaptação do estilo que levou boa parte da culpa pela situação modorrenta em que o rock se encontrava no meio dos 70: Canterbury scene, Crossover prog, Eclectic prog, Experimental, Post-metal, Heavy prog, Indo prog, Raga rock, Jazz rock/Fusion, Krautrock, Neoprog, Prog-folk, Math rock, RIO (Rock In Opposition), Symphonic rock, Progressive electronic, Extreme prog metal...

Assim fica difícil evitá-lo, com ou sem percepções pré-concebidas. No prog do século 21 cabe muita coisa boa, ainda que um montão de gente ainda tente fugir do rótulo -ou se refugiar em definições cada vez mais específicas e complicadas.

Diretamente de Manchester, na representação das novas falanges do progressivo inglês, comparece o power trio Amplifier, no embalo de seu mais novo e ambicioso trabalho, o terceiro registro em longa duração *The Octopus* - petardo de hardprog moderno, 16 músicas em duas horas de ataque, lançado nos formatos CD duplo e vinil triplo, em caráter absolutamente independente.

Sel Balamir, Matt Brobin e Neil Mahony até poderiam ter se acomodado depois da boa recepção dos discos anteriores, mas optaram pela correria autoral e se dedicaram ao longo de 3 anos a esse bombástico e, piada óbvia, tentacular bolachão de rock épico e ultra-articulado. Já começaram a trabalhá-lo (e até descobrí-lo) ao vivo e devem produzir novas edições do disco ao longo do caminho.

O vocalista e guitarrista boa praça **Sel Balamir** topou levar uma ideia com Mondo Massari, contanto que fosse algo enxuto, telegráfico. Diz aí Sel.

Tá fácil de baixar o The Octopus, *apesar de ser menos divertido do que pegar o vinil triplo, ou descolar o livrinho... Qual sua opinião sobre esse tipo de download gratuito?*
SB Os torrents da vida bateram pesado na gente – a partir do momento em que eles chegaram, as vendas caíram imediatamente. Como vende-

mos diretamente pelo site, principalmente esse disco novo, você percebe esses efeitos na hora. Existe esse mito de que as pessoas baixam as músicas e depois compram o disco. Não é verdade! Talvez uma pessoa faça isso, entre mil... Baixar sons de graça sem pensar nas pessoas que se dedicaram de corpo e alma no lance vai acabar matando a boa música. Se te dá prazer, você tem que ajudar – daí as coisas que você valoriza terão sobrevida, vão proliferar e se manter saudáveis. Se você não liga para nada disso, vai em frente e pegue o que quiser!

É um daqueles discos que é legal de ter em vinil mesmo...
SB Mas o custo de uma empreitada como essa é absurdamente alto para os padrões de uma banda independente. Tem que ir devagar.

Dá para explicar mais ou menos qual é a desse The Octopus?
SB *The Octopus* não é bem uma "coisa". É um processo. E é complexo, daí o motivo de eu ter escrito o encarte/livro que acompanha o disco. É só baixar e ler. De maneira bem resumida, tudo é flutuação [Risos].

Será que muita gente tem medo de discos conceituais?!
SB Acho que não... mas para te falar a verdade, a última coisa que me preocupa é o que as pessoas estão pensando!

Para uma gravadora à moda antiga, um disco como esse seria um pesadelo!
SB Boa! Isso nós somos e queremos ser mesmo, com muito prazer!

Há uns anos encontraríamos o disco facilmente na prateleira dos progressivos...
SB É bem provável. Tomara que estivesse bem perto do Kiss!

E qual sua relação então com o progressivo? É isso que vocês fazem afinal?
SB Para falar a verdade, acho que somos só uma banda de rock mesmo. Uma banda de rock interessante. Nós progredimos. Tentamos evoluir. É, acho que somos uma banda de rock progressivo sim [Risos].

Como foram as sessions? Muita jam, overdubs...
SB Praticamente tudo feito ao vivo, por isso parece grandioso. Em alguns casos fizemos uns 20 takes – muita coisa improvisada. Muito tempo para compilar e editar, trabalhar nas masters. Poucos overdubs, alguns né. Muito tempo gasto nos vocais. Mais tempo ainda mixando. Tempo e mais tempo!

Como levar algo tão ambicioso para a estrada?
SB Vamos tentar construir esse caminho, incrementando a produção na

medida em que formos crescendo com o projeto. É claro que gostaríamos de desenvolver esse lado visual - teria tudo a ver com as pirações do álbum. Por enquanto, a "entidade" não está completa. E para falar a verdade, alguns dos pedaços improvisados são bem difíceis de tocar!
Se organizasse um festival, quem chamaria para tocar com o Amplifier?
SB Que tal um festival só com bandas que começam com A? Pode ser Arcade Fire, AC/DC, Abba, Akon e... A!
Como é a vida em Manchester para bandas do eixo não-indie?!
SB Happy Mondays é demais [Risos]. Tem muita banda boa de hardcore em Manchester...
É verdade que a galera da NASA curte o som do Amplifier?!
SB Isso é verdade! Parece que eles ouvem o *The Octopus* direto lá num dos departamentos de alimentação de dados do ônibus espacial ou algo parecido. Uma viagem!
Conhece sons brasileiros?
SB - Sepultura e... cha cha cha? [Risos]

ROCK RARO E COLECIONÁVEL

Nas notas de apresentação do seu recém-lançado livro *Rock Raro*, o colecionador de discos paulistano **Wagner Xavier** explica, de maneira algo enfática, que se trata da realização de um sonho - um trabalho de fã sem grandes pretensões jornalísticas, pelo menos não formalmente. Da paixão pelo colecionismo dos bolachões e pelas leituras de títulos que tratam de certos setores do rock'n'roll, veio o impulso para a publicação dessa espécie bem particular de catálogo discográfico viajante - subtítulo *O maravilhoso e desconhecido mundo do rock*, lançamento da editora carioca Livre Expressão, 387 pgs.

Concentrando as atenções no que o autor chama de "período de ouro" do rock, aproximadamente do meio dos 60 ao meio dos 70 (folk, psych, prog e hard rock), o livro destaca a produção discográfica (internacional) mais obscura desse período - procura ir além dos já muito conhecidos e celebrados Led Zeppelin, Stones e Hendrix por exemplo.

A partir de uma seleção inicial de 500 títulos, o colecionador baseado em Joinville (mais o parceiro co-autor João Carlos "Jã" Roberto) chegou à marca de 352 bandas/discos para abordar, discutir nesse que é ,aparentemente, apenas o primeiro volume de um projeto maior.

Do progressivo italiano safra 73 da banda Acqua Fragile ao hardão classudo do Zephyr, safra 70, do lendário Tommy Bolin, uma visita divertida e bem interessante à coleção de discos do autor, num formato que segue caprichosamente seus desejos como leitor: o que ele sempre quis ler foi algo assim, um livro sobre discos obscuros/raros, com capas e encartes e fichas técnicas e, o principal, comentários sobre esses registros - impressionistas, subjetivos, pouco importa; vale a conversa animada, a troca de ideias entusiasmada sobre esse universo tão saboroso e que parece oferecer tantas opções temáticas inerentes, possíveis.

As bandas estão dispostas em ordem alfabética e o critério de seleção de cada disco que as representa segue exclusivamente o gosto do autor - tanto que, diferentemente de algumas obras similares que circulam pelo mercado internacional, no caso desse *Rock Raro* as cotações que acompanham cada disco não tem a ver diretamente com avaliações de mercado ou algo parecido. As indicações de 3, 4 ou 5 estrelas seguem interesses e paixões específicas do autor - que crava, na restrita categoria diamante, os 20 mais importantes desse recorte da sua coleção.

Como amostra, 5 desses títulos da categoria diamante:

Arcadium – *Breathe a while* (Reino Unido, 69, psych)
Bolder Dawn – *Mourning* (EUA, 72, hard rock)
Jericho Jones – *Junkies, Monkies & Donkies* (Israel, 71, hard rock)
Mellow Candle – *Swaddling Songs* (Irlanda, 71, folk/prog)
Sandrose – *Sandrose* (França, 72, prog)

Será que o segundo volume tem algo a ver com a nossa produção local de discos mezzo esquecidos e legais e obscuros e raros?

...

Ao falar das inspirações para a elaboração do livro, Wagner Xavier cita a série *Record Collector Dreams*, de autoria do colecionador austríaco

Hans Pokora, espécie de celebridade num certo circuito internacional de colecionadores - diz-se que circula pelas feiras munido de sua vitrolinha e com muita grana em espécie nos bolsos (notas estrategicamente posicionadas de acordo com o valor!).

Seus livros funcionam, ou pretendem funcionar como uma espécie de guia de preços para os colecionadores que se dedicam aos "álbuns de progressivo, psicodélico, rock, folk, garage e beat de todo o mundo" - de modo geral essas avaliações de preço devem ser relativizadas, o mercado do século 21 está sujeito a constantes flutuações e instabilidades.

Já no sexto volume, 6001, a série segue firme no formato 9 capas/títulos por página e somente as indicações de selo, gênero e valor. Agrupamento geográfico, por país - eventualmente por região. Se uma das mais recorrentes reclamações é a de que faltam comentários para as obras, fica evidente que sua ausência acaba por tornar tudo mais instigante. A cada capinha (são centenas!) uma janela para um mundo (quase sempre) desconhecido e (invariavelmente) estranho. Elos perdidos e grandes achados.

O autor procura destacar, a cada edição, seus prediletos - considerando apenas relativamente o fator grana. São os favoritos mesmo. Alguns dos eleitos de Hans Pokora nessa edição 6001:
Electric Prunes - *Mass in F Minor* (EUA, 68, psych)
Velvet Underground & Nico - *Velvet Underground & Nico* (EUA, 67)
Moon - *The Moon Without Earth* (EUA, 69, flower power/psych)
Los Brujos - *Los Brujos* (México, 67, garage)
Waipot Petsuwan - *Buddha Prawat* (Tailândia, 77, folk/psych)

Nessa sexta edição dos coloridos fascículos de Hans Pokora, o Brasil comparece de maneira mais discreta - os discos de países da América do Sul e Central, que já tiveram espaços autônomos consagrados, encontram-se reunidos num só verbete sônico-geográfico. São apenas 6 os nossos representantes nessa nova edição do *Record Collector Dreams* - o que, segundo especialistas, não quer necessariamente dizer esgotamento do filão ou algo parecido; poderia ter a ver, por exemplo, com o escopo da pesquisa de Pokora e o trabalho dos seus "olheiros" locais nesse sentido. Estão lá Os Caçulas e seu epônimo disco de 1969; duas bolachas do progressivo Comunidade S8, safras 77 e 79; um Som Imaginário e um Lula Côrtes; e o nosso destaque dessa edição, *Lágrimas Azuis*, disco de 1975 da praticamente esquecida banda potiguar Impacto Cinco.

Com pequeno trabalho braçal já seria possível promover um rápido recorte e criar uma versão brasileira desse livro de sonho dos colecionadores. São mais de 100 brasileiros nessa galeria de notórios colecionáveis. Uma viagem - de múltiplas e doidas escalas - pelo nosso mundão dos bons sons.

Nossas próprias agências deveriam promover mais essas trips. Acaba ficando caro comprar esse tipo de bilhete quase sempre em agências internacionais.

UM POUCO DE GRAMMY E O KAOLL

Dentre as centenas de estatuetas entregues anualmente pela academia norte-americana de gravações, através de seu aristocrático Grammy Awards, merece curiosa atenção a da categoria Best Rock Instrumental Performance - de 86 a 89, não obstante o título bastante auto-explicativo, garantia ainda, entre parênteses, que se consideravam tanto orquestras quanto grupos ou artistas em atividade solo. Espécie de caçula da turma, a algo abrangente categoria passou a integrar a premiação só a partir de 1980. Contemplando ora singles ou canções isoladas de um determinado trabalho (mesmo que o registro não seja essencialmente instrumental), ora álbuns na íntegra, essa categoria dedicada ao rock instrumental acaba por exibir uma das mais estranhas seleções de artistas reunidos por uma mesma causa premiada. Ainda que, no fim das contas, seja uma lista de muitos acertos, algo nos critérios flutuantes (e necessariamente idiossincráticos, ou maníacos mesmo) da premiação confere uma aura quase surreal à sua existência. E o zeitgeist não é problema, claro - invariavelmente o espírito da época contamina premiações desse tipo e, em muitos casos, trata-se de situação inescapável mesmo. Exemplo disso é o prêmio de 1998 para a demolidora "Block Rockin' Beats", dos Chemical Brothers. Mas é necessária uma poderosa capacidade de abstração para considerar o denominador comum entre os premiados discos *Jazz From Hell* e *Guitar Shop*, de Frank Zappa e Jeff Beck (levaram o prêmio pelos álbuns em 88 e 89 respectivamente) e a canção "D.N.A.", do álbum de estréia da banda de Liverpool A Flock of Seagulls. Em 1983, a famosa banda new-wave dos irmãos Score (infelizmente mais lembrados por questões caricaturais e/ou capilares) levou o prêmio pelos 2 minutos e 31 segundos dessa singela balada synth-instrumental. Santo grau de separação...

Jeff Beck, Black Keys, Los Lobos, Dave Matthews e Dweezil Zappa concorrem ao prêmio nessa edição 53 do Grammy - segundo a organização, os critérios levam em conta o capricho, a excelência na arte e na ciência da gravação; não tem nada a ver com vendas ou paradas de sucesso.

Enquanto os jurados batem cabeça para ver quem fatura esse ano com seu "rock instrumental", a diversão continua por aqui com pequena gema discográfica do gênero que faria bonito em qualquer premiação do tipo.

Espécie de disco (aliás, mereceria edição caprichada em vinil) que entrega, revela novos segredos a cada audição, *Auto-Hipnose* é o segundo registro em longa duração do combo instrumental paulistano Kaoll. Em circulação independente com a chancela da cultuada etiqueta Baratos Afins, do incansável Luiz Calanca, o disco marca o encontro da banda do guitarrista Bruno Moscatiello com o legendário guitarrista pós-tropicalista Lanny Gordin (Gal Costa, Gilberto Gil, Jards Macalé, Brazilian Octopus com Hermeto Pascoal, Itamar Assumpção, Caetano Veloso, Rita Lee).

Tramas elaboradas - caminhos sinuosos e ocasionais catarses - de rock do tipo fusion com algumas das melhores conversas guitarrísitcas da nossa praça instrumental. Faixas como "Momento Ômega" (duas partes), "Horizontes" e a já clássica "Groselha (O Sapato)" são capazes de revelar tanto a consistência e a pegada do jazzrock ultra-articulado proposto pelo septeto (pelo menos nesse disco), quanto sua faceta quase anárquica no que diz respeito a algumas formalidades. Quando não dá para entender exatamente o que está acontecendo (aqueles riffs preciosos por ali, rondando geral), é sinal de que já entramos na sintonia da *Auto-Hipnose* do Kaoll e do mestre Lanny Gordin.

O guitarrista **Bruno Moscatiello** conversou com a coluna.

Gostaria que você desse uma situada na banda na cena independente/instrumental brasileira: tocam para um determinado público, ou circuito específico?
BM O grupo tem se apresentado, desde o início, nos festivais independentes e espaços alternativos ao lado de bandas de destaque e também da nova geração - na tentativa de levar o trabalho principalmente para este novo público; também está presente, com destaque, nas programações de música instrumental de lugares como Sesc, centros culturais, galerias de arte, livrarias, escolas de Música, praças e parques públicos - procurando conquistar, assim, plateias diversificadas. Já dividimos o palco com Mobilis Stabilis, Fábio Golfetti, Michel Leme, Tetê Spíndola, Quarteto Kroma, Sérgio Ricardo e Filó Machado, João Paulo Gonçalves e Vinícius Dorin, Hamilton de Holanda e André Mehmari, entre outros.
Como se deu o encontro com o Lanny Gordin? Quem é esse Lanny do século 21? Como guitarrista, como foi "dialogar" com ele?
BM Conheci o Lanny por meio de um anúncio de aulas de guitarra na revista Guitar Player, que dizia: "Venha estudar com quem fez parte da história da música brasileira". Daí em diante tive o privilégio e a oportunidade de estudar guitarra com o Lanny por aproximadamente 2 anos, entre 2003 e 2005. Em 2008, estava lançando o primeiro álbum do Kaoll, intitulado *Kaoll 04*, e convidei o Lanny para participar de duas faixas no show de lançamento em São Paulo. No final desse show, o Lanny me perguntou quando seria a próxima apresentação... Como eu tinha mais 12 datas agendadas, o Lanny continuou no projeto colaborando com o crescimento espiritual e com o aprendizado de todos os músicos envolvidos. Como todos os seres humanos especiais, o Lanny é muito simples e o diálogo com ele sempre é na base da intuição e muita observação, sem "pré-conceitos" de qualquer espécie. O Lanny do séc. 21 é muito introspectivo e explosivo nas horas certas... Musicalmente maduro e genial! Mestre em harmonia, sutil melodicamente, exímio compositor e dono de um fraseado impressionante que pode ser conferido no álbum *Auto-Hipnose*.
Como se deram as gravações? Muita coisa ao vivo? Improvisação?

BM As gravações aconteceram de forma bem natural, com muita emoção e vibração a cada instrumento gravado e a cada etapa concretizada. Pouca coisa foi ao vivo. Apenas "O Farol", parte da faixa "Groselha (O Sapato)" e a faixa "Música Kármica". De resto tudo em takes separados de cada músico. Trabalhamos com 2 estúdios e sempre gosto de destacar o trabalho de bom gosto de Janja Gomes - do estúdio Tubo - nas edições e mixagens.

Que elementos você destacaria na "fusão" que a banda propõe? Há um tempinho o disco estaria na prateleira do progressivo e já chamaram sons parecidos de jazzrock...
BM Exatamente... Se você tentar identificar os estilos em cada faixa de *Auto-Hipnose*, perceberá elementos de vertentes como: música clássica, andina, flamenca e árabe, brazilian jazz, fusion/jazzrock, blues, rock, música contemporânea e rock progressivo... Ou seja, um universo de possibilidades. Como o Lanny diz, "O universo é nosso".

E como levar a Auto-Hipnose *para o palco? Qual a importância da dimensão "ao vivo" para o Kaoll?*
BM Levar o álbum para o palco é fundamental, já que o conceito do disco, de faixas de abertura interligadas com outras mais representativas e marcantes, é executado e reapresentado ao público propondo uma sessão hipnótica de diferentes fases - através das características específicas de cada som e dos jogos de luzes. Esta dimensão ao vivo é de fundamental importância já que, além de nos doarmos ao público, também nos auto-hipnotizamos, saindo de cada sessão em êxtase.

Fala-se muito da riqueza da nossa música instrumental - estamos deixando de perceber muita coisa? Falta maior percepção da mídia, ou mesmo do público, dessa riqueza?
BM Como qualquer país de terceiro mundo, não valorizamos devidamente nossa música instrumental. Mas este ramo está crescendo muito, com bandas instrumentais de diversos estilos e com o apoio de instituições que têm dado bastante atenção ao gênero. Podemos perceber que a maioria dos editais de música tem dado espaço para este segmento. Quanto ao grande público, ainda estamos engatinhando no que diz respeito à cultura, à educação da música instrumental no Brasil.

WE WANT MOORE

We Want Moore, We Want Moore...

Com a morte de Robert William Gary Moore na semana passada, aos 58 anos, calou-se um dos mais icônicos gritos de torcida do rock das últimas décadas. Fosse para saudar a chegada do poderoso guitarrista de Belfast para outro concerto arrebatador ou para implorar que se demorasse mais um pouco, ou voltasse para mais um bis avassalador, o fato é que a galera sempre esteve presente e se divertindo e querendo mais. Querendo mais e mais de **Gary Moore**, suas baladas intoxicantes e sua artilharia pesada de riffs e poses. Bluesrocker de curioso carisma, gravou duas dezenas de discos, estabeleceu centenas de conexões e parcerias bacanas, chegou algumas vezes às paradas de sucesso e, à sua maneira, foi fazer blues lá no pedaço do metal. Porque, afinal de contas, tudo se resumia a isso: para além das questões não-musicais ou estratificações mercadológicas, existia seu blues. E isso parecia-lhe bem suficiente.

Nesse tributo de Mondo Massari ao guitarrista visceral, uma seleção de discos que contam com sua ilustre e notável participação.

Skid Row - 34 Hours (1971): Em 1968, aos 16 anos, Gary Moore passa a integrar o Skid Row, banda dublinesa de Brendan "Brush" Shiels - naquele momento praticamente os únicos capazes de rivalizar com os poderosos conterrâneos do Taste, de Rory Gallagher. O lendário Martin Birch (Fleetwood Mac, Deep Purple, Black Sabbath e Iron Maiden dentre muitos outros) foi o engenheiro de som desse segundo registro em longa duração da banda, gravado em 34 horas. No espírito da época, cruzava sonoridades e referências. Folk levemente psicodélico para as plateias mais progressivas do período. O jovem guitarrista tem seus primeiros momentos de brilho. A cena já percebe que esse vai dar trabalho. (Graças à banda de Sebastian Bach, esse velho Skid Row passou a ser eventualmente chamado de Skid Row UK)

Gary Moore Band - Grinding Stone (1973): Essa algo subestimada estreia solo de Moore até merece as, digamos, reavaliações que tem conseguido ao longo dos anos. Nada mais justo para um disco que, possivelmente, buscava algum tipo de inspiração informal no clássico absoluto *Astral Weeks*, do conterrâneo modelar Van Morrison - sem suas pretensões transcendentes; mais como modelo de experimentação. Especulações à parte, tem algo de especial na alma desse boogie'n'roll cheio de graça.

Colosseum II - *Electric Savage* (1977): Com a segunda versão da banda do baterista Jon Hiseman, GM gravou 3 discos de jazzrock da pesada. *Electric Savage* e *War Dance*, discos 2 e 3, bem similares, são de 1977. Faíscas, muita energia liberada na destilação sem dó das técnicas (e delírios) invejáveis dos músicos envolvidos. É possível que seja mesmo uma daquelas fusões meio excessivas - mas destaca-se, em vários momentos, a assinatura distinta do guitarrista Gary Moore que, por conta da sabedoria blueseira, parece colocar ordem na casa, ou pelo menos garantir alguns instantes de serenidade em meio à con(fusão).

Gary Moore - *Back On The Streets* (1979): Considerado o primeiro disco solo de fato (por estar assinado só como Gary Moore), conta com participações ilustres dos chapas Phil Lynott e Brian Downey, da queridíssima banda Thin Lizzy. A balada hardrock "Parisienne Walkways" emplacou um top 10 na parada britânica de singles.

Thin Lizzy - *Black Rose: A Rock Legend* (1979): Finalmente Gary Moore fica tempo o suficiente no superlativo combo de hardrock irlandês Thin Lizzy para gravar um disco. Emplacando de cara um segundo lugar na parada britânica de álbuns, esse nono disco de estúdio da banda de Phil Lynott é uma espécie de disco-irmão de *Back On The Streets* - não seria estranho de maneira alguma vê-los juntos num pacote duplo. Você grava no meu que eu participo do seu... Pode não ser o mais bombástico da discografia do Thin Lizzy, mas figura dentre os prediletos de muitos fãs da banda. GM e Scott Gorham se acertam bonito nas tramas guitarrísticas; dá a impressão de que GM sempre tocou na banda. Axl Rose tatuou a capa desse disco no braço.

Gary Moore - *Victims Of The Future* (1984): No começo dos anos 80, para surpresa mezzo geral GM se aproxima, via seu hardrock de matriz blueseira, do universo do metal. E se dá bem. Abre caminho na raça com seu vozeirão poderoso (nunca foi exatamente um vocalista versátil ou de técnica mirabolante, mas também nunca teve medo de se escancarar, arregaçar a garganta para dar o recado) e passa a atacar a guitarra com disposição invejável. Rifferama intensa, bluesmetal furioso. Sobra até para as baladas (aliás, GM sempre foi chegado numa). A famosa "Empty Rooms", revisitada anos depois, é desse disco. "Murder In The Skies" e a faixa-título promovem discurso político. A cabulosa cover de "Shapes Of Things", dos seminais Yardbirds, é destaque dessa bolacha - virou item obrigatório nas apresentações ao vivo.

Gary Moore - We Want Moore (1984): Apesar de ter gravado muito e trabalhado em estúdio com centenas de músicos, GM era um ser da estrada. On the road sem parar, sempre que possível. Ao vivo era um daqueles músicos que pareciam se doar por completo. Cada apresentação como se sua vida dependesse daquilo (no caso do blues parece ser premissa), ou como se fosse a última. Herói da guitarra por natureza, compreendia a iconografia do ataque às seis cordas e se atirava de cabeça em solos carregados de emoção.

Lançado no segundo semestre de 1984, We Want Moore captura Gary e comparsas (Ian Paice do Purple na bateria) em rolê pelo planeta (EUA, Japão e Reino Unido) nos primeiros meses daquele ano. Na foto da contracapa do disco, GM é saudado por mais de 100 mil pessoas em Donington Park - dividiu o palco do lendário festival Monsters Of Rock desse ano com Van Halen, Ozzy Osbourne e AC/DC dentre outros.

Live At The Marquee Club foi lançado em 1992, mas traz registro de apresentação de 1980 no mítico e diminuto clube londrino. Mas de fato pouco importa se são cento e tantos mil no autódromo ou trezentos no clube do Soho. A rotina de tristes baladas bluesy e pedradas com nomes sugestivos como "Nuclear Attack" e "Dallas Warhead" é a mesma; banda extenuada ao final, difícil sair indiferente.

Em 2003, o lançamento de Live At Monsters Of Rock parece fechar um ciclo. À frente de um power trio, GM se apresenta para as novas gerações na Hallam Arena de Sheffield - em data da turnê que leva o nome do festival. Yardbirds e Free estão no cardápio de covers; "Parisienne Walkways" em versão de quase 10 minutos encerra os trabalhos.

Gary Moore - Still Got The Blues (1990): A ideia era ficar no sossego, sem pressões de mercado ou algo parecido, e fazer um disco de blues.

Nada muito pretensioso. Virou um dos clássicos de sua carreira, possivelmente o de maior sucesso comercial. Albert King, Albert Collins, Nicky Hopkins e George Harrison são alguns dos discretos convidados. A famosa "Still Got The Blues (For You)" é desse disco. A dor de cabeça só apareceria em 2008, quando corte alemã deu parecer favorável à banda local Jud's Gallery, que apontava plágio no solo da famosa canção. Mesmo negando absolutamente o conhecimento da gravação de 1974, GM teve que desembolsar um dinheiro para os ilustres desconhecidos alemães. Daí não se falou mais nisso.

BBM - *Around The Next Dream* (1994): Jack Bruce e Ginger Baker até que tentaram, mas não conseguiram arrastar Eric Clapton para um projeto de inéditas do Cream. Entra Gary Moore em cena e, a despeito das inevitáveis e algo cruéis comparações com o creme do bluesrock britânico sessentista, tudo se encaixa de modo bem decente. Uma das cozinhas mais espetaculares do rock de todos os tempos na retaguarda de um guitarrista com léxico bem particular - rifferama ácida e deliciosamente eloquente.

Gary Moore - *Blues For Greeny* (1995): Peter Green e Jimi Hendrix eram os caras que faziam a cabeça do guitarrista Gary Moore. Nesse tributo ao mestre camarada Peter Green, GM visita o repertório do ex-Fleetwood Mac (na sua fase inicial, inglesa e essencialmente blueseira) empunhando a lendária Gibson Les Paul Standard 1959 que Green lhe emprestara ao deixar o Fleetwood Mac. GM chegou a comprá-la depois, por 100 libras; hoje é considerada por especialistas uma das mais valiosas do mundo.

Gary Moore - *Bad For You Baby* (2008): O último de estúdio de Gary Moore. Mais de Moore se entregando ao seu blues; e uma bela cover de Al Kooper, "I Love More Than You'll Never Know".

We Want Moore...

THE ITALIAN JOB

Continua difícil a vida para certos setores dos bons sons italianos. Fora raras exceções localizadas em nichos bem particulares, praticamente nada ultrapassa as fronteiras do país - bem diferente da situação em países como França e Suécia, só dois de muitos exemplos possíveis. Para além das causas e culpados e efeitos ou não dessa crise quase eterna e aparentemente incontornável, reside o cruel fato de que incontáveis bandas (incríveis) e um sem-número de discos (fantásticos) simplesmente desaparecem no ar ano após ano, passam longe das paradas (mercadológicas e existenciais) mais abrangentes do planeta, se realizando - ainda que com muito sucesso em casa - dentro de pressupostos limitadores e limitantes. Mercado interno bruto na cabeça. Para além dessas complexas fronteiras, existe uma galáxia de cenas em plena atividade, de bom lastro (contra)cultural, produzindo muito e se fortalecendo estruturalmente na medida do possível e do impossível.

Em suas esferas de corte underground/independente, a Itália tem produzido, desde a década de 90, música de alta qualidade - emulando quando e se necessário as vibrações contemporâneas ou arriscando fórmulas deliciosamente estranhas e particulares, à moda dos chefes.

Desde sempre rota consagrada e festiva no mapa de muita gente bacana, era de se esperar que parcerias de trabalho acontecessem ao longo dos anos - no caso de algumas dessas colaborações, mesmo que não tenham conseguido garantir algum tipo de salto de mercado ou maluquice similar, resultaram em pequenas gemas discográficas. Discos legais em qualquer tempo, de qualquer lugar.

Nessa edição de Mondo Massari, um recorte na grande discografia "alternativa" italiana através de alguns notáveis encontros internacionais.

Senza Benza - *A Bullet In Your Heart* (1996): Um verbete dedicado à simpática e guerreira banda de Nando Ferdinandi pode até ser discreto, destacando principalmente a disposição desses neopunkrockers em suas correrias festivas pela cena local (segunda metade dos 90). Mas deve estampar, com merecido destaque, a realização de um sonho na forma de compacto de 4 músicas: *A Bullet In Your Heart*, gravado nos estúdios Teenage Lobotomy de Nova Iorque, com produção de Joey Ramone e Daniel Rey (produziu, dentre outros, Ramones, Circus Of Power, Misfits, Nashville Pussy e os brasileiros Tequila Baby). A faixa-título, bem superior às outras diga-se, é powerpop garageiro de primeira - diretamente da cartilha do zio Joey & famiglia, suas crônicas urbanas mais emotivas e aquela rifferama fundamental.

Massive Attack - *The Karmacoma EP* (1995): O pessoal da instituição Massive Attack só precisou de alguns instantes com o primeiro disco do combo napolitano Almamegretta, *Anima Migrante*, de 93, para disparar o convite: remixar, ou relapidar italian style, uma das pérolas da banda de Bristol. Lançado pela mítica Wild Bunch Records em 95, o *The Karmacoma EP* apresenta, em duas versões (vocal e instrumental), o resultado desse processo: "The Napoli Trip", delírio pós-triphop de dub balançante absolutamente extasiante. Convite algo visionário esse dos ingleses; já a partir do segundo álbum, *Sanacore*, desse mesmo ano de 95, as coisas começariam a mudar vertiginosamente para o Almamegretta, que chegaria à virada do milênio como uma das bandas mais queridas e reverenciadas (e relevantes esteticamente) da cena contemporânea local.

Meathead & Cop Shoot Cop - *Kill A Cop For Christ And Bring Us His Head* (1996): Compacto bastante colecionável, encontro da pesada de temidos combos paraindustriais, caso de polícia. É mais ou menos esse o clima do split que promove o encontro da cultuada grife barulhenta italiana Meathead com os não menos perigosos Cop Shoot Cop, de Nova Iorque. A banda de Mauro Teho Teardo (responsável pela intensa arte da capa) propõe "Large American Jaw", gravada em Florença em 95; Todd A. e comparsas atacam de "Schweinhund", com produção da grife do barulho Martin Bisi; na sequência, cada um manipula o trabalho do outro. Se já de cara o nome da banda de Todd Ashley (hoje mais viajandão e tranquilo com seu grupo Firewater) causava, pelo menos em algumas partes, desconforto e provocava reações, a chegada desse compacto representou o tal do combustível no fogo - durante um bom tempo, segundo declarou Todd em entrevista, ficou instável a relação da banda com os cops da sua área. A coletânea *Meathead Against The World* (1996) compila os encontros internacionais da banda do vocalista e guitarrista e tecladista Mauro Teardo. Pain Teens, Babyland e Zeni Jeva são algumas das bandas presentes.

Marlene Kuntz - *Che Cosa Vedi* (2000): Com relação à banda Marlene Kuntz, a situação é simples, mais ou menos assim: se só existir espaço para, digamos, 5 bandas italianas na sua coleção de sons incríveis do planeta, considere que são 4 mais o Marlene Kuntz, de Cristiano Godano. São 30 anos de estrada, uma dúzia de discos espetaculares, documentários e filmes, serviços prestados e por aí vai. Das comparações com o Sonic Youth no comecinho da carreira ao discurso sônico elaborado e radicalmente particular do novo milênio, um corpo de obra invejável - com discos consistentes, produzidos no estado da arte, que revelam a poesia visceral e algo hermética do poderoso vocalista Godano e algumas das guitarras mais nervosas de que se tem notícia. Nos (muitos) momentos de brilho, pode colocá-los ali ao lado do Noir Désir e do Radiohead. Esse *Che Cosa Vedi* não é exatamente unanimidade entre os fãs do MK. Há quem diga que é o disco domesticado da banda de Cuneo, norte da Itália. A bolacha corporativa ou algo parecido. Procede em termos - retrospectivamente ainda dá um couro na concorrência. E a polêmica balada "La Canzone Che Scrivo Per Te", composta e entregue em parceria com a vocalista da banda inglesa Skunk Anansie, Skin, continua a emocionar. Se não promoveu grandes cruzamentos de mercado para a banda italiana, também não comprometeu de maneira alguma sua moral com a rapaziada.

Cesare Basile - *Gran Calavera Elettrica* (2003): Movimentação intensa nos estúdios The Cave e Zen Arcade, na Província de Catânia, na Sicília. Figura de culto da região, o ex-Kim Squad Cesare Basile decidiu gravar esse seu quarto registro em longa duração em casa - a segunda base Berlim sempre uma opção. Para dar o devido trato nesse folk crepuscular cerebral, chega junto o camarada John Parish, eterno parceiro de PJ Harvey, munido de certa sabedoria detalhista dos meandros de produções caprichadas e de um par de guitarras prontas para a ação. Bolachinha classuda para intoxicantes divagações noturnas...

Afterhours - *Ballads For Little Hyenas* (2006): Aquela conversa sobre o Marlene Kuntz e os espaços italianos na coleção poderiam muito bem valer para a legendária banda Afterhours, formada na Milão de 1985 pelo craque (vocalista e guitarrista) Manuel Agnelli. Esse oitavo álbum da banda é a versão em inglês de título lançado um ano antes, *Ballate Per Piccole Iene*, e conta com ilustre e intensa participação do cultuado Greg Dulli (Afghan Whigs, The Twilight Singers). O homem basicamante se atira de corpo e alma no projeto e ataca nos vocais e na percussão e bate palma e toca piano e Fender Rhodes e algumas guitarras. Gravado no The Cave de Catânia, o disco também conta com participações de John Parish e de Hugo Race (ex-Nick Cave & The Bad Seeds, morador de Catânia, passou pelo Brasil recentemente). A química é tanta que as vozes parecem se confundir, Greg Dulli nasceu para cantar com a trupe de Agnelli. Baladões intensos e transbordantes de emoção, na melhor tradição dilacerante dos saudosos Afghan Whigs.

The Zen Circus & Brian Ritchie - *Villa Inferno* (2008): Em 2009, a banda de Pisa The Zen Circus lançou *Andate Tutti Affanculo*, seu primeiro álbum totalmente concebido e executado em italiano. Com esse pequeno petardo de folkrock moderno e de oposição, garantiu lugar de destaque nos listões retrospectivos daquele ano e consagrou de vez a banda como uma das mais destacadas e importantes da cena independente atual. Nada que o disco anterior, *Villa Inferno*, também lançado pela Unhip Records, já não antecipasse em grande estilo. Depois de abrir uns shows dos míticos Violent Femmes, fez-se a camaradagem com o alucinante baixista Brian Ritchie que, não só topou gravar com a banda, mas encarou projeto mais completo de entrar para o grupo, gravar o disco em parceria e cair na estrada para dezenas de bombásticas apresentações. Uma sequência de pérolas de folkpunk anárquico e charmoso. O Talking Head Jerry Harrison comparece (cover de "Wild Wild Life"), assim como as irmãs Kim e Kelley Deal (no belo hit perdido "Punk Lullaby").

Larsen - *Rever* (2001): Reza a lenda que Michael Gira (Swans/Angels Of Light) ficou uma semana na Itália para trabalhar com a banda Larsen e... nunca viu a cara do pessoal de Turim. Diz-se que, no estúdio, ficava protegido por tapumes. Com arte do próprio Gira (no padrão gráfico da sua etiqueta Young God Records) e sua assinatura nos créditos dessa enigmática produção, *Rever* garantiu calorosa acolhida à banda nos circuitos mais experimentadores, vanguardeiros da praça dos bons sons. Os vocais "ocasionais" de Gira, sua presença no ambiente da gravação, esses sinais parecem garantir ao disco alguma proximidade, ou correspondência com outros artistas do selo, como Angels Of Light ou Akron/Family. Mas existe algo fora da ordem nessas tramas do Larsen, algo sombrio emanando desses escombros de folk e blues e estruturas formais de um passado que parece nunca ter existido. Esquisito assim.

Air/Baricco - *City Reading* (2003): Na discografia do Air, *City Reading* representa título, digamos, alternativo. Como Alessandro Baricco é escritor (consagrado), o disco entra no corpo da obra como apêndice, detalhe. Se isso tudo é fato e quer dizer que pouca ou menos gente vai ter contato com a bolachinha, é uma pena. Em algumas datas de novembro de 2002, Baricco apresentou, embalado pelo Air, leitura de trechos do seu livro *City*. O resultado agradou tanto a todos que no mês seguinte estavam em Paris transformando o lance em disco. Com mixagem de Nigel Godrich, Baricco ataca com precisão e pegada estilosa os trechos "Bird", "La Puttana di Closingtown" e "Caccia All'Uomo", devidamente enquadrado pelo neoprog cristalino, onírico e cheio de bossa dos franceses. Lindão (e mais legal que alguns discos do próprio Air).

Zu/Mike Patton (Ipecac Records/Myspace): Truque do barulho. Da paixão de Mike Patton pela Itália (e Japão e México e Brasil...) ouve-se falar com frequência. Dá-lhe Morricone e figuras afins. Dá para ouví-lo cantar como um local aliás, no seu surpreendente *Mondo Cane*. E como o Zu – incendiário power trio romano de jazzpunk – tem filiação com sua etiqueta Ipecac e já andaram dividindo e aniquilando palcos planeta afora, é pura e simplesmente uma questão de tempo para que o disco seja parido. Na próxima novela de trama italiana, Zu/Patton neles. Nota de (possível) extrema felicidade: quase tocaram por aqui no final do ano passado e "dizem" que é "garantida" sua presença por nossas bandas logo mais.

OS YOUNG GODS DA SUIÇA

Houve um tempo, lá na distante metade dos anos 80, em que os semanários britânicos Melody Maker e New Musical Express gastavam muita tinta com as chamadas bandas barulhentas norte-americanas. Páginas e mais páginas de crônicas e resenhas genuinamente entusiasmadas e dá-lhe capa com Swans, Sonic Youth, Big Black, Butthole Surfers, Skinny Puppy...

Até o curioso advento dos The Young Gods, da pouco tradicional Suíça, pelo menos em se tratando de mercado de bons sons independentes (vale lembrar que algumas falanges belgas tinham certo destaque na época - o Front 242, por exemplo, tinha moral similar).

Chegaram abalando ("eletroterroristas" cravaram alguns) e fincaram bandeira, fazendo a cabeça de toda uma geração de consumidores dessas sonoridades alternativas e transcendentes - com seu manuseio visionário das emergentes técnicas de cut-up digital e de sampler(ação); as interferências e irrupções assustadoras de riffs essenciais da cartilha de certo rock'n'roll underground devidamente reconfigurados; os climões de decadência simbolista e a urgência da poesia psicodélica, ou vice-versa.

Projeto de vida do suíço (filho de pai brasileiro) Franz Treichler, a banda vem atravessando as décadas basicamente ignorando hypes, tendências ou estranhos espíritos de época. Os The Young Gods circulam radicalmente livres pela galáxia dos bons sons, liberando ocasionalmente contundentes doses de música inclassificável.

A banda já nos visitou em algumas oportunidades - em performance diferenciada com antropólogo-narrador e em corte acústico (Franz esteve por aqui algumas outras vezes para se divertir e exibir seu português). Mas ainda estão devendo apresentações no seu formato mais elétrico.

Nessa edição de Mondo Massari, uma rápida visita à discografia essencial da mais brasileira das banda suíças. Ou, é no mínimo bem divertido saber que a mais legal das bandas suíças é um pouquinho brasileira.

Envoyé! (1986) [compacto] | *The Young Gods* (1987) | *L'Eau Rouge* (1989): Os dois minutos da faixa-título do compacto de estreia da banda suíça foram mais que suficientes para que se decretasse o início de uma nova era em certos setores dos bons sons de matriz "noise" - ok, esses dois minutos de estranho e envolvente barulho mais a capa já clássica com o nome da banda marcado, cortado na pele do vocalista. Daqui em diante o que se viu, por parte da imprensa especializada que enlouqueceu com a banda logo de cara, foi um esforço quase supremo de se compreendê-la - enquandrá-la de alguma maneira no cenário da época, através de exercícios curiosos de articulação crítica: metáforas mil e ensandecidas pirações literário-jornalísticas. No curioso padrão de apresentação discográfica da banda, a força de uma marca de sons híbridos e transcendentes que vai se construindo: no epônimo álbum de estreia, o nome inscrito na pedra; no segundo registro em longa duração, a marca na sangrenta água vermelha do título. Tudo com a chancela do conterrâneo parceirão Roli Mosimann (ex-Swans, banda que aliás inspirou o batismo dos suíços), baterista e espécie de grife no mercado das produções barulhentas/virulentas. A versão de "Did You Miss Me" de Gary Glitter no primeiro disco dá conta de certo humor local; "Loungue Route" é destaque no segundo - lançado por aqui mais ou menos à época, nos distantes tempos do vinil (se topar com alguma cópia no sebo mais próximo, leve-a para casa!).

Play Kurt Weill (1991): O disco que revela o lado cabaré-dadaísta do grupo foi gravado depois do sucesso de apresentações em festivais, concentradas em material do compositor alemão, parceiro de Bertold Brecht. Artefato curioso que expõe faceta poética importante no discurso dos TYG. O violonista de formação clássica Franz Treichler, além de apreciar suas boas doses de Stooges, Hendrix e Pink Floyd, nunca ocultou sua paixão pelas extrações mais classudas do cancioneiro europeu, citando Jacques Brel e Édith Piaf como referências importantes na sua formação.

T.V. Sky (1992) | *Only Heaven* (1995): Mais um daqueles casos em que não seria estranho reuni-los num só pacote. São os discos de "canções rock" da banda - no mais contaminado estilo suíço de neutralidade formal coisa nenhuma. Rifferama pós-apocalíptica de vibrações Wax Trax e estupefacientes tramas electro-eletrônicas. Grooves chapantes (e chocantes) e musculosos, e a voz ameaçadora, charmosa de Franz fazendo miséria em suas entregas poéticas e viscerais.

Em *T.V. Sky*, primeiro do grupo totalmente concebido em inglês, intensifica-se a parceria com o produtor Roli Mosimann, que passa a assinar as canções com Treichler. A sequência matadora de "Gasoline Man", "T.V. Sky" e "Skinflowers" é (quase) imbatível. De *Only Heaven*, o álbum branco gravado em Nova Iorque, destacam-se "Speed Of Night", "Moon Revolutions" e a fantástica "Kissing The Sun".

Numa possível coletânea de pérolas demolidoras do período, pode por ali pertinho do Ministry e dos Butthole Surfers.

Heaven Deconstruction (1996) | *Music For Artificial Clouds* (2004): Heaven Deconstruction é um dos muitos projetos paralelos originados a partir do combo suíço. Nesse caso, Franz embarca praticamente só numa espécie de trip de experimentação instrumental paraeletrônica. Interage, de alguma maneira, com as explorações quase xamanísticas propostas pelos TYG em *Music For Artificial Clouds*, viagem mais cerebral e contemplativa. Poderiam figurar, ambos, no catálogo da cultuada etiqueta Warp, ao lado de títulos de Aphex Twin, Boards Of Canada, Plaid, Sabres Of Paradise e Seefeel dentre outros.

Second Nature (2000) | *Super Ready/Fragmenté* (2007): Algo fragmentários, esses dois bons lançamentos do selo Ipecac de Mike Patton (e Greg Werckman, ex-Alternative Tentacles), recolocam a banda nas boas conversas da nação "noise" do milênio e no (novo) caminho das suas grandes e explosivas produções. Roli Mosimann, ausente no primeiro, retorna em *Super Ready/Fragmenté* e deixa claro que os suíços continuam cheios de gás - e bastante inquietos com relação às experimentações sônico-filosóficas.

XX Years 1985-2005 (2005): Coletânea de celebração dos 20 anos da banda. No primeiro CD, seleta acertada de grandes momentos. No segundo, remixes e raridades: destaque para versões de "The End" (The Doors) e "Requiem Pour Un Con" (Serge Gainsbourg), e remix sensacional de "Kissing The Sun" pelo Mad Professor.

Knock On Wood (2008): No CD, para quem não acreditava que isso fosse possível, espetaculares versões acústicas (com brio absurdo e faíscas para todo lado) de prediletas do catálogo. No DVD, filme que captura a banda ao vivo no Moods de Zurique, em 18 de dezembro de 2006 - covers de "Ghost Rider" (Suicide, definitivamente uma das principais referências dos suíços), "Everything In Its Right Place" (Radiohead) e "If 6 Was 9" (Jimi Hendrix).

Everybody Knows (2010): Franz Treichler, Al Comet, Bernard Trontin e Vincet Hänni representam os The Young Gods de hoje. Mais o praticamente inseparável Roli Mosimann, claro. A sequência de "Blooming", "No Man's Land" (o fantasma alucinado do Ministry no novo milênio), "Mr. Sunshine" e "Miles Away" deve figurar, sem muita crise, dentre os melhores momentos da banda de Genebra. Com praticamente 30 anos de estrada, continuam a destilar, incansáveis, sua fórmula secreta de blues espacial das altas esferas - eletrosferas ludicamente coloridas e de intensas precipitações psicodélicas.

OUTROS CARNAVAIS

Um recorte no curioso bloco das bandas "carnavalescas" - cada um na sua folia e um rápido desfile de discos eletrizantes e fantásticos. "Carnival of sorts", estilo REM.

Carnival Of Fools: Não fosse a caprichada coletânea lançada pela V2/Sony em 2003, *Blues Get Off Of My Shoulder - The Anthology*, é bem provável que a banda de Milão Carnival Of Fools fosse lembrada apenas como aquela da dramática versão do Joy Division, eventualmente como nome esperto a ser citado quando o assunto for o rock underground italiano - no miolo daquela estranha categoria do muita gente até pode ter ouvido falar, mas (infelizmente) poucos de fato tiveram o prazer de ouvir. Lançado em 1993, o segundo registro em longa duração *Towards The Lighted Town* foi o primeiro no formato CD e, apesar de revelar banda mais madura tecnicamente sem prejuízo das qualidades mais viscerais (e apesar da bela versão de "Fly", de Nick Drake), não provocou grandes comoções num mercado que, naquele momento, passava por intensas transformações artísticas e estruturais (proliferação - bastante organizada - de selos, festivais e modos de comunicação alternativos).

Os fundamentais primeiros discos, lançados apenas em vinil pela legendária e desbravadora etiqueta Vox Pop, simplesmente desapareceram. Com aura quase mitológica, passaram a circular depois em gravações alternativas - das magnéticas às digitais.

Com nome inspirado em poesia da musa Patti Smith, os Carnival Of Fools de Mauro Ermanno "Gio" Giovanardi debutaram em grande estilo com o EP *Blues Get Off My Shoulder*, em 1989; o primeiro álbum, *Religious Folk*, saiu em 1992. Caíram na estrada, circularam pela Europa, dividiram o palco com figuras ilustres e fizeram sua história a partir da circulação dessas bolachas incríveis e seu grooves intoxicantes. Pequenas gemas de gospel irascível escola Nick Cave, de quem abriram algumas datas italianas. Ambos lançados em tiragens pequenas pela Vox Pop, figuram dentre as peças mais colecionáveis do período.

Em 1990, o lance de dados do Carnival Of Fools. De modo algo visionário, a Vox Pop lança (vinil em diferentes formatos e CD) *Something About Joy Division*, um tributo à banda inglesa com a participação de 16 bandas italianas. Mais um clássico indispensável da discografia alternativa local, o disco reúne algumas das mais importantes bandas da época, algumas verdadeiramente seminais, desfilando versões bem particulares das canções da banda de Manchester. Allison Run, Silver Surfers, Hitchcock's Scream e Afterhours são alguns dos destaques. O Carnival Of Fools ficou com "Love Will Tear Us Apart"; com o tempo, talvez em detrimento de alguns bons momentos criativos, essa passou a ser sua canção definitiva.

Dark Carnival: Banda mais cult fica difícil. E maldita também. Ou coisas desse gênero estético-sônico, diretamente do estado de Michigan e com o envolvimento do mítico e muito saudoso Ronald Frank Asheton, Ron Asheton senhoras e senhores, o único e um dos mais descarados culpados pelas mais dilacerantes e poderosas rifferamas da galáxia guitarrística dos bons sons e um salve reverente a Ron Asheton da eterna família Stooges. Como (r)evolução de seu combo mutante Destroy All Monsters surge, no meio dos anos 80, também em parceria com a idolatrada artista (gráfica) de Detroit Niagara, o projeto Dark Carnival - que contou com outros destacados participantes em suas frentes, como o brother Scott Asheton, Cheetah

Chrome e o poeta pós-beatnik Jim Carroll. É possível que o nome da banda venha de um livro de Ray Bradbury, mas não há dúvida sobre a filiação musical dessa turma. *The Last Great Ride*, lançado pela etiqueta Sympathy For The Records Industry em 1997 é, por exemplo, artilharia pesada de heavyblues de garagem com Niagara se atirando nessa festa como se estivesse, a propósito, cantando com o 45 Grave. Party time. Se o recado Stooges-Radio Birdman faz sua cabeça, pode seguir esse bloco doido.

Carnival Season: Pequena gema perdida do powerpop oitentista norte-americano, *Waiting For No One* continua sendo título discográfico elusivo, que parece escapar pelas mãos de colecionadores e interessados. Aparentemente sem lançamento oficial em CD, mesmo nas abissais teias digitais leva uma vidinha toda discreta. Absurdo e injustiça, gritam alguns poucos. Assim caminham as coisas ou é assim que se forjam os pequenos cultos (diriam outros poucos) - basta transformar o mundo de 3 ou 4 pessoas para... ser a melhor banda do mundo.

O guitarrista Tim Boykin formou seu Karnival Season no Alabama do meio dos anos 80 - o primeiro single é de 1985 e tem pegada mais hardcore. Na melhor tradição das (principais) referências Big Star e Replacements, Tim e seu rebatizado Carnival Season partem para o ataque acentuando os traços mais pop das suas eficientes composições (sem comprometer a urgência da entrega).

O álbum *Waiting For No One*, lançado em 1987 pela etiqueta inglesa What Goes On, anunciava a chegada em cena de uma banda especial, cheia de potencial por conta de seu carisma (de banda honesta de caras normais) e de suas belas canções de amor e perda e bagunças e delírios e confusões e coisas da vida.

Em 1989, o Carnival Season encerrou atividades. Tim encabeçou outras bandas, Shame Idols e The Lolas; e o Carnival Season andou se reencontrando recentemente.

Mas, por enquanto, nenhuma notícia sobre um possível lançamento comemorativo, celebratório de uma pequena obra-prima chamada *Waiting For No One*.

Erland And The Carnival: Supergrupo do novo indie britânico formado pelo guitarrista/tecladista Simon Tong (Verve, Blur e The Good, The Bad & The Queen), pelo baterista David Nock (The Orb, The Cult e Paul McCartney) e pelo talentoso vocalista e guitarrista escocês Erland Cooper.

Surgido como projeto de reverência, paixão de todos pelo folkrock de bandas como Pentangle, The Trees e Fairport Convention, no início a ideia era restaurar, rearranjar canções folclóricas tradicionais nessa moldura mais moderna.

Gravado nos estúdios 13 de Damon Albarn, o epônimo álbum de estreia foi uma das gratas surpresas do ano passado [2010]. O "conceito" pode ter tudo a ver com revisionismos sônicos ou algo parecido, mas o resultado trascende essas fronteiras temporais - folkpop moderno cheio de graça e de deliciosas complexidades formais, emula os melhores momentos do The Coral, tem algo da (boa) grandiloquência dos últimos Verve e se desse Damon se apoderaria de alguns grooves para um futuro trampo do The Good, The Bad & The Queen.

O disco novo, *Nightingale*, lançado oficialmente ontem (7 de março de 2011), foi gravado a bordo do HMS President, navio de guerra ancorado no Tâmisa, e tem letras inspiradas em T.S. Eliot e no Livro Egípcio dos Mortos. "Map Of An Englishman" é o primeiro single. Segundo especialistas, Erland And The Carnival é uma das grandes apostas da cena britânica para o ano de 2011.

MÁRIO BORTOLOTTO, DJ

É praticamente impossível não pensar em algum tipo de analogia discográfica para apresentar *DJ - Canções pra Tocar no Inferno*, mais recente livro do dramaturgo Mário Bortolotto; difícil também não considerar sub-produtos, de preferência em vinil, possíveis para um livro que basicamente exala música a cada par de frases demolidoras. Numa paráfrase meio torta dos velhos Flaming Lips do Oklahoma, as crônicas cruéis desse *DJ* são como transmissões do satélite literatura-marginal estrelando as tramas tosco-surreais e violentas do mais implacável dos beatniks da praça (Roosevelt e adjacências transcendentes e mitológicas).

Mas como o ator e roteirista (ex-seminarista londrinense da classe 62) Bortolotto também ataca como compositor e vocalista das bandas Saco de Ratos e Tempo Instável (dentre outras), é provável que rolasse confusão - se DJ é livro é porque não é disco, e se por acaso a ideia fosse pensar num disco duplo de encarte elaborado, é bem provável que MB cravasse que isso é coisa de rock progressivo, coquetel com guarda-chuvinha, que o lance é mais embaixo: blues, jazz, rock das margens sem firulas, punk rock. Cerveja e vinho barato. E muito cinema e quadrinhos e, claro, literatura. Afinal é disso que se trata.

Lançamento da Editora Barcarolla, *DJ - Canções pra Tocar no Inferno* (165 pgs.) figura com destaque na prateleira dedicada à consistente produção do autor (prêmio APCA em 2000 pelo conjunto da obra), ao lado das outras pequenas gemas da sua atividade ficcional, *Mamãe não Voltou do Supermercado* e *Bagana na Chuva* (completam o espaço sua gigante produção teatral, registros poéticos e textos jornalísticos e de corte blogosférico).

O livro, dividido em 4 partes, revela um lado mais maduro do fundador do celebrado grupo de teatro Cemitério de Automóveis. O que no caso quer dizer carpintaria mais elaborada nas tramas e ampliação de escopos existenciais-filosóficos; o cinismo desesperado, o deboche da sabedoria etílica e as múltiplas visões escrotificantes da vida continuam firmes e fortes (sua articulação mais requintada).

Na primeira parte, Canções pra Tocar no Inferno, os 9 contos são batizados, inspirados por clássicos como "Jealous Guy" (John Lennon) e "Given The Dog A Bone" (AC/DC). "Knockin' On Heaven's Door" é impagável; divertido encontro no além de figuras como Paulo Francis, Itamar Assumpção, Paulo Leminski e Vinícius de Moraes.

Aquele Olhar Estudado de James Dean é o destaque dentre os seis Flashbacks propostos na segunda parte do livro. Vertiginoso fluxo de consciência bukowskiano, trata-se de um alucinante desfile de figuras e referências em torno de personagem com certo ar de James Dean - com a participação de Isabelle Adjani, Bob Dylan, Neil Young, os Blues Brothers, Alfred Jarry, Brian Jones, Jimi Hendrix, Eric Clapton, James Cagney e Rimbaud. E o seriado Chips.

Se Nick Cave se dedicasse às narrativas curtas, provavelmente apareceria com algo parecido aos três Evangelhos que compõem a terceira parte desse set dos infernos.

E são quatro as baladas noturnas, reunidas em Midnight Songs, que encerram *DJ - Canções pra Tocar no Inferno*.

Não deixa de ser curiosa a presença de Phil Anselmo, do Pantera, na posição de responsável pela epígrafe do livro. Mas na realidade dessas páginas furiosas da nossa literatura contemporânea, nada poderia ser mais eloquente: "Step aside for the cowboys from hell!". Uma possível imagem para o impacto da leitura teria a ver com a capa do disco seguinte da banda texana, *Vulgar Display of Power*: um verdadeiro soco na cara, um atordoante choque de realidade como só a boa literatura é capaz de oferecer.

Amostras:

"*O cara chegou, como costumava chegar todas as noites. Totalmente chapado. De todas as substâncias possíveis e inimagináveis. Olhou aquele ambiente familiar. Pensou: 'Eu já estive aqui. Conheço esse lugar.' Estreitou seus olhos e estapeou sua cabeça numa tentativa débil de encaixe de ideias & parafusos. Depois de um tempo cofiando a barba rala e o cavanhaque um tanto quanto metrossexual, chegou à conclusão de que tinha voltado para casa. Era isso. Ele estava em casa. Mas que merda estava fazendo em casa às quatro e meia da madrugada? /.../ Percebeu então que havia voltado para sua casa e para sua mulher. Achou que havia finalmente atingido o nirvana de sua loucura. Então viu o Gato Félix passar desfilando calmamente pela sala. Enfim, algo agradável de se ver. Toda a elegância serena do gato Félix, blasé como são todos os gatos, indiferente à presença do velho junkie ilhado no meio da sala.*"
(trecho de Salvem o Félix, em Midnight Songs)

"*A imaginação do VELHO ROCK STAR não tinha limites. Flanava lisergicamente entre séries de tv em preto & branco, poemas de Verlaine e hits do Peter Frampton. No trajeto de sua casa na São Luís até o Marajá, teceu uma rocambolesca saga onde figuravam condes sanguinários, virgens castradoras e mestres kung-fu. Já previa o pior. E o pior para ele era sempre algo não menos que terrível. Uma catástrofe de consequências im-*

previsíveis. Sentia cócegas intermitentes na garganta e já ameaçava cantar I'm in You *quando chegou na lanchonete e encontrou o amigo* ESCRITOR *amparado ternamente pelo amigo* BIÓLOGO. *Seria quase comovente, se a situação não fosse de intensa gravidade."*
(trecho de I Don't Need No Doctor, em Canções pra Tocar no Inferno)

POP. 1280 E EFFI BRIEST

As bandas Pop. 1280 e Effi Briest estão muito bem cotadas no páreo de promessas para o ano de 2011 - segundo especialistas, devem figurar obrigatoriamente no listão de bandas para se prestar atenção, digníssimos e vibrantes representantes das mais novas safras de certo underground norte-americano.

Ambas de Nova Iorque, debutaram em registros (mais ou menos) longos pela emergente e já destacada etiqueta independente Sacred Bones (de Zola Jesus, Tyvek, Gary War e Moon Duo, dentre outros), emplacando de cara dois dos bons discos do ano passado. Apesar das diferentes formações sônico-filosóficas, as bandas conterrâneas e parceiras de firma exibem curioso traço comum, de corte literário: as duas foram batizadas com títulos de livros famosos - devidamente consumidos e inspiradores, em escala variável, de algo nas vibrações bem particulares que emanam de seus discos e apresentações ao vivo.

O Pop. 1280, do tresloucado vocalista Chris Bug, é considerado hoje um dos grupos mais quentes e perigosos de Nova Iorque - pode considerar a Nova Iorque mítica e decadente do cineasta John Carpenter como referência possível e perigoso no caso tem a ver com as impressionantes, devastadoras performances ao vivo. Depois de uma temporada na China, Chris e o chapa guitarrista Ivan Lip formaram o Pop. 1280 com uma cozinha totalmente inexperiente - a ideia era que esses dois novos músicos chegassem sem vícios e cheios de gás primitivo.

Um single (depois mais um split com a banda Hot Guts), meia dúzia de apresentações e comparações com Birthday Party, Chrome e Honeymoon Killers foram suficientes para estabelecer a moral da banda com a rapaziada.

Gravado no porão de uma escola católica abandonada, The Grid (EP de 8 músicas, 25 minutos) é uma pedrada de sub-blues casca-grossa, torto e pesadão e provavelmente nocivo à saúde - David Yow e a turma do Jesus Lizard devem nutrir a maior simpatia por essa promissora e simpática juventude. Crônicas de uma Nova Iorque malvada, recheada de casos escabrosos e personagens desclassificados, decadentes e totalmente despirocados.

Ainda que de outro tempo, é bem possível que o xerife Nick Corey, protagonista da inspiradora novela Pop. 1280, se deleitasse com essas crônicas implacáveis e sua rifferama bruta.

James Myers "Jim" Thompson (1906-1977), filho de xerife de verdade, é um dos craques absolutos da literatura do tipo pulp/noir, basicamente um dos responsáveis por elevar a ficção policial à categoria de arte, e Pop. 1280, de 1964, figura dentre os clássicos de sua vasta bibliografia. Flertou com Hollywood (Kubrick era fã mas aparentemente a relação entre os dois não era das melhores) e teve várias de suas obras adaptadas (é de 1981 a versão do diretor francês Bertrand Tavernier para Pop. 1280, Coup de Torchon).

No Brasil, o livro tem edição recente pela Ediouro e se chama 1280 Almas.

...

Algumas das garotas do sexteto do Brooklyn, Effi Briest, até leram a novela clássica do realismo alemão que batiza a banda - de Theodor Fontane, foi publicada originalmente em série numa revista, entre 1894 e 1895, e no ano seguinte em livro; muitas adaptações televisivas e cinematográficas, a de Rainer W. Fassbinder com sua musa Hanna Schygulla no papel da anti-heroína trágica é de 1974. Mas são unânimes ao dizer que trata-se apenas de um nome.

A banda de Kelsey Barrett não é exatamente novidade na cena, estão na ativa há alguns aninhos e até já tem seus cultuadores europeus. Mas a estreia em longa duração só aconteceu no ano passado com o ótimo Rhizomes, título que combina singles mais obscuros (e colecionáveis) com material inédito.

Por conta da conexão alemã com a personagem que batiza a banda, e eventualmente considerando alguns climões quase góticos de algumas passagens, especialistas apontam influências do krautrock (e suas repetições quase mântricas) no som das garotas. É até possível, mas a impressão mais imediata, a referência que se faz quase inescapável por conta do ataque instrumental cheio de recortes e guinadas e principalmente graças aos vocais espertos de Kelsey, é a do (pós)punk inglês - Slits, X-Ray Spex e Siouxsie na cabeça.

Rhizomes é um daqueles discos que surpreendem a cada audição; estranhos detalhes e grandes sacadas se revelando de surpresa. Elementos de folk e de certa psicodelia leve são arremessados através do espelho - e do outro lado as garotas do Effi Briest fazem a festa com sua fórmula eficiente e charmosa de artrock do século 21.

QUEEN, 20 DE MARÇO DE 1981

Na festança de celebração dos 40 anos da banda inglesa Queen, podemos contribuir levantando um brinde bem particular.

Há 30 anos (e alguns dias), em 20 de março de 1981, o Queen de Freddie Mercury, Brian May, Roger Taylor e John Deacon se apresentava pela primeira vez no Brasil, no Estádio do Morumbi em São Paulo, em apresentação hoje considerada histórica - a ideia de Freddie, inviabilizada por dificuldades da produção, para essa inédita visita brasileira era a de promover, além da data paulista, um evento gratuito no Rio de Janeiro, de preferência no Maracanã, para fazer valer seu plano de transformar a visita num "carnaval do Queen".

Esse não foi obviamente o primeiro show de rock internacional a acontecer por aqui; Santana, Alice Cooper, Rick Wakeman, Genesis e Peter Frampton já haviam feito a cabeça de muita gente em suas visitas de sucesso - lotação esgotada em ginásios do país e alegria quase desesperada de gerações rockers praticamente virgens nessa dimensão "live". E o divisor de águas nesse sentido do circuito internacional de shows só se mostraria em toda sua evidência uns anos depois, em 1985, com o advento do primeiro Rock In Rio (que aliás testemunhou outro triunfo da banda de Freddie Mercury, no embalo das suas transcendentes apresentações pós-Live Aid). Mas o concerto do Morumbi, além de forjar o caminho para as apresentações em grandes estádios de futebol, acabou por se impor como seminal e transformador para as gerações que o testemunharam e para aqueles que foram absorvendo ao longo dos anos as histórias e os registros daquela sexta-feira de rock no nosso quintal.

O Queen chegou ao Brasil com discos lançados e consumidos pela rapaziada (que se preparou para o evento basicamente decorando o petardo *Live Killers*, disco duplo ao vivo lançado em 1979), e com algumas canções circulando pelas ondas do rádio. A cobertura da imprensa foi ampla e entusiasmada, com grandes matérias em jornais e revistas; houve transmissão radiofônica e considerável cobertura televisiva. No dia seguinte, já circulavam os cassetes com a gravação da apresentação; algumas semanas depois, lá estava a banda na capa da revista norte-americana Hit Parader, todos felizes da vida em cenário brasileiro; os vídeos do show do Morumbi começaram a surgir um tempinho depois. Sendo a banda inglesa uma das mais colecionáveis (e pirateadas) da praça – apontados em dezembro de 2009 pela revista *Record Collector* como número 4 dentre os mais procurados pelos colecionadores, atrás só de Beatles, Stones e Bowie –, foi questão de pouco tempo para que os "produtos" derivados do show de 20 de março de 1981 começassem a circular. Alguns desses discos e/ou DVDs figuram com destaque dentre as preferências dos entusiastas desse mercado alternativo.

Naqueles tempos de absoluta carência de eventos do tipo, ficar espremido por horas nas não-filas quilométricas que circulavam o estádio era pura diversão; assim como ouvir o espetacular anfitrião arriscar frases em português e, claro, iluminar o estádio com isqueiros na hora das baladas - a pergunta que não calava era por que tanta gente tem isqueiros à mão?

Segundo um jornal da época, eram 110 mil pessoas naquele dia de março de 1981 - para vários otimistas, eram 200 mil. A sensação é a de que eram milhões e os (simplórios para os padrões de hoje) efeitos visuais e sonoros (cores básicas, gelo seco e barulho de nave espacial) eram fantásticos, puro Spielberg. Ou Flash Gordon.

Naquele dia muita gente saiu da escola para ir ao show e no fim das contas tudo terminou numa aula - em apresentação esplendorosa, vibrante, o Queen veio para mostrar como se fazia, como eram as coisas nesse tal de rock das grandes esferas. No embalo suingado e muitas vezes pesadão do seu hard rock glamuroso, o frontman cabuloso Freddie Mercury e seus comparsas acabaram por nos revelar todo um mundão de sensações e possibilidades. De alguma maneira, parecia que agora estávamos prontos para o que desse e viesse.

O setlist.

"We Will Rock You"
"Let Me Entertain You"
"Play The Game"
"Somebody To Love"
"I'm In Love With My Car"
"Get Down, Make Love"
"Need Your Loving Tonight"
"Save Me"
"Now I'm Here"
"Dragon Attack"
"Now I'm Here (Reprise)"
"Fat Bottomed Girls"
"Love Of My Life"
"Keep Yourself Alive"
(solos)
"Flash's Theme"
"The Hero"
"Crazy Little Thing Called Love"
"Bohemian Rhapsody"
"Tie Your Mother Down"
"Another One Bites The Dust"
"Sheer Heart Attack"
"We Will Rock You"
"We Are The Champions"
"God Save The Queen"

FESTA BELGA

Para uma festa de temática belga, Mondo Massari sugere bolo com "design" inspirado em Asterix entre os Belgas, quitutes de chocolate belga, umas partidinhas de bilhar com as lendárias (e belgas) bolas Aramith, e uma sessão do filme *Aconteceu Perto da sua Casa*, fita surpreendente e violenta da safra 92. Como trilha, um bailão dos sons da terra do Van Damme.

Univers Zero: Para abrir os trabalhos e já entregar de cara que esse bailão dos "bons sons" belgas não é um qualquer, não dá para fugir do baterista-maestro Daniel Denis e seu combo mutante Univers Zero - distintos representantes do satélite R.I.O. (Rock In Opposition, divisão vanguardeira e de protesto da esfera progressiva, em oposição, contra regras e sistemas sônico-filosóficos estabelecidos; daria quase para dizer que são os punks do progressivo, não fossem contra os próprios também), criados em 1974 e ainda hoje firmes e fortes e razoavelmente incontroláveis. 1313 e *Heresie*, de 1977 e 79 respectivamente, são considerados os clássicos da banda que conjuga diferentes e estranhas referências (música de câmara, folk rock sombrio, jazz de órbitas bizarras) numa conversa realmente inclassificável. *Implosion*, disco de 2004 que revela a turma de Denis em forma assustadora, é título bastante eloquente, revelador das capacidades "implosivas" da banda. Se não tiverem corrido do salão, a festa continua...

Plastic Bertrand: Robert Jouret até teve seus dias de punk rock, digamos, mais ortodoxo, atacando de baterista com a banda Hubble Bubble. Mas foi na parceria com o produtor Lou Deprijck, no embalo colorido e algo cínico do projeto/banda new wave Plastic Bertrand, que as coisas aconteceram e em grande estilo. Para além da considerável produção e de alguns hits normais (a versão para "Sha La La La Lee" dos Small Faces, por exemplo), o Plastic Bertrand é responsável por *Ca Plane Pour Moi*, álbum de 1978, cuja faixa-título é um daqueles superhits preciosos e transcendentes, que vem atravessando os tempos e fazendo a cabeça de gerações e gerações - num daqueles casos em que muita gente até conhece legal a música, mas não faz a mínima ideia de quem é o culpado pela pérola.

The Neon Judgement: Na representação da algo visionária cena ele(c)tro-eletrônica belga do meio dos anos 80, o destaque óbvio seria o cultuado e famosão Front 242 - dentre muitas de suas façanhas artístico-mercadológicas, são basicamente os responsáveis pela bombada vertente da E.B.M. (Electronic Body Music). Fica o registro. Da mesma cena (que conquistou o planeta com fórmula peculiar de música eletrônica dançante e cerebral, de grooves musculosos e rifferama cibernética pesada, invariavelmente agressiva), compareçem Dirk Da Davo e TB Frank, a dupla da pesada The Neon Judgement. Junto com os suíços The Young Gods, figuram dentre aquelas bandas que conseguiram articular com maior eficiência alguns dos bons elementos do rock underground e seus "links cósmicos" num contexto essencialmente eletrônico. *Horny As Hell*, álbum de 1988, tem a excelente "Miss Brown" e outras canções igualmente condimentadas; e a coletânea *General Pain & Major Disease*, de 1989, dá excelente mostra do poder de fogo da dupla, reunindo singles e versões alternativas de gemas como "Tomorrow In The Papers", "Chinese Black" e "I Wish I Could". Sobre o single "Awful Day", também disponível na coletânea, falamos numa próxima oportunidade...

(As duas bandas se apresentaram no Brasil para casas cheias, com plateias inflamadas e muito marmanjo chorando; a apresentação do The Neon Judgement, em 18 de novembro de 2005, virou DVD, *Live At Machina Festival*, lançado pela Fiber Records)

dEUS: No que diz respeito à cena independente local, basicamente podemos falar em antes e depois da banda de Antuérpia. Primeiro grupo local a assinar contrato expressivo com uma grande gravadora, debutaram em longa duração com aquele que pode hoje ser considerado um pequeno clássico dos anos 90, *Worst Case Scenario*, de 1994. Se a cena local hoje passa por um bom momento, criativo e de organização, pode por um pouco da culpa nessa trupe de delirantes artrockers. Passaram pelo Brasil em 1996, para apresentação histórica na edição daquele ano do festival Abril Pro Rock (posso garantir: se divertiram a valer por aqui). Quem voltou ao país algumas vezes foi o baixista Danny Mommens, com sua celebrada (pelo menos por aqui) banda Vive La Fête, formada em 1997 com a ex-modelo Els Pynoo.

Wizards Of Ooze: Curiosidade da discografia alternativa belga, que pode também integrar uma daquelas seleções abstratas de títulos de orientação zappiana (como os trabalhos dos italianos Ossi Duri, por exemplo), *Almost... Bikini*, de 1999, é disco-projeto existencial do vocalista, tecladista e guitarrista Wim Tops. Com seu brancaleônico sexteto Wizards Of Ooze, Tops dispara pequenas e complexas crônicas surrealistas - a execução desse jazzrock levemente mutante é tão caprichada, que tudo parece muito simples e fácil de fazer. Parafraseando o pequeno guerreiro gaulês, esses belgas são mesmo loucos!

Madensuyu: Uma das mais espetaculares bandas belgas dos últimos tempos é uma dupla (que parece toda uma divisão de músicos guerreiros) formada por caras legais e tranquilos, Stijn Ylode De Gezelle, ou Mr S., guitarrista e vocalista, e o baterista e vocalista PJ Vervondel, que atende pelo nome (de origem turca) Madensuyu e que basicamente se transforma monstrusoamente no palco. Quem os viu por aqui há um par de anos certamente não se esqueceu. É bem difícil ficar indiferente frente ao ataque poderoso da dupla - rock visceral das melhores escolas velvetianas da praça. *D Is Done*, o segundo longa lançado em 2008, é um dos melhores títulos da discografia local desde sempre.

Creature With The Atom Brain: Veteranos aqui de Mondo Massari, Aldo Struyf (voz, guitarra e teclados) e comparsas exibem boas credenciais: inspiração declarada em Roky Erickson e seus 13th Floor Elevators, camaradagem artística com Mark Lanegan e em *I Am The Golden Gate Bridge* (2008) e *Transylvania* (2009), dois petardos de rock garageiro modernoso e psicodélico capazes de fazer corar boa parte da cobiçada e hypada concorrência internacional.

Elephant Leaf: Destaque das novíssimas gerações de certo indie local, o Elephant Leaf de Lucie Dehli e Stephan Ink debutou em 2008 com o elogiado *Emotional Power*, e já no ano seguinte emplacou outra pequena gema com *The Taste Of Salt*. Por conta da boa circulação em certos circuitos internacionais, começam a ser mais notados e dá para dizer que tem tudo, ou muito do que se precisa para conseguir algum tipo de salto de mercado - não que isso seja uma questão para a caprichosa dupla. Em meio a tramas eletrônicas habilmente tecidas, cheias de pequenos detalhes e sutilezas, curiosos ecos oitentistas e vibrações de certo triphop clássico, tipo Portishead mesmo.

Absynthe Minded: Com 10 anos de estrada e 4 álbuns lançados, a banda do vocalista e guitarrista Bert Ostyn é uma das maiores do indie local. Serviços prestados à cena e discografia consistente - no espírito da época, tem um pouco de tudo na fórmula neorocker da banda, (afro)jazz, música de cabaré, soul e funk, batidas balcânicas... Versões legais para sons de Iggy Pop e Serge Gainsbourg talvez digam algo mais a respeito.

Yuko: *For Times When Ears Are Sore*, lançado em 2008 pela banda Yuko, do vocalista e guitarrista Kristof Deneijs, é mais uma daquelas pequenas gemas discográficas perdidas que, mesmo tendo conquistado sua pequena legião de entusiastas, mereceriam maior atenção. Mas nos tempos em que vivemos, 2008 parece ser passado para lá de remoto... Trata-se de um belo disco de (pós)rock folktrônico bastante autoral e inquieto, com possíveis referências de Nick Drake, Radiohead, Grizzly Bear e Beck. Destaque para a emocionante "A Room For Two".

Dead Man Ray: Na ativa de 1996 a 2003, a banda Dead Man Ray deixa saudades na cena local, muitos ainda contando com um possível reencontro do quinteto. O último registro em estúdio, *Cago*, lançado em 2002, foi gravado em Chicago e produzido no capricho por Steve Albini. Esquisitão como era de se esperar, soa em muitos momentos como um glorioso lado B do Elbow ou dos Dears - no caso, elogio.

Silver Junkie: Mais um dos nomes quentes da nova cena belga, Tino Bidelloo vem chegando para conquistar o planeta com sua superbanda Silver Junkie e suas sofisticadíssimas canções de folk boêmio e romântico do tipo lo-fi. *Streets & Boulevards* tem a classe dos melhores Cowboy Junkies e pode ficar ali perto dos trabalhos que levam a assinatura do sr. Greg Dulli.

ETC

INTRODUÇÃO
ETC

O ETC quase foi Mondo Massari. Coisa de cinema, de filme mesmo: numa revisita de começo de milênio ao "radio movie" *The King Of Marvin Gardens*, de Bob Rafelson (safra 1972), decidi que na ocasião em que desenvolvesse novo projeto solo de atuação radiofônica, a marca teria que ser aquela: ETC, nome do programa comandado por David Staebler, personagem de Jack Nicholson nesse curioso drama existencial. Nem tanto afinidade estética, mais o chamado de um nome cheio de possibilidades – praticamente pedindo para ser usado. Daí o ETC. Poderia muito bem ter sido, em reviravolta transdimensional, Rock Report – o formato meio desencanado de grandes formatações, o prazer das nossas conversas & das conversas com ilustres convidados; os sons & os sons & os sons. Outra história. Partes de uma mesma missão. Na breve existência do projeto para frequência modulada da Oi FM, período ativo do ETC, tive a impressão de vislumbrar luzes incríveis ao final do túnel – como macroprojeto de rádio, a certa altura parecia quase perfeito; bom demais para ser verdade ou, no caso, durar um pouco mais. Quem sintonizou, ouviu. & acho que dificilmente se esquecerá.

Como apresentação das conversas completas com nossos convidados de ETC, um remix da abertura da edição final do programa:

"Olá boas, uma boa noite a todos, sejam muito bem-vindos a bordo do programa ETC aqui pela sua frequência de preferência, a difusão é na frequência modulada. Eu sou o Fabio Massari & nessa segunda-feira 26 de março de 2012 encerramos capítulo na história do programa, derradeiro /.../ Esse é o último dos ETC do jeito que o conhecemos – nesse formato, nessa sintonia /.../ Uma certa tristeza, um certo blues escorrendo pelas engrenagens dessa transmissão mas, claro, alegria genuína, vibrações celebratórias no máximo volume pela oportunidade, pelo privilégio de poder, em pouco mais de 160 programas, mergulhar de cabeça na galáxia dos bons sons na sua companhia caro ouvinte: nós, os bons sons & as ondas do rádio – fantástico. Desde já meu sincero agradecimento do tamanho dessa trama supersônica – para você que sintonizou agora no ETC, para você que está aqui desde o primeiro em novembro de 2008, para todos que se importaram (& se divertiram!) com os sons que fazem a trilha & constroem de alguma maneira o mundão em que vivemos. Nesse programa de celebração radiofônica, vamos cruzar com velhos conhecidos: The Gun Club, The Fall, Crippled Black Phoenix, Meat Puppets, Grinderman /.../ Mas gostaria de abrir esses trabalhos de despedida com algo que me parece adequado, oportuno, na verdade inescapável. Nessa espécie de última valsa do ETC partimos no embalo transcendente do The Band, baixando a agulha no seu *The Last Waltz*, justamente seu registro de adeus – Winterland Ballroom, São Francisco, 25 de novembro de 1976, concerto capturado magistralmente em filme por Martin Scorsese (lançado dois anos depois). Despedida grandiosa & visceral; bluesy & de felicidade transbordante /.../ Pura energia musical das altas esferas. Daqui a pouco a banda desfila com alguns de seus convidados especiais: Van Morrison, Ronnie Hawkins & Neil Diamond passarão por aqui. Mas a primeira da noite já dá o clima de iluminações dessa valsa: ao final da canção, na entrada lancinante, deliciosamente devastadora do sax de

Garth Hudson, a sensação que se tem é a de que nos é oferecido um raro vislumbre da mágica, do poder absolutamente transformador da Música (& um Robbie Robertson extático ali ao lado também representa esse momento sublime). 'It Makes No Difference', *The Last Waltz*, abrindo essa última transmissão do programa ETC."

Fabio Massari
Vesúvio, SP
Outubro de 2013

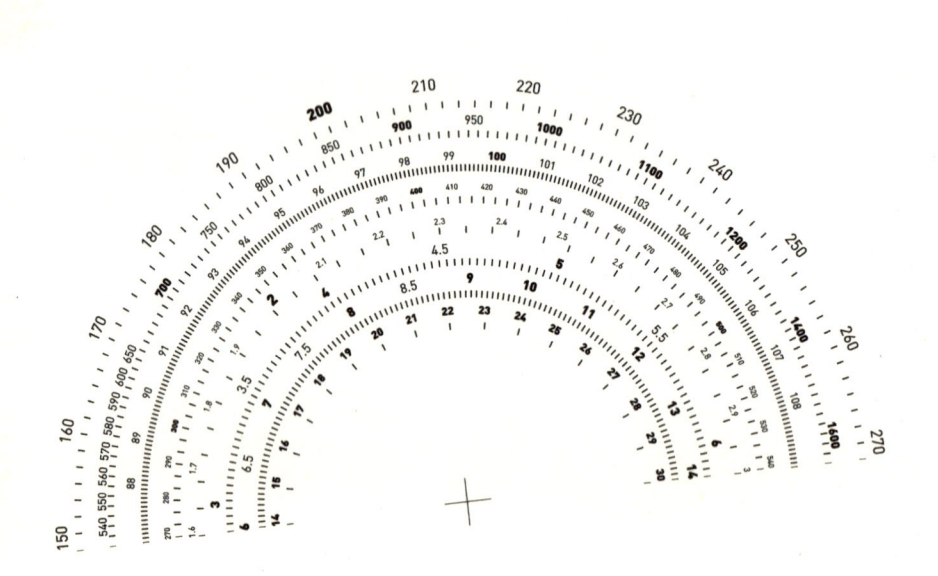

ENTREVISTAS
ETC

[Nota do Editor: para prestar uma homenagem radiofônica, todas as introduções das entrevistas do ETC foram "faladas" e depois transcritas. Foi também um recurso para combinar com o tom de oralidade que permeia essas 32 entrevistas, mantendo um pouco desse clima da conversa de rádio. Todas as intros foram gravadas no dia 10 de maio de 2013.]

MAQUINADO

Entrevista com Maquinado em 9 de novembro de 2008.

L

Lúcio Maia foi o primeiro convidado do ETC. Um cara por quem eu tenho muita estima e carinho. Convivi muito com essa galera do Recife, desde o começo dos anos 90. Convivi como profissional, trabalhando, entrevistando, mas depois de um tempo virou camaradagem. O Lúcio Maia é um dos nossos maiores guitarristas. É reconhecido como tal, mas ao mesmo tempo ainda me parece um pouco subestimado. É um cara muito discreto, muito "na dele", e alguém poderia até dizer que é um pouco "na dele" demais. Se ele quisesse, poderia até aparecer mais: mas acho que o caminho não é exatamente esse, e digo isso por conhecer a natureza daquela turma, da Nação Zumbi.

Sou fã incondicional do Lúcio Maia, vi muitos shows do Chico Science com a Nação Zumbi, vi muitos shows da Nação Zumbi, ouvi bastante o Maquinado... O Lúcio é um músico muito especial, tanto nos seus momentos sutis, de um groove todo quente, até a coisa mais rasgadona e visceral, que ele sabe fazer como poucos. Sempre foi um prazer consumir a banda como fã, e é sempre um prazer cruzar com eles. O Lúcio Maia é um dos poucos que pode me chamar de vovô. É um dos poucos que pode abrir mão desse apelido...

Estamos de volta com o programa ETC aqui pela Oi FM de São Paulo, 94,1 MHz. O primeiro convidado da primeira edição do ETC já se encontra aqui nos estúdios, se amalgamando ao ambiente, e vou abrir esta segunda metade do programa com um som do homem. Homem Binário é o nome do disco, Maquinado é o nome da banda. A gente começa com "Arrudeia" e já bate um papo com meu primeiro convidado, Mr. Lúcio Maia. Vamos de Maquinado.

[Pausa]

O homem responsável pelo Maquinado se encontra aqui. Vou fazer aquele momento Roberto Carlos: "O meu amigo Lúcio Maia". [Maia ri]
Lúcio Maia E aí, Massa?
Grande prazer recebê-lo no programa de estreia.
LM Porra, prazer é meu. Fiquei sabendo agora que é o primeiro, rapaz. Cobaia. Exatamente, a gente faz os amigos de cobaia. Qualquer problema, reclama com o convidado e está tudo certo. [Maia ri] *Você estava na Argentina recentemente?*
LM É, eu estava na semana passada. A gente [Nação Zumbi] tocou agora no Personal [Fest].
E aí? Como é que foi?
LM Gostei. Foi legal. Desses 20 anos quase de banda, foi a primeira vez que a gente deu um rolê dentro da América do Sul.
É verdade, cara?
LM Por incrível que pareça.
Isso estaria na pauta para daqui a pouquinho, mas, aproveitando... Bom, se tem alguém que chegou no planeta agora, Lúcio Maia, além do Maquinado, é o guitarrista da Nação Zumbi. Eu ia falar de carreira internacional e ia perguntar da América Latina. Teria um apelo muito forte para a banda e é a primeira vez que vocês tocam fora?
LM Primeira vez, cara.
Porra.
LM E foi agora, aqui no Personal. E foi legal demais porque é um festival que talvez tenha uma das maiores proporções. São três grandes festivais lá [na Argentina]. O Personal é um deles.
Legal. Bom, tinha R.E.M. e um monte de gente grande.

LM É, a gente tocou no dia do [The] Offspring e do [The] Jesus and Mary Chain.

Legal demais. E deu pra sacar se tem uma ressonância do trabalho por ali? As pessoas sacam a Nação? Os discos circulam?

LM Teve, cara. Teve. Na real, tinha fã já velho. Assim, desde a época de Chico [Science]. A gente encontrou uns caras falando: "Eu já sou fã de vocês há 15 anos".

Que legal! Demais.

LM Porra, só faltou isso – faltou o momento certo da gente ir, porque eu acho que festival é o melhor momento para uma banda mostrar o som fora do país. Porque ali agrupa todo tipo de gosto. As pessoas que se identificam acabam partindo para ver o show e curtem. O que é o mais importante.

Legal. Antes de chegar na pergunta "O que você tem ouvido?", eu quero saber como você tem ouvido sons hoje em dia. Primeiro, com que intensidade a música está na sua vida como ouvinte e [em quais] formatos – cassete, vinil?

LM Basicamente, eu passo a maior parte do dia ouvindo som porque não sou muito fã de televisão. E escuto bastante MP3, escuto bastante iPod e vinil que eu tenho uma coleção também.

Continua no vinil?

LM Porra, pra caramba. Eu ainda compro bastante vinil, principalmente no interior de São Paulo, que tem bons sebos e que tem muita coisa do Brasil, coisas velhas.

Você tem pesquisado por esse caminho?

LM Pra caramba. Na real, eu conheço pouca coisa da atualidade. Tenho ouvido só algumas bandas novas e tal, mas a pesquisa das antigas ainda é muito forte. Tem muita coisa no passado muito melhor ainda. Coisa que a gente nem imagina, né, velho?

Pode crer. E me diga uma coisa do ponto de vista do artista. Aí vale para o Maquinado, para a Nação... é engraçado dizer isso, mas vocês são de uma época em que lançar disco era uma condição obrigatória, necessária e querida para o artista. E hoje em dia? Qual é o peso de lançar disco? Qual o valor disso exatamente?

LM O disco, o CD, se tornou mais um, né? Antigamente, era o principal. O disco era o principal veículo do artista para chegar em outros lugares que não fosse pessoalmente. Hoje em dia, tem outros formatos.

Tem DVD, tem pen-drive... Essa parada do pen-drive, eu acho boa demais. O Nine Inch Nails fez, no ano passado, um show em Barcelona, e dentro dos banheiros do lugar onde eles tocaram, eles sacudiram [uns] pen-drives. Espalharam. E tinha duas músicas novas, cara.
É verdade.
LM Então, isso causou um frisson muito grande. Eu acho que hoje em dia o CD é mais um veículo para se chegar. Não é o mais importante, mas ele é importante ainda. Precisa ter. Eu gosto de todo o aparato da gravação, de se preparar para gravar, escolher o produtor, a gravadora bancar tudo... É do caralho. [Massari ri]
Essa parte é importante.
LM Essa parte é boa, cara. Essa parte é a melhor, na verdade.
Pois é, e vocês (tanto o Maquinado quanto a Nação) têm o lance que são músicas que dá vontade de ouvir em vinil por algum motivo, né?
LM Ah, é. A gente tenta ainda, mas o vinil no Brasil é muito ruim. A fábrica de Belford Roxo, que me desculpe a rapaziada, não faz um disco...
Existe ainda?
LM Acho que já acabou, cara.
Não está nem funcionando mais, né?
LM Eu soube que tem gravadoras querendo comprar essa fábrica para dar continuidade, porque existe, né? Você vai em algumas livrarias e vende vinil. Fora o mercado do vinil mesmo, que a gente tem, de quem pesquisa...
Claro, é verdade. Senhor Lúcio Maia, eu separei mais uma [música] do Maquinado aqui para a gente ouvir: "Dia do Julgamento". É uma das minhas prediletas. Tem alguma historinha para essa daí?
LM Essa música partiu mais de um sampler, que é [de] Leroy "Horsemouth". Jamaicano.
Jamaicano. Dá para ver.
LM É do filme *Rockers*. Eu sampleei do *Rockers*.
Filme seminal e obrigatório. Todo mundo tem que ver.
LM É daquele momento que ele está meio que xavecando a filha do dono do hotel e ele chega empurrando ele no chão. E aí, depois que eles vão embora, ele se vira para a câmera e começa a dar uma real.
É verdade, cara.

LM Dizendo que ninguém vai fugir, a babilônia vai cair de todo jeito. E quem estiver, dela não se salva.

Veja o filme Rockers e compre o disco Homem Binário, do Maquinado, que tem essa música, "Dia do Julgamento". Na sequência, eu quero emendar com uma escolha sua. O que você tem aí nesse iPod...

LM Tem som pra caramba, cara.

Escolhe uma aí...

LM Vamos escolher uma aqui.

Vai de surpresa então?

LM Vamos de surpresa.

Então tá. Vai de surpresa. A gente vai de Maquinado. Depois tem música-surpresa de Lúcio Maia e daqui a pouquinho a gente bate mais um papo com nosso convidado.

[Pausa.]

E essa foi a escolha do nosso convidado Lúcio Maia: Mongo Santamaría. Você escolheu Mongo porque estava no shuffle? É isso? Explica o método de escolha. [Maia ri]

LM Bom... Sei lá... Tem 10 mil músicas aí. Não dá para ficar procurando. O shuffle é uma boa pedida. Você acaba escutando coisa que você bota e nem lembra que tinha botado.

Hábito diferente de ouvir – é um jeito diferente de ouvir.

LM É uma maneira, né? Tem gente que fica fazendo playlist. Eu não faço muito playlist, não. Eu coloco as músicas e boto no shuffle.

É quase uma audição conceitual. É um jeito de ouvir. [Maia ri] *No caso do Mongo Santamaría especificamente, por que você tem ouvido essa praia?*

LM Cara, eu curto pra caralho. Ultimamente, eu tenho procurado versões de músicas conhecidas e achei "Felicidade" com Willie Bobo. "Felicidade": "Tristeza não tem fim...", do Tom Jobim, com Willie Bobo. Muito legal. Muito bom. A gente vê que essa foi uma época que o Brasil exportou muita música. Hoje em dia, é basicamente ainda em cima de um estereótipo turístico.

Você sente isso?

LM Há mais de 30 anos – há 20 anos pelo menos – o Brasil vende música lá fora com um aspecto [de] turista. "Ah, tropical, carnaval..."

Continua isso?

LM Sim, claro, lógico. Existe sim, cara. É uma realidade. E todo mundo cobra também: "Porra, o Brasil sempre foi uma grande potência musical. O que é que está havendo?" Todo mundo pergunta.

O que é que está havendo?

LM E eu acho que o Brasil se perdeu mesmo num certo período ali entre os anos 70 e 80, e não sei explicar por quê. Ainda tinha Tim Maia, ainda tinha toda aquela geração do soul carioca de Hyldon...

O soul carioca. Exatamente.

LM Cassiano...

Tony Bizarro...

LM Os caras faziam muita coisa legal. De lá para cá, sei lá. Desandou. E aí fodeu, cara.

Literalmente, né?

LM Literalmente. [Risos]

Acho que a última vez que a gente se cruzou numa balada, você falou que vocês [Nação Zumbi] tinham tocado na Turquia, não é isso?

LM Foi, em Istambul.

Que foi um lugar insano, o mais legal que vocês tocaram, não é isso?

LM Isso, foi demais, cara. Foi demais. A gente já tocou na Turquia, Macedônia, Eslovênia, e não tinha tocado aqui do lado. Nem em Buenos Aires nem Assunção.

Essa conexão latina sempre foi difícil por causa da língua. Os mercados de disco também nunca apostaram em lançar banda argentina, chilena, etc. É uma pena, né?

LM Na verdade, de brother pra brother, o rock latino é muito ruim, cara. E ele fica estigmatizado à região só.

É, fica uma coisa local, quase de gueto mesmo.

LM O Skank não é uma banda que vende no exterior. Quando os caras vão tocar lá, eles tocam para brasileiro. Essa é que é a verdade.

É verdade.

LM Não adianta você dizer para mim que você vai pra gringa e vai tocar [pra gringo] porque eu sei [que não vai]. A gente viaja pra gringa e a gente vê. A gente toca nesses festivais. Toca em festival de música brasileira, toca em festival de gringo, toca em festival de, sei lá, world music. Então a gente vê qual é a condição de cada um. E vi muitos shows de brasileiro lá fora tocando só para brasileiro.

No Japão, durante muito tempo, era só isso que acontecia, né? Era só tocar para turista.

LM Até hoje, ainda é.

Quero saber do guitarrista Lúcio Maia. Quem te acompanha há muito tempo? Imagino que tenha aquela parte dos fãs que gosta daquela coisa visceral, guitarrista mesmo, do rock, digamos assim. Mas, pelas coisas que você ouve, também tem outras explorações. Há quantas anda o guitarrista? Continuas pirando no instrumento, estudando?

LM Ah, sim, cara. A guitarra é uma extensão minha. Já é inseparável o nome, do instrumento. Então, eu continuo pesquisando bastante, principalmente a parte tecnológica. Não a parte tecnológica no sentido [de] plugar a guitarra em computadores. Não, o contrário: de ver o que existe de possibilidades para o instrumento. De variações, diversidade e tal. E tenho descoberto coisas legais. Bem legais.

Que legal!

LM Para o próximo disco. Eu estou guardando, fazendo um setupzinho próprio só para o próximo disco. Vai ser bem legal.

O próximo disco do Maquinado?

LM Do Maquinado e da Nação.

E da Nação? E como funciona para o artista a divisão de tarefas?

LM Cara, para mim, é só uma questão de pasta ali no desktop do computador. [Risos] Tem uma pasta da Nação e uma pasta do Maquinado. Para mim, funciona tudo dentro do mesmo mundo, dentro do mesmo universo. Eu arrumo tempo para tudo. Eu tenho três filhos, velho. Ainda arrumo tempo para passear com a molecada, andar de skate com eles. Meu filho mais velho já tem 11 anos...

Já tem 11? Ouve o quê?

LM Ah, ele gosta dessas porcarias, cara. [Massari ri]

Lá vem...

LM É, de [tudo que] toda a gurizada de 11 anos ouve. Faz parte do universo deles. Eles gostam de Offspring... Enfim.

Bom, poderia ser bem pior.

LM É, poderia ser pior. Poderia ser pior, mas ele já gostou de umas coisas bem ruins também, viu? [Massari ri] Não vamos entrar nesses assuntos...

Não vamos entrar nesse mérito.

LM Depois ele vai virar para mim e [falar]: "Porra, que queimação do caralho!" [Risos]

Vamos falar mais de Nação. Anos de estrada, inúmeros serviços prestados, discos incríveis, apoio da crítica aqui e fora – como se situa a Nação no cenário hoje em dia? Você consegue fazer uma avaliação? É uma banda grande? A própria avaliação de ser grande ou não hoje em dia mudou muito com relação a alguns anos?

LM Sei lá. Eu acho que a gente é a maior banda independente do Brasil. Porque, mesmo estando com gravadora, a gente age de maneira independente. A gente sempre corre por fora, a gente trabalha a parte conceitual inteira dentro da banda. A parte gráfica, etc.

Claro, claro. Tem envolvimento total.

LM Totalmente. A parte de marketing também, de como vai trabalhar o disco... A gente já viu muita grana se gastar - na época da Sony - dentro de um universo que não funcionou para a gente. Coisa que não dá muito certo para a Nação é pagar jabá. Porque paga, toca no rádio durante aquele período e depois sai do ar. Então tocou só naquele período, entendeu?

Não vale o investimento.

LM Não vale esse investimento. Então a gente prefere investir em outros veículos, sabe? Como [na] Internet, que funciona bem para a gente. A gente vende muito ringtone, essas coisas. Então você tem que se moldar dentro do mercado, que está fodido... Está totalmente combalido, então...

Está mudando. O que é louco deste momento é que a gente percebe que algo acontece, mas ninguém sabe exatamente que caminho tomar.

LM As cifras diminuíram. Isso, sem dúvida. A prova disso é que o Disco de Ouro são 50 mil cópias [vendidas]. Antigamente, eram 100 [mil]. Quando eu penso que a gente vendeu 100 mil CDs do *Afrociberdelia* naquela época, 1997.

Pode crer. Que loucura, hein?

LM Puta, era disco pra caralho, velho. [Massari ri]

Pode crer.

LM 100 mil discos era muito disco vendido, velho.

Vamos ver se, nos próximos, a gente emplaca aí um de Ouro.

LM Acho que, [até] hoje em dia, deve ter vendido muito mais, lógico. Foram 100 mil cópias em 1997. Já faz mais de 10 anos. Então, deve ter vendido bem mais. A gente perde...

Esses números escapam pelas mãos. [Maia ri]

LM Esses números se perdem. Muda presidente, pronto.

Grande Lúcio Maia, obrigadíssimo pela presença no primeiro ETC.

LM Porra, eu que agradeço.

Demais. Depois você volta com a rapaziada.

LM Estou aqui no aniversário de 1 ano. [Maia ri]

Não, pode vir antes e traz a rapaziada da Nação. A gente vai trocar uma ideia.

LM Vou, sim. Tá combinado já.

Legal. A gente está quase encerrando esta que é a primeira edição do programa ETC aqui pela Oi FM, de São Paulo, 94,1 MHz. Pô, é legal demais falar a frequência... Se der tudo certo, na semana que vem, estaremos de volta. Logo mais tem mais. Até!

JACK & FANCY

Entrevista com Jack & Fancy em 16 de novembro de 2008.

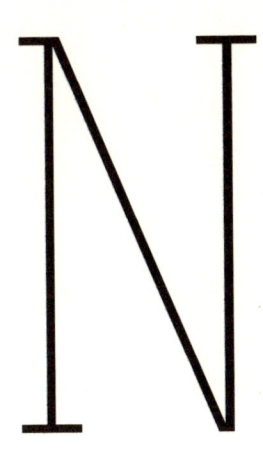

No começo do programa, eu estava testando um pouco o formato, e para isso a gente conta com os camaradas, né? E o Clemente é um grande camarada. Durante muito tempo, enchi o saco dele, pois queria ser o biógrafo da banda: queria fazer uma biografia dos Inocentes ou do Clemente. Ao mesmo tempo, eu não tinha capacidade para isso, mas gostaria de ler uma biografia dos Inocentes... É uma banda que eu acompanhei muito, ouvi bastante, vi muitos shows. Para mim, é uma banda que não tem o seu lugar devidamente reconhecido na grande árvore do rock. O Clemente é um tremendo compositor, faz rock "em brasileiro" como pouca gente sabe fazer e é, num certo sentido, um herói. Porque segue tocando sua empreitada independentemente das maluquices do mercado. Uma figura muito importante e que está ficando cada vez mais engraçado. Tá ficando velho e cada vez mais divertido. Algo desse humor poderia começar a passar para as letras dos Inocentes, acho que seria bem interessante (mas isso é apenas uma divagação). Na época do Rock Report, na 89FM, eu sempre contava com os Inocentes para se apresentar nas festas. Se não me engano, até cantei uma vez com eles.

Eu chamei o Clemente e a Sandra para o programa por conta desse projeto – Jack & Fancy – que eles vinham desenvolvendo, e que era bem interessante do ponto de vista sônico. Mas [o projeto] não continuou, foi uma coisa pontual. Foi superdivertido receber o Clemente e a Sandra, representando as Mercenárias. Lembrando que as primeiras 50 edições do ETC foram gravados no estúdio da Trip, porque o estúdio da Oi FM não estava pronto ainda. E o estúdio da Trip é pequenininho, o que gera necessariamente uma intimidade. Foi muito divertido. Conversas com o Clemente são sempre pontuadas pelas risadas dele. No *Botinada* [documentário sobre o punk nacional] você vê isso...

Os convidados que eu tanto anunciei ao longo do programa como ícones do punk (do rock de oposição ou algo parecido) já estão devidamente posicionados. Sandra e Clemente já estão a postos e prontos para falar.
Clemente "Aaahhh!" [Clemente imita uma multidão ovacionando] As palmas do público... [Clemente bate palmas] "Aaahhh!" [Risos]
Sejam muito bem-vindos e muito obrigado, viu?
C Pô, a gente que agradece, Massari.
É a segunda edição do programa de rádio ETC. Então, faz favor de me tratar bem. Seu Clemente, principalmente, né?
C Eu diria que é um programa histórico.
Sandra é uma dama.
C Sandra é uma dama.
Você não. [Risos]
Sandra Coutinho Ele está aprendendo, agora, a ser um cavalheiro.
Agora. Agora, né?
SC Tem que aprender.
A gente ouviu [no começo do programa] Mercenárias e Inocentes. Você lembra dessa música, "Ninguém"? Você ainda executa com os Inocentes?
C De vez em quando. Na nossa longa e extensa carreira de hits de rádio, a gente às vezes toca.
É uma curtinha, né? Um e trinta.
C É, a gente tem mais curta ainda. [Clemente ri]
E "Me Perco...", você lembra Sandra?

SC "Me Perco Nesse Tempo". É lógico.

Clássico.

SC Eu procuro não repetir mais porque essa história de me perder no tempo eu não quero mais, entendeu?

Entendi. Sei, sei como é.

SC Então, eu acho que eu repeti tanto que agora eu estou "desperdendo". Vamos voltar.

A gente vai bater um papo sobre Mercenárias e Inocentes daqui a pouquinho porque eu quero conversar com vocês sobre o que vocês andam aprontando juntos. Musicalmente, é claro.

C Agora deu até um frio. [Risos]

SC Como assim?

Vamos falar de Jack & Fancy. É isso?

SC Jack & Fancy.

C É isso aí. É um projeto, né? Eu não lembro como começou. Como é que começou?

SC Começou assim, a gente teve [a ideia e falou]: "Que tal fazer alguma coisa junto, né?"

Bom, vocês se conhecem há muito tempo...

SC 25 [anos] talvez.

C Sim.

SC É melhor não falar quantos anos.

C Melhor não falar quantos anos. [Sandra ri] Mas é louco...

Mas é a primeira vez que vocês trabalham musicalmente juntos?

SC É. Assim, recentemente ele fez uma participação com as Mercenárias. Mas assim, de fazer mesmo, é a primeira vez.

C É, criar...

SC Quando eu estava na Alemanha, o Clemente arranjou alguma coisa aqui para eu fazer aqui, né? Workshops e tal.

Numa de suas vindas ao Brasil, eu a entrevistei para a MTV.

SC Sim. É, eu lembro.

Você [Clemente] também, eu entrevistei algumas vezes, né?

SC Ele é carne de vaca. [Risos]

C Eu estou aqui mesmo, né? Ela está lá fora. Mas é engraçado que a gente se conhece há muito tempo. Eu conheço a Sandra antes das Mercenárias. Mas foi a primeira vez que a gente realmente começou a compor junto, né? Eu cheguei a ser uma Mercenária.

SC É verdade.

C Olha só que Mercenárias!

Está ficando cada vez melhor.

C Estavam de minissaia eu, o Mingau e o Edgard Scandurra. [Risos] Eram as Mercenárias.

Edgard, sim, mas [de] você eu não me lembrava. [Do] Mingau, muito menos.

C Foi para um show no Aeroanta. Um show só. A Sandra cantou.

SC Foi a questão da Baratos Afins. Eu estava super a fim de fazer. As meninas não queriam fazer. Daí, eu fiz esse...

C ...Esse catado, né?

SC É, e deu supercerto. A gente fez uns arranjos diferentes e tal. [Foram] poucos ensaios. Um ou dois ensaios e rolou legal, porque eu acho que...

C ...Tem uma afinidade.

Você falou [sobre] arranjos diferentes. Eu toquei Inocentes e Mercenárias. Para Jack & Fancy, as pessoas que esperarem a coisa do punk, mais abrasiva...

SC Eu acho que expectativa não é bom em nada na vida. Porque você pode se decepcionar. Então, é melhor você sempre estar aberto para tudo que vem. Agora, o que eu posso adiantar é que o que a gente faz agora é o que a gente não faz nas outras coisas. Senão, que graça tem? [Não] vou me repetir em coisas que a gente já fez. É um outro lado meu e um outro lado do Clemente.

E são só vocês dois ou tem banda?

SC É um trio porque tem uma baterista. Mas é a gente porque as composições são nossas.

É o núcleo.

SC O conceito é nosso.

Legal.

SC Para não ter mais complicação com baterista. [Risos] Porque essa história de chamar um e tal, e não dar certo, ai! Tira foto, ai! Não. Chega, entendeu?

C Até começou com um baterista, mas depois o baterista meio que foi desistindo. Baterista é um tipo de pessoa meio problemática.

SC Ai! [Risos]

Com dois fica mais fácil de viajar, é melhor para dividir a grana...

C Dividir a grana...

SC É mais fácil. "Dá para fazer hoje?" "Dá." Só duas pessoas, entende? Apesar [de] que foi nesse ambiente que a gente teve muita improvisação e que a gente criou muito tema com ele, né? A gente agradece mesmo.

C É, San [Issobe].

SC Mas, a partir do momento em que decidimos ficar [só] a gente, [em] quatro meses a gente fez o repertório.

C A coisa cresceu, foi rápida.

Falando em repertório, vamos conferir Jack & Fancy. Qual é a música que a gente ouve? Conta uma historinha aí dessa música.

SC A gente pode começar com "Sempre Soube". É uma característica legal porque é meio um diálogo... A gente faz essa participação meio igual, né? De os dois cantarem e de ter mesmo pergunta e resposta...

Isso é muito bom. Funciona. É legal.

C É legal.

SC Então, é meio assim, inspirado em Jane & Herondy. [Risos]

C A última palavra é sempre minha: "Sim, senhora".

SC É.

Jane & Herondy do punk. [Risos] É quase um clichê, uma piada pronta. Então, vamos nessa. E daqui a pouco a gente conversa mais com Jack & Fancy.

[Pausa]

[Vamos] falar um pouquinho agora das atividades individuais. Primeiro, of course...

C Primeiro as damas, né?

[Primeiro vamos falar das] Mercenárias... recentemente, discos lançados lá fora por selos cultuados.

SC É, já é um recentemente... Os anos passam. Recentemente vira 2, 3 anos. Então, e aí qual é a das Mercenárias?

SC Como qual é?

No momento, o que anda acontecendo?

SC No momento está na enciclopédia do rock e pronto. Tchau! [Clemente ri]

É isso?

SC E já estamos satisfeitas com isso, porque já teve uma tentativa de retorno, e foi legal... Quer dizer, eu não vou mais falar de traumas, né? [Risos]

Entendi. Algumas coisas é melhor deixar quieto?

SC É. Mas, às vezes, a gente precisa vivenciar para falar assim: "Vamos deixar quieto". Mas, para mim foi emocionante, a gente fez um show no Sesc, [em] que estavam muitas gerações, e muitas pessoas cantaram tudo. Eu falei: "Não acredito no que eu estou vivenciando". Então, acho que a gente conseguiu fazer isso uns dois anos. Foi legal. Tem umas coisas no YouTube e tal. Olho e falo assim: "Puxa, que pena que não deu certo, né?" [Risos]

Mas o tal do tempo, como a gente discutia – idade, essas coisas –, não confere um olhar mais simpático às coisas?

C Claro. Estou pensando um pouco também, vendo *Botinada*, documentário do punk, assim...

Um tempo atrás, eram vários assuntos muito delicados e, depois de um tempo, parece que a visão se abranda, fica mais simpático tudo, ou não?

C É, com certas pessoas eu acho que sim. Mas com outras... [Risos] Bem, não vou entrar em detalhes.

Então tá, então tá. Tá captada a mensagem. Bom, e Inocentes continua firme e forte?

C Continua aí, a gente está aí. Vamos lançar o DVD agora. Vamos fazer [isso] lá no Goiânia Noise. Aliás, é a Monstro [Discos] que está lançando o DVD.

Os Vaselines estarão presentes nessa balada do Goiânia Noise.

C Na balada.

É, exatamente.

C E aí estou na Plebe [Rude] também. Estou tocando com a Plebe e, agora, me dividindo em três com o Jack & Fancy. Porque tem outras coisas que eu faço também... se eu falar a lista, vamos ficar meia hora aqui, né?

SC É melhor não falar que até eu fico cansada. [Clemente ri] Aliás, eu preciso falar do Smack, né? O Smack existe.

Pô, já que falamos de legendas e ícones, existe de fato?

SC É, o Smack vai. Vamos lançar mesmo uma coisa que está indo aí. Está prensando um CD com umas coisas, que é de ano. É anual, né? [Risos] Apresentações anuais.

É material inédito?

SC Material inédito. Thomas [Pappon] gravou a bateria.

C Oh, que chique, hein? Oh...

SC Quer dizer, em breve, tem um material.

E dá pra detectar influência de fato nessas bandas [de] gerações mais novas?

SC Eu não sei. Eu não sei se eu percebo, mas dizem que foram influenciadas. Então, eu acredito, né?

C É engraçado. Eu vejo, eu senti [isso]. Tipo, eu fui fazer um projeto no Sesc, como produtor, e chamaram as Mercenárias. Todas as meninas que chegavam, das bandas de rock – riot rock: "Ai! Mercenárias! Mercenárias! Mercenárias!" [Clemente imita a voz de uma menina] Todas eram influenciadas pela tia Sandra aqui.

SC Ah, tia? [Clemente solta uma gargalhada]

Dá com o copo nele!

SC É... Eu também toco com o Edgard no Benzina e, quando viajo com ele, sempre aparece um ou outro disco lá para autografar. É superlegal, né?

Depois vende mais caro... [Sandra ri] E os Inocentes estão firmes e fortes...

C Estão firmes e fortes.

É tudo culpa sua. Quer dizer, você, em algum momento, encerrou as atividades com a banda? Nunca?

C Nunca.

Sempre esteve na ativa.

C Mas teve uma hora que eu cansei, né? Porque é aquela coisa da expectativa que a gente estava falando. Todo mundo espera sempre que você mantenha: "Ah, o punk..." Meu, faço isso há 25 anos. Tem uma hora que enche o saco. Tem que tocar "Pânico em SP" em todo show? Eu me sinto João Gilberto tocando "Garota de Ipanema". Então, no Jack & Fancy, eu posso fazer outras coisas. Posso. Isso me desestressa.

Entendi.

C Então, [é] curtição, né? Nos Inocentes, eu tenho medo de acabar virando uma profissão. E é uma coisa que meio que não dá para parar...

No começo, quando você falou em Jack & Fancy, você falou "projeto". Projeto é uma coisa mais sossegada?

SC Não é um nome hoje em dia? [Risos] Eu não sei se é um projeto.

Mas, nesse caso, é uma coisa mais sossegada? Vocês vão fazer um som para se divertir ou têm planos concretos?

SC Ah, eu acho que, sem se divertir, não vale nada. Para mim, não vale a pena.

C E a gente pode se divertir muito. Toda semana, ter diversão. [Risos] E pode se divertir pouco. Depende das pessoas chamarem a gente, né?

SC É. E também não entrar de cabeça, sabe? Ter que desesperadamente fazer um monte de coisa... Agora, querer gravar mesmo e fazer umas coisas com um som de qualidade, é lógico. [Sandra ri] Ruído tem de ser de propósito.

C Tanto é que, o que vão ouvir aí é uma demo caseira. A gente nem gravou ainda. Na verdade, é [em] primeira mão...

Queríamos, justamente no ETC, esse "primeira mão". Vamos com mais uma então? Já estamos encerrando o programa...

SC Vamos fazer o quê? "Mordaça", pode ser?

C "Mordaça".

Então, mordaça no Clemente. [Clemente ri] Sandra, obrigadíssimo pela presença.

C Nós que agradecemos.

SC Será que agradecemos? Não, agradecemos sim.

C Agradecemos. [Risos]

Vamos ver o feedback depois. Tem MySpace? E-mail? Flickr? Fotolog?

SC Tem, claro. Tem até no YouTube já.

C No MySpace, só não tem o "&". É myspace.com/jackfancy.

Perfeitamente. Valeu, pessoal. Até!

MARCO BUTCHER E STEVE (BLACK MEKON)

Entrevista com Marco Butcher (Uncle Butcher) e Steve (Black Mekon) em 23 de novembro de 2008.

V

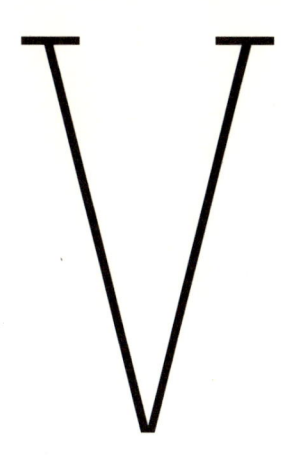

Velho e bom Marco Butcher, meu camarada de "milianos", desde a época do Pin Ups. Foi do Thee Butchers' Orchestra, banda seminal, e que numa determinada época não tinha concorrência: os shows eram poderosíssimos! Também acompanhei bastante a carreira solo dele, na medida em que deu para acompanhar, porque teve um momento em que ele passou a viajar bastante com sua banda de um homem só, ou com seus múltiplos projetos. O Marco é um cara muito especial, que forjou um caminho, criou uma cartografia toda particular de cenas, parcerias e lugares para tocar. E, no fim das contas, o cara foi tocar no mundo inteiro com um monte de gente bacana.

Nessa oportunidade ele estava no Brasil com a banda inglesa Black Mekon, que faz uma "garageira" clássica. Foi uma entrevista engraçadíssima, porque o Marco é legal, tem várias histórias, e o Steve do Black Mekon é uma figura... Os dois totalmente a caráter, com o uniforme "das garagens", sapato branco e tal. Acho o Marco Butcher uma figura muito interessante porque ele vislumbrou essa possibilidade de trilhar seu próprio caminho ao invés de ficar reclamando. E dá pra reclamar sem parar! Mas ele encontrou um caminho para poder tocar, se divertir, vender seus discos e viver disso.

Marco Butcher!

Marco Butcher Eeeh!

Saudações! Quanto tempo, hein? A última vez que nos vimos foi na praia.

MB Pois é, foi na praia, foi na praia.

Não foi bem na praia, mas, enfim...

MB Foi perto, foi perto. A praia estava ali do lado.

E temos convidado internacional – o primeiro convidado internacional do programa. Steve, representando o Black Mekon.

Steve Oi! Como vai? É um grande prazer ser o primeiro convidado internacional do programa. Obrigado.

[Você é] de Birmingham, não é?

S Isso mesmo, Birmingham, na Inglaterra.

A terra do Black Sabbath e do Black Mekon.

S Black Sabbath e Black Mekon – acho que há, mais ou menos, seis graus de separação entre a gente.

Exatamente, os graus de separação do Black Sabbath para o Black Mekon. Esses são os convidados. E quero saber, então, da conexão brasileira. Como aconteceu o lance seu com o inglês? Como vocês começaram a trabalhar juntos?

MB MySpace, basicamente, eu acho. [Marco fala em inglês]

Eu vou traduzir o seu inglês. Vai porque daí fica mais tranquilo.

S Mas ele pode mentir. Se ele responder em português, ele pode estar mentindo. Daí, eu respondo algo diferente em inglês... A gente precisa corroborar nossas histórias, cara. A gente precisa contar nossas histórias direitinho.

É isso aí. O ETC já se colocando na questão das línguas.

S Senão vamos precisar de um advogado para confirmá-las.

MB Acho que a gente começou a conversar mandando mensagens pelo MySpace: "Ah, eu curto sua banda", blá-blá-blá... Meio que viemos da mesma escola, ouvindo o blues que pintasse e o punk. Então, MSN, blá--blá-blá, blá-blá-blá... Então: "Sim, vamos tentar algo". Quando eu comecei a tocar com Rob [K] como The Jam Messengers, Steve tinha um clube legal pra caralho na Inglaterra, chamado Coldrice. No ano passado, fomos lá para fazer um show e a amizade acabou estreitando mais.

Legal.

MB Aí, nesse ano a gente voltou para fazer uma segunda turnê na

Europa. Passamos de novo pelo Coldrice. E, nesse meio tempo, eu e Alê [Maestro] estávamos com a ideia de montar uma produtora. Enfim, trazendo banda e levando banda e não sei o quê. Eu conversei com eles [Black Mekon]: "Vambora?" "Vambora."

Certo. E essa visita brasileira? Como isso tudo aconteceu especificamente para você? Foi legal ser convidado para tocar no Brasil?

S Na verdade, Marco nos colocou dentro da mala e nos contrabandeou para cá. Ele esqueceu de dizer isso. [Risos] Acho que ele também esqueceu de dizer que eu só comecei a conversar com ele no MSN porque o nome dele é Sexy Kitty. E há muitas fotos enganosas de si mesmo na página dele do MySpace. Isso eu lhe digo, cara.

Ah, entendi. Na verdade, vocês começaram a tocar por causa do seu nickname, que tinha a ver com gatinha, mas, na hora em que viu a foto, complicou.

MB Decepção, decepção total.

O negócio é fazer música.

MB Música.

E para o tipo de som que vocês fazem, estar na estrada é muito importante. Estar na estrada é a coisa mais importante para vocês?

S Não, eu não diria que é a parte mais importante, mas é ótimo, especialmente quando estamos aqui no Brasil. É um país surpreendente, maravilhoso. Todo mundo nos dá boas-vindas de braços abertos. Não nos demos mal ainda.

Nada deu errado ainda...

S Porra, por que eu fui dizer isso? Por que eu disse isso?

MB É muito importante. Partindo do princípio que ninguém aqui está fazendo dinheiro, é bom que haja diversão pelo menos.

Ainda não está fazendo dinheiro com o rock'n'roll?

MB Não, não está, não está.

S Dá para se fazer dinheiro?! [Risos]

Você não sabia que tinha dinheiro na parada?

S Cara, nunca soubemos disso. Eu nunca soube que havia dinheiro envolvido nisso. Não, não... Ah, meu Deus, não.

Para alguns, tem dinheiro, né?

MB Para alguns, tem dinheiro.

E a gente vive em tempos de música de graça na internet, mas você continua gostando de vinil, esse tipo de coisa, né?

MB Sim. De uma certa forma, é complicado... Uns dias atrás, eu estava numa casa noturna que... Enfim, não vou citar nome nem nada, mas eu tive que ouvir uma abobrinha de uma pessoa que se diz jornalista, dizendo que eu era metido a gringo porque não lançava mais disco no Brasil. E aí, eu falei para ele: "Tá, o que é que você espera que eu faça? O mercado de CD morreu. Ninguém compra CD. A América do Sul não lança vinil. Você tem dinheiro para me dar para eu lançar um disco para você, querido? Eu lanço um disco para você. Do contrário, fecha a boca, né? Não sai falando merda".
Entendi.

MB Porque não é uma questão opcional. Eu estou indo fazer disco onde eu tenho mercado, onde eu posso fazer disco, entendeu? Se aqui não faz vinil, vou fazer vinil na Croácia, sei lá. Mas não vou parar de fazer disco.
Você gosta de toda essa coisa do vinil?

S Gosto muito. Acho bacana lançar discos em vinil. Estamos pensando em fazer isso com nossa outra banda, Pussy Hounds.
Marco Butcher, e o lance da banda de um homem só? Não é uma coisa solitária na verdade. É solo, mas não é solitário, né?

MB Eu estou sempre... Na verdade, eu sou compulsivo com o que diz respeito à música, eu acho. Então, eu estou sempre meio que envolvido com outras pessoas. Eu continuo fazendo meu negócio de one-man band, mas eu não tenho tocado como one-man band ultimamente. Eu tenho tocado muito com Rob como duo, eu tenho tocado com eles, eu tenho tocado com Luis [Tissot] num lance que a gente começou a fazer agora que são duas one-man bands tocando ao mesmo tempo no palco – uma coisa de duelo. Acaba o meu som, começa o dele. Acaba o dele, começa o meu.
Legal demais.

MB A gente interfere um no outro, mas são duas bandas. Ele com o repertório dele e eu com meu repertório. A gente não tem nenhum som composto juntos. São duas bandas tocando no palco ao mesmo tempo.
Esse tipo de música que vocês fazem é um tipo de blues?

S Essencialmente, essencialmente.

MB Eu acho que sim.

S É baseada no blues. Está enraizada no blues. Está enraizada na mágoa, então... Toda música é baseada no blues essencialmente.

Todo mundo tem o blues de alguma maneira. The Gun Club toca o blues à maneira deles e vocês também.

S É isso aí.

E para aqueles mais puristas, que acham que isso é muito barulhento para ser blues por causa da tradição, como vocês respondem?

MB Não comprem a porra do meu disco.

Essa é boa. [Risos]

S Não comprem a porra "bip" do meu disco. "Bip, bip" disco.

Cara, eu queria aproveitar sua presença aqui e fazer uma pergunta mais filosófica sobre a sua carreira. Você integrou duas das mais importantes bandas do underground brasileiro – Pin Ups e Thee Butchers Orchestra. Parêntese curioso é que o CSS, que é uma banda importantíssima mundialmente, integra a árvore genealógica de uma dessas bandas.

MB Sim.

Num certo sentido, você poderia ter apostado na "carreira musical" – vai bem entre aspas – por aqui, mas você foi muito pragmático nas suas escolhas, né? Caminho internacional, cantar em inglês... Enfim, eu queria que você falasse um pouco disso. É divagação minha?

MB Cara, acho que faz muito sentido. Acho que faz muito sentido pensar assim mesmo. A questão é assim: quando a gente montou o Butchers Orchestra, na real, não tinha pretensão nenhuma. Nem de ter uma carreira nem de ter um nome nem nada. Assim, a gente tinha uma garagem com meia dúzia de equipamento dentro e, de vez em quando, a gente se encontrava para tocar ali. Eu acho que o que aconteceu foi, tipo, o fato de a gente estar ligado a gravadoras gringas e a bandas gringas... Eu e a Debbie [RawCat] tivemos essa produtora de eventos e trouxemos o Make Up, o [Demolition] Doll Rods, o Guitar Wolf e sei lá mais quem. [Isso] colocou a gente num lugar onde a gente tinha a possibilidade de estar fazendo um bate-e-volta. Não só trazendo, mas mandando também. Para mim, isso sempre funcionou melhor assim, sabe? Acho que existe um teto. Todos os lugares têm um teto. Acho que a gente bateu no teto de onde a gente poderia chegar aqui fazendo o que a gente fazia, né?

Cantando em inglês, não fazendo videoclipe... Mas não que eu tenha nada, absolutamente nada, contra quem canta em português ou em japonês ou em italiano. Acho que tem música boa em qualquer língua, sim. Só que é assim, eu também sempre tive um pensamento que foi o seguinte: para ouvir as bobagens que eu ouço em português, eu prefiro não entender o que a pessoa está cantando.
Pode crer.
MB Meu, se você for parar para pensar, o sinônimo da maioria das bandas que cantam em português é piada de mau gosto. E isso nunca foi o meu tipo. Assim, eu nunca procurei por esse tipo de coisa na minha música. Assim, não que minha música seja seriíssima nem nada.
Quantos países você já viajou tocando? Tem ideia?
MB Ah, uns 40 e poucos. Por aí. Muita coisa. Que inclui Rússia, inclui Croácia... Polônia, Eslovênia...
Você tem viajado bastante com o Black Mekon por países diferentes pelo mundo?
S Apenas na Europa e na América [do Norte]. Nunca tocamos na América do Sul. Não tocamos muito na Inglaterra, o que é estranho. Bem, eles nos conhecem. Então, eles não gostam de nós. [Risos] Eles já nos conhecem demais.
Alguma coisa a ver com a mídia inglesa? Fofocas e hype?
MB Não sei. As pessoas são simplesmente mesquinhas na Inglaterra. Elas não são pessoas tão legais. [Steve ri]
Ok. E a conexão dos dois nesse projeto?
MB Pussy Hounds.
Como aconteceu a conexão Pussy Hounds?
MB Bem, a gente começou assim: eu tinha algumas bases, porque, como eu lhe disse antes, eu sou compulsivo, eu faço música o tempo inteiro. Tinha algumas coisas em casa que não eram necessariamente... Eram minhas, tocando como one-man band, mas eu não tinha elas assim: isso vai ser do Uncle Butcher, isso vai ser do Jam Messengers ou sei lá o quê. Eu fiz e deixei ali. Eu não consegui dar um destino final para elas de cara. E aí, eu mandei algumas faixas para o Steve, para o Dan e o Dave, e eles começaram a trabalhar nelas e me mandaram de volta com vocal, com overdub, com gaita, com isso, com aquilo. Ou seja, interferindo mesmo na minha música. E gente ouviu aquilo e falou: "Tá ótimo isso aqui. Vamos... Sei lá, vamos dar

continuidade". Aí, a primeira ideia era fazer um single só com três músicas.
E agora vocês têm quinze músicas?
MB É.
S Acho que sim. Achei uma ontem à noite.
MB Contando com "Little Miss Revolution", contando com "Little Miss Revolution"...
S Estava dentro do meu sapato branco, a "Miss Little Revolution".
MB A gente tem dezesseis.
Dentro do seu sapato branco?
S É, estava dentro do meu sapato branco. Não sei como foi parar lá.
Pô, sacou a última do sapato branco. É isso, né? Estamos quase encerrando o programa. Mr. Marco Butcher, grande prazer em revê-lo.
MB Obrigado, velho.
Bom demais, sócio de carteirinha da casa.
MB Só um adendo: hoje à noite, a gente vai tocar no Vegas Club.
Hoje à noite, não, viu. Já era, cara.
MB Ah!
Mas tudo bem, cara.
S É tarde demais, cara.
Tarde demais.
S Já estamos no futuro.
Até o Steve está ligado, cara. [Marco ri]
S O show acabou.
Isso aqui é o show do futuro.
S Os shows foram maravilhosos. No Vegas Club, foi maravilhoso. Quando eu morri, ao vivo no palco, foi incrível. [Massari ri]
Bom, MySpace, fotologs, etc. – as pessoas os encontram. É isso?
MB Encontram. Vai encontrar Black Mekon, Uncle Butcher. E, daqui mais ou menos uma semana, já vai estar disponível a página dos Pussy Hounds.
S Vocês vão nos encontrar. Se vocês quiserem, vocês podem nos encontrar.

CÉREBRO ELETRÔNICO

*Entrevista com Tatá Aeroplano (Cérebro Eletrônico) em
30 de novembro de 2008.*

C

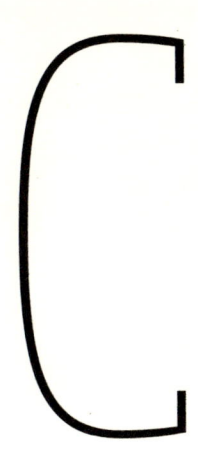

Cérebro Eletrônico, banda do bom e velho Tatá Aeroplano, faz parte da primeira leva de bandas entrevistadas para o programa ETC. As primeiras bandas foram as brasileiras, o que tem relação com o começo do programa e o estabelecimento do formato (durante um tempo o programa teve uma hora de duração, mas rapidamente passou para duas horas). Os sons brasileiros, por conta de grade [de programação] e opções editoriais, passaram a ser tratados mais em outros programas da rádio. Então, as bandas brasileiras estão mais nessa primeira fase do programa por questões editoriais, para que pudéssemos testar o formato, mas também porque eram os caras que estavam mais próximos, os amigos que chamei pra começar a empreitada.

O Tatá Aeroplano é uma figura muito interessante. Jumbo Elektro, Cérebro Eletrônico, carreira-solo e uma série de participações. Um cara bem talentoso, que tem a sua visão e a sua busca por um determinado tipo de canção e de composição. E também é uma figura muito original do ponto de vista da visão de mundo. Os mais puristas talvez apontem as diferenças, mas eu considero quase uma coisa só, Jumbo/Cérebro. Na minha cabeça vejo assim, até por conta das apresentações ao vivo, que são sempre muito festivas e com grandes *insights* do bom letrista que é o Tatá Aeroplano. Uma figura muito legal de trocar uma ideia.

Tatá Aeroplano é o nosso convidado. Vamos começar nosso papo falando sobre rádio.
Tatá Aeroplano Opa, legal. Estamos no rádio.
Já que estamos no rádio, me diga uma coisa: curtes rádio?
TA Pô, rádio – eu vou te falar o que acontece atualmente. Eu comprei, na 25 de Março, um daqueles sapinhos. É um rádio, só que você não tem o dial do rádio. Então, você vai sintonizando. Aleatoriamente, as rádios vão pintando. Então, antes de dormir, eu deixo o rádio na cabeceira da cama e fico sintonizando. Voltei a escutar rádio depois de um bom tempo.
Essa é uma história típica do Tatá Aeroplano, eu diria.
TA Pois é, e eu comprei para usar no show. Na hora de fazer o show do Cérebro, a primeira música que a gente faz no show, eu pego os radinhos. Cada um pega um rádio e sintoniza. Aí, eu voltei ao hábito de escutar rádio.
Muito interessante. Um sapinho – graças a um sapinho.
TA Um sapinho que me falaram que é de um programa de TV. Nem sei, né? Comprei lá. Mas é um personagem conhecido da criançada. É um sapinho.
Vamos tratar de descobrir agora com nossos ouvintes mirins aqui do ETC. Temos vários.
TA Voltando ao rádio, desde pequeno, sempre me liguei muito em rádio, e quando eu morava em Bragança [Paulista], na adolescência, passava madrugadas inteiras escutando rádio e gravando com as fitas cassetes ali na sala, no aparelho de som, para pegar as músicas que gostava, porque naquele tempo não tinha internet. Lá em Bragança, tinha uma loja que trazia discos, mas demorava muito. Então, era aquela coisa, e sempre fui viciado em música. E o rádio, até hoje, cumpre esse papel, né?
Legal, bacana. E entrevistas? Eu já vi você fazendo bastante entrevista. É bastante solicitado. Gostas do exercício ou algo parecido? Jim Morrison dizia que a melhor entrevista é a auto-entrevista.
TA A auto-entrevista?
Aquela que você faz sozinho. Aí é fácil porque você escolhe as perguntas.
TA É, é fácil. Eu acho que, com o tempo, fui me acostumando. E acho que é tranquilo, é normal. Gosto de trocar uma ideia. Acho que o melhor de tudo numa entrevista é quando você troca uma ideia e aí acho que as coisas fluem normalmente. É bom.
Vamos falar de consumos musicais. Como você tem consumido música? Gosta

de ouvir coisas no sentido mais roots, em vinil – esse tipo de coisa? E computadores? Vale um pouco de tudo?

TA Pois é. Um pouco de tudo, né? Até nesses últimos tempos, eu tenho resgatado minha coleção de vinis. Eu fiquei muito tempo sem comprar vinil. E meu pai tem uma coleção de 78 rotações, então...

Verdadeiramente roots, né?

TA Isso é verdadeiramente roots. Então, quando vou visitar meus pais – eles moram em Bragança Paulista –, eles têm um quartinho lá que é um museu e a gente fica escutando. Agora estou fazendo uma pesquisa, do que eles têm de coisas antigaças em 78 rotações. Tem coisas muito legais. Desde caixas de Carmen Miranda, Francisco Alves cantando umas músicas que são muito desconhecidas... E aí, eu tenho escutado vinil. Ainda compro CD. Eu sou um daqueles que ainda...

Tem vários, viu, acredite.

TA Eu acho muito bom. Para mim, é muito bom, porque você compra o CD, vê o encarte, vê o ano em que o disco foi feito. Existe uma história por trás de qualquer produto que você compre que seja material físico. [Na] internet, acho legal você baixar música, mas o grande problema da internet, de muita informação, é você perder as referências. Pô, às vezes escuta uma música e não sabe em que ano foi feita.

Como artista, você acha importante lançar discos?

TA Super importante.

Quer dizer, você, com o Jumbo [Elektro] e com o Cérebro, sempre apostou muito na net, mas lançar disco continua sendo um marco na carreira das bandas, você acha?

TA Exatamente, porque é um momento em que você passou ali, viveu, construiu alguma coisa. As músicas contam uma história, e você tem que transformar, batizar isso, né? Então, acho que lançar o disco é mostrar uma história que passou. E você trabalha durante um tempo e tem que continuar. É fundamental você ainda lançar discos – lançar material, né? O artista nunca vai deixar de criar música, e maneiras de lançar você tem muitas, mas acho que o disco é uma coisa legal de se contar uma história. E no futuro, as pessoas vão [falar]: "Olha, este disco foi do ano tal". Então, quer dizer, ajuda a contar uma história.

Por falar em contar histórias, daqui a pouquinho a gente fala mais sobre as suas bandas, suas atividades artísticas, e falamos em discos. Vamos com duas músicas. Quer mandar duas da sua preferência atual?

TA Vamos lá! Eu trouxe aqui o disco novo do Of Montreal.

Aliás, já que falamos em capa e esse tipo de coisa...

TA Encarte incrível, né?

Para lançar CD hoje em dia, tem que ser assim, né?

TA Exatamente. Eu acho que as bandas têm que pensar de uma maneira que nem o Of Montreal. Eles lançam com uns encartes mirabolantes. Este encarte aqui – vocês, ouvintes, não estão vendo, mas...

É, maravilhas do rádio. Tente imaginar um móbile todo recortado, né?

TA É um negócio incrível este encarte.

Para crianças de todas as idades, né?

TA Deve custar uma fortuna, mas, olha, que vale a pena, vale. É um encarte maravilhoso, lindo, psicodélico, loucão.

Tem a ver com Of Montreal, o som dos caras, né?

TA Exatamente, e a música que eu escolhi deles chama-se "Gallery Piece". É bem bacana o som deles, meu. É uma coisa dançante e, ao mesmo tempo, freak. Eu gosto muito do som dos caras.

E, na sequência, mais uma escolha sua. A gente está admirando a capa, né? Totalmente sessentista...

TA Pois é. Esse disco aqui quem me aplicou foi o PB [Paulo Beto], o Anvil FX. Mostrou para mim, no ano passado, Nancy Priddy. É um disco de 68 e é incrível. A produção dele é uma coisa muito, para a época... Realmente, destoa um pouco daquela época. E é uma produção do Phil Ramone, né?

Phil Ramone. Figuraça.

TA Que trabalhou com uma galera. E a música que eu escolhi chama-se "Ebony Glass".

É isso aí. Então, Nancy Priddy. Antes, tem Of Montreal. O responsável por nossa seleção é o nosso convidado. A gente volta daqui a pouquinho com ele, Mr. Tatá Aeroplano. Vamos de Of Montreal.

[Pausa]

Agora, a gente fala especificamente das bandas, ou melhor, da banda Cérebro Eletrônico. Vocês estão bem na fita. Resumidamente, é isso? Um bom momento, um bom ano para a banda?

TA Pô, com certeza. A gente está super feliz por lançar o disco *Pareço Moderno*. A gente o lançou em maio e tem colhido um monte de coisa legal. Neste ano, tocamos na edição do TIM Festival e fizemos vários festivais pelo Brasil inteiro. Em 2009, a gente está com força total e já entrando em estúdio para gravar um single agora. De carnaval. A gente vai fazer duas músicas meio para fazer uma história para o carnaval deste ano, e já tem o terceiro disco praticamente pronto.

Vocês excursionaram bastante pelo país com a banda ou ficou uma coisa mais local, do eixo aqui do Sudeste?

TA Não. Nós fizemos Cuiabá, Goiânia, Brasília... Agora a gente vai fazer o Garimpo em Belo Horizonte, e [para] o ano que vem, já tem o Rio de Janeiro marcado, Curitiba... A gente está viajando bastante mesmo.

E o lance ao vivo é muito importante, né? Quer dizer, show do Cérebro é sempre um acontecimento.

TA Pois é, cara. O show, a gente ensaia bastante mesmo. Então, tem essa coisa de estar sempre a banda reunida e ensaiando, bolando músicas – já coisa nova para fazer um show sempre com uma novidade. E a gente uma vez, vendo um show no festival, percebeu: "Pô, a gente já tem quase um show todo novo", e você falava que o Frank Zappa tinha muito disso, né?

Ele ensaiava as coisas que depois ele iria colocar em disco. Um ano antes, ele estava tocando na estrada.

TA A gente tem feito um pouco isso e tem sido demais, porque você trabalha a música durante muito tempo ao vivo. Depois, você vai para o estúdio e ela já está ali, sedimentada. Você cria uma coisa, tipo, a potência dessa música na gravação, que é uma coisa difícil de você conseguir pôr vida numa gravação. Você consegue pôr mais gás e mais vida na música ali. Então, a gente tem adotado essa tática.

Táticas zappianas.

TA Tática zappiana, é.

A gente estava falando do Of Montreal, da capa. Daí, eu brinquei que era para toda a família. Das primeiras coisas que eu tenho registro, assim, de moleque, eram os Secos & Molhados, que era uma incrível banda de rock, mas era uma coisa para toda a família também, e eu tenho a impressão de que, com o Cérebro, acontece isso. Quer dizer, transcende um pouco da coisa do independente? Poderia funcionar para vários gostos e públicos?

TA Olha, tem alguns relatos que a gente fica sabendo aí, de famílias que curtem a banda. Tipo assim, o pai, a mãe, os filhos, todo mundo escuta o disco. Isso é bacana, né? Para fazer o clipe de "Pareço Moderno", a gente foi para uma fazenda e ficou um fim de semana gravando coisas do cotidiano, que viraram as imagens do clipe. E foi muito baseado... Quando eu era pequeno, meu pai comprou [o disco] *Acabou Chorare*.

Novos Baianos clássico.

TA Novos Baianos clássico, e eu tinha o quê? Uns 4, 5 anos, e lembro que todo dia, de manhã, meu pai colocava o disco no sítio e ficava ali com minha mãe. Tipo, os dois escutando o disco e namorando. Então, isso me marcou muito. E eu escutava aquilo e gostava, né? De escutar "Preta Pretinha". Então, é bem essa coisa que transcende...

E, de alguma maneira, você retribui isso colocando foto dos ídolos no encarte do disco. É isso? Tem um pouco essa coisa dos ídolos?

TA Foi. Exatamente, tem essa aí.

Tem até o Billy Corgan, dos Smashing Pumpkins ali.

TA Tem, tem o Billy Corgan. Vale um pouco de tudo. O Fernandão [Maranho], que é o guitarrista do Cérebro, é super fã dos Smashing Pumpkins. E é engraçado que ele é fã obcecado. Ele pegou uma garrafinha de água no show dos Smashing Pumpkins aqui no Hollywood Rock [que] ele guarda até hoje.

Está guardada até hoje? Boa.

TA Ele segurou, meu. Foi muito louco.

E me fala uma coisa: e o Jumbo Elektro? O Jumbo Elektro está congelado? Está parado? Terminou? Qual é a história?

TA O Jumbo é o seguinte: nós terminamos de gravar as músicas. Agora, estamos finalizando a mixagem do disco novo e o lançamento é previsto para abril de 2009.

A pergunta óbvia então: como funciona, para o artista, a separação de uma coisa para a outra na hora de compor? É, praticamente, a mesma banda, né?

TA Pois é. E o Jumbo nasceu do Cérebro. Então, foi natural. As músicas do Jumbo são [em] embromation. É uma coisa que eu sempre fiz. Eu sempre gostei de criar uma coisa assim, com palavras sem nexo. Tipo, com melodias mas com palavras em inglês, e isso...

O Sigur Rós pode, né? [Risos]

TA É, exatamente, mas aí, o Jumbo é bem claro. Então, quando eu crio uma música no violão já em embromation, então eu falo: "Esta aqui é para o Jumbo".

Entendi.

TA Ou, [se] a gente faz ensaio do Jumbo, vamos criar música para o Jumbo. E Cérebro, a mesma coisa. [Se] eu já tenho as músicas em português, eu falo: "Essa aqui vai para o Cérebro". E às vezes, tem música do Cérebro que é influenciada pelo Jumbo e vice-versa. É normal. A gente separa bem isso e acho que uma coisa ajuda a outra no fim de tudo, né?

Bom, a gente está quase finalizando. Eu queria fazer uma constatação: Tatá Aeroplano é um belíssimo nome artístico. Você tem consciência disso, né? Percebe a ressonância do nome ou não?

TA Pois é, e é graças ao Jefferson Airplane, né? [Massari ri] Me chamavam de Airplane na faculdade porque eu gostava de Jefferson Airplane. Aí, eu mesmo abrasileirei para Aeroplano.

FIREFRIEND

Entrevista com FireFriend em 7 de dezembro de 2008.

O FireFriend chegou através do Yury Hermuche [guitarra/vocal], que é um cara que conheço faz um tempo. O FireFriend representa um certo tipo de guitar band bem caprichada, com alto nível de produção. Apesar de integrarem uma cena de bandas mais ou menos similares, [eles] sempre me pareceram uma banda numa trip quase solitária, até por conta do capricho que o Yury tem com as produções, dos discos em vinil e tal. Uma banda interessante, e queria ter uma representante desse som guitarrístico-caprichado no programa.

Estamos recebendo nos estúdios diretamente de São Paulo... Vocês vieram a pé? É isso?
Julia Grassetti A pé. [Risos]
A pé para os estúdios do ETC, o pessoal do FireFriend. Bem-vindos!
Yury Hermuche Boa noite!
Pablo Oruê Boa noite!
Agradeço mais uma vez ao Safari nº 93. Já está ali, devidamente consumido. Vamos falar disso. É só um disco? É uma coisa maior, né? Tem um lance macrocósmico ali?
YH É, esse é um projeto que a gente vem trabalhando há quase quinze meses. Tomou muito tempo de estúdio, muito tempo de gravação. É um disco que a gente se dedicou muito e quis fazer quase tudo diferente e experimentar coisas novas. A gente nunca tinha lançado um vinil. A Julia insistiu que tinha que ser um vinil.
JG Que tinha que ser capa dupla.
YH Capa dupla. Gastamos uma nota.
JG Eu falei: "Se não for capa dupla, não quero nem fazer". [Risos]
Tem uma coisa ali de "sonhos eróticos com o vinil" no release. É isso?
YH Tem, tem, tem.
Não é um release. Eu não chamaria de release. É uma carta aberta ao consumidor, né? Qual é desse lance aí dos sonhos eróticos com o vinil?
YH Bem, a gente gosta muito de música, é viciado em música, cresceu ouvindo discos de vinil. E, na real, não tem nada mais sexy do que um vinil – você pegar um vinil, tirá-lo da capa, colocá-lo no toca-discos. Depois, você tem um momento íntimo com o seu disco, com a sua música – virar o lado A para o lado B, colocar a agulhar, ver a agulha deslizando. É uma forma romântica de falar, mas é uma forma legal porque, hoje em dia, é muito fácil todo mundo baixar MP3, ouvir, ali e aqui, qualquer tipo de som, mas o FireFriend gosta de pensar que as pessoas podem ter uma relação maior com a sua música. E eu acho que o vinil é uma boa metáfora para isso.
Eu falei do lance macrocósmico e vocês têm também uma atividade na internet. Tem o lance dos remixes e, no disco, vêm uns bônus e tal... Qual é a do projeto? O disco é uma peça desse quebra-cabeça doido?
YH É uma das plataformas. Porque o que a gente quer é que as pessoas entrem na nossa viagem e percebam as várias facetas. E nós achamos

que tem várias que podem ser visitadas. O disco, como você falou, tem vários anexos ali dentro. Tem um pôster, tem um desenho; o desenho leva para um site onde tem outros desenhos. A gente recomenda músicas de artistas brasileiros independentes que a gente adora também. Então, tem um macrocosmo aí.

E isso estava projetado desde o começo ou coisas foram acontecendo ao longo do processo? Dá para sentar e planejar essa maluquice toda?

YH Médio, médio. Médio porque a gente é uma banda independente sem grana e vai tentando descobrir alternativas. E vai quebrando muito a cara e errando pra caramba, e essas ideias vão surgindo. A gente vê muitos exemplos de outras bandas que admiramos, né? Então, vai tudo se compondo ali. E tem novas surpresas aí pela frente.

Eu queria que vocês falassem sobre os shows. E o FireFriend na estrada, fazendo shows? Como é que é essa parte do trabalho?

YH Olha, é demais. É sensacional. Em outubro agora, a gente rodou 4 mil km pelo interior de São Paulo. A gente fez nove shows, um mais diferente do que o outro, em locais completamente novos para a gente, com um público totalmente novo. E foi fantástico porque a gente aprendeu a se expor a um tipo de audiência que não tinha um único amigo e, na maioria dos casos, gente que nunca tinha ouvido falar do FireFriend. E foi surpreendente a resposta das pessoas porque a gente tem uma piada interna aqui que ninguém gosta de FireFriend e a gente tem pouquíssimos fãs.

JG 50 fãs exatamente, nem mais nem menos.

YH 50 fãs no mundo inteiro.

O legal é pelo mundo! Até eu conversei com você outro dia [Yury Hermuche], que eu estava vendo Serena Maneesh ou algo assim... Era o site de alguém esquisitíssimo – o MySpace de alguém – e vocês estavam lá! Daí, eu falei: "Pô, e tem a ver mesmo". [Risos] Eu estava pensando nisso. Então eles são uns dos fãs.

YH O MySpace é demais, né? Então, assim, essa coisa da turnê é sensacional. A gente vai fazer muitas vezes ainda. No ano que vem, a gente quer voltar para o mesmo circuito e expandir para outros.

Esse circuito é o tal do indie rock brasileiro, o rock independente? Como vocês se situam aí no meio? Você citou que ninguém gosta do FireFriend. Claro, é piada interna. Mas vocês se sentem parte dessa cena?

YH Não. A gente, na verdade, se sente – gostamos de falar e gostamos de nos sentir – meio fora de vários grupos. A gente não gosta de indie rock. Brasileiro, principalmente. [Risos]

Essa declaração vai persegui-lo, meu amigo. Pode esperar.

YH Pode perseguir. A gente não gosta de bandas que tenham uma ou duas referências apenas, como tem várias por aí.

JG A gente não gosta só de Sonic Youth.

YH A gente não gosta só de Sonic Youth e nem [só de] My Bloody Valentine, mas a verdade, como você bem sabe, é que, quando uma banda procura expor seu trabalho, ela prefere não cair dentro desses rótulos, porque os rótulos são totalmente limitantes. E eu, por exemplo, venho de uma cena em Brasília e de uma época em que as pessoas assistiam a shows de bandas – as mais diversas possíveis – e aprendiam e entendiam novidades que podiam dialogar com seu próprio trabalho. Esse é o espírito do FireFriend: misturar o máximo possível. Eu venho de um espírito que é mais do rock dos anos 60, 70 e 90. A Julia, até então, nem dava muita bola para o My Bloody. Agora, é viciada. [Risos]

Acontece.

YH O Pablo é o que tem o gosto mais diversificado entre todos nós. Então, assim, é difícil achar um rótulo que agrade todo mundo.

Rock brasileiro estava bom, né?

YH Está ótimo, está ótimo.

JG Quando perguntam qual é o estilo, é rock, rock'n'roll.

YH Rock brasileiro. Cantamos em português com o maior orgulho.

Isso chegou a ser uma questão?

YH Sim.

Porque o FireFriend, de alguma maneira, também tem cara de banda que pode acontecer lá fora, né? Por conta desse macrocósmico trabalho – internet, vinil, etc. Tem muito cara de que pode rolar lá fora. Em inglês, provavelmente ajudaria.

YH Tomara, tomara.

JG Já que aqui não rola, quem sabe, lá fora, né?

Aí tem que ser em inglês, né? Não tem jeito.

YH É, a gente mandou o disco para um amigo nosso da Holanda, que inclusive fez um dos remixes que a gente vai ouvir logo mais. E ele falou que adorou o som. Ele recomendou: "Façam versões em inglês". Uma hora, quem sabe.

Os remixes são bem legais também. Fala um pouquinho dos remixes. A gente vai ouvir um aqui para encerrar o programa, mas fala um pouco quem são as figuras que remixaram, qual é o lance.

YH Olha, uma brincadeira que a gente pensou com relação aos remixes é tentar apresentar o nosso disco com sabores diferentes. Ter outras leituras sobre a música do FireFriend. E a gente procurou referências mais variadas o possível e encontrou alguns caras muito doidos na internet que se dispuseram a fazer os remixes e o resultado foi... A gente realmente ficou muito contente. Acho que a gente vai fazer para sempre esse tipo de coisa. Tem o Daedelus, da Califórnia.

Legal demais.

YH Fez um som maluco demais.

É muito bom.

YH A gente conseguiu que o Stereolab fizesse também, e isso foi uma vitória muito grande. Mas dois dos caras que mais nos animaram foram o Retrigger, que é um cara de Belo Horizonte muito maluco, insano, que fez um remix maravilhoso, que está no site. E o Black Gold [360], da Holanda. O grande Simon Sixsmith fez um remix que a gente vai ouvir.

Tá certo. Bom, sorte para a banda. Caiam na estrada. Depois, venham visitar mais uma vez. Vamos encerrar com o que então? É o FireFriend remixado?

YH A gente vai ouvir [o remix] do Black Gold para "Roubando Carros", que é uma música do nosso disco.

É isso aí. FireFriend fechando o programa. Semana que vem, tem mais. Até.

VIOLETA DE OUTONO

Entrevista com Fabio Golfetti (Violeta de Outono) em 14 de dezembro de 2008.

Conheço o Fabio Golfetti desde os anos 80. Acompanhei o Violeta de Outono desde os primeiros movimentos, vi muitos shows da banda no Espaço Mambembe e ainda troco muita ideia com o Golfetti, pois continuo acompanhando as maluquices dele com a família Gong e com suas parcerias, além do próprio Violeta de Outono. É uma banda que tem seu público, tocam muito, tocam até hoje, mas é um verdadeiro dinossauro no bom sentido. São 30 anos de atividade! Muitos discos lançados e tem um som próprio, do tipo que você identifica rapidamente. Apesar de fazerem um rock psicodélico com cara de anos 70, tem também um frescor. O Golfetti é um grande guitarrista. Lembro que nos anos 80, na revista Bizz, o [Edgard] Scandurra sempre ganhava como melhor guitarrista, mas, de alguma maneira, o guitarrista dos guitarristas era o Golfetti. E ele tem uma missão. Seja com o Violeta ou com as outras famílias as quais ele pertence, é um cara que tem essa visão e vai atrás dela, estabelecendo seu público... Toda semana tem show do Violeta!

Taí. A gente acaba de conferir "Have a Cigar", do Pink Floyd, na versão incrível do Primus. Mr. Les Claypool destruindo o baixo. É uma homenagem, de alguma maneira, ao meu convidado, Fabio Golfetti, representando o Violeta de Outono.
Fabio Golfetti Fala, Fabionis!
Bom, no começo do programa, eu fiz aquela introdução Roberto Carlos: "O meu amigo Fabio Golfetti...". É um grande prazer recebê-lo. Quero partilhar daquelas histórias boas aqui com os ouvintes do ETC. Aquela do Uri Geller por exemplo.
FG Mmm. [Golfetti ri]
Eu conto para as pessoas essa história do Uri Geller, mas é uma coisa de geração, né? Pouca gente lembra do Uri Geller.
FG Quem é Uri Geller?
Esse que é o problema, cara.
FG O pessoal só lembra dos relógios e das colherzinhas, mas ele está aí, no filme *Matrix*.
Ele está no Matrix? Uri Geller?
FG Quer dizer, ele não está no *Matrix*, mas aquela cena da colher sendo entortada, ele que fez.
Ah, ele que fez?
FG Eu não sei. Me falaram que ali era uma cena real dele, mas eu não sei se tem um efeito ali. Mas ele estava ali. [Golfetti ri]
Eu tento contar para as pessoas, mas a ressonância vai diminuindo com o tempo. Os caras [perguntam]: "Uri Geller? Você está louco?"
FG Quem é?
Eu falo: "Pô, Uri Geller. Como você não lembra do Uri Geller?". Enfim, estamos aqui com Fabio Golfetti, [do] Violeta de Outono. Mister, Violeta de Outono – quantos anos de estrada?
FG Olha, desde 1984. Então, são 25 agora no ano que vem – 25 anos.
Bodas...
FG Bodas de prata. É isso aí.
Tem comemoração preparada para esses 25 anos?
FG Então, eu acho assim: a gente fez um disco agora em 2007 – quer dizer, já tem quase um ano –, que foi um disco que a gente gostou muito. Foi um disco que a gente sempre quis fazer e a gente conseguiu realizar esse disco. E não tocamos o disco muito. Tocamos assim,

em alguns lugares. 2008 foi um ano mais de preparar material. Então agora, 2009, a gente está voltando para essa estrada de fazer shows. Já temos alguns programados aí no começo do ano.

A impressão que dá é que, de alguma maneira, vocês estão sempre tocando... Ainda que não seja aquela coisa [de] 200 shows por ano, mas estão sempre se apresentando, né?

FG Sempre. É porque o Violeta é um tipo de banda que também não dá para se apresentar muito porque a estrutura é pequena. Então, só se a gente puder fazer turnê por outras cidades, outros lugares. Então, pelo porte da banda, a gente acaba não saindo tanto daqui da região Sudeste: São Paulo, Rio, a região de Belo Horizonte [e] um pouco do interior. A banda toca, mas toca mais no underground. No alternativo. E em São Paulo, pelo menos umas três, quatro vezes por ano, a gente acaba tocando em algum lugar mais vistoso. Por exemplo, esse ano a gente fez no Auditório Ibirapuera, que foi um show importante para a gente. Conseguimos trazer dois convidados que, na verdade, eram nossos ídolos, que é o Manito e o Peticov. Peticov fez umas projeções para a gente, com as bolhas, tal. Então, deu para realizar um sonho de estar com esses caras.

E o público desses shows? Como é o público do Violeta hoje em dia? Dá para sacar ali o pai levando o filho?

FG Ah, tem. Isso tem. O pai levando o filho de 12, 13 anos que está começando a tocar guitarra. O cara que curtiu o Violeta 20 anos atrás, hoje tem filho nessa idade. Então, tem essa galera. Tem uma galera que se liga pelo fato de a gente sempre falar em psicodelia e não sei o que, e a psicodelia sempre pega o pessoal mais novo que quer conhecer coisas diferentes da vida.

E, curiosamente, você é um cara que não fica distante do termo "psicodélico". Você gosta disso, né?

FG Eu gosto.

Tem muita gente que fala: "Não, eu não faço rock psicodélico. Não, não é isso, não é aquilo...". Para você, isso é importante, né?

FG Para mim, a psicodelia é... Não precisa falar exatamente na palavra do uso dos químicos e tal, mas é a seguinte: é uma filosofia de pen-

samento e de expansão, de abrir a mente. Então, desde o começo dos anos 60 – assim, no meio dos anos 60 até os anos 70 – a coisa foi indo para vários caminhos e ramificou em tudo isso que a gente gosta de ouvir. Eu acho que até hoje, desde que eu tive esse clique de me ligar nessas coisas, eu acho que não mudou nada. Para mim, ficou. Parei aí.
Mas, no caso do Violeta tem também o psicodélico/progressivo. Tem o lance com o rock progressivo também...

FG É, eu não gosto muito de falar do progressivo, mas é, assim... É o pré-progressivo, vamos dizer. Antes. [Risos]

É porque tem a percepção das pessoas de que progressivo é só Emerson, Lake & Palmer, a coisa sinfônica, meio chata.

FG Na verdade, se você pegar o comecinho do Emerson, Lake & Palmer – assim, 71, 72 –, os caras eram animais. Os caras destruíam, davam facada no órgão, e chutavam... [Massari ri] Era uma coisa mais punk do que progressiva. Só que os caras eram músicos muito virtuosos. Então, ficou. O que aconteceu foi que essas bandas ganharam muita grana, e isso ficou um pouco ostensivo para todo mundo.

E daí entram as egotrips.

FG É, exatamente. O piano virando... O primeiro show do Emerson, os caras não atiraram duas balas? Dois tiros de canhão na Ilha de Wight?

É verdade, é verdade. Historinhas de Mr. Fabio Golfetti – vamos ouvir mais dessas histórias? [Golfetti ri] Vamos fazer o seguinte: a gente vai encerrar o programa com o Violeta logo mais. Agora, a gente vai ouvir duas da sua escolha. O que a gente vai ouvir?

FG Então a gente vai ouvir, primeiro, uma gravação rara do Kevin Ayers, que foi um dos fundadores do Soft Machine. Nessa gravação, tem uma participação do Syd Barrett, que o Kevin era um fã do Barrett, e o cara estava no estúdio gravando *[The] Madcap Laughs*, aquele primeiro disco. Classicão.

FG E aí, o Kevin convidou o Syd para participar. Só que eles rejeitaram a faixa porque acharam que era muito psicodélica a guitarra dele.

E o Barrett já estava devidamente frito... Já tinha tomado suco de laranja batizado, aquelas coisas...

FG Enriquecido.

Enriquecido, é. O Kevin Ayers está vivo ainda?
FG Está. Kevin continua. Ele produziu... Ah, tem até um disquinho aqui. Eu trouxe um disco que ele acabou de lançar, que foi produzido, na verdade, por Phil Manzanera. Um disco bem legal. Assim, retoma um pouco desse começo psicodélico dele, de 69.
De onde é essa música com Syd Barrett? É de um disco dele? É isso?
FG Não, essa música se chamava "Religious Experience". O nome original. Depois, ela saiu num compacto chamado "Singing a Song in the Morning".
Isso. Está aqui como subtítulo.
FG É assim: eles acharam esse acetato e colocaram como bônus nesse CDzinho.
E você ouve aqui no ETC, é claro. E, antes, a gente começa com... Essa é boa, hein?
FG Ah, sim. Esse daqui é um psicodélico moderno, que é o Porcupine Tree. Na verdade, o Porcupine Tree é um cara chamado Steven Wilson. O Porcupine está para o Pink Floyd como o Ozric Tentacles está para o Gong, vamos dizer assim. É uma viagem meio assim: uma banda nos anos 90 pegando os espíritos dessas bandas antigas.
Quem tem habilidade com o instrumento tem um lance com o Porcupine Tree, né? Eles são habilidosos. São meio nerd, mas um nerd legal. É isso?
FG Eu acho assim: o pessoal que gosta de rock progressivo gosta do Porcupine. Só que o Porcupine tem uma coisa engraçada. Eles não deixam, por exemplo, em contrato, que se divulgue como rock progressivo.
É mesmo?
FG Tem que ser rock psicodélico. Eles proíbem o termo "progressivo". Está na lista de contrato, porque eles não são uma banda de progressivo. Inclusive, o tecladista é tecladista daquela banda, o Japan.
Richard Barbieri.
FG Richard Barbieri.
Figuraça. É isso aí, seu Fabio Golfetti. Vamos fazer o seguinte. Vamos consumir um pouco de música. E a gente já volta para conversar.

[Pausa]

A gente ouviu Mr. Syd Barrett acompanhando Kevin Ayers, e começamos a balada de Mr. Fabio Golfetti com o Porcupine Tree. *Vamos falar mais de Violeta de Outono, Mr. Fabio Golfetti. Me fala desses relançamentos lindinhos, que eu tenho aqui, dos clássicos – Brazilian psychedelic prog rock classic. Diz aí!*

FG Isso daí é o seguinte. Esses discos foram aqueles discos clássicos, vamos dizer. Clássicos agora. Esse aqui, principalmente: foi o primeiro disco que o Violeta lançou pela BMG. Pela RCA na época. Ainda nem BMG era.

É verdade.

FG E esses discos foram relançados em CD. Acho que em 95 se não me engano. Eles foram compilados dois em um. Aí, vendeu, tal. Foi interessante.

Um parêntese: a obra é sua? Os discos do Violeta são seus?

FG Então, é uma história maluca. A BMG Ariola, quando estava mudando o estoque para o Rio, me deu um clique. Falei: "Puta! E as masters do Violeta? Onde estão aquelas matrizes? Aquelas fitas bonitas de 24 canais?", né? "Ampex, tudo legal. Onde foi parar isso? Ah, deve estar guardada, né?" Aí, liguei lá para saber. Aí, o pessoal me informou: "As fitas estão aqui. Olha, está na estante 32, 39…" [Risos] Aí, beleza.

Você foi lá com sua mochila [e] pegou.

FG Falei: "Me empresta aí!". Não, brincadeira. Aí, eu escrevi para a BMG. Solicitei ao departamento jurídico que eu queria saber se eles poderiam ceder essas fitas porque eles não tinham mais interesse em lançar o disco.

Entendi.

FG Assim, não é que não tinham interesse. Já tinha vendido e vi que eles não prensaram mais. Ficou por isso mesmo. Eu falei: "Olha, vocês não podem me ceder? Eu quero fazer uma tiragem limitada desses discos, fazer uma remixagem". Na verdade, eu falei em remix, mas [era] remaster. Mas aí, eu falei: "Me dá as fitas de 24 canais. Não quero master mixado. Eu quero rever a mixagem". Eles não entenderam direito o que significa remixar. Falaram: "Ah, tá". O fato foi que eles me liberaram as fitas. Eu peguei as fitas antes que elas estragassem no transporte até o Rio de Janeiro embaixo duma fornalha dum caminhão quente.

Claro.

FG Porque isso estava guardado num superestúdio aclimatizado, tudo legal. Então, eu fui lá [e] consegui pegar as fitas. Aí, fiz uma transcrição

para um digital no melhor padrão possível. E fiquei com as matrizes para fazer esses lançamentos. Aí, o que aconteceu? Eu fiz uma tiragem limitada. Eu não fiz isso no Brasil. Apesar de ser da Voiceprint, foi prensado na Inglaterra mais por uma questão de direitos autorais [e] de editoras.
Entendi.
FG Então, a gente acabou optando em fazer por lá. Agora, o fato mais interessante é que na fita tinha uma porrada de músicas que a gente deixou para trás. Porque a gente ficou lá no estúdio um mês, gravando, e a banda, na época, estava bem produtiva. A gente tocava, fazia jams e registrou isso nas fitas. Então, eu coloquei quatro músicas a mais nesse CD, que eram inéditas. Inclusive, uma dos [Rolling] Stones que estava lá.
Quantos discos lançados? São sete discos? É isso? O Volume 7 marca o sétimo disco?
FG O *Volume 7* é o sétimo de estúdio na ordem. Na ordem, é o sétimo de estúdio. Aí, tem dois ao vivo e um DVD – um DVD gravado com uma orquestra uns 2, 3 anos atrás. É um Violeta revisitado, assim.
Você continua com participações e tocando com um monte de gente?
FG É, é aquela história. É uma banda que não tem compromisso, vamos dizer, comercial. Estético, até tem pelo fato de manter a linha da psicodelia, desse pré-progressivo.
Claro.
FG Mas a gente não tem compromisso. Então, a gente toca. Tenta procurar as melhores opções para poder tocar, e sempre dentro do que a gente gosta.
E é uma banda dos anos 80, mas que não cai naquela balada quase armadilha de revival dos 80, né?
FG Ah, não. Isso, não.
"Que bom! Os 80 voltaram.", né?
FG Ufa! Ainda bem que os 80 passaram. Eu acho assim: os anos 80 produziram excelentes grupos. Assim, os caras dos anos 80 tem mais ou menos a minha idade, que eram caras que ouviam o que eu ouço...
É que eu estou pensando mais nos seus contemporâneos mesmo, nos brasileiros...
FG Ah, você diz os brasileiros?
É. Tem vários que estão aí, mas também um pouco se alimentam...
FG Do passado.
Daquele passado, enfim. E o Violeta, não. O Violeta está numa trip totalmente pessoal, né?

FG Exatamente. Esses discos aqui marcam nossa trajetória, mas, por exemplo, quando eu comparo o que a gente fez hoje com aquilo lá, para mim, isso aqui é o jardim da infância. Assim, é a Disneylândia.

Isso aqui que ele está falando, ele está apontando para os primeiros discos, que são os clássicos, né?

FG Tudo bem. É aquela história. É o clássico porque foi como a gente acabou aparecendo para as pessoas. Eu até gosto das músicas. As composições eram boas, mas a gente tinha uma inocência, assim, de produção, de tudo. Então, para mim, não vou dizer que o último disco é muito melhor que o primeiro ou vice-versa.

A gente vai ouvir uma do Volume 7. Fala um pouquinho desse disco. Quer dizer, desde a referência da capa...

FG Ao Soft Machine. Essa referência é uma coisa que a gente sempre colocou como uma ideia, uma coisa que a gente gosta. A gente gosta desse espírito de música produzida por esses caras. Então, nesse disco aí, não lembro por que a capa apontou para esse caminho de misturar os três Soft Machine. A cor do Soft 3, a foto do Soft 1, e o 7 do 7... Do 4. Mas foi uma brincadeira, né?

Certo.

FG Mas, assim, isso daí não é uma coisa que defina. Inclusive, não define tanto o som porque o som desse *Volume 7* está apontando mais para uma linha do Caravan, Camel... Que é um progressivo, mas que não é bem progressivo. Tem um pouco de até um toque jazzístico.

É isso, exatamente.

FG Meio leve e tal. Eu acho que o Violeta de Outono é um paralelo muito próximo ao som do Caravan. É tipo uma alma gêmea de som, só que em épocas diferentes. Então, por isso que eu acho que veio a ideia do Soft. E esse disco aconteceu assim: a banda estava ensaiando, já tocando com essa formação nova – nova desde 2005 –, junto com Gabriel, que entrou para o baixo no lugar do Angelo, e Fernando, que veio tocar teclados. Na verdade, ele toca Hammond e piano, que é o que a gente se focou no som. E aí, a gente falou: "Bom, estamos com umas músicas legais. Já estamos ensaiando bastante [e] as músicas estão prontas. Então, vamos fazer como antigamente. Vamos para um estúdio, um puta estúdio, o melhor que a gente puder, e vamos tocar ao vivo, gravar – gravar como sempre se gravou. Pôr '1, 2, 3, 4…', todo mundo sai tocando. Beleza. É isso aí, está gravado. Grava voz, faz um overdub básico: voz [e] um detalhezinho".

Legal.

FG E aí a gente foi para o Mosh, que é esse estúdio que permite fazer isso ainda aqui em São Paulo, no Brasil. Que é um estúdio que tem equipamento vintage.

Mitológico.

FG É, e aí rolou e saiu.

Para finalizar, e a guitarra? Estamos aqui de frente de um dos grandes guitarristas do rock brasileiro. [Golfetti ri acanhado] Continuas pirando no instrumento?

FG Sempre.

Qual é sua relação com a guitarra?

FG Eu curto, eu curto. A minha última viagem agora – minha última trip – é pegar esses pedaizinhos velhos que estão sendo relançados. [Golfetti ri] Eu tinha alguns originais, mas hoje aconteceu o seguinte: os originais eram legais, [mas] as pessoas evoluem. Pegam a réplica e tentam melhorar para o de hoje. Então, eu estou remontando minha pedaleirinha baseada nos velhos Fuzz Faces, Cry Babies e coisas do tipo.

É isso aí. Cara, precisamos de outro programa para conversar mais. Infelizmente, a gente vai…

FG Pô, é sempre um prazer estar aqui, Fabião.

Vamos encerrar aqui, mas já estás intimado a voltar ao programa.

FG Com todo prazer.

A gente vai ouvir "Além do Sol", que é a faixa que abre o Violeta de Outono – Volume 7.

FG É o carro-chefe.

O carro-chefe – música de trabalho do Violeta de Outono. Mr. Fabio Golfetti, muchas gracias, hein? Depois, falamos mais.

FG Muito bem, obrigado.

HOLGER

Entrevista com Pedro the Pepe e Bernardo Rolla (Holger) em 21 de dezembro de 2008.

O Holger faz parte da primeira leva de entrevistas do programa, aquelas sete entrevistas com bandas brasileiras. O Holger está nesse pacote. De alguma maneira, o Holger representa o espírito do começo do milênio, no qual o *status* precede a banda. Uma nova maneira do *hype* trabalhar ou algo do gênero. Um filme parecido com esse, mas com outra estética, é o que aconteceu com os Raimundos na época em que eles surgiram: as pessoas já tinham ouvido falar, já sabiam como era o som, mas pouca gente tinha de fato conferido a banda. Mas era um período pré-Internet, as coisas eram diferentes... O Holger tem um pouco dessa aura da banda que surge com o *status* e o *hype* um pouco na frente da banda. No caso do Holger, isso acabou dando certo, funcionou de modo positivo.

Holger, bem-vindos ao programa.

Pedro, the Pepe Obrigado.

Quero saber o seguinte. Estamos num programa de rádio. Vocês curtem? Já curtiram? Qual é a relação de vocês com o rádio? O rádio – o bom e velho. O radinho de pilha, por exemplo, vocês curtiram em algum momento ou já começaram pela internet?

Bernardo Rolla Na verdade, não. No comecinho, assim, quando eu era bem moleque – devia ter lá meus 12 anos, ainda não era a época do MP3 – eu ouvia rádio, cara. As rádios rock clássicas que não existem hoje em dia. Pois é, pois é.

BR Mas ouvia, sim, bastante.

Vocês são uma banda jovem. Então, internet é um lance mais importante para vocês na temática?

BR Cara, é.

PP Eu acho que sim. Acho que, basicamente, só internet que a gente usa como ferramenta hoje em dia para procurar música e trocar música.

Entendi. Então, eu queria saber um pouco mais sobre isso. Como vocês consomem música no dia a dia? Assim, consomem vinil ainda ou só internet mesmo?

BR Eu diria que é assim: a música, para todos, tem um fator muito importante na vida. Por exemplo, eu e o Pedro – a gente trabalha com isso, inclusive, e a gente consome de todas as formas possíveis. Primeiro, claro, você passa pelo filtro da internet, que você recebe um monte de coisa e pega um monte de coisa. E uma parte você gosta e uma parte você gosta muito. Aí, quando você pega a que você gosta muito, você vai lá e compra o CDzinho, compra o vinil. Vai comprando, cara. Quando der, quando achar, né?

PP É, esse lance do vinil é engraçado. Acho que ultimamente a banda inteira tem se interessado bastante. Tem até um integrante, o Arthur, que está trocando [a coleção] de CD para o vinil. [Risos]

Fazendo o caminho inverso, né?

BR Exatamente.

PP Até sobra uns baratos para a gente comprar dele de vez em quando...

Ah, legal.

PP Mas todo mundo curte vinil. Acho que é uma coisa que está voltando aos poucos, né? Esse prazer de comprar vinil, de ter vinil.

E para a banda, na hora de produzir, de criar, esse lance dos formatos... Isso faz alguma diferença? A gente vive em tempos de música de graça. Você pode fazer uma ou duas. Na hora de criar, isso muda para o artista ou não?

BR Ah, eu diria que não, cara.

PP Acho que não também. Acho que a gente não se preocupa muito com o formato que a gente vai lançar. Pelo menos, não na parte de criação da música em si. Hoje em dia, a gente acaba mesmo que soltando tudo na internet, né? A princípio. Depois acaba pensando em formato.

BR Quem gostar, compra. A gente parte do princípio que a gente usa para as outras bandas. Se eu gosto de uma banda, eu compro o disco – compro o vinil, o que tiver.

Vocês lançaram um disquinho físico?

BR Então, a gente ainda não lançou, mas vai lançar o vinil. A gente vai lançar a bolacha.

PP É exatamente isso, né? A gente fez o disco. A gente acabou lançando na internet primeiro e aí surgiu a oportunidade de lançar em vinil. Nós gostamos. E agora a gente vai prensar em vinil. Talvez em CD também, né?

BR Talvez, quem sabe...

PP Quem sabe...

Vamos falar de estar na estrada. Como é que é, para vocês, show ao vivo? Essa dimensão aí é importante? É legal?

PP Bom, eu acho que o show é o carro-chefe da banda.

BR É.

PP É o que a gente mais gosta de fazer. E a gente passou por uma experiência legal, que a gente fez uma turnê no interior de São Paulo naquele esquema – todo mundo no mesmo carro sem tomar banho.

"Get in the van!" [Risos]

BR É por aí. A única diferença é que não era uma van.

PP Não tinha onde dormir.

Tinha outras bandas partilhando dessa balada?

BR Tinha, tinha.

PP A gente fez com...

BR Uma banda americana chamada Attractive and Popular. E o Debate, nessa formação nova deles, também estava lá. Foi bem legal, cara. Pô, é incrível. É assim: a gente tem o lance que a gente é bem amigo há muito tempo. Então, sair em turnê é como ficar 24 horas com os melhores amigos. Então, para a gente, é do caralho.

E como vocês se situam nessa cena independente brasileira? Vocês consomem essas bandas também? O underground brasileiro ou algo parecido?

PP Bastante na verdade, né? Talvez, nós dois, porque a gente trabalha com isso até.

Fala um pouco também do trabalho. O que vocês fazem?

PP Bom, eu trabalho na Trama Virtual. Então, trabalho exatamente com música independente.

Legal.

PP E é bacana, porque eu acabo indo em bastante festival. Então, conheço bastante coisa, e eu me interesso bastante. Na verdade, não conhecia antes de trabalhar lá. Tinha aquele certo preconceito. Esses garotos que só consomem músicas dos Estados Unidos, da Europa. [Risos] Mas eu acabei descobrindo muita banda boa e eu gosto.

E tem, né?

BR Tem, tem muita banda boa. Eu trabalho na Amplitude e Tronco. A gente está fazendo esse lance do interior, que está rolando. E a gente trabalha também com isso, né? A gente está assim: a gente procura trazer umas bandas de fora, mais desconhecidas, mas também, na grande parte, são bandas nacionais...

Fica mais fácil, digamos assim, para você planejar a carreira da banda? Você tem essa visão meio até pragmática das coisas, até por conhecer, saber o que fazer, o que não fazer?

BR É mais fácil, fica [mais fácil]. Mas não quer dizer nada. Mais fácil, fica, até porque a gente sabe como marcar show – o jeito, como tem que chegar, como o som rola, que vai ter problema. Acontece problema, não tem jeito. Passar por perrengues e superá-los, acontece.

E o hype? E o lado mais filosófico da coisa? Com o Holger acontece, de alguma maneira, um pouco disso. Quer dizer, é uma banda que talvez seja até mais citada do que as pessoas tenham, de fato, ouvido.

BR Ahn-han.

Fala-se da banda: "Promessa para o futuro". Como vocês lidam com isso?
PP Cara, na verdade, eu não vejo muito problema. Tem muita gente que tem grandes problemas com isso, né? "Ah, não. Não quero que minha banda..." Na verdade, assim, estão falando da nossa banda. O público vai conhecer a gente através disso, desse tipo de ação.
BR É, se dez escutarem, um vai gostar e acabou, cara. Está feito.
PP Eu acho que é assim que se forma público. Se dez pessoas abrem o jornal e leem sobre a gente, pelo menos uma vai gostar, eu acho. Então assim, aos poucos...
BR E passa para o próximo, e passa, e vai.
E a carreira na gringa? Estão pensando nisso? Tem um repertório? É todo em inglês?
BR É tudo inglês. É assim: a gente está começando a pensar nisso. Na verdade, a gente vai para o South by Southwest agora, em março. Tudo dando certo, a gente vai conseguir tirar os vistos.
PP Se a gente conseguir os vistos.
BR A gente vai para lá, tocar e ver como é. E vamos ver, cara. Não dá para esperar muita coisa.
PP É uma grande vontade de todo mundo da banda conseguir tocar lá fora; mas também não é a prioridade.
BR É, a gente quer, a princípio, fazer um outro disco agora – fazer outro EP.
Essa seria a prioridade então – mais trabalhar, e disquinho e tocar aqui?
BR É, tocar aqui no Brasil, fazer festival, tocar no interior, tocar nas capitais e gravar um EP novo; Até porque, cara, a gente vai acabar tendo pouco material para ir para fora, sabe? A gente tem o EP e acabou. Com cinco músicas, seis músicas, não faz o verão.

MAMELO SOUND SYSTEM

Entrevista com Mamelo Sound System em 4 de janeiro de 2009.

O Rodrigo Brandão é truta de longuíssima data, desde a época dos trampos na MTV até as correrias como vizinho mesmo. Sempre fui muito fã do Mamelo, sou fã da Lurdez, acho que desde o começo eles forjaram um caminho muito interessante no universo do rap, que às vezes permite pouco essa maleabilidade estética e sonora. E eles conseguiram se impor nessa cena, fazendo um som que trabalha outros tipos de referências, pois é um rap que serve também à galera do rock. Tanto é verdade, que uma das últimas grandes apresentações que vi do grupo foi no Milo [Garage], tocando para uma galera que consumia os shows de orientação mais rock ou indie. O rap que eles fazem é muito interessante. Sempre fui muito fã da dupla, do Rodrigo e da Lurdez, e claro que eles tinham que participar do programa. E também porque o Rodrigo é um sujeito muito interessante para trocar uma ideia. Ele forjou um linguajar todo particular, são quase *riffs* poéticos nas respostas. Camarada, tinha que estar presente.

E os nossos convidados já estão aqui – Lurdez da Luz e Rodrigo Brandão representando o Mamelo Sound System.

Rodrigo Brandão Salve, salve! [Massari ri] Maior honra estar aqui falando, né? Que não é escrevendo, mas é vivendo mais um capítulo da parada toda contigo.

É isso aí, seu Rodrigo. Grande presença. Gratíssimo pela presença, Lurdez.

Lurdez da Luz Valeu muito.

Massa. Vocês estavam viajando? Viajando a trabalho ou vocês estavam viajando de férias?

RB Não, a gente está sempre viajando nas ideias, você tá ligado.

LL Isso é fato. [Massari ri]

RB Mas, não. Rolou uma parada que a gente fez o estilo mendigo rei. Rolou uma brecha para a gente tocar em Barcelona num festival bem legal, chamado BrasilNoar. Pegada anarquista, [porque] lá em Barcelona tem muito aquele negócio do Okupa y Resiste. O espírito do festival tem um pouco a ver com isso. E aí, aquela coisa: rolou convite, mas o esquema de passagem tinha a ver com o MinC. [E] tudo que é governo é tipo aos 49 do 3º tempo.

Do 3º tempo...

RB [Por isso] ficou difícil de marcar outros shows, porque tinha que ter confirmado a passagem. Aí, na hora em que a gente viu, [a gente] falou: "Vai rolar, mas não vai dar tempo de correr para conseguir fazer microtour ou qualquer coisa desse tipo". [A gente] falou: "Ah, vamos fazer então tipo um estilo vagabundo. Vamos aproveitar mais uns dias e dar um rolê naquela city", que a gente nunca tinha ido. Mano, que lugar louco, né?

Mas chegaram a tocar? Fizeram uma apresentação?

RB Fizemos um show. Chegamos e fizemos um show. Meu, teve a maior galera. Foi no maior "salaozão" classe: a Sala Apolo. A programação musical era uma noite só.

Legal.

RB E aí teve a gente, Mundo Livre S/A, a dona Cila do Coco, Andreia Dias, da DonaZica, estava na parada... A maior rapaziada.

Foi o primeiro rolê na gringa de vocês?

RB Não, foi o segundo. Uma vez a gente foi, em 2006, para uma balada pré-Copa. A gente se lançou de ir para Berlim, na Alemanha, que também foi classe A. Mas essa parada [de Barcelona] foi mais louca, porque catalão é uma raça muito classe, né?

E eles gostam muito de rap e hip-hop e derivados, né? Tem esse apego? Deu para sentir isso ou não?

LL Eu achei que a galera lá não é tão ligada exatamente a hip-hop. O que eu ouvi é que iam ter vários shows na cidade, mais ligados à música eletrônica, [mas] que tem a ver com hip-hop. Então a gente viu até o Kentaro, que é um DJ que ganhou o DMC internacional lá, pá-pá-pá.

RB Da Ninja Tune.

LL É, o cara é muito cabuloso. Começou até com hip-hop, mas lá tudo sempre vai para esse lado aí.

RB Mais eletronicão.

LL Do eletrônico que é muito louco.

RB É o roots da Europa, né?

LL É, exatamente. É a raiz dos caras mesmos. E parada de ragga e essas coisas mais... É isso que eu achei que pegava lá mais até do que a parada que a gente faz mesmo, sabe? Mas, o festival estava bem dividido entre brasileiros e não brasileiros – gente do mundo inteiro que tem naquela cidade o tempo todo. Eu acho que pegaram muito bem [com o nosso som].

RB É, a resposta foi doideira. Nego dançando...

LL E o pessoal da imprensa também. Quem faz as revistinhas de cultura urbana e não sei o que, já estavam ligados na gente.

RB Aquelas [revistas] que são de graça, sabe?

Claro.

LL Então tem umas paradas acontecendo lá. Mas não vi uma cena de hip-hop forte, não.

RB Mas tem, né? A gente ouve falar.

LL Deve ter.

RB A gente não teve contato com, tipo, Mucho Muchacho, Mala Rodríguez [e] tal.

[Mucho Muchacho]que era do 7 Notas 7 Colores?

RB É, ...7 Colores. A gente sabe que os caras rolam, mas...

LL Eles têm até a ver com a gente um pouco, de ser uma parada diferenciada do rap mais tradicional também, né?

Pois é, esse ponto é importante. Que tipo de rap vocês fazem? Onde vocês se situam no rap brasileiro? Como vocês são encarados ou como vocês se encaram aí no meio?

RB Cara, eu acho que a gente é considerado ET no bagulho mesmo. O rap tem uma parada que a gente pira: é a coisa da expressão, de você usar o ritmo e a poesia para poder vomitar sua alma, tá ligado? Mas, fora isso, a coisa do clichê nunca foi natural para a gente, sabe? Tipo, a coisa do jeito de se vestir, o tipo de gíria, acompanhar a moda do negócio, o tipo de produção – isso aí nunca fez muito sentido. E, por conta de tudo isso, fica um troço mais excluído entre os excluídos, mas, ao mesmo tempo, acaba pegando público de outros lados, que não é o público padrão.

Pois é, exatamente. Vocês circulam por festivais. Enfim, já vi vocês tocando em clubes mais de rock. Quer dizer, se é ET em um lado, facilita por outro. É mais ou menos isso?

RB Total, é isso. O público da gente não é público de rap, é quem gosta de som legal e que tem uma certa conexão com a rua. Porque eu acho que tem gente que pode gostar de muita coisa que a gente curte. Tipo, jazz, Coltrane, toda essa coisa que já é considerada clássica e que a gente chora escutando, mas que, se não tiver conexão com a rua, não vai conseguir se identificar com o que a gente faz. Acho que quem anda na rua, trinca.

É isso aí. Vamos trincar então com dois sons escolhidos pelos convidados. A gente vai fazer o seguinte: a gente vai começar com uma de vocês e, na sequência, uma predileta ou algo que vocês têm consumido bastante. Então, a segunda vai ser Mike Ladd. É isso?

RB É isso.

Tem historinha para contar do homem?

RB Ah, cara, foi uma experiência das mais loucas de 2008. Diz aí!

LL Acho que foi a melhor experiência sonora que a gente passou. Mike Ladd e também os caras do SP Underground. Junto.

RB Que é [com] o Mauricio Takara e o Guilherme, do Hurtmold.

LL Então, a banda dos sonhos foi montada nesse momento.

RB É, a gente fez um show em colaboração. Todo mundo junto, e foi aquelas coisas. No primeiro dia, já tinha quase tudo.

LL A gente [falou]: "Vamos cantar duas".

RB É, quando viu, tinha cinco sons. Foi demais. Encontrar um cara que foi influência para a gente e que também é um cara que se situa nessa história. Mais do que um rapper, ele é um MC, um poeta com uma visão afro-punk do negócio.

LL E o jeito de ele compor também é muito louco. Ele trouxe só o samplerzinho dele, mas ele interagiu com os caras, ali, de uma maneira orgânica.

RB Tipo, usar instrumento orgânico com coisa programada e eletrônica diz muito para a gente.

LL Nossa...

RB Acho que tem muito a ver porque a gente tem formação de banda, né?

Legal demais. E aí a gente começa com uma de vocês. É uma meio exclusiva? "Guerra Aqui" – qual que é desse som?

RB Como você já tem uma tradição de lado B... [Massari ri] Aí falei: "Ah, vamos levar uma parada que não é o que se toca normalmente. Não vamos levar a música do clipe..."

Música de trabalho.

RB Aí, a gente tem duas faixas que só saíram em disco lá fora. Essa é uma delas, que é com o Wax Poetic. Chama "Guerra Aqui" e tem participação especial do Funk Buia, do Záfrica Brasil.

É isso aí. Daqui a pouquinho a gente conversa mais. Tem Mike Ladd, mas a gente começa com os próprios. "Guerra Aqui", Mamelo Sound System.

[Pausa]

E quero saber uma coisa. A gente falou bastante em samba aqui antes de começar o programa e, enfim, o samba apareceu na vida de vocês depois de um tempo? Já está na história do Mamelo desde o começo? A minha impressão é de que foi entrando aos poucos. É isso?

RB Essa é uma coisa que é natural para a gente, tanto para mim quanto para Lurdez: nunca encontrar uma coisa agora e já sair processando influência daquilo. Acho que isso é um bagulho muito de hoje em dia, que é uma das coisas que se perde na era da tecnologia. É a profundidade, é a coisa do processo, de você maturar as paradas. Então, na verdade, eu comecei essa história de pesquisar música brasileira com a "fita" de montar minha coleção de Jorge Ben, lá em 95, 96. E aí, as coisas foram naturalmente. A gente foi pesquisando e escutando. Conhecendo. Foi um lado que foi indo lentamente desde a metade dos anos 90. Mas, a partir do comecinho desta década, a coisa do contato com a parada africana, com o bagulho do batuque mesmo, foi algo que bateu muito para a gente, e acho que é mais o samba nesse sentido. Da sambada, tá ligado? Mais da manifestação afro-brasileira do que pandeiro e escola de samba, tá ligado?

Pois é, coisa para turista, né?

RB É, um negócio mais África-Brasil do que Brasil-Brasil.

Saquei, saquei. Legal demais.

RB Mas, com certeza, foi um troço que foi crescendo mais, sim, e sendo mais parte da vida.

Você falou em processar as influências. E coisas não musicais? Quando você ouve as letras, tem um pouco de tudo, cinema e tal. Queria saber como vocês trabalham e, principalmente, a parceria dos dois. Como vocês trabalham o processo aí? O tal do processo de criação. [Brandão ri]

LL Nossa, a gente até combina de ver tal filme junto...

RB A gente é nerd.

LL Escutar tal vinil que Rodrigo acabou de pegar. Então vamos marcar de ir, sentar, fazer aquela cremadinha e... [Brandão e Massari riem]

Cremogema?

RB É.

Claro, claro.

LL Comer alguma coisa, lógico. [Risos]

E vocês trampam muito juntos? Isso quer dizer ensaio ou também só conversar e...

LL A gente continua ensaiando. Hoje mesmo a gente foi ensaiar para este show de hoje, que a gente vai fazer ali no Tapas, nesse clube novo da Rua Augusta. E acabei de ver *Be Kind Rewind*, tá ligado?

RB *Rebobine, por favor.*

LL Do Gondry. Eu não tinha assistido até então. A gente chora mesmo com esse tipo de coisa. Tipo, não é porque "ah, eu quero citar nomes de filmes", não sei o quê, mas, naturalmente, fica saindo essa referência o tempo todo quando você está escrevendo.

E a composição? Texto? Escrever? Vocês escrevem juntos também?

RB Direto. Em geral, o que a gente tenta fazer é sempre ser escravo do ritmo no bom sentido. Às vezes, pinta ideia de letra assim do nada, mas, em geral, o processo é mais pegar uma música ou receber uma base, parar e sentar os dois juntos, ficar escutando aquilo ali, pensando [em] como se colocar dentro daquela canção e o tipo de sentimento que vem quando se escuta aquela música. A gente vai conversando. Aí, vem uma ideia, cita um filme ou lembra de um personagem. Sei lá. Às vezes, a inspiração é o Mussum, tá ligado? [Massari ri]

E quanta inspiração!

LL É massa.

RB A gente buscar fazer junto. Hoje em dia, tem muita coisa da individualização, de artista solo. E a parada de grupo se perde. Acho que a interação é necessária. Tipo, é muita egotrip achar que eu, sozinho, com as minhas ideias, vou ser melhor que eu somado com as ideias dela. Acho que a interseção do negócio é que é o ouro. É o encontro da parada que faz a diferença. Então, a gente tenta escrever assim. Agora a gente está fazendo com a Anelis Assumpção. A gente entregou o beat para ela. PG, que é nosso DJ, montou um esqueleto do tema [e] a mina escreveu o refrão dela. A partir disso tudo, a gente sentou junto para escrever as nossas letras. Aí, beleza. Saiu a minha, saiu a dela. Ficam os dois juntos, cada um no seu canto que nem autista, mas junto e, às vezes, fala de alguma coisa e tal.

Legal.

RB Então, a tendência é fazer o mais junto possível.

Legal, e nesses tempos de música de graça, vocês estão planejando disco novo ou material novo vai ser escoado de outro jeito?

LL A gente está planejando disco novo. Na verdade, um disco que estou fazendo sozinha, com algumas pessoas... Tudo começou porque eu já tinha um monte de coisa escrita e um monte de coisa que eu estava muito a fim de botar para fora e que era bem específico. Porque o disco vai ser todo temático, só sobre relacionamentos amorosos.

Hmmm.

LL E aí, não tinha a ver exatamente ser a fita do Mamelo, entendeu?
Entendi. Mas e Mamelo? Disco novo também?
RB Por enquanto, não, até por causa... Assim, teve a história da treta do Scotty [Hard]... Ele sofreu um acidente muito forte neste ano...
Ah, é verdade. Pode crer.
LL E ele já é parte do grupo, né?
RB É. A parceria com ele no último disco foi muito boa. Ele virou e falou assim: "Me espera para a gente fazer outro disco". E aí a gente está esperando. Ele já está bem melhor, e mesmo no disco dela [Lurdez] ele vai acabar colaborando.
LL É, eu imaginei que talvez não fosse nem rolar, mas agora ele já está ativo de novo, de certa forma. Mais na moral, né?
Claro.
LL Mas está rolando. E aí, tem até uma base do Mike Ladd também, uma do Takara... Eu fui pegando de vários carinhas que produzem aqui, que eu curto, e fui gravando.
Bom, quando estiver pronto, por favor retorne ao programa que a gente vai sacar essa parada solo.
LL Claro. Tomara que seja em breve.
Então, tomara que seja em breve. Mister, não precisa convidar de novo para vir aqui. [Brandão ri]
RB É nóis.
Estamos quase finalizando o programa. Vamos encerrar com duas [músicas] então. A última é "Vai na Fé", do Mamelo Sound System.
RB É uma outra música que só saiu lá fora. Saiu no disco de um cara chamado Spectre, que é a cabeça por trás de um selo chamado Word-Sound, que é um selo de Baltimore...
Mike Ladd é de lá, não é?
RB Ele não é de lá, mas ele morou lá um tempo. E ele tem uma conexão com esse selo.
Ah, eu sabia do lance de Baltimore porque Baltimore é a terra do Zappa.
RB Certeza! Pode crer.
Daí eu me lembrava que Mike Ladd ou era de lá ou tinha morado por ali.
RB E do John Waters também, né?

Também. John Waters, Billie Holiday... Tem uma galera.
RB Pensa em um lugar de gente louca.
Opa! Baltimore. Tem alguma coisa naquela água.
RB Pode crer.
E a gente começa esse bloco final com Kiko Dinucci, é isso?
RB É isso aí, cara. Tanto Mike Ladd quanto Kiko Dinucci foram duas pessoas que a gente conheceu neste ano e que ajudaram a acrescentar muito na nossa música. Com Kiko, a gente teve a graça de receber uma composição dele para fazer uma parceria junto. Esse cara retomou toda a parada do samba paulista, dos afro-sambas de Baden Powell e até uma onda Itamar Assumpção ali, da vanguarda paulista.
Legal demais.
RB Tudo junto, de um jeito que eu acho louco.
Próxima vez, traz o homem aí para trocar uma ideia com a gente.
RB Tá enquadrado.
É isso aí. Muchas gracias, obrigadíssimo, Rodrigo, Lurdez.
RB Valeu [a] você!
LL Valeu muito!
Massa. Demais. Kiko Dinucci e Mamelo Sound System encerrando mais uma edição do ETC.

MADENSUYU

Entrevista com Madensuyu em 18 de fevereiro de 2010.

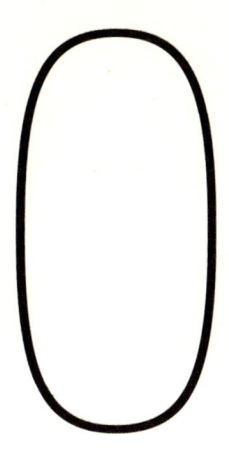

O Madensuyu é uma dupla belga de altíssimo nível. Uma espécie de Velvet Underground processado para os dias de hoje através de uma central de força poderosíssima que é essa dupla. Um batera e um guitarrista que toca sentado - mas não se deixe enganar por isso, pois é absolutamente visceral. O Madensuyu veio para o Brasil – primeiro para o Rec-Beat e depois para algumas apresentações em São Paulo – por causa do ETC. O Gutti, que é o organizador do Rec-Beat, leu alguma coisa que escrevi na Rolling Stone [sobre o Madensuyu] e ouviu o som no ETC, é então trouxe a banda para o Brasil.

É claro que levei a banda para o programa e fiz uma parada especial, deixei os caras falarem a vontade, trouxeram muito material [de outras bandas belgas]... Levei os caras pra comer no Consulado Mineiro, levei para comprar umas camisetas do Tim Maia – o cara falou que durante meses ele só usava a camiseta do Tim Maia na Bélgica. É uma banda que apareceu e provocou um estrago quase irreparável (no bom sentido) na divisão belga da coleção. Uma das coisas mais incríveis dos últimos tempos, as apresentações ao vivo foram bombásticas... Eles são diferentes dessa coisa de dupla, por conta da dinâmica que possuem: um entrosamento interessante, uma coisa física do batera que é um Panzer, uma grande banda.

PJ Vervondel Alô, Oi FM! A gente pode ter uma cópia da entrevista?
Claro, claro.
PV Para provar para nossas famílias que estivemos aqui. [Risos]
Ok, ok!
Stijn Ylode de Gezelle É que não estamos tendo muito sol.
Não?
SG Estamos tão pálidos como quando partimos.
Olha! Sou brasileiro e estou que nem você. Podemos ir? Ok, muito obrigado por virem à estação de rádio nos visitar. É um prazer tê-los aqui no ETC.
PV Uau!
Vocês ouviram sobre o programa?
SG Sim, sim. É bem famoso na Bélgica. [Risos]
Vamos chegar até lá logo mais. Agora, eu queria saber sobre a turnê brasileira até agora. Com tem sido? Vocês têm se divertido?
PV Muito. Está bem intensa. Em primeiro lugar, percebemos que somos dois garotos simples de uma cidade bem pequena na Bélgica. Então, com a música que fazemos, pegamos um avião e fomos bem recepcionados pelas pessoas. Deu para sentir que as pessoas são muito bem-vindas ao Brasil.
Um sonho que virou realidade?
PV Sim.
Vocês tocam bastante fora da Bélgica?
SG Tentamos. Até agora fomos para a Alemanha, Holanda… Fazemos shows nos países vizinhos. Gostamos de tocar, então esperamos fazer uma turnê mundial algum dia.
PV É a primeira vez que viajamos de avião.
É mesmo?
PV Quer dizer, com instrumentos e como Madensuyu, é a primeira vez.
Legal demais.
PV Muito stress.
Não sei se vocês ficaram sabendo, mas disseram que o show de vocês no Recife provavelmente foi o melhor do festival. Como vocês reagem a isso?
SG Super! Super!
PV Sim! De novo, é uma prova que a música é universal. Os sentimentos que tivemos quando compusemos uma música afloram onde quer que estejamos.

E quanto a esse show no Recife? Foi a primeira vez que vocês tocaram no Brasil. Que tipo de show vocês prepararam? Faixas dos seus dois álbuns estavam lá? Músicas novas? Por ser o primeiro show, foi algo especial para vocês?

PV Como sempre, preparamos um setlist bem longo. Trabalhamos muito esse lado. Se você olhar para a ordem das faixas dos CDs, você vê que ela funciona. As músicas contam um história, e foi isso o que tentamos fazer no Recife também. Assim, colocamos as músicas de um jeito que a gente pudesse contar uma história. No entanto, foi bem parecido com o que fazemos na Bélgica ou no resto da Europa.

SG E sempre tentamos focar e capturar o momento. É esse o objetivo que temos em mente, mas no Recife, nossa passagem de som foi horrível. Nenhum dos meus instrumentos estavam funcionando.

Geralmente, é assim. [Risos]

SG Então, quando subimos no palco e tudo estava funcionando, foi ótimo. E o público foi maravilhoso. Pegava a vibe e devolvia para a gente.

PV Sim, de certo modo, a gente foi crescendo no palco. Pensando em retrospectiva, no início, a gente via as pessoas, durante as duas primeiras músicas, se perguntando: "O que é isso?". Aí, na parte final do show, tinha um monte de gente dançando. Como eu disse a você antes, tinha até fotógrafas dançando na frente do palco.

Muito legal.

PV Elas tinham parado de tirar fotos. E estavam seduzindo a gente. [Stijn ri]

Claro, tudo bem. Somos um país liberal, cara. [Risos]

PV Sim.

Vamos chegar na música do Madensuyu logo mais. Eu queria falar sobre a música belga, a cena belga. Provavelmente, as pessoas aqui acham que eu estou louco porque tenho tocado um monte de bandas belgas. Estou louco ou este é um momento muito especial para o rock e a cena musical da Bélgica?

PV Há algo acontecendo.

SG Escutamos muito isso. Há alguma coisa acontecendo na Bélgica, é verdade. Muitas bandas de qualidade têm surgido... Não sabemos de onde isso vem, mas algo está se passando.

Há uma cena forte com muitas bandas? Há rivalidade entre cidades ou nada disso acontece?

PV Há uma grande cena que vem desde os anos 80. Foi quando ela começou. Somos um país bem pequeno com um perfil diferente da França, da Alemanha ou da Inglaterra. Assim, a música belga passou a acontecer de um jeito bem independente. Com certeza, há músicos belgas que tocam em diversas bandas, e as bandas mais famosas, que fazem shows grandes, trabalham com músicos de estúdio. Entretanto, se você se refere a nós, nunca demos muita atenção à música belga.

SG Nem entramos no circuito. Somos muito independentes no que diz respeito a isso.

PV Há, por exemplo, um concurso de bandas de rock muito importante com dez bandas por noite, e as três primeiras passam para uma fase seguinte. É o Humo's Rock Rally. Também participamos uns 5 anos atrás. Na Bélgica, também fazem essa pergunta para a gente. Somos de Gent e havia um monte de bandas de Gent tocando música boa naquela época. Daí nos perguntavam se éramos parte de uma cena de Gent ou se havia alguma coisa na água de Gent. [Risos] E sempre tínhamos que dizer: "Somos apenas amigos que fazem música juntos. Não somos parte de uma cena ou algo assim".

Vocês mencionaram bandas belgas, e acho que apenas duas bandas estiveram aqui antes: dEUS e Vive la Fête.

PV E Think of One, eu acho. Não?

Provavelmente. Provavelmente, sim. Não consigo me lembrar agora. Mas essas duas bandas são representativas da música belga de um certo modo?

SG Sim.

PV Acho que sim, especialmente dEUS. O primeiro CD deles foi muito importante para as bandas daquela geração. Acho que foi lançado há 15 anos ou algo assim.

Sim, no início dos anos 90.

SG Para os belgas, foi o equivalente ao *Nevermind*, do Nirvana.

Entendi. Foi bem importante.

SG A partir daí, grupos pequenos perceberam que era possível ir para o exterior e fazer shows.

Há alguma outra banda que vocês acham que deveria estar nessa posição que o pessoal daqui do Brasil deveria conhecer? Vocês disseram que há uma banda

de metal bem importante que vamos ouvir daqui a pouco.
PV Sim, Channel Zero.
Há bandas que as pessoas deveriam conhecer para entender a cena musical belga hoje em dia?
PV Acho que o T.C. Matic, uma banda new wave dos anos 80. No começo, a banda tinha muita mistura. O baterista tocava reggae, o guitarrista era mais do funk e o vocalista gostava de berrar. Era mais uma mistura. Para mim, foi lá que tudo começou, mas eles acabaram.
Existe sempre a questão da língua – artistas devem cantar em inglês ou em sua própria língua? Como isso aconteceu no caso de vocês? Vocês sempre cantaram em inglês?
SG Sim, sempre em inglês, mas é bem significativo ou fora do comum, na Bélgica, quando você canta na sua própria língua. Você é colocado em outra categoria, bem diferente daquela das bandas de rock que cantam em inglês.
Entendi.
PV Trouxemos dois CDs conosco e estamos bem curiosos por colocá-los no rádio aqui no Brasil, pois está na língua holandesa. Então, vocês não vão entender nada, mas eu fico pensando nisso, porque nós também não entendemos português, mas quando ouvimos música... Tem essa coisa chamada maracatu, que vimos.
Maracatu é lindo.
PV Sim, foi em Olinda.
SG Foi extraordinário.
PV Não há autoria. É uma coisa muito tradicional. O pessoal estava lá na deles. Quando ouvimos, não entendemos nenhuma palavra, mas entramos na viagem.
É bem impressionante.
SG Sim, sim. Foi na Casa da Rabeca.
Ah, sim, é bonita.
SG Muita bonita.
PV E o filho do mestre ficava cantando todo o tempo.
Legal! Vocês fizeram um passeio bom...
SG Ficamos muito felizes.
PV Foi com Mr. Z.
Mr. Z! Mr. Z estava junto! [Risos] Nossa conexão belga! Ele os levou para

tomar Pau do Índio?
PV Ah, não.
Aquela bebida negra com umas ervas malucas dentro. Mr. Z não faria uma coisa dessas com vocês, né?
PV Para dizer a verdade, não tenho certeza. [Massari ri] Teve uma manhã em que acordei e não sabia o que tinha acontecido na noite anterior. Talvez tenha sido isso.
Parece que é isso mesmo. Coisa boa. Vamos falar especificamente sobre a banda Madensuyu. Primeiro, o nome. Vem de uma água mineral. É isso mesmo?
SG Sim, é uma palavra turca e é o nome de uma fonte na Turquia. A água sai dela com bolhas de gás natural.
Entendi. Não é qualquer água. É um tipo específico de água.
PV Ela fica borbulhando por si só. É também como vemos nossa música. Quando vamos para o estúdio, não colocamos efeitos nela. Se gravamos discos, temos que tocar a música ao vivo também. Isso tem que ser possível.
Entendi. Sei que vocês tinham uma formação diferente quando vocês começaram. Vocês tinham um baixista. Como vocês chegaram a essa formação com apenas dois integrantes? Foi uma conexão com [The] White Stripes ou algo assim?
SG A gente veio primeiro. [Risos]
PV Eles copiaram a gente.
Sei.
SG No início, eu tinha seios. [Risos]
Entendi.
PV Não, foi por necessidade. Nós simplesmente adoramos tocar juntos e o núcleo do Madensuyu é só nós dois, na verdade. Quando eu tinha 14 anos de idade, uma vez eu mencionei que queria ser baterista. Isso deu um clique nele. A partir daí, ele começou a me perseguir até eu comprar uma bateria. Ele quem me pediu para formarmos uma banda. O sobrinho dele tocava baixo quando começamos o Madensuyu, mas, de repente, ele ficou com medo de perder a audição, porque ele é um músico de jazz. [O nome dele é] Frans [van Isacker] e agora ele toca numa banda [chamada] Franco Saint de Bakker.
Entendi. Um pouco mais sobre os discos – que tipo de coisas vocês têm ouvido que sejam influências famosas ou que vocês tinham predileção quando vocês estavam

gravando ou ainda que vocês gostam desde que vocês descobriram a música?
SG Para mim, de fato, sempre foi a música erudita. Então, para o disco *D Is Done*, foi Purcell e também Stravinski naquela época.
Muito legal. E quando alguém ouve o disco há referências que são facilmente reconhecíveis?
SG Não facilmente, mas elas estão lá. A forma da música está baseada no formato da música erudita.
E você?
PV Para mim, está mais para Nine Inch Nails, na época de gravar *D Is Done*, eu estava muito ligado no Nine Inch Nails. A coisa pesada. Sepultura, para mim, também é bem importante.
É mesmo?
PV Especialmente *Roots* e *Chaos A.D.*
Discos clássicos, discos bem importantes para muita gente.
PV Sim, *Roots* é [importante] para mim. Tipo, a partir de *D Is Done*, o conjunto da minha bateria está ficando cada vez maior. Eu fui influenciado pela música que Iggor Cavalera fez em *Roots*.
Muito legal. Você conheceu os caras do Sepultura pessoalmente?
PV Tocamos em Oostende uns meses atrás e ele [Iggor] estava lá com o Mixhell. Mas eu fiquei tímido demais.
Ah, que isso?
PV E, para mim, não é uma coisa boa conhecer pessoalmente gente que eu...
SG Que ele adora.
PV Adoro o músico, não adoro a...
Às vezes, não necessariamente a pessoa.
PV Sinto que é melhor não conhecer Iggor Cavalera.
Não, ele é um cara muito legal. Você deveria conhecê-lo.
PV Eu sei, eu sei, eu sei.
E quanto à banda ao vivo? Tocar ao vivo é o melhor momento para vocês ou vocês também gostam daquela coisa de estúdio e das manhas do processo de gravação?
SG Pessoalmente, o processo de gravação e a composição das músicas são mais importantes, mas tocar ao vivo é muito importante para nós porque somos muito independentes na Bélgica. Não temos canais como rádios ou revistas. Temos que fazer ao vivo tão bem quanto pudermos

para que as pessoas possam se lembrar e conversar a respeito. Esse é o modo do Madensuyu e é um modo honesto. É o modo mais honesto. *E vocês mudam as músicas bastante quando vocês se apresentam? Há espaço para o improviso ou o show é contido e mais trabalhado?*
PV É contido, mas de um modo positivo. Não que tenhamos que estar travados. Trabalhamos tanto em cada música que, quando a gente vê que ela está pronta, então é isso. Nós tomamos decisões ao compor as músicas e seria estranho apresentá-las ao vivo de uma maneira diferente, remixá-las ou fazer algo parecido.
E as guitarras, cara? Guitarras! Gostamos de guitarras por aqui, sabe?
SG É?
Efeitos e tudo o mais. Quem são os guitarristas que você curte? Talvez Mr. Z tenha dito a vocês que este programa apoia os guitarristas da tradição de Frank Zappa. [Risos]
SG Não tenho uma grande influência da guitarra, mas Lou Reed é muito importante para mim.
Sim, [ele é] muito importante. E este disco tem um pouco da aura de Lou Reed, um sentimento meio de [The] Velvet Underground.
PV Essa [banda] é uma influência muito grande para a gente. Para ele, música erudita, e para mim, Nine Inch Nails. O ponto em comum é Velvet Underground.
SG O som de "White Light White Heat" tem sido muito importante mesmo no modo como gravamos e do jeito que observamos os sons, os ruídos.
PV Começamos a tocar com instrumentos muito toscos. O amplificador de guitarra dele era muito pequeno. E de repente, alguém deu para nós um cabeçote da Vox dos anos 60 que tinha o som do Velvet Underground.
PV Desde então, o som da guitarra...
SG Brotou, se multiplicou bastante.
Muito legal, muito legal. Como este disco aconteceu do ponto de vista de mercado para uma banda independente belga? Quantas cópias vocês venderam?
PV Até agora, vendemos 3 mil, o que é muito bom para a gente.
Para uma banda independente, essa é uma boa marca.
PV Fizemos um promo e tudo o mais. Isso é como um bebê para nós. Somos como um casal às vezes.

Ok, entendo.
PV É também por causa deste disco que estamos aqui.
Vocês já estão trabalhando coisas novas? Vocês conseguem trabalhar material novo quando vocês viajam ou vocês preferem se sentar em casa para se concentrar em coisas novas?
SG Isso já começou. Estou feliz. Eu preciso de espaço e tempo para fazer isso. É difícil para fazer entre os shows. Então, depois daqui, teremos umas férias de dois meses e vai ser do capeta.
Entendo. Provavelmente, com algumas influências brasileiras no disco.
SG Sim, sim.
PV Sim, com aquele tambor [que se toca] com uma espuma. Não sei como aquilo se chama. [Stijn e PJ imitam o som da cuíca]
É cuíca? Cuíca?
PV Cuíca. Então, quando mandarmos nosso próximo disco para você, você vai ouvir.
Cuíca, conhecemos. Está bem. Vamos conversar um pouco sobre as bandas que vocês vão tocar para a gente. O que vamos ouvir dessas bandas que vocês nos trouxeram?
PV Este é Channel Zero, uma banda belga de metal muito importante, que se separou 13 anos atrás após uma turnê com Body Count, com Ice-T. Todo mundo na Bélgica pensava: "Uau, esses caras..."
SG "Eles estouraram".
PV "...Estouraram", mas não era bem assim. Depois não houve notícias novas a respeito deles. Agora que eles voltaram, ouvimos as histórias que aconteceram naquela época e são incríveis. Eles queriam se tornar internacionais e pensavam que eram astros, mas, na verdade, não eram.
Era uma banda boa ao vivo?
PV Sim, sim, sim, muita boa. Ela tinha duas músicas: "Suck Me Dry with Your Energy" [nome oficial: "Suck My Energy"] e esta que vamos ouvir agora, "Black Fuel", que, para mim, tem a melhor introdução de todos os tempos do metal.
A melhor introdução de todos os tempos do metal – é isso aí.
PV Porque o metal às vezes é bem agressivo, mas essa introdução, para mim, é bem emocionante. É parecido com o Sepultura às vezes. É mais do que agressivo. No momento, eles tocam ao vivo novamente, mas o

guitarrista original teve um problema de audição e teve que ser substituído. O guitarrista substituto é do Soulfly.
Ok, há quase uma conexão brasileira aí. O que mais?
SG Franco Saint de Bakker.
PV Franco Saint de Bakker é a banda do nosso baixista original quando éramos um trio. Ele toca saxofone. Também é uma banda bem independente. Você não precisa falar com um empresário ou uma agência de shows para entrar em contato com esses caras.
É só entrar em contato com eles diretamente, não é?
PV Sim, o que vale para a gente também. Temos um empresário, mas não temos um agente. Mesmo assim, as pessoas ligam para nós. Na Bélgica, é difícil. Às vezes, quando você consegue um pouquinho de sucesso, o empresário e a agência caem matando.
E querem 70% do seu dinheiro.
SG Sim, sim.
PV E sempre dizemos não a isso.
Ok.
PV Enfim, do Franco Saint de Bakker, a gente queria colocar "No One Knows", uma cover do Queens of the Stone Age.
Lindo.
PV Sim, e me pergunto o que você vai achar disso, porque não é rock. [Massari ri]
Tudo bem, gostamos de coisa esquisitas aqui, cara.
SG Ah, isso é muito bom.
O que mais? Estou curioso a respeito deste aqui.
PV Walter De Buck é um... Ah, cara, qual é o nome daquele cara? Caetano, Caetano...
Caetano Veloso.
PV Talvez ele seja o Caetano Veloso de Gent.
Muito famoso então.
PV Sim, muito famoso.
SG Sim, muito famoso, mas bastante folclórico. Faz uma musiquinha só com violão e voz.
PV E a música que queremos que vocês ouçam se chama "'t Vliegerke",

que quer dizer "Os Papagaios", aqueles que a gente brinca na praia.
SG "Pipas". E também é o hino de nossa cidade, Gent.
SG Então, nas partidas de futebol em Gent, as pessoas sempre cantam essa música.
PV E Walter tem aproximadamente 70 anos de idade e, como vocês, em Recife, têm aquela coisa do Rec-Beat, que começou 15 anos atrás com bandas pequenas, ele também inaugurou o Gentse Feesten. São dez dias de loucuras em Gent, meio como o carnaval.
Legal.
PV E ele é o fundador. Foi ele quem começou tudo com alguns caminhões de cerveja e madeira. E ele lá, tocando músicas hippies. [Risos]
É um evento grande agora?
SG Sim.
PV Agora é enorme. A gente, que é de Gent, foge nesses dez dias. [Massari ri]
PV Não conseguimos reconhecer nossa cidade.
SG Mas o Gentse Feesten é realmente fascinante. Há danças, teatro nas ruas e música por toda parte.
E a cerveja ainda está presente? Muita cerveja?
SG Sim, muita cerveja e drogas e tudo aquilo.
Ok.
PV Mas é claro que a gente não toma. [Risos]
O que mais?
PV Isso também. Este é para você.
Obrigado. Estou feliz agora. Muitos discos novos para a coleção.
PV Sim. Este é do Hitch, uma banda de uma cidade vizinha de Gent. Nesse ano, nós tocamos junto com eles e ambos ficamos bem impressionados pela última música, que é "[The] Paper Beast". Eu estava olhando para o setlist quando eles estavam tocando. Eu pensei: "Que porra é essa?". Eu estava olhando para me lembrar e dizer a eles que essa música era muito boa. Estava escrito "Paper B". Eu pensei: "Não é apenas uma música boa. Também é um bom nome". Então me disseram que era "Paper Beast", que achei pior que "Paper B".
Você deveria ter dito para eles mudarem o nome: "É uma música boa, mas mudem o nome".

PV E também é uma banda independente. Eles fazem parte de uma cena na Bélgica que acontece em Kortrijk, "K Town". Tem Amenra, Hitch, Goose... São todas bandas que realmente fazem parte de uma cena.
Entendi. Muito legal. Vocês têm mais uma [banda] para escolher... O que é isso?
SG Este aqui?
Eu estou curioso sobre o nome, La Casa de las Musiquillas Ocultas soa bem legal para mim – "A Casa das Canções Escondidas".
PV Sim, vai ser legal se você deixar a gente colocar este aqui. Isso é demais. É música erudita de certa forma. Dick van der Harst a compôs e colocou muitas culturas juntas. Novamente, é aquela mistura que falei, que existe no Brasil também. É música erudita, jazz e música flamenca. Foi um concerto e este é o registro dele. Para mim, a última música é bastante tocante. Ela tem três minutos.
Ok. É escolha sua. Se as pessoas não gostarem, elas vão reclamar com você. [Risos]
SG Não vamos estar aqui.
PV Vamos embora rapidinho. [Risos]
Ok. Eu gostaria de conversar um pouquinho a respeito do disco de vocês. Como eu disse, eu toquei muito no rádio e gostaria que vocês escolhessem uma dessas músicas e contassem um pouco sobre ela.
SG Você pode escolher. Qual é sua favorita?
Bem, toquei bastante "Fafafuckin". "Write or Wrong" é linda, "Ti:me" é linda, "Tread on Tread Light" é estupenda. Vocês podem falar sobre "Tread on Tread Light" então?
SG Você chorou?
Quase chorei na primeira vez.
SG Então está bem.
PV "Tread on Tread Light" é, especialmente para mim, uma música que toda vez que a tocamos ao vivo, não sei para onde vou. Assim que a música acaba, não sei onde estive.
Imagino que esta seja a melhor explicação para uma música.
PV Sim, mas eu posso dizer isso para todas as músicas. [Risos] Não, não, não, brincadeira.
Podemos editar esta parte e ninguém vai escutar esta parte final.
PV Mas é verdade, "Tread on Tread Light" é minha música favorita do

disco. Porque, para mim, *Roots*, do Sepultura, está lá. Você não consegue escutar, mas...

Talvez agora que você está dizendo, a gente possa descobrir coisas novas nela.
SG Sim, sim.
PV Sabe uma outra coisa engraçada? No show do Rec-Beat, no Recife, também foi assim para mim. Tocamos este disco umas 90 vezes em nossas apresentações, mas tive novas emoções e novos impulsos ao tocá-lo no Brasil.
Que legal!
SG E o significado de "Tread on Tread Light" é uma longa história. A gente tem tempo?
Sim, por favor.
SG Vou resumi-la. A estrutura do álbum é baseada na tragédia grega com três componentes. Há o protagonista, o antagonista e o coro. E "Tread on Tread Light" é o coro. Pois o protagonista acredita que o passado era melhor do que o presente enquanto que o antagonista acredita que o futuro é melhor.
Entendo.
SG E a comunidade do coro ri de ambos, mas não vai além do cinismo e sarcasmo. "Tread on Tread Light" é o sarcasmo. Eles apenas riem desses dois indivíduos que se encontram, mas não entendem por quê.
Bonito. Fica melhor todo o tempo.
SG Sim. [Risos]
Está certo. Bem, muito obrigado por aparecerem, virem ao programa [e] nos visitar. Espero que vocês tenham curtido.
SG Totalmente.
PV Muito obrigado.
Com certeza, estaremos lá amanhã para conferir a coisa ao vivo.
SG Daremos o melhor de nós.

JONATHAN RICHMAN

Entrevista com Jonathan Richman em 14 de abril de 2010.

E

Essa entrevista dá para contar mais pelo que não foi ao ar do que pelo que de fato está registrado. É quase uma não-entrevista... Até porque nós não sabíamos se ele falaria conosco ou não até o momento em que ele chegou na rádio. Desde o começo já existia o aviso de que era um cara imprevisível, e que só decidiria se daria entrevista na hora. Mas, desde o começo ele tinha topado fazer um som. Então eu falei, "Olha, se ele quiser apenas tocar, não tem problema. E se quiser trocar uma ideia, também estamos à disposição. Está tudo pronto para ele se divertir e fazer o que quiser." Inclusive pediram para que deixássemos um set de bateria montado, nós deixamos, mas é claro que não foi utilizado.

Foi realmente marcante a passagem do Jonathan Richman pela rádio, porque ele é uma figura dotada de uma energia muito contagiante. Há algo de misterioso nele. Mas também há algo de simpático, ainda que rabugentinho às vezes. Ele chegou, foi apresentado e já saiu falando em italiano comigo. Depois falou em espanhol, em francês, deu autógrafos, reclamou um pouco de uma câmera de vídeo (foto OK, mas vídeo não queria de jeito nenhum), e aí ele disse que eu poderia fazer umas duas ou três perguntas e saiu tocando. Foi muito divertido. Quando ele começa a tocar, você vê que tem algo ali dentro de especial. Depois me contaram que na hora em que ele foi embora, enquanto esperava o carro na frente da rádio, ele ficou tocando violão sozinho... então algumas pessoas seguramente viram o Jonathan Richman tocando no meio da rua, na bagunça olímpica da Vila Olímpia. Ainda no estúdio, ele me deixou o cartão dele e disse: "Quando você estiver em San Francisco, faça uma visita para ver os meus móveis..." Aí eu vi que, no cartão, sua descrição é "marceneiro vintage". Ele restaura móveis antigos e, se não me engano, também faz coisas [novas] com esse corte vintage.

A impressão que ficou é que ele é o Chatotorix [personagem do Asterix] ao contrário. O Jonathan Richman é o bardo que todo mundo quer ter na festa. O tio meio malucão que certamente vai emocionar e divertir a galera.

Está bom? Podemos ir? Está gravando tudo já, né? É isso? Fabio Massari, comparsas, Jonathan Richman, Tommy Larkins...
Jonathan Richman Fabio...
Mais uma vez, bem-vindos ao Brasil.
JR [Fala em português] Obrigado.
Um prazer tê-los aqui. Como dizemos por aqui, a bola está com você agora.
JR [Fala em português] Meu obrigado, muito.
Gostaríamos de vê-lo tocar.
JR Obrigado a todo mundo. [Fala em português] Obrigado.
[Jonathan toca "¿A qué Venimos Sino a Caer?"]

¿A qué venimos sino a fracasar?	*A que vimos senão fracassar?*
¿A qué venimos sino a caer?	*A que vimos senão cair?*
Escapadas	*Escapadas*
con personas ni amadas	*com pessoas nem amadas*
enfriar y negar el querer	*esfriar e negar o querer*

¿A qué venimos sino a fracasar?	*A que vimos senão fracassar?*
¿A qué venimos sino a caer?	*A que vimos senão cair?*
Castigado por tu padre	*Castigado por seu pai*
y sollozaba madre	*e a mãe a soluçar*
egoísmo sentiste en tu ser	*egoísmo, sentiu em seu ser*
¿A qué venimos sino a fracasar?	*A que vimos senão fracassar?*
¿A qué venimos sino a caer?	*A que vimos senão cair?*
Estallaste en mil pedazos	*Explodiu em mil pedaços*
en sus últimos fracasos	*em seus últimos fracassos*
y pensaste en ser o no ser	*e pensou em ser ou não ser*
¿A qué venimos sino a fracasar?	*A que vimos senão fracassar?*
¿A qué venimos sino a caer?	*A que vimos senão cair?*

[Aplausos] *Vai emocionar a gente.* [Risos] *Você diz que não tem um setlist.*
JR Não tenho.
É assim?
JR É.
Ok.
JR Outra coisa?
Vocês querem tocar algumas outras músicas?
JR Sim, sim. [Jonathan dedilha o violão]
Tommy Larkins Está funcionando?
JR Tudo está ótimo. Eu estava esperando que parassem de gravar em vídeo. Está tudo afinado. [Fala em espanhol] Tolo. Desculpem-me por não falar português. Posso falar um pouquinho de espanhol e podemos nos comunicar. Espero que sim. Como meu baterista está aqui, vou cantar um pouquinho em inglês. Nós somos dos EUA. Vou cantar um pouquinho uma música sobre o artista flamenco Vermeer, holandês de séculos passados. [Jonathan toca um trecho de "No One Was like Vermeer"]

Back in the days of Rembrandt	De volta aos dias de Rembrandt
Back in the time of old Jan Steen	de volta ao tempo do velho Jan Steen
all of them Dutch masters of shadow and light	todos eles, mestres holandeses da luz e sombra
but no one was like Vermeer	mas ninguém era como Vermeer
Some paintings smell of the convent floor	Algumas pinturas cheiram a piso de convento
some paintings smell of red wine	algumas pinturas cheiram a vinho tinto
some stand like this and by the door	algumas ficam nessa posição e perto da porta
but Vermeer takes a step outta line	mas Vermeer passa dos limites
yeah, Vermeer takes a step outta line	sim, Vermeer passa dos limites
Vermeer was eerie	Vermeer era misterioso
Vermeer was eerie and strange	Vermeer era misterioso e estranho
Some paintings smell of joy and sweat	Algumas pinturas cheiram a alegria e suor
some paintings' plain look so fine	a simples aparência de algumas pinturas, tão linda
and some are sad and passionate	e algumas estão tristes e apaixonadas
but Vermeer sends a chill up your spine	mas Vermeer faz um arrepio subir por sua espinha
yeah, Vermeer sends a chill up your spine	sim, Vermeer faz um arrepio subir por sua espinha
Vermeer was eerie	Vermeer era misterioso
eerie and strange	misterioso e estranho
Back in the days of Rembrandt	De volta aos dias de Rembrandt
back in the time of old Jan Steen	de volta à época do velho Jan Steen
all of them Dutch masters of shadow and light	todos eles, mestres holandeses da luz e sombra
but no one was like Vermeer	mas ninguém era como Vermeer
Vermeer was eerie and strange	Vermeer era misterioso e estranho

[Aplausos] Lindo. Muito bom. Sei que você está muito ocupado hoje, mas, sempre que viaja, você reserva algum tempo para andar por aí pela cidade?

JR Sim, caminhamos o dia todo.

É? Que tipo de coisas você curte fazer quando você tem tempo livre?
JR [Fala em espanhol] Caminhar.
Caminhar?
JR Caminhar, passear pelas ruas todas. [Pergunta em inglês a Tommy] O que você gosta de fazer?
TL Gostei muito do parque.
JR Gostou?
TL Gostei do vinho… [Massari ri]
Vamos tomar mais então.
JR [Fala em espanhol] Sim, sim. Mais uma?
Sim, por favor.
JR Mais uma. Se estrelas seguissem cansadas, seria algo horrível, mas não é assim. As estrelas a cada noite se encantam com o universo, com os céus. Em francês, "as estrelas" é assim: "les étoiles". [Jonathan toca uma versão de "Les Étoiles" com alguns versos em espanhol]

Les étoiles chaque nuit sont épatées	As estrelas, a cada noite, ficam maravilhadas
sont amoureuses encore une fois	ficam novamente apaixonadas
autrement elles seraient fatiguées	caso contrário, elas estariam cansadas
Et tous les choses comme si la vie	E todas as coisas, como se a vida
sans l'amour pour la vie et tout cela	sem amor por si mesma
sin amor por la vida su misma	sem amor por si mesma
toda vida, toda vida por la que todo	toda a vida, toda a vida para todos
sera solo aburrido, aburriendo	seria apenas chata, uma chatice
pero claro que no	mas claro que não é assim
les étoiles en su mismo enamorados	as estrelas são apaixonadas por si mesmas
Les étoiles chaque nuit sont épatées	As estrelas, a cada noite, ficam maravilhadas
sont amoureuses encore une fois	ficam novamente apaixonadas
eutrement elles seraient fatiguées	caso contrário, elas estariam cansadas
avec le ciel et tout cela	com o sol e tudo o mais
elles diraient, "Pourquoi briller	elas diriam: "Para que brilhar
et pour combien de temps	e por quanto tempo

sans l'amour pour la vie et tout cela?"	sem amor pela vida e tudo o mais?"
serait fatiguant	seria cansativo
aburriendo	uma chatice
Les étoiles, elles brûlent comme ça,	As estrelas brilham assim
elles brillent comme ça,	brilham assim
elle fait son effort, qui n'est pas un grand effort,	é um esforço, mas não é um grande esforço
vraiment	verdadeiramente
Sans l'amour pour la vie et tout cela	Sem amor pela vida e tudo o mais
sans l'amour pour la vie et tout cela	sem amor pela vida e tudo o mais
serait fatiguant	seria cansativo
ah oui	ah, sim
Sin amor por la vida su misma	Sem amor pela própria vida
todo eso – lo cielo, la tierra, todo	tudo isso – o céu, a terra, tudo
seria aburrido	seria uma chatice
Sans l'amour pour la vie et tout cela	Sem amor pela vida e tudo o mais
sans l'amour pour la vie et tout cela	sem amor pela vida e tudo o mais
sans l'amour pour la vie et tout cela	sem amor pela vida e tudo o mais
Serait fatiguant	seria cansativo

JR [Fala em francês] E é isso.

[Aplausos] Ok, você vai tocar em São Paulo amanhã, quinta-feira e sexta-feira?

JR Sim.

No sábado, você estará no Rio.

JR Sim.

As pessoas estão muito entusiasmadas. E você está entusiasmado em relação a estes primeiros shows brasileiros?

JR [É] ótimo. Ficaremos felizes em tocar.

Você está pronto para pedidos? As pessoas vão pedir muitas músicas.

JR Elas fazem isso nos EUA também. Elas fazem isso em todos os lugares. Simplesmente faremos o que fazemos. Estamos prontos para qualquer coisa. Peçam qualquer coisa. Simplesmente faremos qualquer coisa. [Jonathan ri]

Ok, mesmo que for uma música antiga? Uma famosa?

JR É o que estou tentando dizer. Não importa.

Ok.

JR Não sei se você me entendeu bem.

Eu entendi.

JR Estou tentando dizer que... [Jonathan fala em espanhol] Vou dizer que não importa o que pedirem, vamos fazer o que der na telha. [Risos]

Tudo bem, qualquer coisa que vocês quiserem. Você quer tocar uma última para a gente?

JR Não.

Não? Ok.

JR [Fala em espanhol] Três já bastam. Já bastam. Três são três.

O bis, o bis.

JR Tá, tá, tá. [Fala em espanhol] Não faço bis, não faço *encore*, não faço nada. [Massari ri] Vamos fazer o que der na telha. [Jonathan dedilha o violão] Sim, e não tocamos muito forte em comparação aos grupos de hoje em dia, que tocam forte, com a voz alta. Voz alta, no número 10 ou 11... Nós, menos.

Ok, muito obrigado.

JR Obrigado. [Fala em português] Obrigado. Ok. [Jonathan ri]

Letras: copyright © Jonathan Richman
Tradução: José Julio do Espirito Santo

THE DIRTY SKIRTS

Entrevista telefônica com David Moffatt (The Dirty Skirts) em 29 de abril de 2010.

E
ra o momento Copa do Mundo de 2010, na África do Sul, e foi aí que me ocorreu de falar com o Dirty Skirts, e também com o Parlotones. Eu já tinha dado uma pesquisadinha nos sons da África do Sul, e é uma cena na qual as banda têm dificuldade de sair dos domínios. Então, das bandas recentes eu escolhi o Dirty Skirts e o Parlotones porque achei que representavam dois pólos diferentes da cena. E é uma cena rica, tem bandas bem interessantes. Os Parlotones ficaram grandes e buscam outro espaço; e o Dirty Skirts é uma banda mais nova, mais abrasiva, muito, muito boa, representando mais o indie – ou o underground – da cena sul-africana.

Oi, David! Muito obrigado por conversar conosco. É um prazer.

David Moffatt É fantástico. Não é sempre que consigo bater um papo com alguém do Brasil.

Você já esteve aqui? Em férias, talvez?

DM Nunca estive na América do Sul. O mais perto que estive foi no Panamá. Eu adoraria ir a seu país. Escutei coisas lindas sobre ele.

Então, podemos começar. Você está falando com uma estação de rádio e vou começar com a pergunta sobre o rádio. Quão importante é o rádio para uma banda como The Dirty Skirts, especialmente nos tempos da Internet?

DM Na África do Sul, o rádio ainda é um meio de comunicação bem influente e tivemos a sorte de ter oito músicas de nossos singles tocadas e isso definitivamente funcionou bastante para a banda, mas a Internet realmente é uma via para se alcançar audiências sem as desvantagens do grande rádio e sua luta pelo sucesso. Assim, levamos a Internet bem a sério também. Recentemente, uma banda da África do Sul chamada Die Antwoord estourou nos canais da Internet. Isso serve para mostrar que o poder da Internet para atingir mercados internacionais é muito importante, sabe? Então escolhemos trabalhar um pouco com cada um – o rádio e a Internet.

E sobre aquela coisa da música grátis? Isso é bom? Isso é bacana?

DM Veja bem, eu mesmo tenho culpa por baixar música, sabe? Então, não vou julgar ninguém. Acho que o negócio é que os artistas obviamente têm que ser pagos, mas, no final das contas, a promoção sempre tem um custo. Acho que se a gente conseguir levar nossa música a pessoas que não a escutariam de outra forma, então a maioria de nós (músicos) ficará confortável com isso, entende? Quero dizer, muitos de nós, na África do Sul, não ganham muito dinheiro da música de forma alguma. Assim, o importante é levar nossa música ao coração de tais pessoas.

Praticamente na mesma linha: e quanto aos discos? Qual é a razão que as pessoas dão para lançar um disco hoje em dia?

DM Em vez de lançar músicas uma a uma? Sim. Eu adoro a ideia de lançar um álbum com uma embalagem e um tema em particular, e com um conceito por trás, que dá coerência às músicas, à arte da capa e tudo o mais. Eu amo isso. No entanto, nesta altura do campeonato, as pessoas estão lançando singles e o negócio todo gira em torno do visual e do conteúdo. As pessoas muitas vezes estão ouvindo músicas em troços como o YouTube. Então, na verdade, elas querem consumir essa mídia com algo que seja visualmente gratificante também, entende? De modo que está mudando, está mudando mesmo...

Você acha que isso mudou todo o processo artístico de gravação? Quero dizer, não pensar em um álbum, em uma coisa fechada e talvez pensar em músicas?

DM Sim. Bem, essa é uma questão muito boa. Agora nós estamos pensando em gravar nosso próximo álbum. E faz sentido pra gente estar num estúdio por um período curto e tentar deixar tudo pronto quando for possível. Se a gente faz uma música por vez, acho que fica muito caro. Assim, o modo como vamos conduzir este próximo álbum é ainda fazer todas as músicas de uma vez. Entretanto, concordo totalmente com você. Mudou. O modo como lançamos músicas definitivamente é um single por vez. Ninguém compra nossos discos. [Risos] Mas a gente costuma tocá-lo nas nossas festas e parece estar nas festas pelo mundo, de modo que ele chega nos lugares.

Este novo disco que vocês estão trabalhando agora é terceiro, certo?

DM Sim, vai ser nosso terceiro álbum, mas também lançamos um EP anteriormente, que tinha apenas seis músicas. Vai ser nosso quarto lançamento, mas nosso terceiro álbum.

Ele já está praticamente pronto ou vai levar um tempo?

DM Temos cerca de 30 músicas compostas até agora. E estamos no processo de analisá-las no estúdio. Provavelmente, vamos escolher algo em torno de quinze a vinte das melhores músicas e a gravação vai acontecer com as dez melhores delas. E daí para o álbum.

Bem, então vamos à pergunta sobre futebol. Daqui a alguns dias, os olhos de todo o mundo estarão na África do Sul por causa da Copa do Mundo. Vocês estão entusiasmados com isso? Vocês curtem o esporte?

DM Sim. A África do Sul está muito entusiasmada com a aproximação deste evento. Quero dizer, isso está em toda parte. Ontem à noite, fui a um evento que tinha uns caras do futebol freestyle que ficavam misturando o breakdance com o controle da bola, sabe? Esse tipo de evento está surgindo em todo lugar agora... E as pessoas tocam vuvuzelas nas ruas, fazendo aquele barulhão. Acho que será formidável e muito divertido. Só espero que nossa seleção, Bafana Bafana, com a influência brasileira do técnico, não tenha uma performance tão desastrosa. [Risos]

Muito legal. Imagino que só pode ser bom para a cena musical sul-africana ter a visita de tanta gente, né? Você também acha isso?

DM Bem, tem havido um certo debate porque poucas bandas sul-africanas foram agendadas para as cerimônias de abertura e tal, mas agora começam a surgir convites para tocarmos em muitos parques de diversão e clubes e outros lugares. Assim, esperamos ter bastante exposição em todo o período. É, estamos esperando para ver.

Você tem tocado bastante com a banda pelo mundo?

DM Sim, fizemos duas viagens para o Reino Unido e fizemos uma viagem para os EUA. Tocamos no SXSW em 2007. Tocamos na cidade de Nova York também. E, no total, provavelmente fizemos dez shows no Reino Unido. E tocamos em Dubai uma vez.

Entendo que o fato de que tocar ao vivo é muito importante para a banda. Geralmente, é quando as coisas acontecem, não é?

DM Sim, definitivamente. The Dirty Skirts é uma banda boa de palco e muitas das músicas que tocamos, soltamos samples e coisas assim. Assim, também somos muito bons para improvisar. Em alguns shows, nos arriscamos. Às vezes, funciona formidavelmente. Às vezes, não funciona tão bem assim. No entanto, fizemos muitos shows incríveis. [Tocamos em] todos os principais festivais daqui da África do Sul, e também no festival da Coca-Cola [Coca-Cola Zero Fest], que acontece todo ano. Nós tocamos três vezes nele. No ano passado, tocamos com o Snow Patrol e o Oasis. E antes desse, tocamos com o Evanescence e várias outras bandas, como Three Doors Down, Staind e Hoobastank, do Canadá. Foi uma grande experiência, mas também gostamos de aproveitar a temporada e tocar mais. Entretanto, somos uma banda bastante independente, sabe? Então, é muito caro para a gente ficar viajando. Mesmo assim, claro que adoraríamos ir para o Brasil e tocar por aí.

Seria legal. Na sua opinião, qual é a percepção das pessoas não apenas em relação ao país, à África do Sul, mas em relação a sua cena musical? Você acha que as pessoas tem ideias corretas e boas ou equivocadas a respeito da música e da cultura do país?

DM Acho que, com certeza, há certos equívocos. Isso ocorre frequentemente com as nações estrangeiras. No entanto, a África do Sul é um lugar muito interessante. Temos uma população muito diversificada, temos línguas vivas... De modo que a cena musical é diversificada. Posso falar a respeito da cena do indie rock, mas a cena da música eletrônica é realmente muito vibrante e muito legal, e senti que nos últimos anos ela não tem tido a atenção devida. Mas, essa nova [banda] da África do Sul chamada Die Antwoord tocou no Coachella nos EUA recentemente e está fazendo os holofotes se virarem para os sul-africanos. Talvez, algumas outras bandas excelentes terão algum reconhecimento por causa disso também.

Você falou em línguas diferentes. Sei que onze línguas são faladas na África do Sul e sei que diferentes bandas cantam em línguas diferentes. Essas bandas estão separadas pela língua ou elas se reúnem em festivais? [Há] alguma conexão entre essas bandas ou se você canta em inglês, você toca em lugares específicos?

DM Acho que depende do festival. Temos o festival de jazz aqui, que faz as coisas se misturarem muito mais, mas a maioria dos festivais típicos da cultura jovem é predominantemente em inglês. Obviamente, temos algumas bandas africânderes também, e são bem grandes. E então a gente tem todas as línguas africanas. Você pode ter ouvido falar do Freshlyground. Eles são bem grandes, mas, na verdade, eles cantam em inglês. No entanto, há outras também.

Há alguma coisa, algum elemento que torna sua música sul-africana? Você apontaria alguma coisa ou é uma banda muito cosmopolita?

DM Sim. Realmente, cantamos um pouquinho a respeito de onde viemos. Assim, isso é apresentado no conteúdo das letras, mas na maioria das vezes, nós nos relacionamos com questões universais. Quero dizer, cantamos muito sobre a vida e a morte, e viver o momento, sabe? E ser tolerante. Então, não nos focamos muito em estabelecer uma identidade particularmente sul-africana em nossa música. Estamos em um gênero que é global, povoado por todos, desde os Arcade Fires do mundo até Yeah Yeah Yeahs e bandas britânicas e bandas europeias e bandas da Austrália e, na verdade, de todo o mundo. Não tentamos arranjar ritmos africanos nem qualquer coisa assim para colocar em nossa música, mas nós, The Dirty Skirts, nos divertimos muito e cada música que compomos é uma experiência criativa nova. Assim, você descobrirá, ao ouvir nossos álbuns, que as músicas frequentemente soam como se fossem de bandas diferentes.

Exatamente. Bem, chegamos à pergunta sobre a guitarra. Que tipo de guitarrista você é e qual é o papel do guitarrista agora, no século XXI? [David ri]

DM Eu toco com muitos efeitos em muitas músicas. Assim, o som é meio eletrônico, mas, sim, adoro tocar Stratocasters e Telecasters na maior parte do tempo. Tenho algumas outras guitarras também, cerca de dez no total. E acho que somos uma banda bastante orientada pela guitarra. Ainda fazemos a maioria de nossas composições em torno da guitarra. E, para mim, esse é o instrumento definitivo. Sou um pouco um músico autodidata. Assim, um pouco um hacker. [Risos] Mas tenho recursos.

Você mencionou a dance music, coisas eletrônicas, mas a banda é definitivamente de rock. Alguns anos atrás, se você fosse a uma loja de discos, encontraria seus discos na seção de rock, certo?

DM Sim, sim. Definitivamente somos uma banda de rock, mas o nosso baixista toca com mais pedais de efeitos do que eu. Então, a banda tem uma dinâmica particular no som que não faz soar como se tivesse apenas um baixo, uma guitarra, um vocalista e bateria, entende? Soamos um pouco diferente disso. Soltamos alguns samples no meio de nossas músicas e em certas ocasiões tocamos com muitos efeitos. Contudo, é bem uma banda de rock, bem uma performance de rock, sabe?

Se você fosse organizar um festival - para vocês fecharem, é claro - e você fosse convidar algumas bandas contemporâneas que vocês curtem. Quem você chamaria para tocar?

DM Bem, seria uma escolha muito difícil. Mas eu adoraria tocar com Foo Fighters, Red Hot Chili Peppers, Arcade Fire... Eu teria que ter Jane's Addiction lá, e Pixies. Esse seria meu line-up.

Se você fosse dar alguns conselhos para brasileiros que vão visitar a África do Sul – conselhos em relação a bandas –, quem eles deveriam ouvir para ter uma noção da cena musical sul-africana?

DM Bem, na cena do rock, vocês teriam que ver The Dirty Skirts... [Risos] Vocês teriam que ver Desmond & The Tutus... E Fokofpolisiekar... Uma outra banda, chamada aKING... New Holland... Há tantas bandas fantásticas na África do Sul agora... Temos uma grande banda de rock instrumental que faz uma espécie de paisagem sonora imensa. Ela se chama kidofdoom. Definitivamente vale a pena ver. Isochronous... Há muitas e muitas bandas, sabe? E se vocês curtem um troço pesado, há muita coisa pesada aqui também.

Ah, é?

DM Sim, sim. Definitivamente. Há pouco tempo, tocamos em um festival chamado RAMfest e ele tem um palco separado para quem é realmente do metal hardcore, sabe?

Eles estão em toda parte, cara.

DM Sim, sim. [Risos]

"Daddy Don't Disco" é a música mais famosa da banda?

DM Não, eu provavelmente diria "Homewrecker" e "Feeling the Pressure", que são grandes músicas, mais antigas. "Feeling the Pressure" é do EP e "Homewrecker" é de *On a Stellar Bender*. De *Daddy Don't Disco*, sim, provavelmente essa música ou "Rolling like Thunder". Ambas são músicas bem conhecidas.

Ok. David, acho que é o bastante. Muito obrigado mesmo por isso.

DM Obrigado, Fabio. E onde vocês estão? Em que cidade vocês estão?

Estamos ligando de São Paulo, aquela cidade grande.

DM São Paulo, ok. Fantástico. Se algum dia formos para aí, conversaremos com você a respeito de onde tocar.

Com certeza. Espero vê-los aqui em breve.

THE PARLOTONES

Entrevista com Kahn Morbee (The Parlotones) em 29 de abril de 2010.

T

The Parlotones é uma banda (quase) pronta para um outro universo. Eles já tinham conquistado praticamente tudo o que podiam na África do Sul, tanto que a entrevista com eles aconteceu da Inglaterra: liguei para eles e estavam em turnê no Reino Unido. Hoje em dia parece que eles moram em Los Angeles. O mais divertido foi ver os Parlotones, logo depois dessa entrevista, praticamente como um co-headliner da abertura da Copa do Mundo de 2010, afinal tocaram exatamente antes da Shakira. Estavam com os rostos maquiados, uma pintura maluca, e o som se aproximando mais de Muse, ou algo parecido.

Estou ligando para a Inglaterra, certo? Onde na Inglaterra vocês estão agora?
Kahn Morbee Estamos em Manchester. Estamos numa espécie de apartamento que reservamos nesses dias.
Então vamos nessa. Muito obrigado por falar conosco e, digamos, bem-vindo ao Brasil.
KM Sim, sim, obrigado por nos receber. Estamos bem entusiasmados de ter nossa música espalhada pelo Brasil.
Vou começar perguntando sobre rádio. Quão importante é o rádio para uma banda como The Parlotones e para a cena sul-africana?
KM É muito importante. Obviamente, quando começamos, era muito difícil entrar no rádio. Então, o que fizemos foi excursionar sem parar até termos um bom grupo de fãs que passaram a nos seguir, mas o rádio nos elevou ao nível seguinte. Quanto mais músicas temos no rádio, mais pessoas vão aos shows e compram nossos álbuns. Definitivamente, é muito importante.
E sobre essa coisa da internet e especialmente a música de graça na internet – como vocês lidam com isso?
KM Na verdade, não é um grande problema na África do Sul porque não temos uma boa banda larga. Não temos uma velocidade alta de internet, de modo que as pessoas não baixam muita música. Pessoalmente, não ligo. Se um milhão de pessoas está baixando nossas músicas, é um problema bom de termos. Isso quer dizer que há um milhão de pessoas por aí interessadas em nós de alguma forma. E isso é saudável para nossa vida nos shows - para a cena musical ao vivo, os produtos vendidos pela banda e coisas assim.
E sobre os discos em si – quão importante é para uma banda jovem lançar discos nos dias de hoje, em tempos de música de graça? Quando vocês gravam músicas novas, vocês pensam em termos de álbuns hoje em dia?
KM Pessoalmente sempre gostei de álbuns. Prefiro comprá-los. Gosto de pegar o álbum de uma banda que eu aprecio e meio que consumi-lo por algumas semanas. Acho que sempre lançaremos álbuns e acho que ainda há uma demanda para eles. Sempre haverá pessoas por aí que gostam de álbuns inteiros e sempre haverá pessoas que só querem os singles dos álbuns. Assim, não acho que seja necessário seguir numa só direção. Acho que você pode querer o álbum todo e esse álbum também deve sair em formato digital. Assim, há a disponibilidade para

pessoas que gostam de singles e para as que gostam de álbuns inteiros.
Você gosta do trabalho em estúdio? Vocês passam muito tempo gravando?
KM Sim, adoro estar no estúdio. Amo todo o processo criativo. E não levamos tanto tempo. Levamos mais ou menos umas 4 semanas para gravar um álbum. Talvez um pouco mais, mas é normalmente o tempo que levamos. O processo de composição acontece constantemente, mas o efetivo processo de gravação leva cerca de um mês.
Daqui a alguns dias, os olhos de todo o mundo estarão voltados para a África do Sul por causa da Copa do Mundo. Quão entusiasmado você está com isso? Você gosta de futebol?
KM Estou muito entusiasmado e adoro futebol. Joguei futebol minha vida inteira. E é muito excitante, para mim, fazer parte de toda essa coisa de Copa do Mundo. Na verdade, vamos tocar nas apresentações de abertura da Copa em nosso país. Estou muito satisfeito e acho que será uma ótima Copa do Mundo. Isso depende de vocês aí. [Kahn ri]
Sim, claro. Cuidado com o Brasil!
KM Sim!
E sobre esse show que vocês vão fazer – é um dia antes? É parte da cerimônia de abertura ou coisa assim?
KM Não, não. É um dia antes da cerimônia de abertura. Então haverá uma grande apresentação com Black Eyed Peas, Shakira, John Legend e Alicia Keys. É apenas uma apresentação normal que acontece um dia antes. Acho que é meio para fazer com que as pessoas assistam e se liguem que a Copa do Mundo vai acontecer. Há essa opinião de que se houver um montão de shows no dia anterior, isso criará uma pequena comoção em torno disso. E é essa a intenção.
Você acha que os turistas vão se ligar que há uma cena forte com um monte de bandas e muita cultura da África do Sul? Você acha que as pessoas têm uma ideia deturpada do país, da cena musical?
KM Sim. Veja bem, muitas pessoas têm muitos preconceitos sobre a África de um modo geral. Não é exatamente o Primeiro Mundo e não há a habilidade de conduzir um evento como esse, mas acho que, uma vez que o evento tenha terminado e verem que pudemos conduzi-lo de maneira razoável, perceberão que estamos no caminho. Em termos da cena

musical, sei que enquanto estamos conversando e até a concretização de todo o evento, há muitas coisas sendo pensadas em termos de entretenimento envolvendo artistas locais. Assim, haverá muito entretenimento disponível dentro e em torno das cidades que vão sediar os jogos. Então, as pessoas definitivamente estarão expostas a muito da música e da cultura sul-africana e nós seremos parte de alguns destes eventos.

Isso é ótimo. Ainda falando sobre o país, sei que há, pelo menos, 10 línguas diferentes faladas no país e o inglês não é a mais importante. Como é a cena musical em termos de línguas? Bandas que cantam em línguas diferentes tocam juntas?

KM Na verdade, há 11 línguas oficiais e provavelmente 16 ou 17 não oficiais. Mas o inglês é, na verdade, a língua nacional. Porque a maioria das pessoas consegue entender e falar inglês. Pode não ser a mais falada, mas é a língua nacional: a maioria dos noticiários e coisas assim são em inglês. E, sim, como consequência, a cena musical é muito dividida porque as pessoas querem ouvir música em sua língua materna, e essa música varia, sabe? As pessoas que falam uma determinada língua tem um certo estilo musical associado a ela. Mas os artistas geralmente trabalham bastante uns com os outros e fazem colaborações musicais em gravações e apresentações ao vivo. Mas o público, de modo geral, gosta do que está acostumado. Algumas pessoas gostam de rap, outras gostam de rock. É assim que o mundo funciona, imagino [Kahn ri].

E com The Parlotones? Você apontaria alguma coisa na música que deixa a banda soar sul-africana? Ou a banda é verdadeiramente cosmopolita?

KM Acho que uma das coisas de que sempre tivemos consciência foi querer fazer uma música que fosse universal – essa coisa do rock. O rock e as várias facetas que ele pode ter – seja ele indie rock, pop rock ou hard rock. O rock geralmente é bem universal. Não importa aonde você vá no mundo, haverá uma plateia para o rock. Eu diria que somos uma banda bastante cosmopolita. Um pouco do jeito que falo dá pistas de onde nossa música vem. O jeito que pronuncio as palavras. E um pouco do conteúdo também. As letras falam sobre crescer e viver na África do Sul. Músicas como "Brighter Side of Hell" ou "Should We Fight Back", que é inspirada em *Longo Caminho para a Liberdade* [autobiografia de Nelson Mandela]. Esse tipo de coisa indica que somos uma banda sul-africana, mas não há referências musicais. Não tocamos maskandi com a guitarra, que é um estilo zulu de tocar. Não queremos ser... Qual é a palavra?... Sem noção! Não queremos tocar bongôs só para dizer que somos da África do Sul. Queremos ser verdadeiros para nós mesmos. Se, ao longo do tempo, passarmos a introduzir instrumentação e padrões rítmicos que são indicativos da África do Sul, isso acontecerá como um processo natural. Não forçaremos isso.

Se vocês organizassem um festival de vocês, quais bandas vocês convidariam?
KM Eu obviamente as escolheria de minha lista de bandas dos sonhos. Então, no momento, eu convidaria bandas como The Shins, Death Cab for Cutie... Provavelmente, Coldplay... The Killers, Morrissey, The Cure – definitivamente, The Cure –, R.E.M.... E The Veils, [The] Gaslight Anthem e [The] Airborne Toxic Event. E Muse! E Muse também.

Bem, parece muito bom. Você pode trazer o festival para o Brasil. Vamos curtir. [Kahn ri]
KM E Radiohead! Quase me esqueci do Radiohead. [Massari ri]

Ok. Vamos ter dois dias então.
KM Sim. [Kahn ri]

Para os brasileiros que vão à África do Sul, você recomendaria algumas bandas?
KM Sim, com certeza. Há uma banda chamada Freshlyground que as pessoas deveriam conferir. É meio world music. Eles incorporam bastante os elementos da instrumentação sul-africana. Quanto a bandas de rock, eu recomendaria aKING, Zebra & Giraffe, The Dirty Skirts e The Black Hotels. Há alguns rappers legais: HHP, Proverb... Acho que [essas bandas e artistas] dão uma boa noção da cena.

Vocês têm viajado pelo mundo. Vocês estão em turnê no momento?
KM Sim, agora estamos em uma turnê pelo Reino Unido. Na verdade, hoje é um dia de folga.

E eu estou perturbando você com uma entrevista...
KM Não, de maneira alguma! Você não está me perturbando. [Risos]

Ok, Kahn. Muito obrigado. Espero poder vê-los aqui no Brasil no futuro.
KM Eu adoraria. Sempre foi um sonho meu ir ao Brasil, mesmo que seja apenas de férias.

Sim, talvez seja uma ideia melhor ainda. Alguns shows e então você tira uma semana de férias.
KM Sim, com um monte de mulher bonita.

THE RIVER PHOENIX

Entrevista com Kristian Finne Kristensen (The River Phoenix).

P

Por conta das pesquisas dinamarquesas, fui parar nessa banda: The River Phoenix. Um nome interessante, referência imediata ao [falecido ator] River Phoenix, e eu gostei de alguma coisa no disco deles. Por isso fiz um contato para entrevistar a banda para o programa. Os caras acharam tão maluca a ideia de alguém no Brasil querer ouvir uma banda como a deles, que disseram assim: "Você manda as perguntas por email, a gente entra no nosso estúdio, responde as perguntas e aí a gente manda pra você os arquivos das respostas." Porque também seria um jeito legal de utilizar [esse material] na rádio, já que as respostas vieram num arquivo de áudio de boa qualidade. Foi a primeira vez que aconteceu da banda sugerir um formato de entrevista... No fim das contas, ficou bom pra mim, porque vieram só as respostas, e numa qualidade de áudio bem interessante. Foi engraçado ouvir o material bruto, porque ele falava coisas do tipo "agora vou parar para fumar um cigarrinho e daqui a pouco a gente volta."

Nas respostas, ele fala uma coisa engraçada. Quando acionei a banda para fazer a entrevista, eles ficaram desconfiando de alguma coisa, achando que era alguém pregando uma peça ou algo do tipo. Por isso foram pesquisar no Google sobre mim, e foram parar na entrevista do U2: aí os caras piraram, fizeram uma comemoração... "Pô, o cara existe mesmo!" E foi então que eles sugeriram esse formato diferente da entrevista. A banda já acabou. Mas o Kristian me mandou um email recentemente, dizendo que ele está com uma banda nova. Se não me engano, acho que a banda já estava nas últimas quando eu pedi a entrevista. O interessante é que fui parar nessa banda meio que por acaso: ou seja, as pesquisas acabam proporcionando umas maluquices.

Kristian Finne Olá, Fabio! Aqui é Kristian da banda The River Phoenix. Estou muito feliz por você ter nos contatado e vou responder todas suas perguntas agora mesmo, uma a uma, e tenho que dizer que estou muito entusiasmado com esse nosso pequeno projeto. Então, olá! Prazer em conhecê-lo assim, imagino eu. Isso é divertido, né? Então, vamos começar.

Pergunta 1
KF Tenho que dizer que todos ficamos muito surpresos e entusiasmados ao ouvir dizer que as músicas do The River Phoenix tinham chegado até o Brasil. Eu não fazia ideia que isso aconteceria. E, se não fosse por você, Fabio, acho que isso não teria acontecido. Estamos muito felizes por você ter nos descoberto. No início, quando recebemos seu primeiro e-mail, não achei que isso fosse verdade. Então, o que fiz foi entrar na Internet e pesquisar seu nome, Fabio Massari, no Google. No YouTube, encontrei alguma coisa da época em que você era um VJ da MTV. Assisti a algumas de suas entrevistas com formidáveis artistas musicais e pensei: "Caraca, é verdade!" Então, sim, [estamos] muito entusiasmados. Sobre bandas brasileiras, uma que todos nós [da banda] imediatamente pensamos é o Sepultura. Todos nós ouvíamos o Sepultura quando éramos mais jovens e vestíamos roupas pretas com caveiras estampadas. Você sabe como é. Imagino que todo mundo passe por isso. Algumas pessoas ainda curtem isso e [tenho o] maior respeito. Uma outra coisa em respeito à música brasileira é que eu tenho uma amiga cuja mãe se chama Silvana Malta. A família dela

é do Brasil e ela é uma cantora de jazz aqui na Dinamarca, onde ela lança álbuns e ganha ótimas críticas e tal. Então, lamento em dizer que isso quase que resume meu conhecimento [sobre música brasileira]. A filha dela, Carolina, me contou um pouquinho a respeito dos Mutantes – Mutantes... Mutantes... Acho que se fala assim, né? Mas eu não os conhecia antes. É claro que, quando recebi seu e-mail, fiquei interessado em descobrir o máximo que eu pudesse. Então, agora estou investigando a respeito.

Pergunta 2
KF Lendo seu e-mail, fiquei sabendo que The Raveonettes tocou no Brasil no passado. Acho que é uma banda extraordinária, mas não diria que funciona muito como um cartão de visitas da cena musical da Dinamarca. Acho que ela é bastante singular quanto ao que faz e, na minha opinião, é muito mais uma banda internacional – algo que seus integrantes sempre quiseram fazer. E o que acho engraçado é que você escreve em seu e-mail que chegou a visitar a Dinamarca, foi ao Roskilde Festival em 1996 e entrevistou o Psyched Up Janis. Psyched Up Janis foi a banda que Sune, o cantor do Raveonettes, tinha antes de formar o Raveonettes. E todos [em nossa banda] éramos grandes fãs do Psyched Up Janis. Éramos apenas garotos naquela época, muitos anos antes de formarmos uma banda. Você está absolutamente certo ao dizer que o Psyched Up Janis definitivamente desempenhou um papel no modo como soamos em nosso álbum. E, na verdade, todos nós ficamos muito tristes por Psyched Up Janis não ter feito mais sucesso. Quando Sune seguiu em frente com o Raveonettes, ficamos muito tristes porque não escutaríamos mais os discos do Psyched Up Janis, mas The Raveonettes é um grupo incrível. Com muito estilo, sabe? Parece que sabem exatamente o que querem, como eles querem aparecer e como eles querem soar, e acho isso muito inspirador.

Pergunta 3
KF Muitas pessoas, tanto na Dinamarca quanto em nossos países vizinhos, acham que, atualmente, a cena musical dinamarquesa está

numa situação mais interessante e mais excitante do que jamais esteve. [Mas no] exterior, não sei exatamente quais bandas as pessoas conhecem. Não tenho certeza, mas sei que bandas como Efterklang e Mew... Mas com o Mew é meio a mesma situação dos Raveonettes. Acho que ela transcende ser apenas uma banda dinamarquesa. É uma banda internacional. Assim, não sei se é certo citá-la. Ainda assim, muitas bandas estão fazendo uma música ótima em muitos estilos e gêneros, e muitas bandas dinamarquesas estão fazendo turnês fora da Dinamarca. E as bandas realmente precisam excursionar porque este é um país muito pequeno. Se a gente fizer uma turnê por todo o país, há cerca de seis locais para se apresentar. E acho que é provavelmente por isso que as bandas precisam excursionar. E o primeiro lugar – o lugar mais óbvio – para ir é o sul, a Alemanha. Acho que há 80 milhões de habitantes em todo o país. E o que é muito louco é que, quando a gente pensa sobre o Brasil, a população da Dinamarca (5 milhões) e da Alemanha (80 milhões) são apenas uma gota no oceano em relação à do Brasil. No entanto, as pessoas parecem achar muito interessante o que está acontecendo na Dinamarca atualmente. Escutei as pessoas dizerem que a Dinamarca é a nova Suécia. O que você acha disso? Vamos esperar que sim...

Pergunta 4
KF Sua pergunta sobre se é importante ou não deixar sua terra natal e ir aos EUA ou ao Reino Unido para ter sucesso é algo que me pergunto tantas vezes que você nem acreditaria. Acho que, para muitos músicos e também atores e artistas, é uma espécie de sonho. O sonho é ir para o exterior, ir para esses países e dar certo. Entretanto, você realmente tem que ter culhão e tem que ser livre de certo modo. No nosso caso, somos cinco pessoas na banda e conversamos sobre isso muitas vezes. Para nós, talvez o lugar mais óbvio [para nos mudarmos] seria a Alemanha, onde está o nosso selo, mas é difícil para as pessoas se libertarem de suas vidas e terem coragem o bastante para começar uma vida nova em outra cidade. Entretanto, devo admitir que gostaria de ter feito isso quando era mais jovem. E então, no-

vamente pensando no lado positivo, ainda considero essa hipótese. Quero dizer, nunca dá para saber. E também acho que mudar para os EUA ou o Reino Unido e começar do nada e acabar sem nada seria estúpido. Seria tolice. Acho que se pode trabalhar muito para tentar criar fama a partir da própria cidade, quer seja Copenhague, Estocolmo, São Paulo ou qualquer outro lugar. Assim, na minha opinião, acho que deveria ter alguma coisa acontecendo para a gente na cidade para a qual a gente estivesse mudando antes de dar esse grande salto. Entretanto, é o sonho. Aposto que muitas pessoas têm sonhos de ir a cidades diferentes e recomeçar. No entanto, há um ditado dinamarquês: "A grama do vizinho é sempre mais verdinha". Pensando nisso agora, acho que é um ditado meio universal, mas dá para fazer muita coisa onde se vive. Dá para viajar e voltar para casa. Às vezes, é um jeito legal de se fazer as coisas, sabe? Viajar, ter a experiência e então voltar e digeri-la para saber o que se fez certo e o que se fez errado.

Pergunta 5
KF Sempre cantei em inglês e nunca tive dúvidas de que isso era a coisa certa. Sou muito criança em relação a isso. Quer dizer, eu simplesmente adorava assistir filmes ingleses e americanos e adorava ouvir música inglesa e americana, ouvir as letras, aprender a falar inglês realmente tentando imitar coisas que escutei na TV e tal. Assim, desde que era criança, quando era um garotinho brincando de soldado no jardim, meus pais sempre acharam estranho, pois eu fazia os bonequinhos de brinquedo conversar entre si em inglês e não em dinamarquês. E acho que talvez seja o que ainda faço um pouquinho, sabe? Estou brincando com a língua. Contudo, pelo lado mais realista, somos somente 5 milhões de pessoas na Dinamarca e realmente sinto que preciso e quero fazer rock e quero cantar ao vivo e quero gravar discos e, cantando em dinamarquês, simplesmente estarei excluindo um monte de gente do que estou pensando e do que eu quero dizer. E pelo inglês ser uma língua muito comumente compreendida, seria estupidez não cantar em inglês. É isso o que sinto. Sim, senhor.

Pergunta 6

KF Em relação à música gratuita na Internet, adoro quando bandas lançam EPs ou algumas faixas de um álbum e os colocam de graça para download. Acho que é uma ótima maneira de as pessoas descobrirem se elas gostam das músicas ou não, sem estarem na ilegalidade. Além disso, todo esse negócio grátis pode se provar ser um sucesso financeiro tremendo. Pelo que sei, aquela coisa do download grátis de *In Rainbows*, do Radiohead, se tornou um sucesso tremendo. Pessoalmente, eu adorava os CDs. É uma coisa curiosa. Sempre adorei o CD. Adorava o formato de álbum, adorava o encarte que vem com os CDs. Minha sala de estar é absolutamente apinhada de estantes de CDs, mas devo admitir que, desde o ano passado ou talvez os últimos dois anos, toda música que comprei, foi pelo iTunes. Não é tão caro baixar um álbum pelo iTunes. Ainda assim, é uma pergunta realmente bem difícil de responder, afinal eu quero que as pessoas comprem nosso álbum, certo? Não queremos que as pessoas encontrem nosso álbum em torrents via Pirate Bay ou qualquer coisa assim. Não curto isso de jeito nenhum e eu mesmo nunca faço isso. Se há alguma coisa sentada lá em cima, no céu, observando o que fazemos, acho que seria bem aquilo de dois pesos e duas medidas baixar os trabalhos de outros músicos de graça e então esperar que as pessoas paguem pelo meu. No entanto, nós estamos começando. Então, ficamos bem felizes pelas pessoas escutarem nossa música não importando como elas encontrem nosso álbum. No momento, estamos muito satisfeitos por escutarem nossa música, o que é difícil devido à tremenda quantidade de música que vaga por aí de graça, legal, ilegal, de toda maneira. É uma selva, cara! Deixe-me ver a pergunta de novo. Eu baixo coisas? Eu ainda compro discos? Sim, compro discos pela Internet, e está chegando o dia em que vou pegar minha coleção de CDs e colocá-la numa caixa no porão ou outro lugar. Não sei, mas os dias estão contados para o CD e tenho uma sensação ambígua porque eu entendo isso. Entendo que o tempo passa, mas ainda amo e acho que há certa nostalgia conectada ao CD e ao encarte e a toda a arte visual que a banda escolhe para acompanhar a música. Às vezes, eu sinto falta disso quando eu baixo um álbum pelo iTunes. É isso aí.

Ah, esqueci de dizer algo que mexe muito comigo: a qualidade do som da música que as pessoas pegam na Internet é simplesmente horrível. O formato MP3 é simplesmente... Imagine as pessoas gastando 100 mil dólares, trabalhando muito o som da música em estúdio, passando semanas – às vezes, meses – e quando tudo está pronto, todo mundo fica feliz e orgulhoso. Daí, o receptor, o ouvinte da música, baixa no formato MP3 com aquele "psss", um som sibilante por cima de todos os sons que fizeram no estúdio. Essa é uma situação simplesmente horrível. Enfim, eu só queria dizer isso.

Pergunta 7
KF Falando sobre discos: não quero que o álbum morra. Não quero que a música seja somente lançada como faixas individuais. Vejo alguns artistas, pop na maioria, pensando não tanto no formato de álbum, mas pensando apenas nas canções. Acho que seria muitíssimo triste se o álbum morresse e só houvesse centenas e centenas de faixas individuais que a gente pudesse escolher. Li numa revista que comprei um dia desses que Jack White [do White Stripes, The Dead Weather, The Raconteurs], esse músico maravilhoso, achava que o iTunes deveria tornar impossível comprar somente uma música de um álbum. Ele queria que fosse de uma maneira que só se pudesse comprar o álbum. E se você gostasse de uma música do álbum, então teria que comprar o álbum inteiro. Uma parte de mim acha que há alguma lógica e algo de bom nessa declaração. Entretanto, penso e espero que os álbuns sempre sejam lançados, pelo menos os de artistas de rock e pop, pessoas que querem contar uma história mais do que apenas fazer as pessoas balançarem as cabeças com o ritmo. A pergunta é sobre o vinil ou o CD ou qualquer formato físico. Eu poderia ver isso se tornar algo que talvez a gente só compre no show de verdade da banda, do grupo que a gente gosta. Digamos, por exemplo, que não seja possível conseguir o CD dos Mutantes numa loja, pois a loja de discos provavelmente desaparecerá. Não haverá uma ou duas ou cinco lojas de discos numa cidade. Não haverá nenhuma. Zero. E a única maneira de se conseguir a música de uma banda provavelmente seja, por exemplo, pelo iTunes

ou pela Amazon ou qualquer coisa assim. E então, se a gente for a um show dessa banda, isso se torna uma espécie de memorabilia, algo para lembrar a gente da noite e algo especial que talvez seja somente vendido nos shows. Quem sabe? Este é meu pensamento.

Pergunta 8
KF Sim, aí vem coisa boa: falar sobre nós e nosso disco! Fizemos um álbum, em 2008, chamado *Ritual*, que foi produzido por um sueco chamado Pelle Gunnerfeldt. Ele também é músico e, nos anos 90, esteve na banda Fireside, que excursionou pela América e Europa e ficou bem famosa. Como produtor, um de seus trabalhos mais conhecidos foi ter produzido The Hives. E trabalhar com ele no álbum foi uma experiência muito boa. Embora ele seja um cara bem peculiar – ele não fala muito – as ideias dele são muito boas. Acho que ele realmente entendeu quem éramos e de onde vínhamos e pura e simplesmente capturou isso de um jeito muito bom. Como acontece com muitas coisas quando as terminamos, consigo ouvir o álbum hoje e dizer: "Bem, talvez devêssemos ter feito isso e aquilo de um jeito diferente", mas, na época, senti de verdade que Pelle era o cara certo, e todos nós adoraríamos fazer algo com ele novamente. E é engraçado porque você escreve em seu e-mail que ele tem uma grande reputação. E eu sei que tem, mas não tinha a mínima ideia disso na época. Foi nosso empresário, Jonas [Fjelding], quem tinha pensado em Pelle Gunnerfeldt como produtor para nós e, para ser honesto com você, quando ele o mencionou e disse: "Poxa, você não conhece Pelle Gunnerfeldt? Não sabe o que ele tem feito? Não sabe quem ele é?" Eu disse: "Sim... Sim, sim. Sim, eu o conheço, eu o conheço". No entanto, eu não o conhecia. Alugamos uma fazenda no interior da Suécia, um lugar que ele conhecia e para onde ele levou todas as coisas dele – microfones e tudo que ele precisava para fazer uma gravação profissional – e todas as sessões de gravação foram montadas no meio do nada. Comíamos comida caseira todas as noites. Quer dizer, claro que houve a ocasional bebedeira de cerveja e vinho, a gritaria e a insanidade. Isso aconteceu principalmente porque ficamos loucos depois de semanas, das oito da manhã às três da manhã do dia

seguinte, tentando fazer algo maravilhoso a partir do que tínhamos – as doze, catorze, dezesseis músicas que levamos para o estúdio. Elas são como nossos bebezinhos. E permitir que, de certa forma, um cara como Pelle eduque nossas crianças é um sentimento maluco. Não acho que ele tenha deixado uma marca tão grande em nossa música. Fiquei muito satisfeito, muito feliz com a marca que ele deixou e a reputação dele abriu portas para nós. É estranho. Algumas pessoas nos escrevem dizendo: "Ouvi o disco de vocês porque Pelle Gunnerfeldt o produziu. Não tenho palavras para dizer como ele foi bom." Espero muito poder encontrá-lo de novo, e espero encontrá-lo em breve. Estou pronto para voar até Estocolmo, onde ele mora, e sair com ele para falar sobre música. Quero muito mostrar as coisas novas que estamos fazendo.

Pergunta 9
KF Para uma banda como a nossa, que é relativamente desconhecida no cenário mundial, fizemos muitas viagens com nossa música. Tocamos em muitos desses festivais de música para bandas que estão surgindo, por assim dizer. Fomos a Austin, no Texas, e tocamos no South by Southwest, que, com toda honestidade, simplesmente foi o lugar mais louco e maravilhoso em que já estive. Devo admitir que não consegui ver muito do Estado do Texas, mas toda essa ideia do South by Southwest, onde cada prédio da 6th Street é um local para música... As pessoas abrem todo um espaço nas lojas delas e montam um palco e conseguem uma licença para vender bebidas alcoólicas porque a semana inteira tem a ver com música e nada além de música. Assim, há um show no térreo, há um show na cobertura do prédio, há um show no prédio ao lado e também há gente tocando na rua. Malucas, pessoas malucas, os americanos! Pô, cara, acho que vou me lembrar disso para sempre. Além do Texas, tocamos no CMJ, em Nova York. Estivemos na Inglaterra e fizemos alguns shows. Estivemos na Noruega, Suécia, fizemos muita coisa na Alemanha, principalmente porque nosso selo é da Alemanha. Fomos a banda de abertura para alguns nomes maiores. Um deles que passei a gostar muito foi uma banda canadense chamada The Stills. Tocamos na Canadian Music

Week. Acho que fizemos muitas viagens e amo muito quando estamos por aí, tocando. É simplesmente o melhor momento. "Como é a vida na estrada?" Como é a vida na estrada? Uau! É difícil não transformá-la em uma longa festança, mas acho que isso é o que realmente rola para meus colegas de banda, os outros quatro caras, porque, para mim, enquanto cantor, se eu beber e fumar a noite inteira e depois tiver que acordar cedo de manhã para dirigir até o próximo lugar, aí minha voz simplesmente... Não sei se é porque não sou profissional ou sou meio bichinha ou sei lá o que, mas simplesmente não consigo cantar de um modo que eu fique orgulhoso disso se eu beber a noite inteira. Então, passo de um jeito bem diferente dos meus amigos. Eles são caras legais e se divertem muito e acho que, para eles, eu sou o cara chato. No entanto, todos nós devemos nos revezar para dirigir a van. Então, eles têm que estar sóbrios durante o dia pelo menos. Quando o negócio é a música e fazer o show para valer, todo mundo é profissional. No palco, ninguém fica bêbado ou chapado ou algo assim. Acho que isso é história, é algo do passado. Isso de grandes astros do rock entrarem drogados no palco é uma coisa do passado para as bandas de rock, porque isso simplesmente não funciona. E não consigo entender como isso funcionava na época, mas enfim... Acho que é muito importante para a música, é muito importante para os fãs e acho que simplesmente temos de nos dar por agradecidos por estar numa banda em que viajar e fazer turnês seja financeiramente possível. Quer dizer, não é nenhum luxo. É engraçado porque parece haver esse dois níveis ao ter uma banda. Uma das coisas que vi no YouTube foi você entrevistando Bono, do U2. Então, há essa ponta do espectro, onde existem milhares de zilhares de dólares, bebendo água fresquinha dos Alpes e comendo uvas e escovando os dentes com ouro e... Me perdi. Não sei mais sobre o que estou falando. Mas é só para descrever que há muito dinheiro e muito sucesso. Então, na outra ponta da régua, há uma banda como a nossa, toda apertada numa van, pensando em onde e como lavar as roupas, pensando se dá para pagar tal refeição e só querendo chegar no local do show para conseguir algo de graça para comer e beber. É apenas engraçado que haja tanta diferença, né?

Pergunta 10

KF Absolutamente não tenho a mínima ideia qual é a percepção que as pessoas têm da música dinamarquesa. Simplesmente não sei. Não sei. Meu lado mau diria que a percepção das pessoas sobre a música dinamarquesa é que ela é muito parecida com a de outras nacionalidades. Muito parecida com a música americana ou a música inglesa. Que não dá muito para distinguir que é da Dinamarca. Poderia ser de qualquer outro país, entende? Entretanto, acho que talvez a Dinamarca seja um pouco assim porque é um país tão pequeno que foi importante, para nós... Talvez eu possa estar falando besteira agora, mas estou só pensando que temos um país tão pequeno que sempre foi importante para nós [essa coisa de nos] comunicarmos e fazermos comércio com nações maiores. E, sim, é claro que há uma cena musical folk. Há uma música verdadeiramente tradicional da Dinamarca, mas num sentido pop, rock, indie, underground, mainstream ou outro assim, acho que somos bastante parecidos com outras nacionalidades. Dito isso, acho que temos muita música boa, muitos compositores bons e um ótimo ouvido para melodias.

Pergunta 11

KF Se eu ou nós, como banda, fôssemos organizar um festival, acho que poderia dizer com segurança que os dois grupos que surgem em nossas mentes para uma grande experiência de festival seriam The Flaming Lips e Tom Waits. Flaming Lips como banda de abertura, com Wayne Coyne andando dentro de uma bolha em cima da plateia. Você viu isso? Eles são incríveis e muito divertidos ao vivo e têm uma música ótima também. Depois de ter visto Flaming Lips, eu só queria muito mesmo ver Tom Waits. Não sei se vocês, ouvintes, conhecem Tom Waits, mas meu álbum predileto hoje em dia é de Tom Waits e seria algo que as pessoas em São Paulo adorariam. Algo do álbum *Real Gone*, talvez a música "Hoist That Rag" ou algo que seja tão dinâmico e tão sujo. Simplesmente incrível. Em relação a filmes, não sei se a música tem que se encaixar no filme, mas se estivéssemos apenas sonhando ou conversando sobre isso por pura diversão, então acho que um de meus filmes prediletos é um chamado *Sonhando Acordado*, de Michel Gondry. Maravilhoso, um filme maravilhoso. Eu adoraria ter uma música incluída nele. Uma música calma. E as melhores bandas dinamarquesas? Seria muita presunção de minha parte dizer que somos a melhor. Eu nunca faria isso, nunca faria isso. Eu diria que é o Mew. Não diga isso a ninguém, mas diria que é o Mew. Eu acho essa banda excelente. Se vocês não conhecem o Mew, por favor, dêem uma conferida. Mmm... Bandas dinamarquesas... Estou pensando, pensando... Mmm... Mmm... Hmm, posso citar uma banda sueca? Eu amo muito uma banda sueca chamada Logh – L.O.G.H. Realmente gosto muito dela. Ela fez um álbum chamado *North*, que é incrível. Anteriormente, falamos a respeito do Raveonettes. Gosto muito dos Raveonettes, assim como Psyched Up Janis. Acho que se eu tiver que citar bandas dinamarquesas essenciais no gênero do rock, acho que não dá para deixar passar [a banda] Kashmir. Acho que ela merece ser mencionada. Então, por último, mas não menos importante, a sua pergunta sobre o nome de nossa banda – por que a chamamos The River Phoenix. Na verdade, nós a chamamos The River Phoenix por causa de um filme que todos nós gostamos muito quando éramos jovens. Nós nos conhecemos desde que somos garotinhos. Então, nos primeiros anos de nossa adolescência, eu, em especial, costumava assistir a um filme chamado *Conta Comigo*. Sei lá, [acho que o vi] umas 20 vezes. Ele é baseado num romance de Stephen King. É meio uma história de horror, mas nem tanto, e é sobre quatro garotos. River Phoenix interpreta um deles. Seu personagem se chama Chris Chambers. Eu me chamo Kris. Então, eu achava que havia uma espécie de conexão ali. Sempre achei esse personagem bem legal. E o nome foi escolhido porque nós cinco da banda somos amigos há muito tempo e tudo que passamos como banda é, de alguma maneira, parecido com o que os personagens de *Conta Comigo* passam. E então, conforme fomos ficando mais velhos, alguns dos outros caras passaram a amar jogar pôquer. Gosto de me sentar para jogar uma ou duas rodadas por brincadeira, mas um dos caras em particular, Ste [Stefan Rasch Holm], ama muito jogar pôquer. E a última das cartas comunitárias, quando se joga Texas hold 'em sem limites – acho que se chama hold 'em, holdem ou algo assim –, a última das cartas comunitárias a ser virada é, no jargão, chamada river [rio]. Você deve ter visto isso na Série Mundial de Pôquer, que passa na TV. E alguns dos especialistas em pôquer dizem que "se você vive perto do rio, você morre perto do rio". Saiba que esperar por essa última carta para completar sua mão é um negócio arriscado. Isso é um pouco a maneira como nos sentimos a respeito de tentar fazer da música um meio de vida. É um negócio arriscado, sabe? Ou você ganha o prêmio todo ou volta para casa chorando toda noite, né? Enfim, isso foi um prazer. Muito obrigado por entrar em contato conosco. Foi um grande prazer. Vamos começar a trabalhar um novo álbum neste verão, mas adoraríamos que você tocasse as músicas de *Ritual* o quanto pudesse. Então, dê o melhor de si e faremos o mesmo. [Nossos] melhores desejos de muitíssimo longe – da Dinamarca, na Escandinávia. Tenham um ótimo verão e boa sorte à seleção brasileira de futebol. Adoramos vê-la jogar. Todo mundo a conhece. Tchau!

NEEDLEPOINT

Entrevista com Bjørn Klakegg (Needlepoint) em 17 de junho de 2010.

E

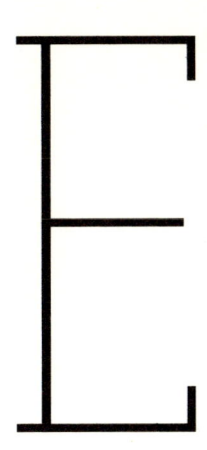

Essa é uma daquelas típicas bandas dos meus programas de autor. Digo isso porque penso no Rock Report e no ETC como programas-irmãos, pelo princípio da coisa. E o Needlepoint representa as idiossincrasias, as manias do colecionador. Nessa pesquisa pelos sons noruegueses mais híbridos – esse jazz mais barulhento e tal –, eu fui parar nessa banda aparentemente anacrônica, pois faz um rock setentista e psicodélico. Teve um garimpinho até conseguir o disco, mas aí aconteceu um daqueles momentos inexplicáveis, quase glandulares... Quando eu ouvi o disco rolou um daqueles momentos Holden Caulfield [personagem do livro *O Apanhador no Campo de Centeio*]: fiquei com vontade de ligar pro artista. Eu pensei, "Preciso falar com essa banda de qualquer maneira, porque acho que alguma coisa divertida vai sair dessa conversa". E também queria aproveitar e tocar algumas músicas do disco no programa. Músicas incríveis, rock-psicodélico-guitarrístico-zappiano! E de fato foi uma entrevista engraçadíssima. O Bjørn Klakegg estava totalmente surpreso e feliz de falar com o Brasil. E nessa conversa eu descobri que o cara já tinha vindo pro Brasil, já tinha tocado com uns músicos no Rio de Janeiro, enfim... Assim, o Needlepoint representa as manias do programa e do colecionador.

Oi, Sr. Bjørn Klakegg!

Bjørn Klakegg Sim, sou eu e você é o Sr. Fabio Massari?

Isso mesmo. E tenho certeza de que não estou pronunciando seu nome apropriadamente. Bjørn Klakegg.

BK Sim, nada mal, nada mal.

Meu norueguês não é tão bom. [Bjørn ri]

BK Ele soa muito bem.

Como está o tempo aí na Noruega? Está muito frio no Brasil, algo em torno de 14°.

BK Sério? Sabe que eu estava pensando sobre isso? Quando eu estava voltando do ensaio, pensei: "Hoje não vou invejar o tempo bom do Brasil", pois hoje faz um lindo dia de verão, em torno de 20°C. E com bastante sol.

Sei que, com 20°, o tempo deve estar muito agradável para vocês. 14° já é frio para nós.

BK Sim, 14° é frio. [Bjørn ri] Isso não é tão comum para vocês, é?

É sim. Estamos aqui em São Paulo, sabe? Às vezes, quando fica frio, pode ficar bem frio. Até mesmo para nós. 7°, 8°, que é bem frio para nós... Vamos fazer a entrevista então?

BK Ok. Está bem.

Nossa conversa é para uma estação de rádio – um programa de rádio. Eu queria saber se você já foi fã de rádio e quão importante é o rádio para uma banda como o Needlepoint ou para a cena na Noruega a qual você pertence.

BK Ficamos muito felizes se nossa música é tocada no rádio. Acho que as pessoas jovens – bem, todo tipo de pessoa – ouvem rádio. Eu ouço o rádio bastante, especialmente quando estou dirigindo.

Eu descobri sua banda através da internet. Quão envolvido você gosta de estar em todo o processo de coisas na internet?

BK Para mim, o mais importante é ter meu site. Eu também tenho [um perfil no] MySpace. Não tenho [um perfil no] Facebook. Pessoalmente, não sou muito a fim de ficar no computador todo dia. É muito melhor sair para passear. Não acho que isso seja muito importante para mim.

Ok. A impressão que temos aqui no Brasil, olhando para a cena musical norueguesa, é que ela está bem saudável e animada. Vocês têm um monte de bandas diferentes, desde bandas pop – A-ha é muito famoso no Brasil – até bandas de black metal. Vocês têm bandas como Motorpsycho e Madrugada, e vocês têm o selo Rune Grammofon... É apenas impressão nossa ou é um momento muito bom para a música norueguesa?

BK Concordo totalmente. Há muita atividade tanto no jazz quanto no rock ou na música pop. Há outra coisa também: agora as pessoas estão conhecendo umas as outras. Por exemplo, os músicos de jazz passaram a conhecer mais os músicos da cena do rock. Minha banda, por exemplo – o baixista é mais do meio do rock enquanto que eu e o baterista somos mais do meio do jazz. Agora, nós nos encontramos mais ou menos no meio do caminho. Talvez no ano que vem toquemos mais festivais de rock. [Mas] concordo, o ambiente é muito legal e coisas muito criativas estão acontecendo na Noruega nos dias de hoje.

Você mencionou o background de jazz. Eu acabei descobrindo o Needlepoint quando eu estava dando uma checada no MySpace do Elephant9. E eles têm esse approach mais do jazz e do rock progressivo. No entanto, quando eu ouvi Needlepoint, eu disse: "Ah, isso é uma coisa diferente. Isso é mais do rock".

BK É mesmo.

Quero dizer, isso é Jimi Hendrix e Jimmy Page e todos aqueles caras da guitarra, sabe?

BK É tão legal ouvir isso, sabe? Meu background está mais para um tipo de música melódica. Talvez as pessoas me conheçam por compor músicas melódicas, mas quando nos encontramos, isso simplesmente aconteceu. Foi para uma direção totalmente nova. Eu realmente não ouvia muito Jimi Hendrix, mas agora eu me sinto muito confortável com essa energia um pouco mais pesada que essa banda tem. Assim, eu realmente adoro trabalhar neste grupo.

Você tem tocado bastante ao vivo?

BK O Needlepoint é uma banda muito nova. Então, não tínhamos feito nenhum show até abril passado. Então, tivemos nosso primeiro show – nosso primeiro trabalho – e foi em um festival muito legal chamado Vossa Jazz. É um grande festival de jazz na parte ocidental da Noruega. Depois, fizemos um show em Oslo e daí fizemos um show em outro festival, chamado Nattjazz – quer dizer "Noite de Jazz" – em Bergen. E agora, amanhã, viajaremos. Na verdade, eu vou pegar o mesmo voo do Elephant9, pois eles vão tocar amanhã à noite e nós tocaremos depois de amanhã.

E quanto ao repertório? Muda entre os shows? Entendo – pelo menos, imagino

– que é muito difícil para vocês tocarem as músicas do mesmo jeito. O quanto de jam e o quanto de coisa ensaiada é isso?

BK Essa é uma boa pergunta porque, quando nos encontramos, gravamos em um pequeno estábulo que tenho na Suécia com minha namorada. E, no início, eu tinha muitas anotações. Após o primeiro ensaio, nós simplesmente dispensamos todas elas e mantivemos as coisas que achamos que eram as melhores. E daí começamos a improvisar de verdade. Assim, tem muita improvisação mesmo. Quando tocamos em público, temos algumas musiquinhas no início e depois é importante, para nós, esquecermos o que fizemos lá no CD para que possamos trilhar novos caminhos. Entretanto, tem funcionado muito bem ao vivo porque o CD é bem ao vivo também. Nós simplesmente tocamos. Há poucos overdubs. Assim, de certo modo, é similar, mas coisas diferentes acontecem.

O CD é um lançamento independente, certo? Foi lançado por seu próprio selo?

BK Sim, fiz meu novo selo para esse CD e o anterior. Não é para ganhar dinheiro, mas para me sentir um pouco mais livre.

Sim, eu iria perguntar a você sobre isto: qual é o sentido de lançar um disco nos dias atuais? Quero dizer, as pessoas geralmente colocam as coisas na internet. Às vezes, as pessoas as baixam de graça. Para o músico – para o artista – quão importante é trabalhar em um disco – seja ele um disco conceitual ou não, mas a ideia de um disco – hoje em dia?

BK Você está certo. Menos pessoas compram CDs hoje em dia. Há uma discussão acontecendo sobre quanto tempo o CD vai durar. Eu ainda ouço CDs. Enfim, o que fizemos, justamente por isso, foi lançar as músicas em vinil também. Fizemos um LP. E devo dizer que fiquei muito orgulhoso quando peguei o CD e o LP em vinil. Acho que talvez estejam certos. Enfim, você pode fazer em vinil e então você pode fazer em CD até mesmo com uma capa simples, ou até coisas em MP3. Assim, eu realmente passei a gostar do vinil. Na verdade, ontem na cidade, comprei meu primeiro disco em vinil depois de 20 anos, eu acho.

Qual foi?

BK Foi o mais recente do Elephant9.

Walk the Nile? É esse?

BK Sim, *Walk the Nile*, porque conheço aqueles caras e gosto muito da música deles.

Sim, eles são ótimos. Eu diria que a música que você faz com o Needlepoint é boa de se ouvir em discos de vinil, sabe? Seria bacana. Tem algo da aura do rock e das coisas pesadas dos anos 70. Acho que seria bacana conferir em vinil.

BK Sim, eu preciso mandar um exemplar para você, mas não sei se é difícil enviá-lo.

Não, tudo bem, tudo bem. Guarde-o para mim. Quando eu for à Noruega, pego minha cópia.

BK Sim, claro!

Que tipo de guitarrista você é? Você está sempre praticando, sempre tentando se desenvolver, levando o instrumento para outro nível? Qual é sua relação com o instrumento?

BK Acho que a guitarra é como uma amiga para mim. Nunca fui um aluno certinho, que estuda as escalas para cima e para baixo. Em todos esses anos, tudo que fiz foi fechar meus olhos e usar meus ouvidos para captar. Só nos últimos cinco anos que comecei a fazer isso, também porque tenho alguns alunos. Só nesses últimos anos tenho sido mais certinho nos ensaios. No entanto, eu adoro a guitarra e tenho feito algumas invenções com ela. Eu uso um molinete de pesca nela, montei uma espécie de microfone na alavanca dela. Assim, ele capta uma corda fazendo um som bem estranho. Gosto mais de trabalhar com o som do que com a técnica, digamos. Não uso palheta, uso apenas meus dedos.

Ok, e tem algum guitarrista que você gosta? Não como influência, mas pessoas que você curte ver e ouvir tocar – guitarristas.

BK Ah, sim, muitos. Meu primeiro grande amor foi Wes Montgomery. Depois, Nick Drake, Pat Matheny, John McLaughlin e, é claro, Bill Frisell. E há muitos, muitos guitarristas legais. Contudo, como você percebe, não tenho ouvido muito rock.

Sim.

BK Gosto de Jethro Tull e Emerson, Lake & Palmer. Esses foram meus prediletos. Entretanto, não curtia muito guitarristas porque acabei entrando no ambiente do jazz. E, você sabe, antes eu preferia ficar no jazz e não ouvir todas as outras coisas, mas agora eu escuto muitos outros tipos de música. Eu também gosto de country, folk americano do bom como o de Alison Krauss & Union Station... E de Ry Cooder, claro.

Com o Needlepoint, você faz música instrumental, certo? Não há nenhuma voz?

BK Não, não há. Eu prometi a mim mesmo que eu cantaria antes de fazer 50 anos, mas eu já passei dos 50 e nada. [Risos] Talvez eu devesse começar, pois todas as minhas músicas são feitas com o canto. Ligo o gravador e começo a dizer coisas estranhas em inglês, como "Eu te amo e caio da montanha"... Coisas assim, muito estranhas. Apenas textos que não significam nada. Assim, a voz está lá quando componho a música.

Se você fosse inserir sua música em um filme, qual seria?

BK Deste CD? Em um filme? Acho que há [músicas melhores para isso em álbuns] anteriores. Tenho um CD [com Harald Skullerud na bateria] chamado *Gloria* e outro [solo] chamado *Sidewalk View*, o último antes deste aqui, e ainda outro [com o acompanhamento de Harald Skullerud e Kåre Christoffer Vestrheim] chamado *A Day with No Plans at All*. E todos esses CDs, muitas pessoas acham que são apropriados para filmes. Entretanto, não pensei muito neste CD a respeito de ele ser bom em um filme. Sei lá. Você pensou nisso?

Não. Na verdade, não. Eu apenas estava fazendo uma associação com toda essa coisa instrumental. Ela é aberta a interpretações e coisas assim. Eu gostaria que você me contasse um pouco sobre a música "Out of Wives". Há alguma história específica para essa música?

BK Posso lhe dizer uma coisa que é importante sobre como tudo começou. Foi em uma jam session que eu e Thomas, o baterista – Thomas Strønen –, fizemos uns 5 anos atrás. Nós não nos conhecíamos muito bem. Nós conhecíamos a respeito um do outro. Nós nos encontramos e tínhamos um gravador de DAT. Simplesmente gravamos três horas. Alguns anos depois, eu ouvi a gravação e muitas músicas [do álbum] são dessa sessão. Eu apenas ouvi para achar alguma coisa que eu pudesse usar como uma música. Foi assim que tudo começou.

Ok. É isso então. Acho que é o bastante para a gente. Espero poder ver vocês tocarem aqui no Brasil no futuro.

BK Você sabia que já estive no Brasil? Tenho um amigo que se chama Célio de Carvalho, que mora aí.

Ah, é?

BK Eu o visitei em Niterói. E tocávamos em uma jam session com Gilbertinho da Silva num quintal de um lugar pequeno no Rio quando, no fim da apresentação, o cabo de eletricidade começou a queimar. Então, as pessoas tiveram que jogar cerveja em cima das chamas. Foi um fim de show muito legal.

Quando foi isso?

BK Acho que foi 5, 6 anos atrás.

Você estava de férias aqui?

BK Sim, uma espécie de férias. Eu estava com Célio e conheci alguns amigos dele. Eu estava tentando aprender português, mas não consegui.

Ah, eu não sabia disso. A gente poderia ter feito a entrevista um pouco em português então. [Bjørn ri]

BK Eu sou da Noruega, eu tocar violão. [Bjørn fala em português]

Soa muito bem, ok.

BK Isso é quase tudo [que sei falar].

Ah, muito legal. Na próxima vez que conversarmos, vamos falar um pouco em português então. [Bjørn ri] Ok, Sr. Bjørn, muito obrigado pela entrevista. Novamente: espero vê-los aqui no Brasil.

BK Sim!

E espero ganhar os discos assim que eles chegarem para poder tocá-los no programa.

BK Sim, vou mandá-los para você. Vamos fazer um novo CD – ou vinil ou o que quer que seja – neste outono. Vamos tocar e fazer um novo. E foi um grande prazer [saber] que você queria conversar comigo. Fiquei feliz por isso.

Sim, curti muito a música.

BK Muito legal ouvir isso. Muito obrigado.

MÃO MORTA

Entrevista com Adolfo Luxúria Canibal (Mão Morta) em 14 de julho de 2010.

M

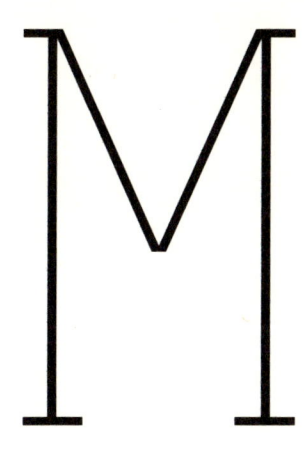

Mão Morta é a representação portuguesa no programa. E tinha que ser o Adolfo Luxúria Canibal! Qualquer figura que atenda pelo nome de Adolfo Luxúria Canibal tem a carteirinha de sócio do programa, seja lá onde eu estiver fazendo o programa. O Mão Morta é uma banda que já acompanho há algum tempo: eles são extremamente cultuados em Portugal e têm algo de maldito na sua aura – maldito no sentido poético, quase simbolista mesmo. Tanto é que um dos principais trabalhos da banda chama-se *Maldoror*, que faz referência aos *Cantos de Maldoror*, um livro muito importante para o simbolismo e para o surrealismo, totalmente visceral e violento, assim como o som da banda. [O som do Mão Morta] tem um corte mais de Metal em alguns momentos, e também apela para o pós-punk, num determinado momento [ele] era o Nick Cave de Portugal... Uma banda com um corpo de obra incrível, 10 discos lançados, e quando decidi que queria falar com uma banda portuguesa, não tive a menor dúvida de quem seria.

    Foi uma entrevista por telefone, e ele ficou muito feliz por fazer. A gente queria conversar também sobre a dificuldade dessa ponte Brasil-Portugal. Porque nunca houve essa cultura. Mais bandas brasileiras vão para lá do que bandas portuguesas vêm para cá. Isso é fato. A verdade é que nunca tivemos muito essa cultura de ouvir bandas portuguesas. Foram sempre casos isolados. Então, tanto no Rock Report quanto em alguns programas que fiz na MTV ou mesmo no ETC, meu prazer sempre foi lançar luz sobre essas cenas que ficam restritas ao seu território.

Boa tarde! Por favor, Adolfo.
Adolfo Luxúria Canibal Sim.
É Fabio Massari, de São Paulo, do Brasil. Tudo bem?
ALC Ah, olá! Tudo bem.
Está ocupado? Está tranquilo?
ALC Não, podemos falar, podemos falar.
Ah, legal. Prazer falar com você. Seja bem-vindo ao programa ETC e seja bem-vindo ao Brasil, né? [Adolfo ri]
ALC Sim, obrigado.
Tens conversado muito com o Brasil? Qual é a relação da banda ou sua com o Brasil?
ALC Não há muita relação. Nós nunca fomos editados no Brasil e nunca tocamos no Brasil, de maneira que é sempre complicado ter relações em lugares onde nós praticamente somos desconhecidos... Mas, desde que há, pelo menos, a internet, nós até recebemos (volta e meia) alguns e-mails de pessoas que conhecem a Mão Morta, nomeadamente da área de São Paulo, e, volta e meia, trocamos conversa, né? E mais recentemente também, quando do lançamento do nosso novo disco, acabamos por ser entrevistados para um jornal. Eu não sei se é um jornal online, que é o *Jornal do Brasil*.
Ahn-han, do Rio de Janeiro.
ALC De maneira que começa a haver, assim, alguma relação, mas ainda é muito insipiente, né?
Quem esteve recentemente no Brasil foi a banda Clã. E eles tocaram ao vivo a música "Fábrica de Amores". Que é uma parceria sua com eles, né?
ALC Sim, exatamente. Eu escrevi-lhes a letra.
O show tinha bastante gente. Percebi, ali, a comunidade portuguesa presente. E, quando ela anunciou a música e citou seu nome, muita gente se manifestou. Então, de fato, os fãs estão por aí.

ALC Ah, ok. Não sabia disso. [Risos]

Tem alguma explicação para essa falta de conexão entre as nossas culturas musicais? Quer dizer, por que é que isso não aconteceu ao longo dos anos?

ALC Eu acho que Portugal tem um problema de afirmação no exterior. Admiravelmente, em nível cultural. E isso, independentemente da língua, né? O Brasil está mais próximo de nós porque falamos a mesma língua, mas, para todos os efeitos, é exterior, e o mesmo problema que se coloca para a afirmação da cultura portuguesa na Europa, coloca-se também para o Brasil. O pouco da cultura portuguesa que chega ao exterior é mais por vontade própria, por trabalho das pessoas. Refiro-me ao Clã. Eu sei que tem um trabalho já longo de aproximação ao Brasil, com parcerias com artistas brasileiros. Portanto, é normal que o Clã consiga chegar de alguma forma ao Brasil, como também conseguiu chegar à França, pois fizeram o mesmo tipo de trabalho, né? Talvez com menos sucesso do que no Brasil. Mas, para quem não tem esse trabalho (um trabalho longo, lento e demorado), é difícil a cultura portuguesa acontecer, porque recentemente não há uma campanha oficial de visualização da cultura portuguesa, né? De maneira que é normal, é evidente que em Portugal conhece-se melhor a cultura brasileira, seja a cultura de massas como as novelas seja a cultura estritamente musical, nomeadamente da MPB, dos artistas clássicos brasileiros, mas com muito menor incidência, por exemplo, nas novas gerações de artistas brasileiros, nomeadamente na área mais ligada ao pop e ao rock. Mas, de qualquer maneira, vai havendo algum conhecimento. O contrário é que não acontece, mas não é um fenômeno novo. É um fenômeno muito antigo, não é?

É verdade. Mais uma história que tem a ver com sua banda e o meu programa de rádio especificamente é que, apesar de eu já conhecer a banda Mão Morta, quem insistiu muito para que eu tocasse no programa foi um fã. Foi um ouvinte que falou: "Você tem que começar a prestar atenção à Mão Morta, que é uma banda legendária". Eu queria que você falasse qual é o status de fato da banda em Portugal? É uma banda popular ou é sempre uma banda de culto, como se diz?

ALC Bom, é um estatuto um bocado sui generis porque evidentemente é uma banda de culto. É uma banda de culto no sentido em que há uma grande adesão de um número limitado de pessoas, mas uma adesão muito militante, muito ativa, né? Mas, ao mesmo tempo, é uma banda que... Por exemplo, o último disco que lançamos atingiu o terceiro lugar no top de vendas. Portanto, é uma banda que já tem um grande público e nos concursos televisivos, por exemplo, há sempre perguntas sobre a banda, sobre os pormenores da banda. Portanto, é uma banda que, de alguma forma, chega ao grande público sem ter a adesão que tem o lado militante do seu estatuto do culto, né? Normalmente, é referida como a banda independente mais importante de Portugal, como a banda de culto mais conhecida de Portugal. Portanto, o lado culto, o lado militante está sempre presente apesar de ser uma banda muito conhecida e de ombrear com os nomes mais conhecidos da música nacional.

Entendi. Você se referiu algumas vezes ao disco mais recente. É o Pesadelo em Peluche. É isso?

ALC Exatamente, é *Pesadelo em Peluche*.

Esse disco seria uma boa introdução para aqueles que eventualmente ainda não conhecem o trabalho da banda? É um disco mais acessível?

ALC É difícil dizer de um disco que seja uma boa introdução porque o trabalho da banda é muito variado e muito diferente de disco para disco. É evidente que *Pesadelo em Peluche* é um disco que conta intenções mais clássicas, de uma estrutura mais clássica, com refrão e com um lado mais melódico em termos de voz. Portanto, nesse nível, será talvez mais acessível, né? Mas não será, digamos, uma boa introdução para o que é a música da banda porque é só uma faceta, né?

Certo. E me diz uma coisa, eu queria que você falasse um pouquinho também de um disco que sempre me interessou. É o Maldoror, né? É um trabalho que é mais do que um disco. Era uma série de shows. É isso, se eu bem entendi? E eu queria saber como você chegou nele.

ALC Evidentemente, foi um dos trabalhos mais difíceis que nós fizemos. Nós tínhamos feito, em 1997, um espetáculo já meio teatral sobre os poemas do Heiner Müller, o dramaturgo alemão, que também deu origem ao disco. Portanto, o espetáculo foi gravado ao vivo e saiu depois em disco, que era o *Müller no Hotel Hessischer Hof*. Isso foi uma primeira experiência do que era fazer um espetáculo diferente de que não um mero show de rock, né? Um espetáculo já com marcações, que já tem alguma coisa de

teatro, mas sem ser teatro. Não tem teatro. É um espetáculo musical, mas já tem encenação, tem figurinos, tem marcações... Portanto, já importa muito das características do teatro sem chegar a ser teatro.
Entendi.
ALC Como Os Cantos de Maldoror é um livro de referência para a Mão Morta – sempre foi um livro citado por livros, sempre foi um livro de cabeceira nosso –, desde essa altura, Miguel Pedro, que é o baterista da Mão Morta, insistia: "E se nós avançássemos com um espetáculo desses, com essas características, mas a partir do Lautréamont? De Os Cantos de Maldoror?". E eu conheço bem os cantos e sei a dificuldade que é ler os cantos, quanto mais sem os trair, transformá-los num outro tipo de linguagem [e] usá-los com um outro espaço. Nesse caso, o palco. E sempre fui dizendo que não, que não, que não, que não, que isso era impossível, que isso era uma ideia maluca, que não funcionava. Bom, finalmente, por tanta insistência, acabamos por dizer que sim e avançamos. E só a pensar como é que haveríamos de transpor uma obra literária com a riqueza e com a dificuldade que tem *Os Cantos de Maldoror* para um outro tipo de espaço, que tipo de ideia, que tipo de mecanismo iríamos utilizar para que a transposição não traísse a obra original, só isso demorou cerca de 3 anos. Finalmente, conseguimos pegar uma ideia do quarto de brinquedos. Portanto, o espaço-chave onde a imaginação e a realidade se entrecruzavam, onde a criança poderia brincar e onde nada seria inconcebível porque tudo está na imaginação da criança, e criança tem uma imaginação fértil e imparável, não é?
Claro.
ALC De maneira que, a partir dessa ideia, conseguimos escolher alguns excertos dos cantos que fossem mais significativos, que eram para um tipo de ação, que eram para um tipo de linguagem, que eram para um tipo de mecanismo literário que Lautréamont utilizou, que fossem mais significativos do que seriam ao canto, até porque o canto não tem uma história propriamente. Há um início de uma história que é constantemente interrompido por outros inícios, por outras elucubrações, por outros pensamentos, e ele anda sempre à volta. Há uma espécie de turbilhão sem fim em que o leitor está sempre perdido. Tem até essa ideia de que não poderia haver uma história no palco. Era uma ideia essencial a se ter

porque, se nós fizéssemos uma história que era a coisa mais fácil para prender o espectador, nós estaríamos a atraiçoar o original. Portanto, havia de manter essa ideia de não haver uma história. E como é que poderíamos manter a atenção do eventual espectador sempre aberta e sempre alerta sem haver uma narrativa clássica propriamente dita? Portanto, esse foi o grande dilema que nós – acho – conseguimos resolver. Tivemos a ajuda de um encenador. O trabalho, para nós, era demasiado. Precisávamos de alguém que tivesse conhecimentos técnicos e específicos da encenação e então socorremo-nos de um encenador profissional, o António Durães. E, a partir de um diálogo constante com ele, conseguimos então criar esse espetáculo em que todos esses excertos funcionavam uns com os outros quase como quadros que se interrompiam, que se desviavam sem chegar a um final – sem chegar a um final porque o final acaba exatamente como começa o espetáculo. Portanto, há, ali, uma espécie de retorno sem conclusão, mas onde os acontecimentos, as novidades estão sempre a acontecer. E esse acontecer de novidades constante acaba por prender a atenção do espectador. No fundo, foi um espetáculo encenado cuja história foi gravada e filmada, e depois foi editado em disco, em CD, e foi editado também em DVD.

Mão Morta ao vivo me parece que é um capítulo à parte. Vocês se importam muito com a dimensão ao vivo? Tem uma série de histórias incríveis sobre a Mão Morta ao vivo, né? Eu queria que você falasse um pouco de como é esse ataque aí ao palco.

ALC Bom, para nós, o espetáculo ao vivo é essencial. Nós tornamo-nos conhecidos, antes de qualquer coisa, através dos espetáculos ao vivo. Portanto, o espetáculo ao vivo, para nós, não é uma mera reprodução da música. Para isso, ficamos em casa a ouvir o CD, né? O espetáculo ao vivo tem que trazer algo mais. E, desde o início, sempre fizemos encenações dos nossos espetáculos mais do que quer a validade do rock'n'roll, que também nós prezamos que esteja presente. Nós encenávamos pequenos shows que tinham a ver de alguma forma com o ambiente. Não propriamente com a narrativa das canções, mas com o ambiente que essas canções poderiam transmitir. Bom, e esse lado da encenação, com o evoluir da banda, acabou por dar essa procura de espetáculos mais trabalhados, mais encenados, por um lado. Por outro lado, há outros tipos de espetáculo – espetáculos mais crus, mais rock'n'roll – em que a carnalidade, em que a fúria do rock está presente, mas sem esse lado mais pesado, mais encenado. Tanto é que acabamos por funcionar um bocadinho nesses dois opostos, né? Quase. E as pessoas que já conhecem a Mão Morta já sabem o que é que vão encontrar num tipo de espetáculo [e] o que é que vão encontrar no outro, né? Mas é um espetáculo. Tirando esse mais encenado em que há marcações, os espetáculos são possíveis de alguma forma. Nos espetáculos de rock'n'roll, mais carnais, mais primitivos, as reproduções são difíceis porque as pessoas nunca sabem o que vão encontrar. Nem nós sabemos muito bem como é que o espetáculo vai correr, como é que é o final. Pois há união, mas não há uma certeza sobre como tudo isso vai passar, né? E é isso que é uma forma, também, de incitar as pessoas a verem a Mão Morta ao vivo.

Vocês já tocaram bastante fora de Portugal?

ALC Tocamos. Já tocamos algumas vezes. Tocamos na Itália, tocamos na França [e] tocamos na Espanha. Mas não podemos tocar muito porque nós somos diletantes. Nós, para além da música, temos um outro tipo de trabalho, de maneira que ir tocar fora de Portugal implica sempre em ter férias no outro trabalho. Quer dizer, impede-nos um bocado de explorar mais esse lado da digressão, de ir para o estrangeiro e fazer muitas datas seguidas. As coisas são mais esporádicas e têm que ser trabalhadas com uma certa antecedência.

Bom, vamos tentar organizar as férias e, quem sabe, alguns showzinhos aqui no Brasil. Certamente, tem muita gente que gostaria de vê-los por aqui.

ALC Isso seria ótimo. Nós também gostaríamos muito de ir ao Brasil até por causa do tal feedback que temos das pessoas que vão entrando em contato conosco através da internet, deixando-nos uma grande vontade de ir ao Brasil. Parece-nos que temos aí muito boa gente a nossa espera, sim.

THE MARS VOLTA

*Entrevista com Omar Rodríguez-López (The Mars Volta)
no SWU em 10 de outubro de 2010.*

O Mars Volta se impôs rápida e quase que imediatamente como uma das minhas bandas prediletas, e a carreira solo do Omar Rodríguez-López também. O Omar é um maluquinho, que está nessa missão de fazer um disco a cada seis meses. E faz! Faz e é bom. Então, para mim era muito importante conversar com a banda. No caso do Mars Volta, fica sempre a lembrança daquela primeira apresentação no Brasil, absolutamente destruidora. 45 minutos, e não precisa mais do que isso. Um pouco antes dessa entrevista do SWU, o Fernando Catatau (do Cidadão Instigado) falou que tinha visto um show dos caras em Barcelona de três horas e meia! Eu falei, "nossa, três horas e meia de Mars Volta não é pra qualquer um!"

Para mim, é uma das grandes bandas do milênio. Talvez, por ser fã de Zappa, eu tenha detectado alguns pontos em comum, apesar do Mars Volta ser uma coisa mais explosiva. É uma das prediletíssimas, por conta da obra complexa, louca e poética. Belo e ao mesmo tempo devastador. Tecnicamente é uma coisa louca, os caras tocam muito e, ao mesmo tempo, não perdem a coisa visceral. Uma banda certamente especial, e que infelizmente acabou. Mas ainda bem que conseguimos testemunhar a banda: tivemos o privilégio de ver uma banda do nosso tempo se apresentando no auge (se bem que, no caso deles, não dá pra dizer que "vimos a fase boa", porque eles não tiveram fase ruim, e acabaram saindo por cima).

A conversa com o Omar foi muito boa, um cara bem esclarecido, muito consciente... e ele tem todo um passado de ter tomado ácido até sair pela orelha. Mas usa isso na sua música, e aí está o resultado: um disco atrás do outro, trilha de filme, maluquices, etc. Outra figura que parecia bem interessada em pelo menos ser agradável nesse momento da entrevista. Aquele momento pré-show, que também é difícil, mas ele soube levar numa boa.

Estamos aqui com Omar Rodríguez-López. Seja bem-vindo ao Brasil novamente. Você tem boas lembranças de sua primeira viagem?
Omar Rodríguez-López Sim, com certeza, mas isso é sempre curto, sabe? Sempre chegamos, tocamos e temos que ir embora. Assim, espero que em algum momento possamos vir e passar mais tempo aqui.
Você aproveita o tempo livre para passear e conhecer o lugares sempre que vocês viajam? Isso rola?
ORL Geralmente, quando estamos em turnê, sim, mas é um pouco mais difícil na temporada de festivais – uma série deles – porque a gente sempre fica longe de tudo.
Exatamente. E, falando em festivais, quanto do repertório vocês mudam para tocar num festival como este? Vocês geralmente fazem apresentações de três horas de duração e, num festival, é diferente, não é?
ORL Sim, a gente escolhe aquelas que parecem as melhores para a noite. E tiramos as muito calmas, porque é difícil tocá-las num festival, entende?
Vocês redescobrem músicas que não tocavam há um tempão e sentem que se adaptam ao momento?
ORL Com certeza, com certeza, sim. Tem tudo a ver com o estado de espírito. Agora mesmo, por exemplo. Não tocamos para o público desde janeiro. Tocamos em janeiro e só fiquei trabalhando em um disco novo. E então, agora, viemos para cá e nos sentimos bem em colocar músicas antigas no repertório, sabe? Tive um bom pressentimento em relação a

isso. É isso o que eu vou fazer – o que vamos fazer – hoje à noite.

Ok, parece ótimo. E quanto à dimensão ao vivo? The Mars Volta é uma banda para ser presenciada ao vivo? [Omar ri]

ORL Sim, acho que sim. São dois mundos diferentes. O estúdio é um mundo – um mundo muito frio. Ao vivo é um mundo muito quente, entende?

Sim.

ORL Entretanto, a gente precisa dos dois. No momento em que a gente está longe do estúdio e está apenas ao vivo, a gente deseja estar em estúdio. E no momento em que a gente está em estúdio, deseja estar tocando ao vivo. Então...

É uma música bastante intensa e as pessoas têm essa ideia de que há muita improvisação. No entanto, deve haver bastante ensaio, imagino.

ORL Sim, não há tanta improvisação. Há o que se chama de jam, sabe? Apenas tocamos uma parte diversas vezes e nos revezamos ao nos expressar. Entretanto, improvisação... É bom porque, pelo menos, sai uma coisa orgânica, pois tudo é bastante estruturado e acontece muito ensaio. Então, com o passar do anos, acho que as pessoas pensam que simplesmente inventamos coisas no palco, mas também tem essa coisa de eu aproveitar o palco para ensaiar material novo. Então, é um material que elas não conhecem e estamos experimentando material novo. Dessa forma, já que não conhecem, acham que estamos inventando na hora.

Ah, entendi. Conte-me sobre a língua espanhola. É algo que está aparecendo mais em seu trabalho agora com o Mars Volta? Pois, em seus discos solo, há muita coisa em espanhol. Você acha que isso estará no Mars Volta mais do que antes?

ORL Não sei. Depende do que vai acontecer, sabe? Depende de Cedric [Bixler-Zavala]. Todo meu trabalho solo é exclusivamente em espanhol, pois é como me sinto mais confortável para cantar. E então, com Cedric, espero que com o tempo haja mais, mas é algo que não dá para a gente forçar. Uma música vem para a gente em uma língua ou na outra e, às vezes, nas duas, entende?

Ok. Como você arranja tempo para trabalhar em seu material solo? Quantos discos [solo] até agora? Dezesseis, dezessete?

ORL São mais de 20 discos, mas não vejo nada como sendo de dentro ou de fora do Mars Volta, sabe? The Mars Volta é minha banda, meu bebê. E assim, componho mais de 400 músicas por ano. E então, dessas 400 músicas, tenho que escolher dez.

Ok.

ORL Que são minhas prediletas num determinado momento. Então faço, daquelas dez, músicas do Mars Volta.

Então quer dizer que músicas de seus discos solo poderiam estar em um disco do Mars Volta? É isso?

ORL Sim, com certeza, com certeza. Há discos solo com Cedric cantando neles. Há músicas que começamos a tocar como sendo do Mars Volta, mas então eu as retirei [do repertório] e há músicas que não eram do Mars Volta e as coloquei [na banda]. É como ter uma sala grande toda bagunçada e a gente tenta fazer pequenas pilhas para organizá-la.

Uma bagunça linda. [Omar ri] E quanto a hoje à noite? O que você espera do povo hoje à noite. Quero dizer, hoje à noite também há Rage against the Machine, que também é uma banda poderosa.

ORL Sim.

[Há] muita gente esperando isso.

ORL Sim, simplesmente acho que será um grande momento. Sempre que a gente excursiona por qualquer país da América Latina, é uma recepção completamente diferente do que a de países mais frios.

Com certeza. Ok, muito obrigado. Cara, espero que vocês tenham momentos muito bons aqui no Brasil.

ORL Ah, muito obrigado. Obrigado, obrigado, obrigado.

YO LA TENGO

Entrevista com Ira Kaplan (Yo La Tengo) no SWU em 11 de outubro de 2010.

Y

Yo La Tengo é uma banda importantíssima, tanto para mim quanto para gerações de consumidores dos sons mais, digamos, "Lado B". Yo La Tengo passou muito pelo [programa] Lado B. Hoje em dia eu não sei se o termo tem tanta validade, mas algum tempo atrás nós tínhamos os chamados "Dinossauros do Rock". E o Yo La Tengo é um dinossauro para algumas gerações. Trinta anos de atividade. É uma verdadeira instituição desse tipo de som. Eu ouvi muito Yo La Tengo, acho que a primeira vez que vi a banda ao vivo foi em 1990 ou 1991, na Inglaterra, num lugar chamado *Borderline*. Mas, antes disso, nos anos 80, já tinha ouvido falar da banda no programa italiano *Rockin Time*, que foi um programa de rádio muito importante para a minha formação. E eu lembro bem de alguns desses programas, lembro dos caras apresentando o Yo La Tengo – no final dos anos 80 – como uma banda estabelecida e grande. "Agora a legendária banda Yo La Tengo...". Esses italianos eram muito loucos. Mas, no que diz respeito à amplitude do universo, a mídia musical italiana estava vinte anos na frente da inglesa. Os ingleses sempre foram muito "umbilicocêntricos". Lógico que prestavam atenção em algumas coisas (Butthole Surfers, Sonic Youth), mas os italianos estavam muito na frente. Para os italianos, bandas como Screaming Trees e Yo La Tengo eram gigantes quando estavam apenas surgindo...

Enfim, o Yo La Tengo é uma banda seminal, e o Ira Kaplan [guitarra e vocal] é responsável por algumas das guitarras mais espetaculares de que se tem notícia. O show do SWU foi muito barulhento! Eles foram colocados numa situação difícil [no festival], meio que no palco errado, alguma coisa na arrumação da [ordem das bandas] os deixou de frente para um público que não estava muito interessado. O fato é que o público não estava curtindo muito. Foram até hostilizados por parte da galera. E o que eles fizeram? Fizeram o que o Yo La Tengo faz muitas vezes: partiram para uma música de uma hora. Foi o que ele disse [na entrevista logo abaixo] que ia fazer... "Ah, então é uma hora de rifferama pós-Velvet e vamo que vamo." E foi mais ou menos o que eles fizeram. Ou seja, uma banda incrível, que consegue ter essa harmonia entre algo quase folk e cair pra dentro com as guitarras mais lancinantes do mundo. Essa foi a primeira vez que os entrevistei. Tinha visto a banda algumas vezes, mas nunca tinha entrevistado. E ele foi bem gente fina. Teve um momento da minha vida em que gostava muito de Yo La Tengo, em que achava que eles eram uma das melhores bandas da cena. E ver que a banda existe até hoje, que continua fazendo música de qualidade, é uma alegria.

Bem-vindo ao Brasil mais uma vez. Boas lembranças de sua primeira visita?
Ira Kaplan Ah, sim, sim. Quero dizer, faz um tempão – 2001. Temos ótimas lembranças.
Gostei da cara que você fez "sim, sim..." O que você se lembra de sua viagem? E você aproveita o tempo livre para passear pelas cidades sempre que vocês viajam?
IK Para lhe dizer a verdade, acho meio frustrante essa [atual] viagem ao Brasil. Estamos tão longe de tudo... E tem sido muito mais difícil curtir estar no país. Por amor ao país, sempre adoramos tocar. E, na última vez [2001], foi uma viagem louca. Começou com a gente na praia.
Excelente.
IK Rio... Sabe? Bebendo água de coco, da fruta, de canudinho.

Caipirinhas, talvez.
IK Caipirinhas, com certeza. E acho que foi meio perto do Carnaval também.
Eu me lembro disso, sim.
IK Havia, tipo, ensaios. Eu me lembro de escutar uma banda ensaiando para o Carnaval. E foram shows simplesmente loucos, bárbaros.
Vocês curtem tocar em festivais? Imagino que vocês tenham um tempo diferente para tocar.
IK Sim.
Muitas bandas, pessoas que ficam andando para lá e para cá...
IK Bem, acho que é um desafio e é bom fazer as coisas de um jeito diferente. Está longe de ser o que mais gostamos de fazer, mas é bom para experimentar coisas que não fazemos muito. Acho que não teríamos ficado juntos por tanto tempo como ficamos se não curtíssemos fazer coisas de um jeito diferente do que fazemos em circunstâncias normais. Assim, hoje obviamente será diferente. Os outros grupos talvez não sejam os mais... [Ira ri] Parecidos com o nosso.
Bem, imagino que isso talvez seja uma coisa saudável.
IK Eu não... Bem, veremos. Honestamente, espero que tenhamos um bom show e espero que as pessoas gostem, mas há algo de excitante em ter shows ruins também porque nos lembra que estamos fazendo isso de dentro de nós. Se a plateia gosta da gente, ótimo. No entanto, ela não foi a motivação original.
Entendo.
IK E, às vezes, ser lembrado disso não é a pior coisa do mundo.
Não. [Ira ri] Esse é um aspecto muito importante. Como vocês fazem um setlist? Quero dizer, tantos discos, tantos anos... Como vocês fazem um setlist, especialmente de um show curto?
IK É um pouquinho mais complicado. Quero dizer, acho que... Por exemplo, fizemos uma apresentação de uma hora em Santiago [capital do Chile] dois dias atrás. E acho que chegamos a tocar dez músicas. Daquelas dez músicas, vamos tocar três delas hoje. Quase todas as músicas que vamos tocar serão diferentes. Mesmo que saibamos que ninguém vai estar em ambos os shows, nós estaremos. Assim, vamos mudá-los. E, quer saber, temos uma noção de quais músicas as pessoas

mais querem escutar, então tentamos tocar algumas delas, mas sempre misturamos tudo.

O negócio da apresentação de uma hora é que, na primeira vez que vi a banda, no final dos anos 80, na Inglaterra, uma hora era o final de uma das músicas finais.

IK Sim.

Ou seja, uma apresentação de três horas completamente louca no final. Há espaço para algo assim em uma apresentação curta?

IK Haverá. Com certeza foi uma das piadas que fizemos: talvez a gente deva tocar apenas uma música longa. Se nós estivéssemos em uma turnê pelo Brasil, seria bem possível que tocássemos uma só música, longa, hoje.

Ah...

IK Gosto da ideia de fazer algo assim, como uma forte afirmação, mas, como eu disse, sabemos que há pessoas que não viram a gente e estão esperando por isso. Acho que não reconheço que uma plateia tenha o direito de dizer: "Ah, eles não tocaram 'Sugarcube'". Eu a odiava. Isso é pedir demais. No entanto, acho que a plateia, depois de esperar por nove anos, tem o direito de escutar algumas músicas antes de começarmos a pirar. [Ira ri]

Você mencionou que talvez não seja o mesmo povo que esteve na primeira turnê que vocês fizeram por aqui. A questão onde quero chegar é: você viu a plateia crescer na sua frente? Você vê pais levando crianças para um show do Yo La Tengo?

IK Na verdade, eu estava me referindo a isso dois dias atrás em Santiago. Mas o que você disse também é verdade. E vemos. É sempre uma coisa surpreendente quando há os pais e as crianças, e isso acontece nos dois sentidos. Às vezes, a gurizada leva os pais e, às vezes, os pais levam a gurizada. É muito interessante ter essa vida longa.

Uma pergunta final. Esta é a pergunta sobre a guitarra. Temos diferentes tipos de bandas aqui [e a] tecnologia auxiliando as pessoas a fazer música. Tivemos The Mars Volta tocando aqui dois dias atrás. Omar [Rodriguez-López] tocando coisas incríveis na guitarra. E você é um guitarrista incrível. Como você vê o instrumento agora, no século XXI? Ainda é a coisa mais importante e icônica em termos de rock? Você vê – ainda vê – caminhos para desenvolver e tocar de modo diferente?

IK Nunca olhei para as coisas dessa maneira. É tudo pessoal e simplesmente tento deixar o instrumento e a tecnologia – deixar tudo – ser

uma expressão do que estou escutando ou sentindo no momento. Quero dizer, estou usando este tênis, e o tênis voltou à moda de novo, mas estou usando este tênis há, sei lá, uns 40 anos. [Ira ri] E eles entram na moda e saem da moda e voltam. E eu continuo a usá-lo. E não penso muito sobre a guitarra ou sobre as outras coisas do modo que você coloca na pergunta. Não acho que é tão útil para mim. Então, nem penso.
Ok. Bem, muito obrigado. Espero que vocês tenham ótimos momentos aqui no Brasil.
IK Obrigado.

CAVALERA CONSPIRACY

Entrevista com Max Cavalera e Iggor Cavalera (Cavalera Conspiracy) no SWU em 10 de outubro de 2010.

E

Essa entrevista do Cavalera Conspiracy aconteceu no [festival] SWU. Na verdade, foram três entrevistas no SWU – Yo La Tengo, Mars Volta e Cavalera Conspiracy –, que foram feitas em paralelo ao programa; ou, colocando de outra maneira, o ETC sendo representado ali no evento através dessas entrevistas. Nós [da rádio] dividimos um pouco as funções com as bandas, tanto nacionais quanto gringas, e cada programa foi, digamos assim, cobrir sua área. E eu fiquei com essas três entrevistas.

Também fiquei [escalado] para essa entrevista por conta da relação de longa data que tenho com os dois irmãos. Entrevistei muito o Sepultura, desde o comecinho dos anos 90. No começo da minha atividade radiofônica na 89FM, antes mesmo de ter o [programa] Rock Report - no final dos anos 80 -, eu já cruzava os caras [do Sepultura] na rádio. A situação era muito curiosa num determinado dia da semana: às sextas-feiras acontecia a gravação do programa do Walcir [Chalas], que era o Comando Metal, no mesmo momento em que acontecia ao vivo o programa da Trip, o Trip 89. Então os corredores, nessa sexta-feira, eram uma coisa muito louca. Eu estava começando minha atividade em rádio, estava sempre circulando por ali, pois trabalhava na promoção, e estava sempre atendendo aos programas. E comecei a cruzar com os Cavalera nessa época. Eles ali com o disquinho debaixo do braço, braço branquinho, sem tatuagem, ou só com a primeira tatuagem...

E, depois, entrevistei a banda várias vezes, tanto para a 89FM quanto para a MTV. É uma relação de longa data. Entrevistei o Sepultura na gringa também, no festival Roskilde, na Dinamarca. Nesse dia do SWU, dá pra dizer que tive um acesso privilegiado. O Iggor eu já vinha cruzando mais, porém o Max não. O Max mais pontualmente, afinal ele mora lá fora. Mas é sempre muito divertido encontrar com o Max. E os dois irmãos juntos, nesse papo, foi muito bacana. O Iggor com aquele visual novo dele, cabelão pra trás, e o Max é o Max. Gosto muito dos Cavalera.

Estamos aqui com os irmãos Cavalera. Grande prazer, senhores. Vou começar com este senhor aqui. O seu português vai bem, seu Max? Tudo certo?
Max Cavalera Está joia, está beleza. Como é que você está?
Legal te ver, meu.
MC Maior tempo, né?
É, e aí? Está feliz de estar aqui? Brasilzão, calor... Você trouxe o calor para a gente. Não sei se você sabe que estava o maior frio nesses dois dias e hoje está quente.
MC Espera aí! Como é que é?
Iggor Cavalera Na verdade, está no nosso rider.
Ah, é isso?
IC É, onde a gente for, vai ter que ter sol, senão a gente cancela o show. Então, tipo, quem quiser "bookar" a gente, pode "bookar" que é sol garantido, tá ligado? A gente leva o sol para o mundo inteiro.
Legal demais. Bom, vocês são veteranos de festivais. Mas como é tocar para a galera brasileira? Enfim, vocês têm uma importância muito grande aí...
MC Ah, estamos super animados, né, meu? Pô, a gente fez o Chile e foi legal pra caramba, mas aqui é Brasil, né? A terra da gente. Acho que vai ser do caralho o show. Preparamos um setlist bem animal. Não vai ter...
Tem balada?
IC Não vai ter balada.
Tem alguma concessão?
MC Só porrada.

IC É, é. Na verdade, o legal do setlist que a gente está fazendo é que é uma mistureba de tudo que eu e o Max fizemos juntos aí na história. Então, daí vai desde Sepultura, Cavalera e até Nailbomb.

Isso é algo que vocês já vêm fazendo há um tempo?

IC É que, na verdade, festival já é uma coisa mais complicada porque o set é um pouco mais curto. Então, eu e o Max... A gente teve que sentar, dar uma espremida e falar: "Meu, se a gente não tocar essa, a gente sabe que toma pedrada. Se não toca aquela..."

Entendi.

IC Então, para chegar num ponto, a gente batalhou um pouco, mas o set está legal. Como o Max disse, está legal pra caralho e vai ser demais.

Omar, o guitarrista do Mars Volta, falou que, num set mais curto assim, é só tirar as que são um pouco mais calminhas. Deixar só a pancadaria. É mais ou menos por aí?

IC Eu acho que a gente sempre teve essa atitude, né? Do impacto, do soco na cara, de você causar ali. Então, eu acho que às vezes é até mais gostoso você ter um set mais curto. Você pode atropelar e depois é só sair andando. É tipo *short and sweet*, né?

MC Não dá tempo nem de trocar a camisa, meu. [Risos] Fica com a mesma camisa o show inteiro.

Bom, festival mais uma vez: vocês têm vontade de ver outras bandas? Estão interessados? Você [Iggor, que também toca no Mixhell com sua esposa Laima] vai trabalhar mais ainda, né?

IC Eu estou no *double shift* hoje aí, então...

Está ganhando em dobro ou não? Você pode revelar para a gente...

IC Na verdade, não. Olha, tem gente falando: "Não, não, o cachê é o mesmo". É uma coisa que está rolando – já rolou no Japão, já rolou na Europa – que são dois projetos totalmente diferentes, né?

MC É.

IC Que é até diferente dos Infectious Grooves, que tocou aqui. Que uma banda meio que abria para a outra. Ficava uma coisa mais estranha.

É verdade.

IC Já o Mixhell e o Cavalera [Conspiracy] são dois mundos diferentes.

E você curte esse mundão Mixhell?

MC Pra caralho, meu. Dou a maior força. Ele me mostrou um vídeo que

ele fez, tocando na Europa. Pô, muito legal. Estou dando a maior força.
Legal.
MC E é legal que fica a família também, né? A família do Iggor toda. Está a molecada inteira aqui, está a maior gangue, desde os pequenos até os maiores.
Já tem uns herdeiros grandes, né?
IC Já, já, tem uns que até nem gostam muito do que a gente está fazendo, tá ligado?
É mesmo? Tem isso em casa?
IC Já. Já critica: "Ah, não. Isso aqui já não é tão legal, pai".
Porque gosta de outra coisa. É isso? Gosta de outra pegada.
IC Porque já está num mundo, tipo, aggrotech, que é um novo industrial. E a gente já aprendendo com os filhos.
Legal demais isso.
IC É legal pra caralho. Os filhos do Max já estão também maiores e, tipo, a gente também. Às vezes, eu vou para Phoenix e fico aprendendo com os moleques o que tem de novo aí.
Legal.
IC Então, a conspiração vai continuar aí para a frente, meu.
Por falar em conspiração, para finalizar... Em se tratando de Cavaleras, é que nem futebol, política... Aqui no Brasil, todo mundo tem uma opinião sobre vocês. Todo mundo acha que sabe um pouco mais, especula... Qual a vibe que vocês estão hoje em dia, como vocês avaliam e como vocês lidam com esse lance?
IC Bom, na verdade, eu acho que o mais importante para mim – tanto para mim quanto para o Max – é a gente estar junto. Família, como ele falou. Família inteira reunida. Hoje em dia, eu tenho dois projetos, que eu toco com meu irmão e com minha mulher. Então, não poderia estar mais feliz. E estar tocando num festival muito legal, de estar meio transformando a coisa que rola na Europa, de você, de repente, fugir do caos de São Paulo [e] passar três dias curtindo um puta som aqui no interior. Eu acho que isso é uma iniciativa legal pra caralho. Tem que ser elogiada. Então, está sendo muito legal.
Essa pegada do meio ambiente, essa preocupação do festival... vocês [que] estão acostumados a rodar festivais pelo mundo, vocês acham que as pessoas, o

público objetivamente aprende com essas questões num festival ou, no fim das contas, entra na balada e acaba esquecendo essa conversa?

MC O Iggor fez o Glastonbury. Ele estava falando lá na van. Ele falou que, depois do show, muita gente que pagou pelo show, ficou dois dias depois limpando o lugar do festival.

IC É, eu acho que é um começo, Fabio. Eu acho que o mais legal é isso, meu. Mesmo que – como você falou – pode ter o moleque que vai chegar aqui, vai entrar na balada [e] não vai nem saber o que é que estão falando, se não começar, não vai ter história nenhuma. Então, eu acho que a iniciativa é legal. Eu acho que vai ter gente, sim, que vai achar legal o que está rolando aqui. Como a gente falou, pode ser que daqui dez anos, o moleque, para ganhar o VIP, passa dois dias aqui, ajudando a limpar. Então...

Aliás, essa foi uma ótima ideia que já vamos deixar aqui para a rapaziada do SWU. [Risos] Senhores, muchas gracias, muito obrigado, foi um prazer vê-los.

MC Valeu.

IC Valeu. Obrigadão.

THE VIBRATORS

Entrevista com The Vibrators em 26 de janeiro de 2011.

Q

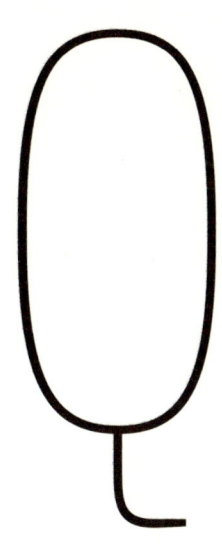

Quem trouxe o Vibrators foi o Renato [Martins], da Ataque Frontal, com quem tenho uma relação de muitos anos, desde a época da 89FM. Eu sugeri que, além de uma conversa, o ideal seria se eles pudessem fazer um som. E foi o que aconteceu. Foi uma session pra valer! Eles ficaram muito felizes e queriam até lançar essa session em compacto. Foi demais cruzar com umas figuras que têm um monte de história legal pra contar. O Knox, líder da banda, tem mais de 60 anos. Tem quase a mesma idade do Mick Jagger. Só que é o cara dos Vibrators, o cara que fez "Baby Baby", um cara que tem um bilhão de histórias boas para contar... E ver esse tipo de artista carregando seu equipo, trocando uma ideia de igual pra igual comigo, com o técnico, enfim... Esses são os caras de verdade, sabe? Ainda bem que teremos umas bandas assim pelo resto da vida. E estão afiadíssimos! Estão por aí tocando há 30 anos – só o baixista que é mais novo, mas já está com eles há um tempão. Além do Glen Matlock (de poucas palavras), se tinha que ter um representante das safras iniciais do punk inglês no programa era o Vibrators.

Senhores, muito obrigado por nos visitar e por aceitar o convite para fazer isso.
Eddie É um prazer, é um prazer.
Knox Sim, isso é ótimo. Obrigado.
Bem, esta não é a primeira vez de vocês no Brasil. Vocês tiveram tempo para estabelecer um bom relacionamento com o público? Esse cara [Renato Martins, promotor da turnê] está tratando vocês bem?
E Sim, sim, sim, ele está nos tratando muito bem. Poderia ser melhor, pois é uma turnê longa.
Pete Honkamaki Ah, não, Renato está mandando muito bem, muito bem.
E Ele está sendo brilhante.
Vocês tiveram tempo de conhecer bem o lugar? Vocês meio que curtem visitar os lugares sempre que viajam por aí?
PH Sim, sim. Na última vez tivemos alguns dias que passamos em São Paulo e tive bastante tempo de andar por aí e entrar em algumas lojas e clubes também.
E quanto aos fãs brasileiros? Eles são diferentes de alguma forma? E há algum lugar no mundo em que vocês são muito famosos e têm uma forte base de fãs?
K Ah, meio em todos os lugares as pessoas aparecem para ver a gente tocar. E, na medida em que ficamos mais velhos, elas parecem apreciar cada vez mais, pois, obviamente, muitas pessoas gostam dos Ramones e a maioria deles está morta e tudo o mais. Então, elas nunca sabem quando será a última vez que elas vão ver. Geralmente, elas ficam muito satisfeitas de nos ver. E tenho certeza que isso vale para todas as bandas que estão excursionando por aí.
Qual são os tipos de locais e festivais que vocês tocam? Vocês tocam especificamente em festivais de punk ou tocam em diferentes festivais?
PH Tocamos em todos. Quero dizer, tocamos nos grandes festivais de punk do Reino Unido e alguns pela Europa, mas tocamos no festivais do mainstream também e nos damos bem também. É muito bom.
K Sim, é meio engraçado. A gente toca em uma cidadezinha ou coisa parecida na França e a gente é uma grande atração lá para eles. E a gente meio que olha para essa cidade e pensa: "Como isso foi acontecer?" Simplesmente temos alguns fãs na prefeitura ou coisa assim e eles colocam a gente ali. E, bem, somos uma banda muito boa ao vivo

e com um tipo de música bem divertido. Assim, mesmo as pessoas que não curtem muito o nosso negócio, ainda gostam.

E como vocês montam um repertório para uma turnê como esta? Vocês revisitam músicas que talvez não toquem há anos?

PH Sim.

Então vocês dizem: "Ah, vou tocar esta porque se encaixa com o material novo"? Como vocês trabalham um setlist?

E É um pouco de cada. Tocamos muitas músicas antigas pois as pessoas que vão aos shows querem ouvir as músicas antigas e coisas que elas conhecem. Assim, tocamos algumas músicas antigas. E temos três ou quatro músicas novas, de *Under the Radar*, que é o novo CD, que está por aí agora. Então, tocaremos algumas músicas de *Under the Radar* e coisas antigas também. Sempre tocamos as coisas antigas porque as pessoas podem acompanhar. Elas conhecem as letras e podem cantar junto.

Claro.

E É uma boa diversão.

K E a gente tem que colocar material novo senão a banda fica meio morta ou algo assim, sabe? De modo que a gente tem que mudar o setlist de vez em quando. Assim, quando as pessoas virem a gente, tem algumas músicas diferentes e não sempre a mesma coisa.

Vocês tem feito isso há bastante tempo e, agora, você mencionou que estão ficando velhos.

K Sim.

É meio que envelhecer em público, mas também vendo seu público envelhecer com vocês?

K Pois é, e trazem as criancinhas junto.

Os pais levam as crianças para o show?

K Ah, sim.

E Com certeza. Tem um monte de pai trazendo as crianças, e tem uma molecada de 18 a 20 anos. É como... Acho que foi Keith Richards que disse: "Conseguimos que as mamães trouxessem as filhas e são as filhas em quem estamos interessados".

Exatamente.

E Mas eu acho que o público está ficando mais jovem e não mais velho,

o que é notável. Minha filha tem 18 anos e ela e todos os amigos dela curtem mais os Ramones, Blondie, The Beatles e coisas assim, dos anos 60 e 70. Eles não gostam muito das coisas novas. Eles não gostam daquele tipo de programa – não sei se vocês têm aqui – *The X Factor*.
Sei o que é.
E Eles realmente não gostam daquele tipo de coisa e curtem muito mais o tipo de música que fazemos.
O que vocês diriam que atrai a atenção dessa geração mais nova para uma banda como The Vibrators?
E As pessoas meio que têm que descobrir. Elas têm que descobrir The Vibrators. Não estamos na TV na frente delas todo o tempo. Elas têm que descobrir e, quando descobrem, gostam. A música é rápida, é excitante e é ótima, entende? Elas podem [dizer]: "Caralho, isso é excelente". É meio que rebelde. O bom rock'n'roll tem um pouco de rebeldia nele e a gurizada de 18 a 20 anos de idade gosta desse espírito rebelde. E nós continuamos a levá-lo para frente. É bom.
E vocês veem bandas novas fazendo isso?
E Ah, sim. Há muitas bandas novas surgindo na Inglaterra fazendo esse tipo de coisa. Não tão bem quanto nós, mas você entende… [Risos]
K Acho que se as pessoas realmente curtem a música, elas vão mesmo passar a procurar por ela, e – você sabe – os punks têm uma comunidade bem forte. Assim, um monte de gente conversa e, em pouco tempo, dizem para os filhos: "Se vocês ouvissem as outras bandas que estavam lá no início de tudo…" Sabe? Eles devem ouvir Clash e Sex Pistols, [mas devem ouvir também] Vibrators, Chelsea e todas aquelas bandas. No momento, para mim, é um pouco esquisito porque, quando eu fazia música quando era garoto, era meio que uma coisa rebelde. E era uma coisa que não se esperava que um garoto fizesse, enquanto que, hoje em dia, você pode ir para uma universidade e provavelmente aprender a tocar punk lá. [Risos] Acho isso meio esquisito, mas talvez, afinal de contas, meio que isso aconteceria mesmo.
Você mencionou essas bandas da primeiríssima geração punk. Vocês sempre me pareceram uma banda um pouco diferente das demais…
K Não, nós fazíamos parte dessa cena, mas todas aquelas bandas ti-

nham sons bem diferentes umas das outras. Hoje, muitas vezes se faz retratos falados para tipificar bandas punk. Há aquelas parecidas com os Ramones e há as bandas do tipo mais hardcore. E muitas delas soam muito similares entre si, mas acho que é porque muitas delas não são bandas que querem uma carreira, são só amigos tocando. E eles não têm nenhum plano sobre como entrar na MTV, sabe? Ou coisa parecida. Assim, eles tocam meio que uma vez por mês ou em torno disso. Divertindo-se. Eles podem ter boas músicas, mas é só isso que fazem. Vemos muitas bandas assim, sabe?

O que vocês acham dessa coisa do download? Se vocês veem um disco de vocês ser baixado de graça pela internet, está tudo bem?

E Não se for de graça [Eddie ri] Custa muito manter a banda e não somos milionários. Isso fica estritamente no campo da imaginação. Mas, conseguimos bastante grana de downloads... [Mas] acho que há um grande burburinho de volta para o vinil. As pessoas acham o vinil mais interessante e estamos vendendo vinis agora como há muitos anos não vendíamos.

Ah, isso é ótimo.

E [As vendas] dos álbuns de 12" são bem relevantes. Acho que as pessoas sentem uma conexão com o álbum, com a banda, sabe? Você tem aquele troço grandão e tem a arte da capa e ninguém pode copiá-lo de você ou baixá-lo, pois isso não pode ser feito tão facilmente com o vinil. Assim, há um grande movimento de volta ao vinil. Um monte de coisas punk estão saindo em vinil. Nossos dois ou três últimos álbuns saíram em vinil e o novo, *Under the Radar*, está saindo em vinil (na República Checa).

Ah, ok.

E E também tivemos *Peel Sessions* lançado em vinil e... Qual é o outro álbum?
PH *Energize*.
E *Energize*, sim.
K E aquele: *Punk: The Early Years*.
PH *Punk: The Early Years* também saiu em vinil nos EUA.
E E aquele outro: *Garage Punk*. Há muitos deles. Todos nos últimos anos.
K E vi uma coisa na Inglaterra que é bem interessante. Eles têm esse negócio – um clube de música. Acho que é no andar de cima de um pub ou algo assim. E o pessoal vai lá e coloca um álbum inteiro para

tocar – como algum de David Bowie ou alguém assim, sabe? E você tem que sentar lá e colocar seu celular no mudo.
No mudo.
K Você tem que se sentar e ouvir o disco inteiro. Você não deve conversar até mesmo quando mudam o lado. Você tem que ouvi-lo inteiro – os dois lados.
Sim, exatamente, pois era assim que costumava ser antes.
K Era assim que a gente fazia, sim. Quero dizer, não tenho certeza se consigo ficar sentado lá o tempo inteiro, mas – talvez – se for um álbum da gente, talvez seja uma experiência bem legal.
Under the Radar trata sobre o quê? Com que tipo de assuntos vocês lidam nas músicas?
K Bem, eles meio que variam, mas também há músicas diferentes. Há anos não tínhamos feito um álbum em estúdio com material inédito. Então, são meio que coisas... Tipo, estou sempre escrevendo coisas e elas ficam jogadas por aí. Daí a gente junta [esse material] e tenta fazer um álbum. Aí, todo mundo discute sobre as músicas. Pete e eu compomos algumas músicas juntos. Geralmente, não há uma espécie de conceito. Simplesmente, há essas músicas. E há muitas músicas que não se encaixam. Então, a gente tem que escolher que música é mais apropriada ou que se encaixa na banda. E aí a gente segue em frente, entende? E é uma banda. Não sou eu em um negócio solo. Assim, a banda tem que trabalhar junto. E eu posso discordar. Bem, eles podem discordar de mim também, né? Assim é uma banda.
PH Pat Collier foi chamado para produzir. Ele é o baixista original [da banda] e produziu o disco. Ele produziu os últimos álbuns que fizemos.
Você mencionou Peel Sessions. Acabamos de fazer uma sessão de rádio aqui. Quão importante é o rádio hoje em dia. Quero dizer, século XXI, a internet...
PH Ouço muito rádio e a gente conhece muitas bandas novas pelo rádio. É vital. Acho que é o canal para a gente mostrar músicas novas para as pessoas.
Ótimo. E então quando vocês vão gravar a música do Frank Zappa?
K Ah, não. Ainda tenho que pensar a respeito disso. [Risos]
Mesmo?

K É, mas quero fazer aquela. Sabe uma daquelas?

PH Sim.

K "Have you guessed me yet?/I'm the slime oozing out/from your TV set" ["Você já adivinhou quem sou?/sou o lodo escorrendo/de seu aparelho de TV"]. [Risos] Acho que essa cai muito bem. Quer dizer, tem muitas outras coisas legais naquela música.

Sim. Ficaria bacana, sim.

K A gente não queria arranjá-la de um jeito meio punk, mas a letra e tudo lá é bem direto e reto. É muito inteligente.

Ok. Muito obrigado pela entrevista.

E Obrigado.

Espero que vocês passem bons momentos no Brasil.

PH Pode deixar.

Não vou segurá-los aqui porque vocês terão um belo jantar hoje à noite.

PH É isso aí.

[Num] restaurante sofisticado.

PH Um lugar muito sofisticado.

K Que a gente nunca ouviu falar.

E A comida no Brasil é maravilhosa. Estivemos aqui antes e a comida é excelente toda vez. Sempre passamos bons momentos aqui. Obrigado por nos ter aqui.

K Obrigado [Knox fala em português].

BLOOD RED SHOES

Entrevista com Laura-Mary Carter e Steven Ansell (Blood Red Shoes) em 29 de maio de 2011, no 15º Cultura Inglesa Festival, no Parque da Independência, em São Paulo.

Blood Red Shoes, dupla que participou do evento da Cultura Inglesa às margens do Ipiranga. Foi uma tarde bem divertida (e nessa tarde acabei cruzando com outras bandas). O Blood Red Shoes representa uma nova safra de bandas de rock; nesse caso, no formato dupla. Para alguns, esse formato [dupla] é um pouco esgotado, por conta também do tempo em que vivemos, no qual as coisas têm um impacto imediato e depois as pessoas se aborrecem um pouco. Quando a banda apareceu, a comparação imediata foi com The White Stripes, pelo fato de ser uma dupla. Mas o Blood Red Shoes já está na correria há um bom tempo, e são muito entrosados ao vivo. O Steven é um super batera. Os discos são legais, são bem produzidos, mas ao vivo a sintonia entre os dois é muito interessante. E eles foram bem simpáticos e estavam deslumbrados com o visual do local onde estavam se apresentando, com o museu ali atrás.

"Blood Red Shoes" é "Sapatos Vermelho-Sangue". Vocês ouviram essa? A tradução de seu nome para o português? Soa bem intenso.
Laura-Mary Carter Como é?
Steven Ansell Uau!
"Sapatos Vermelho-Sangue". "Blood Red", sabe? "Vermelho-Sangue". Soa bem forte.
LC Sim, eu gosto.
SA Legal. Eu gosto. Se eu conseguisse memorizar… Não sei se consigo dizer isso no palco. Definitivamente, não vou conseguir me lembrar como se pronuncia isso.
Ok, é difícil. Bem, sejam bem-vindos ao Brasil. O que vocês estão achando da viagem? Vocês tiveram tempo de realmente conhecer os lugares?
LC Não, não, não.
SA Não vimos muita coisa ainda. Amanhã será um dia de folga para nós aqui. Então, vamos sair para dar uma conferida. Hoje, até agora, estivemos aqui, ao lado deste túmulo. [Risos]
É um lugar muito bonito. Nem sempre bandas tocam aqui. É um lugar muito bonito para se estar.
LC Sim, é agradável. É muito legal. Vimos que há um museu da independência.
É verdade.
LC Que é realmente espantoso do palco. Tipo, olhar para ele é muito legal.
Exatamente. Bem, estamos falando no rádio. Quão importante é o rádio para vocês hoje em dia? Quero dizer, 20 anos atrás, creio que era o meio de comunicação mais importante que havia para as bandas. E hoje, no século XXI? E, para a banda, ainda é importante?
SA Acho que… Sei lá. Para nós, parece que quando estamos no rádio, certamente faz uma diferença, mas, falando pessoalmente, nunca ouço rádio, na verdade. Entretanto, é porque, em geral, estamos muito em turnês. Quero dizer, em tantos países diferentes, de modo que eu não saberia onde ouvir.
LC Sei lá. Depende. Acho que é menos importante, como você está dizendo, mas nem sempre foi um território, como as pessoas acham, em que, se a gente consegue estar no rádio, então todo mundo vai prestar atenção. Contudo, o que descobrimos, para todas as bandas e não somos exceção, é que tocar ao vivo é que faz a diferença.

Sim.

LC Ir aos lugares parece fazer mais diferença do que estar no rádio.

Mas, ainda assim, graças à Internet, pois, há cerca de dez anos, uma banda sem discos lançados [no país] e sem tocar no rádio nunca tocaria em lugares como o Brasil, certo?

LC Sim, é verdade. [Laura-Mary ri]

SA Exato, exato.

LC Sim, é mesmo.

SA Acho que a Internet é a coisa mais poderosa, mas até agora, pelo que vejo, não conseguiu acabar com o rádio, mesmo que todo mundo diga o contrário.

E quanto a fazer discos? Quão importante é fazer discos para vocês? A coisa material. Quero dizer, no quadro geral, representado em termos financeiros, ainda é válido criar a mídia física?

SA Sim, porque crescemos com bandas que fazem álbuns. Queremos fazer álbuns [na mídia física]. Se você enxergar isso como um homem de negócios, financeiramente não há muita razão para se fazer mais álbuns. Então, você se pergunta por que você está fazendo isso. Se você faz é porque você quer fazer sob o ponto de vista artístico. Então, continue fazendo. Porque, se você não fizer, você deve sair em turnê e lançar apenas três singles por ano. Então, faça isso.

Isso mudou o modo como vocês abordam as coisas no estúdio? O modo como vocês criam as coisas? O fato de vocês não precisarem fazer um disco mudou o modo como vocês abordam as coisas?

LC Não acho. Não mesmo. Acho que isso não mudou nada para nós. Isso nunca vem a nossa mente quando estamos fazendo nossos álbuns.

SA É, a gente apenas pensa em fazer o melhor álbum possível. Além disso, começamos a banda numa era em que a Internet já era a forma dominante que todo mundo costumava usar. Assim, nunca vivenciamos nenhuma mudança, já que, para nós, essa é a regra desde que começamos.

Sim.

SA Então, para nós, é simplesmente o modo que a coisa funciona. Sabemos que discos não são vendidos, sabemos que todo mundo descobre mais sobre tudo através da Internet do que qualquer outra coisa…

Tudo bem se as pessoas baixarem trabalho de vocês de graça?
LC Sim, tudo bem. Não ligo nem um pouco. Entretanto, eu ligo bastante quando acontece antes do lançamento. E isso meio que me irrita um pouco, porque simplesmente não é apresentado como queremos. E isso é irritante, mas o fato de ser de graça não incomoda.
SA Sim. Você decidiu o dia em que você vai lançar um disco mundialmente e as pessoas o conseguem antes disso. Você se sente como se elas o tivessem tirado de seu controle.
Exato.
SA E ele é seu bebezinho e vocês passou muito tempo fazendo isso. Então, meio que tira a graça da coisa se as pessoas conseguem o disco antes do dia em que ele deve ser lançado, mas, na verdade, não ligo se as pessoas o conseguem de graça ou não.
LC Depois da data de lançamento. Sabe? É o que as pessoas fazem hoje, né?
E quanto a tocar em festivais? Vocês curtem? Bandas diferentes, o povo não está lá necessariamente por causa de vocês, mas vocês curtem todo o clima dos festivais?
SA Sim, adoramos festivais.
LC Sim. Quero dizer, é legal porque, como você está dizendo, a plateia pode não saber necessariamente quem somos e é excitante tentar convertê-la, deixá-la interessada na banda. Quando você faz um show individual, obviamente todo mundo está [lá] por sua causa, mas é mais divertido tentar fazer as pessoas perguntarem: "Quem é essa banda?"
Quão importante para vocês é tocar ao vivo? Quero dizer, o disco é muito bem produzido, soa formidável, mas suponho que seja completamente diferente ao vivo.
SA Basicamente, nosso segundo álbum soa exatamente igual ao que tocamos ao vivo. Esse era o motivo do segundo álbum. Queríamos que ele soasse como nossos shows ao vivo. Então, na verdade, não há muita diferença. [Steven ri]
LC Nosso primeiro álbum é diferente e as pessoas dizem que éramos bem mais pesados no primeiro álbum.
Sim.
LC No segundo álbum, pensamos: "Ok, vamos apenas tentar conseguir o som que fazemos ao vivo". Acho que conseguimos fazer isso.
Vocês tocaram com muitas bandas diferentes. Quem mais os impressionou?

SA Ah... Caramba! Vi muitas. Na verdade, a banda que mais me impressionou recentemente se chama Rolo Tomassi.

Ah, sim, claro.

SA Para mim, são eles. Nós os vimos tocar em Londres recentemente. Por um tempo, eles foram a banda que abriu nossas turnês. Fomos ver o maior e mais longo show que fizeram uns dias atrás e eles estavam incríveis. Foi foda.

LC É.

SA Foi mesmo.

Ok. Então, espero que vocês tenham momentos muito bons no Brasil e tenham um ótimo show. Nós estaremos lá.

SA Obrigado por falar com a gente.

Certo, obrigado. Valeu.

GANG OF FOUR

Entrevista com Jon King e Andy Gill (Gang of Four) em 29 de maio de 2011 no 15º Cultura Inglesa Festival, no Parque da Independência, em São Paulo.

O Gang of Four é uma banda importantíssima e, para nós brasileiros, de alguma maneira foi muito influente para uma geração de músicos. É um privilégio poder trocar ideia com figuras tão interessantes e tão interessadas nesse exercício da entrevista. Eles tiraram de fato seu tempo antes da apresentação para conversar comigo, o que nunca é a situação mais agradável, mas mesmo assim não impuseram nenhum limite de tempo, ou não aparentavam pressa de maneira alguma... muito pelo contrário, estavam bem solícitos. Comecei conversando com o Andy Gill, um dos guitarristas mais espetaculares de todos os tempos, riffs absolutamente inimitáveis (para o bem e para o mal, pois muita gente tenta imitar e fica uma porcaria). O Jon King chegou na sequência, um cara altamente politizado e todo interessado em questões sociais, tanto que até de Berlusconi eles falaram. Foi uma conversa muito interessante.

A apresentação ao vivo - tanto na primeira quanto nessa segunda passagem pelo país - foi absolutamente avassaladora. Uma banda que parece que não envelheceu. A sensação que temos é que muitas bandas desse período do punk e do pós-punk estão cada vez mais legais. Parece que agora elas tocam pra valer um repertório que era muito mais abrasivo e talvez menos técnico num determinado período. O Gang of Four mantêm uma energia que faz empalidecer boa parte da concorrência, inclusive a concorrência mais jovem. Eles também conseguiram manter um frescor criativo nas composições, e isso fica evidente nos discos mais recentes. Considero um privilégio e um prazer ter a oportunidade de trocar uma ideia com figuras tão importantes e tão dispostas a conversar.

Bem-vindos de novo ao Brasil. Vocês prefeririam fazer [a entrevista] lá fora?
Andy Gill Vamos sair, vamos fugir deste barulho.
Sim, é melhor lá fora. Se vocês quiserem...
AG Talvez ali. Tem menos barulho.
Sim, sim. Podemos ir até ali, que tem uma bela vista da cidade.
AG É.
Estou aqui na caminhada com o sr. Andy Gill. Como está seu português?
AG Como está meu português?
Sim.
AG Ahn... Um pouco fraquinho, sabe? [Massari ri]
Ok, Andy. Bem-vindos ao Brasil. Muito obrigado por conversar conosco.
AG Bem, é legal estar aqui. É excelente estar aqui.
Então, seu português... Nem mesmo as palavras especiais?
AG Não, não. Muito, muito pobre.
Bem, você tem boas lembranças de sua visita anterior ao Brasil? Vocês estão se divertindo? Vocês realmente andam por aí e conhecem os lugares sempre que viajam?
AG Sim. Depois que terminamos os shows, minha mulher e eu fomos para... Como se chama? Diamanti... Como aquela área se chama?
Foi aqui em São Paulo?
AG Não, não, não. Mais para o Norte. Era no interior e tinha uma... Lences!
Ah, Lençóis.
AG Sim, sim.
Lindo.
AG Sim, fantástico.
Lugar louco.
AG E passeamos a cavalo por um dia todo. É incrível. É surpreendente quantos tipos diferentes de terrenos há. Por uma hora, a gente fica em

um lugar parecido com o deserto. Então, na hora seguinte, a gente está perto de rios e bosques, mas não na selva. Daí a gente vê um pouco de selva. E vai sempre mudando. É muito bonito.

Bem-vindos, Jon.

Jon King Oi, estou muito contente de estar aqui.

[A entrevista] é para uma estação de rádio. E quanto ao rádio hoje em dia, no século XXI? Quão importante é o rádio para uma banda como o Gang of Four? Suponho que era um meio de comunicação importante antigamente. E quanto aos dias de hoje?

JK Bem, suponho que uma das coisas que têm sido interessante por conta da ironia é que o rádio – o rádio mainstream – nem sempre tocou o que fizemos. Fomos banidos no Reino Unido. Tivemos dois compactos banidos por serem políticos e serem causadores de problemas. Assim, dependemos do rádio independente com integridade. Então, no Reino Unido, nossa música é tocada na [BBC] Radio 6 [Music], mas nunca será tocada na [BBC] Radio 1. Até mesmo antigamente não fariam isso. Um dia desses, eu vi que estava passando [na televisão] um programa sobre o *Top of the Pops*, no Reino Unido, e o produtor que uma vez eu tinha mandado se foder estava falando. E ele era um sujeito muito, muito esnobe, e era o babaca que nos expulsou do *Top of the Pops*. E ele diz [Jon imita o sotaque esnobe]: "Às vezes, uns músicos alternativos vinham e tentavam impor o ponto de vista deles no programa. Tivemos que diminuir isso". [Risos] Eu fiquei xingando na frente da televisão.

Parece que vocês têm muito respeito dos meios de comunicação. Estou errado? Imagino que sempre que fazem pesquisas sobre as bandas e os discos mais importantes vocês sempre estão lá, certo?

JK Acho que isso acontece por não fazermos parte dos negócios comerciais da música; Andy e eu abrimos nossos próprios caminhos e fizemos todo tipo de coisas excêntricas, como, por exemplo, quando regravamos nossas próprias músicas em *Return the Gift*. Muitas pessoas ficaram confusas porque aquilo não tinha acontecido muito no rock, mas, na verdade, você pode fazer valer seus direitos sobre seu próprio material em poder das gravadoras, e temos visto muitas pessoas repensarem como elas podem transferir a posse de seu próprio material em poder das gravadoras.

Então, essa foi uma das coisas estranhamente radicais a se fazer. E acho que isso às vezes nos torna mais interessantes do que outras bandas.

AG Sim. Acho que muitas bandas simplesmente começam a partir da condição de músicos em que os indivíduos se encontram. Elas começam e há [o seguinte diálogo], "Sou um guitarrista." "Sou um tecladista." "E que tipo de estilos devemos tocar?" "Esse estilo." "Espero que fiquemos famosos e consigamos um disco de sucesso e tudo o mais." Então, esse é um caso de uma vida arraigada nas bases de ser um músico e buscar uma carreira a partir daí. Acho que nossa linha de partida não foi tão assim. Foi mais: "Vamos ter uma conversa. Vamos ter um diálogo e vamos, talvez, fazer com que a guitarra entre nele. A guitarra entrará nele, e ritmos [também]. E então jogaremos algumas ideias, falaremos sobre algumas coisas que outras pessoas não estão falando". E por termos esse *approach* ligeiramente diferente para fazer as coisas - e acho que sempre foi um pouco iconoclasta - as pessoas nos tratam com respeito. Por fazermos a coisa do nosso próprio jeito e simplesmente não seguirmos uma trilha batida.

Tem uma coisa engraçada: hoje de manhã, eu estava lendo uma entrevista com vocês, se eu não me engano, no jornal, e meu colega estava fazendo perguntas sobre Walter Benjamin e filósofos.

JK Sim.

E não é sempre que a gente vê esse tipo de pergunta surgir numa entrevista de rock'n'roll. Vocês acham que as pessoas também têm uma ideia de que vocês são uma banda muito intelectualizada ou algo assim?

AG Veja você, na Grã-Bretanha, as pessoas são desprezadas por pensarem que são um pouco intelectualizadas. É meio que... Quero dizer, não queremos ser espertos, entende? Não queremos tentar ser didáticos ou... Só que aquelas coisas – aqueles textos e aquelas ideias – simplesmente são parte de nossos adereços culturais. E pode ser que tenhamos uma inspiração ao assistirmos um filme de Godard ou uma ideia a partir de um ritmo de uma música da Motown, sabe?

Ok.

AG Isso pode vir de qualquer lugar, entende?

JK Eu também acho isso. Eu adorei assistir a um filme em que Bob Dylan ex-

cursiona pelo Reino Unido em 1965 e alguém pergunta a ele: "Ei, sr. Dylan, qual é sua mensagem?" Ele diz: "Eu não tenho uma mensagem". E não acho que temos uma mensagem, mas, ao mesmo tempo, tudo que fazemos é parte do que vejo como uma ideia progressista do que podemos fazer enquanto seres humanos, entende? E, é claro, se você pensa em alguns conceitos, como tocar uma guitarra alto, com liberdade e vigor, ou escrever sobre a vida cotidiana, ou escrever sobre como é estar vivo hoje, você automaticamente vai contra o mainstream e os fascistas e os maus sujeitos.
Certo.
JK Sem ter uma mensagem, você está automaticamente contra aquilo tudo, porque você está a favor de uma outra coisa.
Ok. Isso é legal.
AG A gente quer dar isso a você [o novo disco da banda]...
Ah, lindo! Obrigado, muito obrigado. Este é o disco novo. Vocês mencionaram as gravadoras. Quão importante é, para vocês, lançar o produto físico no grande esquema de hoje em dia?
AG Acho que é bem importante, sabe? Esta que você ganhou é a edição normal do CD que lançamos, mas também fizemos uma edição especial bem complexa, que vem numa caixa de metal deste tamanho e que tem muitas coisas diferentes dentro. Ela traz o livro *Emotions*, com imagens da banda expressando diferentes emoções em fotografias. E traz o livro *Smells*, que é com o cheiro de diferentes atividades humanas, como a indústria ou o sexo ou o comércio... E o comércio tem um cheiro interessante.
É? [Massari ri]
AG E, é claro, traz o CD. E também tem um livro que você abre e vira uma espécie de mapa, uma coisa enorme que se desdobra. E ele tem 20 figuras que fizemos – desenhos e palavras – falando sobre os últimos 30 anos da história mundial. Então, por exemplo, umas das figuras é o Berlusconi, na Itália, com uma prostituta nua. Ele está com o pênis ereto e está ejaculando.
Parece legal.
AG É legal. [Risos]
JK Mas a razão de todas essas coisas é que se você está num mundo em que... Em lugares em que você não pode se expressar, em que isso

é negado a você... Na Itália, onde ele controla 70% dos meios de comunicação e o governo...

De todos os meios de comunicação.

JK Às vezes, o único lugar onde você consegue se expressar é na parede de um banheiro, para escrever algo para deixar isso esquisito. É como arte de parede de banheiro. Cru assim, mas está promovendo uma ideia. E, na verdade, ficamos muito gratos, porque *la Repubblica*, que é o jornal diário de esquerda na Itália, publicou um artigo na primeira página sobre nossa arte, como uma maneira de falar sobre como Berlusconi era. E tenho orgulho disso.

Sim.

JK Se podemos pôr para baixo esse babaca do tipo fascista, então isso é bom.

AG Se nós podemos pô-lo para baixo sozinhos. Apenas você e eu para pôr para baixo... [Andy ri]

JK Não, provavelmente não é apenas você e eu.

AG Há outras pessoas envolvidas.

JK Há outras pessoas envolvidas. Estou preparado para dizer que há outras pessoas envolvidas. [Risos]

AG Mas ele ainda está lá, ele ainda está lá, ele ainda está lá, ele ainda está lá. Falhamos.

JK Falhamos.

Suponho que há muitas bandas que chegam até vocês para dizer como vocês foram importante para elas, uma influência como guitarrista, como banda. Isso ainda acontece? É, de algum modo, estranho? Vocês cruzam com muitas pessoas estranhas que dizem isso a vocês?

AG [Risos] Geralmente, elas são estranhas. Seria estranho se pessoas normais aparecessem para dizer que foram influenciadas por nós.

Vocês já ficaram surpresos pelo tipo de banda que chega até vocês e diz: "Ah, vocês foram muito importantes para nós".

JK Há alguns anos, fizemos um show em Chicago e... Qual é o nome daquele cara do Ministry?

Al Jourgensen?

AG Al.

JK Al aparece e diz: "Ah, caras, sem vocês eu não seria nada!" E fiquei pensando e disse: "Quê? O que você quer dizer?" Al tinha ido a um de nossos shows quando ele tinha 15 ou 16 anos ou em torno disso. E, na verdade, não estávamos muito amigáveis. Enfim, de alguma forma e em algum momento, ele vai para o camarim e nos pergunta como ele [poderia montar uma banda]... Essa foi a história que ele contou. Eu não me lembro nem um pouco dela. Nenhum de nós dois se lembra. Mas nos sentamos com ele, um garoto de 15 ou 16 anos, e dissemos: "É assim que você monta uma banda". E ele disse que seguiu as instruções, quaisquer que fossem elas, e desde então vendeu 8 milhões de álbuns. [Massari ri] Então, essa foi uma surpresa.

Ele poderia dar algum dinheiro a vocês então.

AG Sim.

JK Sim. Eu queria me lembrar o que tínhamos dito. [Risos]

E quanto a você como guitarrista? Você tinha em mente, quando começou, que criaria um som tão pessoal? Isso foi, de alguma forma, consciente – "Quero tentar fazer do meu jeito"?

AG Não foi consciente, mas sempre fui um guitarrista idiossincrático, pois os guitarristas que eu conhecia da escola eram muito hábeis. Tinha um cara chamado Sean Lyons. Ele era um guitarrista muito, muito hábil. Ele é meu amigo. E ele conseguia tocar qualquer coisa. Você falava uma música e ele sabia tocá-la, sabe? E eu não sabia tocar nada, entende? Eu sabia tocar duas músicas no máximo... O negócio é que eu não era tão interessado em aprender a tocar as músicas. Eu preferia inventar coisas sozinho. E eu sempre gostei muito das características físicas do som da guitarra, e costumava me divertir muito só de fazer ruídos, e dos sons que as cordas fazem e coisas assim. E nem tanto ao me sentar para aprender a tocar. Você se lembra de uma música chamada "Classical Gas"? Você não deve ter idade para lembrar. Na Alemanha, foi um disco de muito sucesso. Ela meio que visita coisas clássicas. Muito complicada. E Sean aprendeu a tocar todas aquelas coisas, todos aqueles acordes e tal. Muito complexo. E eu me lembro de pegar a guitarra dele e de ele dizer: "Ok, toque um pouco, Andy", e eu simplesmente fiz: "Screeeech!" [E pergunto:] "Não soa muito legal, Sean?" Ele só olha para mim [e responde]: "Você é doido". [Risos]

JK Fracassado.

AG Fracassado. Essa é minha música. [Risos]

JK É interessante. Você está vestindo uma camiseta do Frank Zappa.

Ah, sou um daqueles caras, sabe?

JK Porque os únicos artistas de nosso empresário em Los Angeles eram Frank Zappa e Gang of Four.

É mesmo? Essa é uma história excelente.

JK Costumávamos dividir um escritório com Frank.

AG Nosso empresário era totalmente desonesto. Ele era um ladrão. Roubou um monte de dinheiro da gente. [Massari ri]

Zappa teve muitos problemas com isso.

AG Sim, é mesmo. Exatamente.

JK Nosso empresário roubou o dinheiro de Frank e o nosso. Ele foi para a prisão.

Pelo menos, algo aconteceu.

JK Pelo menos, isso foi bom.

AG A gente não recebeu o dinheiro de volta?

JK Não, ele gastou tudo. Frank também não pegou.

Quão importante é, para vocês, as apresentações ao vivo? Tocar ao vivo ainda é a coisa mais importante para vocês enquanto músicos ou vocês também gostam de fazer o trabalho em estúdio?

AG Acho que compor as músicas é importante, sabe? Trabalhamos muito nisso, transformando e burilando. Isso é muito importante. A parte ao vivo é particularmente importante também. Quero dizer, acho que tudo isso é bom.

JK As coisas mudam e eu acho que tocar ao vivo... Estamos aqui no Brasil, neste país incrível e nesta cidade incrível para fazer shows ao vivo. Então, de que outra maneira poderíamos fazer esse tipo de coisa? É um privilégio extraordinário.

O fato de vocês estarem tocando num festival com bandas diferentes muda algo para vocês na lista das músicas ou no modo como vocês tocam?

AG Gostamos muito disso, sabe? Porque é legal um festival em que há um monte de gente. Um monte de coisas diferentes acontecem, diferentes astros da música se reúnem. É bacana fazer shows individuais também, sabe? Ambas as coisas são boas, mas gostamos muito mesmo de tocar em festivais.

Ok, a última pergunta: vocês viram muitas bandas tocando ao vivo no passado e atualmente. Qual é a banda que mais os impressionou?

JK Dr. Feelgood, pois acho que, de todas as bandas que vi, foi a banda que mais amei. E acho que ela foi a banda que mais me influenciou. Não por algo em particular, mas quando a gente via Lee Brilleaux, que era tão fantástico, quando a gente via Wilko Johnson, que era igualmente fantástico, eles tinham um ponto de vista que eu adorava.

[Andy,] você está muito bem no filme [Oil City Confidential, documentário sobre os primórdios do Dr. Feelgood].

AG Ah, você viu o filme?

Sim, sim.

AG Bom. É um filme ótimo, não é?

É legal, cheio de histórias.

AG É sim, cheio de histórias.

JK Eu conheci Wilko. Estávamos em uma cerimônia de premiações e conheci o Wilko lá. Quando o filme estreou, Andy estava lá. E fui até Wilko e disse: "Ah, Wilko, respeito total". E ele estava tão perplexo por todo mundo no salão.

Bandas novas – alguma banda nova os impressionou ao vivo?

AG Ambos gostamos de The xx, sabe? Acho que eles têm um som ótimo. Um som excelente. [E também] aquela banda chamada The Walkmen, sabe? Acho que é bem bacana. É boa, é boa.

JK Gosto muito do Dizzee Rascal ao vivo. Não gosto dos discos. Não são muito parecidos com o som ao vivo. Ele tem uma banda de apoio incrível, com uma das melhores cozinhas por aí. O baterista toca que nem uma bateria eletrônica. É maluco, é fantástico. Brilhante.

Tá certo. Senhores, muito obrigado.

AG Obrigado.

Espero que vocês se divirtam muito no Brasil. Novamente, obrigado. Valeu.

AG Valeu.

JK Valeu.

GLEN MATLOCK (SEX PISTOLS)

Entrevista com Glen Matlock em 30 de maio de 2011.

O Glen Matlock veio [ao Brasil] para o evento da Cultura Inglesa, mas veio para discotecar, e não para tocar. Nesse dia do evento, no qual as bandas estavam tocando ao vivo, ele estava só circulando ali pelo backstage. Portanto, essa entrevista revela mais uma faceta dos tipos de entrevista que você pode ter. Na verdade, ele não estava na nossa pauta, e não sabíamos que ele seria entrevistado – até porque não sabíamos que ele estaria ali naquele dia. Mas ele passou por ali, e o vimos conversando com o Supla, depois conversando com mais alguém... Era muito divertido ver o Glen Matlock andando numa área do backstage que era encostada com a grade. E as pessoas trocavam uma ideia com ele, chamavam pra conversar e ele se mostrava acessível. Mas, ao mesmo tempo, muita gente não percebia que aquele cara era o cara do Sex Pistols!

Como eu vi que ele estava muito solícito, eu cheguei pra ele e falei, "três ou quatro palavrinhas, uma coisa rápida pra rádio", e ele disse "ok, legal". Apesar de ter sido, digamos, telegráfico, ele foi muito boa-praça e bonachão. Bonachão acho que é o termo. É um cara que se você tiver a oportunidade de sentar para conversar por uma hora, certamente vai se divertir muito. Mas, no caso, foi algo que aconteceu, pois ele estava só de passagem, vimos que ele estava disponível e colocamos o microfone na cara dele, com todo o cuidado, é claro. Para mim, a grande imagem foi vê-lo andando ali pelo gramado, próximo dos "mortais", e quase sem ser reconhecido. Eu pensava: "se eu falar que é o cara do Sex Pistols, em dez segundos vai mudar essa situação".

[Posso fazer] algumas perguntas para uma estação de rádio?
Glen Matlock Sim. Frank! [Massari está usando uma camiseta do Frank Zappa]
Você já foi fã de Frank Zappa?
GM Eu o conheci. Eu o conheci em Nova York e ele me pagou um drink.
Eu fui o único brasileiro que o entrevistou em sua casa, em Los Angeles.
GM Ah, é? Bom para você! Acho que você deve ter uma insígnia por isso. Bem, você tem uma camiseta por isso. [Risos]
Sim, sim. Bem-vindos ao Brasil mais uma vez. Você está se divertindo?
GM Estou me divertindo muito.
Eu vi você caminhando lá adiante. Houve algum momento em sua vida em que foi difícil ser dos Sex Pistols? Eu vi você caminhando e ninguém o importunou.
GM É só ir levando. Se você se preocupa com essas coisas... Vim aqui com Super Supla, um amigo meu.
Ah, é. Eu vi.
GM Ele é mais importunado do que eu, sabe? Se ele consegue encarar, eu também consigo. [Risos]
Ele é um bom guia?
GM Ele é um guia muito bom. É excelente, sim.
Vocês foram DJs ontem à noite, não foram?
GM Sim. Onde tocamos? Num clube. Como se chama?
Beco.
GM Ah, Beco 203 – vezes 3, que é 609, que é o número na rua em que ele está. Viu? Estou aprendendo essas coisas. [Risos]
E foi bom? Que tipo de coisas você toca?
GM Sim, foi bom. Eu toco um pouco de punk porque sou punk, mas também toco algumas coisas que influenciaram o punk e algumas coisas que surgiram depois dele. Algo com bom ritmo e boa melodia. Então, com certeza, cai bem.

Você já pensou em publicar seu livro, I Was a Teenage Pistol, aqui no Brasil?
GM Eu gostaria.
É um livro clássico, cara.
GM É. Bem, vou publicá-lo novamente em inglês em breve, mas se alguém me fizer uma oferta para publicá-lo em português, talvez você possa pensar em traduzi-lo.
Com certeza, faremos algo.
GM Faremos negócio, certo?
Certo. Repleto de novas histórias, imagino.
GM Bem, terá algumas. Estou empenhado nisso, mas é meio difícil contá-las, mesmo que eu ainda me lembre delas. Não sei o que os outros caras da banda vão achar. Há muitas histórias que eu poderia contar, mas nem sempre vou contar todas.
Ah...
GM É legal caminhar por aqui. Eu queria estar aqui para tocar com minha outra banda, os Philistines, sabe?
E sobre ela? Vocês tem excursionado e tocado bastante?
GM Temos feito coisas na Europa, tocando aqui e ali. Estivemos no Canadá pouco antes do Natal. Com ela, não sou um bom homem de negócios, entende?
Você é um artista. Você tem essa desculpa, imagino eu.
GM Sim, mas ainda assim, eu preferia estar tocando aqui ou fazendo as duas coisas, sabe? Ser DJ é uma coisa, mas tocar é outra.
Ok. Talvez na próxima vez.
GM Sim, na próxima vez.
Quando você está em festivais, gosta de dar uma conferida nas bandas novas?
GM Em alguns lugares, sim. Eu estava assistindo aos Blood Red Shoes porque conheci o pessoal da banda. Estamos hospedados no mesmo hotel. E são um grupo de pessoas agradáveis – um belo grupo de duas pessoas. E prometi a eles que eu viria e estou muito satisfeito por vir. Achei muito bom.
Ok. Espero que você se divirta bastante aqui no Brasil.
GM É o que pretendo. Muito obrigado.
Ok, muito obrigado. Valeu.
GM Ok, é isso aí. Tchau!

TELEVISION

Entrevista com Tom Verlaine (Television) em 4 de julho de 2011.

Television. Essa é uma daquelas entrevistas que chegam com aviso: "Temos um artista instável, que não gosta de dar entrevista e detesta que perguntem coisas sobre o punk rock". Quando o entrevistado chega com esse tipo de advertência, é melhor você prestar atenção no aviso. Se te avisaram é porque já passaram experiências-limite e isso pode comprometer uma entrevista. Eu até falei do punk rock com ele, mas porque já tinha conseguido uma certa descontração na conversa e cheguei por outras vias... O disco *Marquee Moon* saiu no Brasil [na época] com um carimbo na capa, "Punk Rock"! E não é um adesivo, é impresso mesmo. No final da entrevista, eu pensei, "agora já entrevistei, então vou brincar e falar sobre punk rock". Então eu mostrei a etiqueta "Punk Rock" para o Tom Verlaine. Ele pegou o disco, "nossa, que loucura", não acreditou que o disco tinha saído com uma etiqueta impressa na capa; tanto que ele autografou o meu na etiqueta, e escreveu um "Not" antes do "Punk Rock": "Not Punk Rock".

Foi uma entrevista que começou tensa, porque eu estava diante de uma lenda. É um prazer conversar com uma figura assim, e eu não queria estragar aquele momento. Ao longo da minha carreira, tive momentos positivos e negativos ao encontrar com figuras assim... Enfim, cada um com suas manias, idiossincrasias e regras para esse lance da entrevista. Mas, logo no comecinho da conversa – e desconfio que foi por causa da pergunta sobre o rádio -, a coisa melhorou, e senti quase uma mudança no semblante do Tom Verlaine. Foi um momento no qual ele lembrou da infância, lembrou do rádio do pai, de ouvir programas de jazz na cama, e de alguma maneira isso deu uma liberada no Tom Verlaine mais difícil e monossilábico. Não foi uma coisa extremamente eloquente, de dar risadas e bater nas costas, mas foi uma entrevista muito bacana e, para mim, muito importante. Foi demais poder encontrar e conversar com um cara que proporcionou talvez alguns dos melhores momentos guitarrísticos de todos os tempos.

Estamos aqui com Tom Verlaine nesta segunda-feira gelada. Vila Olímpia glacial, mas Tom Verlaine nos aquece aqui nos estúdios. Muito obrigado por ter aceitado o convite.
Tom Verlaine Obrigado.
É um prazer tê-lo aqui. Obrigado por ter trazido um tempo bom para São Paulo.
TV Ah, sim, friozinho.
Sim. Então, como vai seu português? As palavras-chave?
TV Ah... Eu falo... Deixa para lá.
Ok. [Tom ri] Sei que você acabou de chegar. Então, você não teve tempo de andar por aí, mas esta não é sua primeira vez no Brasil. Você teve tempo de realmente conhecer o pedaço [e] visitar lugares ou sempre que você viaja...
TV Não, ainda não. Na verdade, não. Só um pouquinho.
Mas sempre que você viaja por aí, dá para reservar um tempo para conhecer os lugares ou é só a rotina de trabalho?
TV Eu gosto. Sim, eu gosto de passar um tempo em lugares diferentes.
Você foi a algum lugar em São Paulo na última vez em que você esteve aqui?
TV Não, [fiquei] aqui apenas dois dias. Então, não vi.
Você costuma se lembrar daqueles shows do Television em 2005? Eles ficaram bem famosos por aqui. As pessoas ainda falam sobre eles.
TV Não, não me lembro muito. [Tom ri] Porque foi muito rápido.
Ok. Bem, estamos em uma estação de rádio no século XXI. Eu gostaria de lhe perguntar sobre essa coisa de rádio. Quão importante era o rádio para você? E

nos dias de hoje? Ele ainda é importante para você enquanto artista?

TV O rádio, quando eu era criança, foi muito importante porque meu pai, em certo momento, comprou um grande sistema de som hi-fi. Então, ele me deu o radinho dele e eu o mantinha ao lado da minha cama à noite. E eu o ligava bem baixinho e ouvia jazz. E essa foi, realmente, a primeira música que ouvi por anos. Eu era muito fascinado por aquele tipo de música, sabe? Gente como Art Blakey e Mose Allison, o cantor... Nem tanto John Coltrane e aquele tipo de coisa. Mais para o jazz tradicional do final dos anos 50. Ahmad Jamal, o pianista... O tipo de coisa que era mais lançado pela Blue Note Records e Prestige Records. Saxofonistas tenores como Willis Jackson. Não sei se essa gente é conhecida.

Sim, sim.

TV Mesmo?

Na verdade, no ano passado houve uma invasão de saxofonistas aqui. Pharoah Sanders esteve aqui.

TV Ah, Pharoah, sim.

Roscoe Mitchell e todos aqueles caras barulhentos. Peter Brötzmann, sabe?

TV Brötzmann é doido, é.

Napoleon Murphy Brock, você conhece? Músico de Frank Zappa.

TV Ah... Ele apareceu por aqui?

Até ele esteve por aqui. Foi ótimo.

TV Além disso, eu estava aprendendo saxofone na época, depois de escutar isso. Eu tocava piano há anos e então me dediquei ao saxofone por ficar tão impressionado por aquela música no rádio na época. Mas, sim, havia uma estação de jazz na Filadélfia, que transmitia por, eu diria, cerca de 60 milhas. Dava para escutar, e chegava muito bem à noite. A recepção era muito boa.

Legal. E com a banda Television e como um artista, você vê um período de declínio? Você acha que hoje o rádio está em forma de novo? Embora tenhamos nossos equivalentes na internet – Facebook e esse tipo de coisa –, este é o rádio old school, digamos assim.

TV Ahn-han. Ah... Não sei bem se entendi a pergunta. Quero dizer, não tenho Facebook. Alguém fez uma conta falsa com o nome Verlaine. Não conseguimos saber quem fez isso. [Tom ri]

Você é interessado nesse tipo de coisa?

TV Não... Na verdade, acho que o Facebook vai acabar dentro de cinco anos. [Tom ri] Assim como o MySpace acabou agora. Basicamente, vendido na semana passada por causa de um enorme prejuízo.

Mas o fato de as pessoas terem acesso mais fácil a seus discos, a sua música, tem um lado positivo, imagino. As pessoas meio que podem baixar os discos.

TV Bem, não. Músicos têm que ter um sustento, sabe? E dar coisas de graça, não acho tão fantástico. Também é uma condição para toda uma geração conseguir coisas de graça e tratar a música como uma mercadoria que pode ser conseguida de graça. Então, isso nos deixa numa posição muita esquisita quanto a como nos sustentar e fazer algo, sabe? Quero dizer, na Europa, tantas bandas mais jovens estão... [Tom ri] Sei de uma banda, por exemplo, cujos integrantes têm 18 anos de idade. Eles não tocam muito bem, mas são muito animados e as pessoas gostam muito deles. E o jeito como o lance de gravar acontece é basicamente com a banda sendo financiada por uma grife de roupas íntimas.

Ah...

TV Verdade. Com bilhões de dólares. E na França. E, provavelmente, sendo promovida ao vestir cuecas em pôsteres no metrô. E essa é uma banda com cara de bandinha de rock bem emergente, sabe? E perguntei a pessoas que trabalhavam com eles: "Eles são pagos por isso?" Disseram: "Bem, sim e não." [Tom ri] "As gravações estão sendo pagas e os shows estão sendo divulgados através de um fundo, mas tudo está casado com esse produto". É meio nebuloso, sabe?

Houve um período em que as vendas de discos eram importantes para o artista. E hoje em dia? Ainda há uma razão para se fazer discos em um formato físico?

TV Ah, esse é meu dilema. Pensei nisso por cerca de dois anos. O Television tem um disco feito pela metade e estávamos pensando em oferecer para essa ou aquela gravadora. Daí, a gente pensa: "Para quê?" [Tom ri] Pois, tradicionalmente, os royalties são muito pequenos e tantas gravadoras são todas a mesma agora, sabe? Com quem entrar em contato? A cada seis meses há alguém diferente lá e a gente não consegue nem mesmo estabelecer um relacionamento com as pessoas, pois elas vão embora rápido demais.

Você disse que o disco está feito pela metade. Você quer dizer metade das músicas? E quanto a fazer um disco nos dias de hoje? Mesmo que não seja um disco conceitual, a ideia de...

TV Sim, fazer a coisa concreta. Se a gente conseguir terminar essa coisa, nós faremos algo no formato físico. Ou contratar alguém para supervisionar as vendas dos CDs pela internet. Com certeza, faremos um pouco em vinil para as lojas...

Você ainda compra discos? Você ainda ouve bastante coisa?

TV Só compro coisas que não escutei antes. Quando fui ao Japão, comprei alguns [discos de] compositores japoneses da década de 1950. [Falei com] uma mulher lá e perguntei: "Você pode me dizer o que é isso e o que é aquilo?" E ela: "Ah, talvez você goste desse, talvez você goste daquele..." De modo que geralmente não compro muitas coisas novas, apenas coisas que nunca escutei antes. Descobri a música paquistanesa no mercado de pulgas no ano passado, sabe?

Que legal!

TV Muito... Sei lá – dois, três reais cada disco.

Isso é ótimo. Você vai fazer alguma busca aqui no Brasil?

TV Na última vez que estive aqui, eu fui atrás de algumas coisas. Mas acho que os colecionadores meio que tem escolhido extremamente bem. Não restou nada. Na verdade, encontrei uma música instrumental boa e excêntrica. Tipo, órgão elétrico com guitarra. Um tipo de... Como se diz? Quase um samba para coquetéis. Mas alguns dos guitarristas eram interessantes. Eles faziam umas coisinhas bem inusitadas.

Ok, então você está no Brasil novamente com o Television. Que tipo de banda é ela agora, comparada à outra?

TV É a mesma banda. Tocamos algumas músicas antigas e tocamos algumas coisas novas. Temos um novo guitarrista, chamado Jimmy Rip, que conheço desde... 1980, eu acho. E ele foi o cara que fez todas as minhas turnês solo. Fizemos uma turnê em que apresentamos uma série de filmes mudos da década de 1920. Nós acompanhamos os filmes. Isso foi feito, primeiramente, em museus de arte, e foi muito divertido, pois era um tipo novo de espaço.

É uma coisa interessante para se fazer.

TV Sim, e foi divertido fazer. Muito dela era uma mistura de [música] composta e improvisada.

Gary Lucas – você conhece Gary Lucas, o guitarrista?

TV Sim.

Ele esteve aqui no Brasil fazendo algo assim.

TV Sim, acho que ele foi contratado pela mesma fundação. Há uma fundação nos EUA que, após a guerra, acho que [recuperou] 6 mil filmes mudos que tinham sido escondidos na Alemanha para evitar que os nazistas os destruíssem como um tipo de propaganda, sabe? Então, isso foi muito bom...

Você falou que Jimmy Rip tem tocado com você por bastante tempo.

TV Ahn-han, oito anos.

Foi necessário ter alguém como ele para preencher a vaga de Richard Lloyd?

TV Bem, Richard... Basicamente, Fred, o baixista, ligou para mim um dia. Ele pergunta: "Você viu o site do Richard na internet?" Eu pergunto: "Que site de internet?" Ele responde: "Ele acaba de dizer que deixou a banda". [Tom ri]

Uau! Foi assim?

TV Eu pergunto: "Verdade? Ah, o que ele disse?" Fred responde que ele quer fazer isso e quer fazer aquilo... Eu disse: "Ah, merda! Verdade?" Ops, desculpa!

Não, está tudo bem. [Tom ri] Você pode dizer isso aqui.

TV Posso xingar no ar? Ah, garoto... Preciso aprender alguns palavrões brasileiros.

Foi por isso que perguntei a você sobre as palavras-chave, entende? Algumas delas devem ser palavrões, certo? [Risos]

TV Ah... Enfim, então...

Eu não sabia que tinha acontecido assim. Mas, você teve que ter alguém que você conhecia para estabelecer o mesmo tipo de dinâmica ou química ou qualquer que seja a palavra...

TV Tinha que ter alguém habilidoso porque muitas músicas do Television têm arranjos. Eu componho as músicas e acabo fazendo arranjos para as guitarras funcionarem de um modo certo com a melodia da música. Não é muito uma música tocada descuidadamente. Em muita música pop, a gente simplesmente dedilha os acordes com desleixo e canta junto. Não há nada de errado com isso, mas prefiro o tipo de coisa diferente acontecendo. E, de novo, viemos do jazz, onde há sincopação. Embora também haja nos samba. Uma sincopação incrível e, desse modo, não precisa de muita finesse, mas precisa de um certo conhecimento musical e um certo... O legal de Jimmy é que ele é extremamente rápido e posso dizer: "Ok, aqui está: da-da-da, da-da-da-ti-da". [Tom cantarola.] E ele nunca mais esquece. Então, a gente ensaia uma vez e, para o resto da vida, ele nunca vai errar.

E vocês ensaiam muito para os shows?

TV Sim, tentamos, mas ele conhece todas aquelas músicas porque a maioria delas também eram tocadas quando eu estava em turnê como artista solo por 20 anos, então... E também fazemos shows acústicos. Estivemos no Japão em novembro passado fazendo alguns shows acústicos que apresentavam algumas músicas do Television.

E quanto ao repertório dos shows? Como vocês chegam ao repertório? É mais fácil ou mais difícil por vocês terem apenas três discos?

TV Ah... Ficou um pouco mudado. Algumas das nossas músicas são muito mais longas, outras são bem parecidas com o disco. No entanto, algumas, como "Marquee Moon" ou "Little Johnny Jewel", às vezes são bem mais longas e às vezes são mais ou menos iguais.

Há espaço para pirar? Para ficar doido?

TV Sonhos... Uma doideira grande. [Tom ri]

E improvisar?

TV Improvisar, sonhar, pirar e dormir. [Risos] Temos que dormir um pouco com a nossa música também. É bom para a plateia.

Como você mencionou a piração, tenho que fazer uma pergunta sobre Frank Zappa, pois sou um grande fã dele. Eu queria saber se você também é fã ou se já foi interessado na música dele.

TV Sabe, só conheço um disco de Frank Zappa, que é o primeiro dele.

Freak Out!?

TV Sim. As coisas que gosto nele são "Help, I'm a Rock"... "Ta Ta-da-da! Help, I'm a rock!" [Tom cantarola] Talvez devamos fazer uma versão amanhã. Porque tocamos no ensaio às vezes.

É?

TV Bem, uma versão de 30 segundos. "Ta ta-da-da!"

Você tem que tocá-la.
TV "Ta ta-da-da!"
Já está gravado...
TV Sim. Tenho um problema... Tem uma outra, chamada "There's Trouble Coming Everyday". [Título oficial: "Trouble Every Day".]
Sim, essa é uma das prediletas, uma das clássicas. Ele meio que regravou a música algumas vezes.
TV É mesmo?
Sim, sim. Ele fez uma versão diferente nos anos 70.
TV Ele manteve aquela linha de guitarra legal? Ela tem uma linha de guitarra maravilhosa.
Sim, sim, mas a melhor é a primeira, dos anos 60. É clássica.
TV Sim. Verdade, verdade. Li uma biografia dele [Zappa] porque eu era curioso a respeito de como ele sobrevivia, pois a banda dele era enorme. Ele caía na estrada com, sei lá, 20 pessoas em 1971. Era tudo escrito, como na música erudita. Todas as partes.
Exatamente, e eles ensaiavam por quatro meses antes de saírem em turnê.
TV Sempre, e ele voltava para seu quarto no hotel à noite e corrigia músicas e compunha novas peças para o show seguinte. Era incrível.
É louco se você considerar alguém gravar, sei lá, 50 discos naquela época.
TV Sim, é surpreendente o montante de seu trabalho, e ele foi um dos primeiros caras a se impor. Ele pegou o adiantamento de seu primeiro disco e construiu seu próprio estúdio. Assim, ele meio que não era escravizado pelos altos custos de gravação para o resto da vida dele.
E quanto a você, como guitarrista? Você vê as pessoas de hoje em dia, da geração mais jovem, fazendo algo legal com o instrumento e avançando com ele?
TV Eu não escuto. Talvez existam. Não escutei nada, sabe?
Mas você, como músico, ainda tem coisas a descobrir com o instrumento?
TV Ah, sim.
Você está sempre aprendendo? Tentando...
TV Sim, sim. Sim, com certeza.
Ok. Não vou lhe fazer a pergunta punk rock, aquela do CBGB. No entanto, vou lhe mostrar uma coisa.
TV Mostre-me então. [Risos]

Você viu o brasileiro? [Massari mostra a edição brasileira original do disco *Marquee Moon*]

TV Ah, sim, sim.

Com isto? [Massari aponta a etiqueta "Punk Rock" na capa do disco]

TV Um adesivo punk rock...

Não é um adesivo. Faz parte da capa.

TV Ah, é impresso?

É impresso.

TV Oh! Isso é ilegal. Legalmente, eles não permitiam modificações em nossas capas, mas aí está.

Na mesma época, esse disco também saiu na Europa...

TV Bem, fomos para Londres e tivemos muito sucesso por lá. Ficamos muito felizes porque tínhamos tocado em locais pequenos até irmos para lá... Quando fomos para lá? 1977?

1978, acho.

TV 1978 fomos para lá. Sim, nós gravamos em 77 e fomos para lá (acho que) em maio de 78. E esse disco foi muito bem recebido. Disseram que, em vez de clubes, poderíamos tocar em teatros bacanas. E ficamos muito felizes, pois nosso som é muito melhor em um espaço maior, digamos assim. Então, chegávamos e havia toda a garotada de roupa rasgada do lado de fora daquelas salas de concerto. E tinha aquela coisa do cuspe, sabe? Aquela coisa idiota e estúpida do cuspe. Tipo, por que eles estão cuspindo uns nos outros? Fazendo essa coisa estúpida. Não eram mil vezes por noite, mas dava para ver isso de verdade... Sei lá, eu só achava estúpido.

Qual é sua relação com este disco [Marquee Moon]? Provavelmente, você tem muito orgulho dele. Houve um momento em que ele foi meio que um peso para vocês, pois qualquer coisa que vocês fizessem seria comparada com ele?

TV Ahn... Estou checando a capa agora. [Massari ri] Tentando me lembrar de todas as histórias deste disco. Eu me lembro que a foto desta capa foi feita por Robert Mapplethorpe, sabe?

Claro, sim.

TV Que obviamente ficou famoso e tal, mas quando a vimos, pensei: "Isso realmente não... Isso parece demais com uma fotografia". Então, eu me encontrei com ele e disse: "Sabe? Eu vou distorcer essa foto pra valer". Ele disse: "Ah, sim, vá em frente". Eu disse: "Vou levá-la à loja com xerox colorido da Times Square e zoá-la toda". E ele disse: "Sim, vá em frente". Então, achei isso interessante, pois o trabalho dele era bem elegante. E impresso de uma maneira imaculada. E ele achou ótimo que eu simplesmente bagunçasse a foto de um jeito bem barato.

Você sempre o ouve ou...

TV Se eu ouço isso? Não, acho que não coloco isso para tocar há 25 anos. A maioria dos ouvintes não era nascido quando coloquei este disco para tocar [pela última vez].

Exatamente. [Tom ri] Você vê seu público crescer com você? Você vê a garotada levando os pais ou pais levando a garotada?

TV Vejo... Eu vejo uma boa parcela de pessoas jovens nos shows porque acho que elas escutaram alguma gravação em alguma rádio universitária ou escutaram alguma banda nos mencionar ou algo assim. Então, há uma boa mente aberta entre as pessoas mais jovens em relação ao estilo de música, entende? [Tom volta a falar do disco *Marquee Moon*] Na verdade, a capa foi desenhada com base na capa de um álbum de jazz de Albert Ayler, acredito eu. Eu me lembro de achar que ela tinha uma fonte sem serifa bem simples. Não tinha nenhum enfeitezinho saindo das letras, sabe? Era só como uma impressão doida. Eu me lembro de querer isso muito. Só uma moldura. Tudo nela é bem primitivo, mas, na verdade, parece bem legal.

Você tem ideia de quantas cópias foram vendidas?

TV Não. Quando [o] relançaram, acho que em CD duplo – não consigo me lembrar agora – em 99 ou algo assim. 96? Em algum momento nos Estados Unidos, fizeram uma enorme divulgação nova para ele. E ainda não queriam nos pagar nada. [Risos] Então dissemos: "Bem, então não poderão ter 'Little Johnny Jewel'". E então disseram: "Não faremos se não tiver 'Little Johnny Jewel'", que é nossa gravaçãozinha que tínhamos feito dois anos antes de *Marquee Moon*. E então eu disse: "Bem, ok, esqueçam". Então, no dia seguinte, disseram: "Daremos 5 mil dólares a vocês por ela". Eu disse: "Não, não. Queremos 300 mil dólares". [Risos] Que é claro que eles não aceitariam, mas conseguimos uma quantia de dinheiro significativa. Ganhamos tanto por "Johnny Jewel" quanto ganhamos por esse álbum, digamos assim. Por

nossa musiquinha que gravamos em um estúdio de quatro canais. [Tom ri]
Você se lembra do vídeo para a música "Call Mr. Lee"?
TV Ahn... Sim.
Estou perguntando isso porque eu toquei a música muito no rádio, mas passei o vídeo muito na MTV.
TV Bem, o vídeo é interessante porque não queríamos fazer um vídeo. Pensávamos que simplesmente era um desperdício de tempo e dinheiro.
Por isso que nós o colocamos bastante no ar. Era o único vídeo do Television a que tínhamos acesso.
TV Sim, sim. Então eu disse: "Bem, se fizermos um vídeo, quero que alguém veja um filme". O filme era polonês, pois a escola cinematográfica polonesa dos anos 40 pós-guerra era excelente. Ela ensinava fotografia, ela ensinava técnica de câmera, ela ensinava a saturação apropriada para revelação... Tudo em torno da cinematografia polonesa dos anos 50 tem um visual muito elegante. [Roman] Polanski passou por essa escola. Um cara chamado [Krzysztof] Zanussi, um diretor polonês que é um dos meus prediletos, também. E três dias depois, um cinegrafista polonês liga. Ele diz: "Sabe? Fiz muito disso. Talvez vocês queiram trabalhar comigo". Eu disse: "Legal!" Assim, o colocaram num avião para Nova York e examinamos algumas coisas. Eu disse: "Apenas esse tipo de visual se você não se importar. Nada além disso". Há aquela mulher, que conheço há anos, que ficava atendendo os telefonemas no estúdio. Nós a usamos para ter aquela visual soturno.
A música é um clássico no Brasil, por causa do clipe.
TV Verdade? Nós não a tocamos ao vivo. Então, desculpe-nos.
Vocês tocaram quando vocês se apresentaram na última vez, né?
TV Sim, mas acabamos enjoando dela.
Você se lembra de sua turnê com Patti Smith em 96? Eu o vi tocando com Patti Smith em Roskilde e no Paléo Festival.
TV Certo.
Fiz uma entrevista muito legal com ela e Lenny Kaye. Estabelecemos uma boa conexão com eles e então perguntei: "Posso conversar com Tom Verlaine?" Eles disseram: "Não, ele não quer conversar com você". [Risos]
TV Não era com você, era com ninguém. [Risos]

JON SPENCER BLUES EXPLOSION
Entrevista telefônica com Jon Spencer (Jon Spencer Blues Explosion) em 12 de julho de 2011.

J

Jon Spencer Blues Explosion. Por onde começar? Bom, foi uma entrevista feita pelo telefone, o bom e velho *phoner*, uma prática muito comum em rádio. As primeiras entrevistas que fiz na minha vida, na 89FM, foram pelo telefone. Mas acredite: pode dar problema ainda no século XXI! E foi o que aconteceu nessa entrevista do Jon Spencer. Ele estava me ouvindo, mas eu não conseguia ouvir direito; então rolou aquele momento de "dá pra você esperar um pouquinho?" – e a última coisa que você quer é pedir pro cara esperar na linha enquanto você resolve algum problema da híbrida ou do cabo ou seja lá o que for... Mas o Jon Spencer é um cara sábio, macaco velho, tranquilo, e tira de letra esse tipo de situação.

Eu já tinha feito uma entrevista com ele em outra oportunidade, e comentei isso com ele. Ele disse que lembrava, mas isso é sempre muito relativo... Mas, de fato, cruzei com ele muitas vezes ao longo da vida. A primeira vez que vi o Jon Spencer foi em 1993, e não era nem com a banda dele, mas sim com a banda da mulher dele (Cristina Martinez), o Boss Hog. Esse show foi um massacre. O [Jello] Biafra estava nesse show, e toda a galera da Alternative Tentacles, assistindo e pirando. Porque o Jon Spencer já era um cara totalmente intenso; a Cristina no microfone, bonitona, também era demais, mas ele já era um cara que extravasava energia pra todo lado. Em 1994, vi pela primeira vez o Jon Spencer Blues Explosion, e depois disso vi diversas vezes a banda: em festival de jazz em Nova York, na Islândia, no Recife... E no Recife foi a primeira vez que o entrevistei – e depois cruzei novamente com ele em São Paulo, no Sesc Pompéia. Então, quando você cruza muitas vezes com a pessoa, e lembra o artista de algum episódio (que talvez tenha marcado esse encontro) é sempre algo na manga, que pode te dar uma facilitada ou ampliar algo da simpatia.

Mas, no caso do Jon Spencer, ele é um cara tão resolvido e tão objetivo com relação a entrevistas e esse tipo de coisa, que fica mais fácil. Isso eu já sabia desde antes de entrevistá-lo, quando usávamos coisas da MTV americana para o Lado B: o cara mal terminava de fazer a pergunta e ele já emendava uma bela resposta, toda elaborada, certinha, então é um cara bom para entrevistar. E um cara que nunca vai nos deixar na mão: o Jon Spencer ao vivo é sempre Jon Spencer ao vivo, então tá tudo certo! Longa vida ao velho e bom Jon Spencer.

Jon Spencer Alô?
Alô? É o Jon?
JS Sim.
Oi! Aqui é Fabio, do Brasil.
JS Olá, Fabio! Como você está?
Bem. Aqui estamos, ligando do Brasil. Está tudo bem com você?
JS Comigo está tudo ok, obrigado.
Como está seu português, cara?
JS O meu não está muito bom, desculpe.
Ok. Esta é sua visita nº 3 ao Brasil. Estou certo?
JS Sim. Está, sim.
Você tem boas lembranças de suas primeiras visitas?
JS Da primeira, nem tanto. Foi há muito tempo e elas [as lembranças]

estão um pouco borradas, mas estive aí mais recentemente com minha outra banda, Heavy Trash. Apenas há alguns anos e, sim, tenho lembranças muito legais dessa viagem.

Sim, foi muito legal. Vi as duas. Na verdade, nós nos conhecemos pessoalmente em Recife na primeira vez em que vocês estiveram aqui. Eu era um cara da MTV, sabe? Conversamos muito. Eu me lembro de dizer a você que eu o tinha visto antes na Islândia. E também o vi com o Boss Hog no início dos anos 90.

JS Ah...

Cheguei a vê-lo bastante, cara.

JS Beleza.

Então, aí está você voltando ao Brasil com o [Jon Spencer] Blues Explosion. A banda ainda está na ativa? É meio que uma reunião esporádica? Como está indo?

JS Não, estamos tocando por mais de um ano agora. No entanto, demos uma longa pausa. Por vários anos, não fizemos nada. E, no ano passado, relançamos os discos do nosso catálogo. E aí, quando esses discos saíram, passamos a tocar de novo. Começamos a tocar novamente e nos sentimos bem. Então, continuamos a tocar. Simplesmente seguimos tocando. Temos esta viagem à América do Sul. Depois, vamos voltar à Europa e aí vamos ao Japão. E temos mais turnês para fazer nestas próximas semanas. E após isso, devemos tentar ir ao estúdio no outono [do hemisfério norte] para gravar algumas das músicas novas.

Vocês já estão compondo material novo?

JS Sim, estamos compondo. Temos um monte de músicas novas. Já estamos compondo músicas e escrevendo letras novas, sim.

O que as pessoas devem esperar? O mesmo tipo de música?

JS Ah... Ainda está se amalgamando. Quero dizer, um pouco dela é o mesmo, de um filão similar. Entretanto, um pouco dela é meio que nova, mas ainda é cedo, sabe?

Ok.

JS O bolo ainda está assando.

E quanto ao setlist? Que tipo de setlist vocês geralmente apresentam?

JS Bem, não usamos um setlist de verdade, sabe? Gostamos de deixar as coisas mais soltas, mas tocamos músicas de todos os álbuns assim como algumas músicas novas e também alguns covers. Então, se tiver alguma música em particular que as pessoas queiram escutar, elas devem tentar chegar bem na frente e berrar o nome [da música] bem alto que vamos tentar encaixá-la.

Ah, excelente. Essa é uma boa ideia. Talvez, toda aquela coisa de Elvis Costello, sabe? Que você gira a roda e escolhe a música.

JS Sim, sim, sim. É, temos que arrumar uma roda. [Risos]

E quanto aos discos de catálogo? Você disse que foi tudo relançado, certo?

JS Sim, certo, no ano passado, em 2010. Não tudo, mas tudo dos dez primeiros anos, lançamos de novo. Cada um desses álbuns foi reformulado com muito material de bônus – gravações de estúdio e ao vivo não lançadas, sabe? Então, eles estão repletos de coisa boa.

Bem, a coisa ao vivo é bem importante para vocês. Ao vivo, a banda era muito impressionante. E quanto aos dias de hoje? Ainda é?

JS Ainda atacamos. Sim, ainda damos duro o quanto podemos e gosto de pensar que ainda somos bastante surpreendentes.

Você tem visto novas atrações, novas bandas, que impressionaram você?

JS Ah, uma das minhas prediletas é um cara do Canadá que se chama Bloodshot Bill. É uma banda de rockabilly de um homem só, de Montreal.

Ainda falando sobre o catálogo... Qual é sua relação com as corporações hoje em dia?

JS Ah... Bem, gosto de manter relações amigáveis... [Risos]

Estou lhe perguntando isso porque lá atrás, nos anos 90, quando vocês apareceram para o grande público – toda aquela coisa alternativa – e havia uma espécie de relacionamento com as gravadoras. Elas foram bem importantes. E quanto aos dias de hoje?

JS Bem, as coisas são diferentes hoje. Acho que não é a mesma coisa, entende? As pessoas não estão comprando tantos trabalhos em CD quanto costumavam comprar. Sim, as coisas são diferentes, sabe? Fizemos os lançamentos em CD com uma companhia aqui nos EUA chamada Shout! Factory, mas agora, por conta própria, estamos tentando fazer em vinil através de nosso próprio selo e também lançamos um novo compacto através de nosso próprio selo.

Ah, isso é ótimo.

JS Tentamos ser nossa própria gravadora, sabe? Imagino eu.

Esse fato mudou o modo como vocês abordam as composições, como vocês criam?

JS Não, não. Você está falando sobre negócios. Quero dizer, talvez essa escolha que faço não seja a mais esperta, mas, para mim, isso fica no segundo plano. O mais importante é a música, é a arte, é o sentimento. Isso é o mais importante. Toco em uma banda porque sou compelido a isso. É minha paixão. É o que está em meu coração. Não toco em uma banda porque é uma escolha de carreira ou porque faz um bom sentido para os negócios.

E quanto a seu relacionamento com a mídia? Você vê muita diferença entre a mídia dos anos 90 e a dos dias de hoje, pois agora há "twitters" e "facebooks" e muitos blogs? Todo mundo está escrevendo sobre música.

JS Sim, com certeza, é diferente. Imagino que tudo talvez seja superficialmente diferente, mas ainda faz a mesma coisa. Sei lá... Fico no meu próprio mundo, meio que perdido em meus sonhos. [Risos]

E quanto a toda essa coisa de baixar de graça. Tudo bem se as pessoas conseguirem os discos de vocês de graça pela Internet?

JS Bem, se elas quiserem dar uma conferida neles, está bem, mas, se você confere pela Internet e gosta do que você escuta, então saia e compre um disco. Compre um CD, sabe? Ou vá nos ver fazer um show... Acho normal que as pessoas explorem e aprendam sobre bandas novas ou coisas que elas nunca escutaram antes pela Internet. Mas, mesmo assim, acho que as pessoas ainda apoiam os músicos.

Bem, espero ver vocês aqui no Brasil em breve. Tenho certeza que vai ser um show legal como sempre. Você gostaria de mandar uma mensagem final para seus fãs brasileiros?

JS Só que estou muito feliz de ir para essas bandas de novo. Estamos muito entusiasmados com a viagem. Adoramos vocês e nos veremos em breve.

Beleza, cara. Muito obrigado.

JS Obrigado. Tchau!

Valeu. Tchau!

THE PAINS OF BEING PURE AT HEART

Entrevista com Kip Berman (The Pains of Being Pure at Heart) em 15 de setembro de 2011.

U

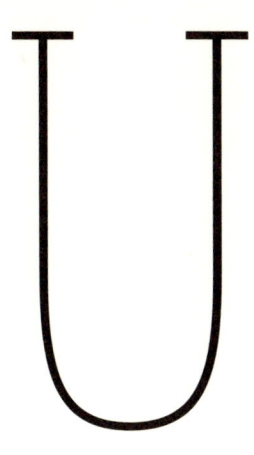

Uma representante das novas guitar bands americanas. O Kip Berman [guitarrista e vocalista] é um cara muito talentoso, a banda já lançou dois discos até agora e o *hype* se fez valer na apresentação ao vivo. Eles tocaram no Clash [Club] e o show foi muito bom - só deram um pouco de azar porque tocaram depois do Ariel Pink, que fez uma apresentação incrível e surpreendente. O Pains of Being Pure at Heart representa bem essas guitar bands de hoje em dia, que de alguma maneira prestam um tributo aos *shoegazers* ingleses dos anos 80. Apesar de que o Kip é um super fã dos Ramones. Eu disse para ele: "você não tem idade para ter visto a banda!" E ele ficou perguntando muito dos Ramones, pois sabia que eu tinha entrevistado a banda. Mas o som que eles fazem remete mais imediatamente àquelas clássicas bandas inglesas dos anos 80. Muito bem produzido, com bom gosto nas composições e, se durar, acho que vamos ouvir falar mais da banda, pois trata-se de um cara bem talentoso mesmo.

Bem-vindo ao Brasil. Como você disse que está seu português?
Kip Berman Terrível.
Terrível? Nem mesmo palavrões?
KB Nem mesmo palavrões. Embora eu precise deles.
O que você está achando de sua viagem ao país? Você ficou entusiasmado em vir ao Brasil?
KB Totalmente. Ter a oportunidade de vir para algum lugar realmente fora do caminho trilhado pela maioria das bandas em turnê é muito excitante. Eu estava conversando com algumas pessoas ontem à noite sobre um dos primeiros grandes shows internacionais no Brasil, nos anos 80, que foi o do Queen.
Exatamente, 1981.
KB Sim, e por alguma razão, eu meio que tinha uma [visão] clara [sobre isso]. Eu estava conversando com as pessoas e disse: "O Queen deve ser enorme por aqui". E uma delas disse: "Sim, meu avô, que nem mesmo acompanha a música ocidental, simplesmente ama o rock do Queen". É excitante ter a chance de vir para cá. Sei que os Ramones foram extremamente bem recebidos no Brasil.
Sim, eles tocaram aqui muitas de vezes – cinco ou seis vezes – sempre com uma relação bem intensa com a galera.
KB Sim, há uma cobertura incrível da recepção que eles tiveram no documentário *End of the Century*, que assisti quando saiu. Sou um grande fã dos Ramones, e ver como eles foram tratados e maravilhosamente recebidos foi excelente, pois eles eram uma banda muito apreciada nos EUA num certo sentido, mas não comercialmente e não com tanto público. Ver que, depois de anos a fio em turnês, de trabalho pesado e dedicação, e sofrendo problemas intermináveis, eles tiveram a oportunidade de serem recebidos como heróis, né?
Você conseguiu vê-los ao vivo? Você é jovem demais, né?
KB É. Eles se separaram em meados dos anos 90, mas, por causa do mito, eu sinto que adoraria vê-los ao vivo. E eles representam algo atemporal e grandioso no rock'n'roll.
Como é estar na estrada com sua banda agora, no século XXI? Estar na estrada é tudo como imaginamos? Aquela coisa rock'n'roll? Ou é mais difícil do que pensamos?

KB Ah, não é tão difícil quanto provavelmente foi para os Ramones e outras bandas que excursionaram antes. A tecnologia formatou o modo como as bandas excursionam. Sei que não há histórias decadentes do rock'n'roll que apreciamos ouvir, mas, na verdade, em termos de saber onde se vai e a habilidade de se comunicar – tipo, se você está dirigindo e sabe que vai se atrasar, com o celular dá para ligar para alguém e descobrir onde o clube é – está mudando muito em termos de como as turnês têm progredido para as bandas indie. Um de meus livros prediletos é um chamado Our Band Could Be Your Life [Scenes from the American Indie Underground 1981-91]. E ele realmente deveria ser uma bíblia e estar em todas as vans que as bandas alugam, pois a gente vê que nem ao menos existia um circuito. Não havia o que costumamos dizer: "Bem, lançamos um disco. Agora, vamos sair em turnê". Não havia lugar para ir. Essas bandas realmente abriram o caminho para a gente. Black Flag, Minor Threat, Sonic Youth, Butthole Surfers... Quero dizer, para todas essas bandas, não havia clubes que promoviam o tipo de música que faziam. Elas meio que tiveram que trilhar um caminho próprio no mundo e isso é muito mais difícil do que as bandas vivenciam hoje em dia.

Um outro livro que poderia vir com esse é Get in the Van [On the Road with Black Flag], *do Henry Rollins. Conhece? A ideia é bem parecida, eu acho.*

KB Ah, sim. É fascinante. Ao ouvir algumas daquelas histórias, a gente se dá conta de como temos sorte de não ter vivido... Quer dizer, é fácil romantizar o final dos anos 70 e o início dos anos 80 no que se refere à música, pois ela era fenomenal. A cena que foi criada, especialmente em Nova York, Los Angeles e, até certo ponto, até mesmo Boston, com o Mission of Burma, e outras cidades americanas e britânicas também. Em Manchester, foi incrível. E em Londres e em Glasgow. No entanto, a realidade do que uma turnê representava naquela época era algo muito diferente do que até mesmo uma pequena banda indie como a nossa vivencia no século XXI. Admiro muito as bandas que vieram antes e sou grato por nossa era não ter que passar por aquilo tudo.

Estamos fazendo uma entrevista de rádio. Você já foi um fã do rádio algum dia? Você diria que ele ainda é importante enquanto mídia?

KB Acho que é importante e acho que sua importância é subestimada.

Tem acontecido uma mudança enorme na maneira como as pessoas descobrem a música. Acho que o lado bom é que ficou mais democrático e as pessoas podem achar a música que elas querem ouvir sem depender de um selo grandão com uma boa campanha de marketing para uma banda. Mesmo assim, quando isso ainda funciona... Quando você vê uma banda como Foster the People ou alguma parecida e ela tem um hit no rádio, os públicos são tão diferentes... Tipo, todo mundo. Ele alcança um tipo de audiência muito ampla, universal, de um modo que o modelo mais contemporâneo, no qual tudo ficou mais democrático e fragmentado, não consegue alcançar. Assim, ao passo que certamente nos beneficiamos da nova tecnologia (que permite que as pessoas escutem nossa música, mesmo que não sejamos uma enorme banda de arena), ainda admiro o que o rádio pode fazer para galvanizar um público em torno de certas bandas e certos sons. Ainda acho um jeito maravilhoso de comunicar a música pop. *Mas, como você disse, 10 anos atrás, uma banda sem execução de rádio e sem discos lançados nunca viria ao Brasil para tocar, certo?*

KB Sim, exatamente. Os Ramones provavelmente levaram 15 anos da carreira para vir para cá e eram uma banda de sucesso, um ícone. Não sei se algum dia as pessoas falarão sobre a gente com o mesmo fôlego ou da mesma maneira, mas hoje em dia tudo é acelerado em termos de como conseguimos um público internacional. Uma de nossas primeiras turnês foi na Suécia quando tínhamos lançado apenas um EP. Um promotor ofereceu pagar as passagens de avião se tocássemos alguns shows de graça e nos pareceu uma troca justa, sabe? E ainda assim, até mesmo 10 anos atrás – até mesmo 15 anos atrás – não sei se seria possível, para uma banda que nem mesmo excursionou por seu país de origem, ir a outro país e fazer shows.

E quanto às atividades ao vivo? Quantas vezes vocês mudam a lista de músicas durante a turnê? Vocês conseguem mudá-la para deixá-la boa para vocês também ou o fato de vocês somente terem dois discos faz vocês tocarem as mesmas músicas sempre?

KB Na verdade, é surpreendente, mesmo tendo apenas dois discos além dos dois EPs, que temos 30 músicas e ninguém quer [ver um show] com 30 músicas. De modo que, não importa a lista que fazemos, alguém virá até nós depois do show e perguntará sobre a música que nós não tocamos. *"E aquela?"*

KB "Por que vocês não tocaram 'A Teenager in Love'?" Há muitas músicas que podemos tocar sem chatear o povo até a morte e acho que esse é meio o espírito dos Ramones, que admiro muito. Quando a gente vê uma banda que a gente adora, a gente quer explodir com a experiência. A gente não quer ver os Ramones tocando por uma hora e meia. Se você gosta de uma banda, assista a apenas dez a doze das melhores músicas dela e curta e pule de cabeça. Não é *O Anel do Nibelumgo*, sabe? Não são as belas artes. É para ser direto e divertido. Na verdade, é bem difícil que eu aguente ficar em pé por uma hora e meia para ver minha banda predileta tocar.

Então vamos transpor isso para o modo como se lança discos nos dias de hoje, pois Belong tem o quê? Dez músicas?

KB Dez músicas.

Você poderia ter colocado, sei lá, 25 músicas lá. Por que escolher dez? É um modo de lidar com o fato de que talvez as pessoas hoje em dia ficam entediadas depois de duas músicas ou algo assim?

KB Sim, acho que tem havido uma espécie de economia em torno de como uma banda lança músicas. Acho que nos anos 90, na era do CD, havia esse sentimento. Até mesmo discos que adoro, se voltar a ouvi-los de novo, vou achá-los longos demais. Até mesmo discos como *Siamese Dream* ou algum outro parecido. A gente se dá conta disso. Eles tinham mesmo que colocar tantas músicas e fazer improvisos de cerca de oito minutos? [Massari ri] E coisas assim? A gente meio que se esquece como alguns daqueles álbuns se expandiam. E [esse] nem era o CD duplo deles. [Kip ri]

Exatamente. Quantas músicas há no duplo? 40 músicas?

KB Acredito que, na verdade, sejam 24 para representar as horas do dia para ser conceitualmente completo. Do crepúsculo até o amanhecer – até a alvorada. É ridículo. Só eles conseguiram se safar dessa coisa ridícula. Talvez nem eles tenham conseguido. [Massari ri] Mas a ideia de deixar breve e direto não diz respeito apenas à questão contemporânea do limiar de atenção diminuído. Ela tem a ver com a auto-edição e... Quem quer colocar as onze melhores músicas em um disco? E quem quer ouvir a décima-segunda melhor ideia de uma banda? [Massari ri] É claro que há um motivo pelo qual os discos existem com cerca de dez músicas. É por isso. Mas eu gosto de singles também. E há uma diferença entre uma coletânea de singles e um disco, sabe? Isso é uma outra coisa. A gente ouve uma coletânea de singles e é, tipo, difícil de ouvi-la inteira. Até mesmo de uma banda que a gente ama como The Jesus and Mary Chain ou outra parecida. A gente ouve os singles e não são tão legais quanto se estivessem em *Darklands* ou... Tem algo a ver como eles são ordenados e tem algo a ver com músicas que não tenham sempre três minutos de duração com uma estrutura do tipo estrofe-refrão--estrofe-refrão-ponte. Há algo de bom na ordenação e, sim, dá para fazer isso com dez músicas, na verdade. Fizemos dez músicas no primeiro disco e dez músicas neste aqui. E se eu pudesse me sair bem com oito ou nove músicas, seria assim. Quer dizer, o primeiro disco do Ride tinha nove músicas. Sei que ele tinha nove músicas. Quer dizer, elas eram músicas maiores, mais longas. Não acho que haja nada de errado em deixar curto. Prefiro ouvir um disco duas vezes por ser curto demais do que ouvir um que seja longo demais.

Como foi trabalhar com Alan Moulder e Flood? Que tipo de relacionamento se trava ao trabalhar com essas figuras? Quer dizer, vocês conversam sobre discos? "Quero fazer aquilo que você fez naquele disco" – é assim?

KB É.

Você fica intimidado por sujeitos assim, que trabalharam com tanta gente legal?

KB Sim, acho que todas essas questões apareceram em algum momento. Obviamente, como fãs de música e conhecendo a história da música ficamos incrivelmente embasbacados. Impressionados. Tenho uma grande admiração pelas carreiras de Alan Moulder e Flood. Quero dizer, Flood, como produtor, trabalhou com tanta coisa, sabe? Desde o início dos anos 80.

Foi difícil escolher?

KB Foi estranho, porque ele tem este tipo de fama: "Ah, ele produziu o U2 e produziu discos que meio que são para grandes estádios", mas ele também produziu o Erasure e... Tudo bem, Depeche Mode também é enorme, mas ele produziu muito mais coisas, como Nick Cave e discos mais obscuros e interessantes do Cabaret Voltaire. Assim, a gente pensa nele como um sujeito que só produz os roqueiros dos grandes estádios, mas se alguma vez você o conhecer, [vai ver que] ele é quase o oposto disso. Ele está mais para o lado torto, para os aspectos estranhos – os aspectos erráticos – da música. Acho que foi importante para a gente reconhecer isso de primeira. E Alan Moulder é, por natureza, um grande produtor. Ele mixa o disco e ele simplesmente entende o que deixa o rock poderoso sem ser genérico. E, geralmente, seu modus operandi é trabalhar em discos de som volumoso e maciço, mas eles nunca são... Não sei se "fuleiros" é a palavra, mas nunca são genéricos ou, tipo, de solistas ou do tipo vazio e insípido do rock de shopping center. Eles são sempre de bandas interessantes, como Swervedriver ou The Jesus and Mary Chain.

Swervedriver é enorme aqui no Brasil. Dá para acreditar? Nunca tocaram aqui, não há execução em rádio, mas as pessoas ainda os adoram. Ainda escuto as pessoas falarem sobre eles. É doido.

KB É extraordinário. Uma outra banda que eu adoro, especialmente em seus primeiros lançamentos, é o House of Love. Ela teve uma trajetória meio triste e malfadada.

Eles eram ótimos. Uma banda meio subestimada.

KB Muito subestimada. E eles meio que tiveram uma ascensão e queda que foi bem rápida. Eu estava lendo o livro sobre a Creation Records no verão passado, quando estávamos gravando o disco. [Kip ri] Era muito engraçado ficar meio que mapeando nossa história. Alan Moulder é citado lá e ele é o único cara que consegue fazer My Bloody Valentine sentar no estúdio e certamente não deturpar tudo que eles gravaram por um tempinho. Mas é um fenômeno muito interessante ver como as bandas são recebidas aqui. Por exemplo, The Strokes – alguém estava explicando que eles venderam 20 mil ingressos para um show em aproximadamente duas horas. Eles são grandes nos EUA, mas não são tão grandes quanto o The Killers nos EUA. Eles ainda dão aquela sensação estranha de ter a identidade ligada a muito hype. Inicialmente, quando eles surgiram, eles ficaram notados mais como uma banda de sucesso, mas não pelo comercial que tinham. Então, sempre houve uma desconexão na banda que supostamente era para ser a unificadora do rock do início dos anos 2000 nos EUA. Na verdade, eles foram uma força muito polarizadora. No entanto, aqui, parece que ninguém presta atenção a isso. É, tipo: "Vamos abrir a arena para The Strokes". [Kip ri] É bem legal ver isso também. É sempre interessante ver como diferentes tipos de música são percebidos fora da nação de onde vêm.

Você é um entusiasta pelo que eu entendo.

KB Sim.

Você gosta de bandas, você ainda vai atrás das coisas, ainda compra discos, ainda fica entusiasmado com bandas novas...

KB Claro. Sim, acho que sempre fico surpreso. Essa questão mostra que somos fãs de música, e o outro lado da pergunta é: "Por que outras bandas não são?" Quais são as bandas que são [fãs de música] e quais são as bandas que são tão egoístas que acham que...

Às vezes, as bandas não gostam de mencionar, de citar nomes, né? Talvez para não deixar referências estabelecidas ou coisa assim.

KB Sei lá. Ninguém nunca nos acusou de termos inventado a música. Crescemos com a música. Bandas foram uma parte importante de nossa identidade quando crianças, sabe? A gente queria ficar ao lado de outras pessoas que gostavam da música que a gente gostava, e a gente meio que moldava um sentimento baseado na música que a gente curtia. No nosso caso, era o rock alternativo e underground, mais para o pop punk e o hardcore dos anos 90 e coisas assim.

Vocês provavelmente viram muitas bandas ao vivo. Quem mais o impressionou?

KB Temos tido muita sorte em poder excursionar com bandas de que somos fãs e acabamos conhecendo. Até mesmo na rara oportunidade dos shows com o Ariel Pink's Haunted Graffiti. Foi legal ver. Foi, tipo: "Ah, nós vamos para o Brasil. Vou saber qual a outra banda que vai também". Quer dizer, poderia ser qualquer uma. [Mas] foi uma que eu queria ver e uma boa desculpa para conhecer aqueles caras. Mas antes, nesse ano, tivemos a oportunidade de excursionar com uma banda chamada Twin Shadow, e no verão de 2009 excursionamos com [a dupla] Girls, bem pouco tempo antes do primeiro disco deles sair. Excursionamos na Costa Oeste dos EUA e eles são de lá, e realmente foi uma maneira legal de vivenciar aquela parte do país com uma banda que meio emana um som que é bem psicodélico da Costa Oeste. De modo que essas bandas são bem legais. Há muitas bandas de nosso selo nos EUA, Slumberland Records, com as quais fazemos muitas coisas juntos. Bandas como Crystal Stilts... Quase todo mês o selo lança alguma coisa nova e eu fico pensando: "Ah, alguém vai me mandar esse disco de graça." [Risos] Essa é a melhor parte de se estar num selo assim. Não é um selo grande. É dirigido por uma só pessoa. Então, em vez de um bônus grande no contrato ou qualquer coisa assim que uma banda pode esperar, temos discos de graça, que é, na maioria das vezes, bem legal.

E quanto a seu jeito de tocar guitarra? Qual é sua relação com a guitarra? Que tipo de guitarrista você se considera?

KB Bem, eu não me considero um bom guitarrista, mas gosto que aquela sensação de um espírito emotivo quase impreciso esteja voltando às bandas. Como era com os Ramones. Quero dizer, os Ramones eram, na verdade, mais talentosos do que as pessoas consideravam.

Exatamente.

KB Acho que é a mesma coisa com Ringo Starr, que não é considerado bom. No final das contas, aqueles caras sabiam tocar. Às vezes, aquele mito – "Ah, não sabemos o que estamos fazendo, mas temos charme" – é meio demais, mas os Ramones eram, na verdade, bons e poderosos, pois o estilo de música deles é direto e imediato. E é o estilo que eu gosto. Gosto de acordes cheios com muito pedal desbocado por cima. E acho que essa sensação, meio que esse jeito de tocar, já vi em bandas da minha infância – bandas como Nirvana e Pixies. Pixies foi quase um pouco antes da minha época. Eles são um pouco mais velhos. Quer dizer, eles se separaram e depois todo mundo prestou um pouco mais de atenção. Mas, sim, Pixies e Nirvana, e até mesmo bandas maiores como Weezer e Smashing Pumpkins, que eram bandas alternativas, mas indo mais na direção do mainstream comercial, meio que eram assim. Eu gosto disso. Gosto muito do Sonic Youth, mas não há muito do que a gente faz que é diretamente inspirado pela afinações deles ou a estrutura mais sofisticada de suas músicas. Gosto do foco coeso e da urgência do Nirvana, embora eu não pense que alguém nos compare a eles. Afinal, eu não grito. Simplesmente não consigo.

Bem, acho que está ok. Você gostaria de convidar as pessoas para ir ao show hoje à noite?

Sim, eu adoraria convidar as pessoas a ir ao show hoje à noite. A gente levou um tempão – talvez nem tanto tempo quanto poderia ter sido – para vir ao Brasil. Então, adoraríamos ver vocês lá. Vamos ficar um tempo por lá depois do show. Venham dar um alô e tomar uma Brahma com a gente. [Kip ri] É a cerveja brasileira que a gente tem em Nova York. Provavelmente, há outras aqui também. Na verdade, não vamos tomar Brahma. [Massari ri] Indiquem outra coisa para a gente.

É isso, cara.

KB Muito obrigado.

FAUST
Entrevista com Faust em 19 de setembro de 2011.

Essa entrevista do Faust (junto talvez com a entrevista do X) correu lá para a frente na lista das grandes entrevistas que eu tive a oportunidade de fazer. O Faust por razões óbvias: é uma banda que ouço há muito tempo, venho ouvindo desde sei lá quando... Geralmente, quem gosta de Zappa também gosta de algumas coisas do Faust. Na verdade, o grande lance das entrevistas – o tempo passa e isso vai ficando cada vez mais evidente – é você ter a oportunidade de cruzar com figuras que te enriqueçam de alguma forma, que acrescentem alguma coisa ou que sejam, pura e simplesmente, pessoas legais para trocar uma ideia. Essa entrevista do Faust eu decididamente coloco como um dos destaques [da minha carreira].

Tem outro aspecto interessante nessa entrevista: entrevistas de rádio podem acontecer de várias maneiras, desde o bom e velho *phoner* (que é a ligação telefônica, tanto ao vivo quanto gravada), até a entrevista mais íntima, quando você vai encontrar com o artista no hotel, por exemplo. Diferentemente da televisão, nesse caso você tem pouca coisa atrapalhando a entrevista. Colocou uma câmera, ligou a iluminação, pode ter certeza que uma boa porcentagem da naturalidade do seu entrevistado vai pro espaço. No caso de um microfone em cima da mesa (e a rádio ou a imprensa escrita podem te proporcionar isso), esse microfone desaparece entre você e o seu entrevistado. Ele some. E você, necessariamente, tem uma conversa mais franca, mais aberta. E no caso do Faust foi assim. A entrevista foi num hotel, às onze da manhã em um sábado. Quando cheguei, o Péron já estava me esperando, meio dormindo no sofá. Foi aquela situação: eu vi que ele estava dormindo, mas sabia que ele estava me esperando, então tive que acordá-lo. "Desculpa te incomodar, mas sou o cara da entrevista." E ele, "pô, legal, estava te esperando", e chamou logo uma cervejinha. Onze da manhã, sábado ensolarado, alemão, vai tomar o que? Café? Não, chamou logo uma cerveja. E foi de uma gentileza e de um interesse que me pareceram genuínos. Parecia muito interessado em trocar essa ideia comigo – e através de mim com um determinado tipo de público, no caso o radiofônico. Então, foi uma experiência muito agradável.

Como cereja desse bolo, quem veio tocando guitarra nessa formação do Faust foi um cara chamado James Johnston, que é o guitarrista e líder da banda Gallon Drunk. Uma banda inglesa espetacular, uma das minhas Top 5 bandas inglesas de todos os tempos. Eu sou fã da banda: vi o Gallon Drunk pela primeira vez em 1993, em São Francisco; depois vi também na Irlanda, num Halloween... ao vivo é simplesmente destruidora! Massacre da serra elétrica versão pós-blues britânico urbano louquíssimo. Nesse show de 1993 em São Francisco – foi minha primeira viagem para a Califórnia – eu fiz uma entrevistinha com o Gallon Drunk, que acabou nunca sendo utilizada. Tem umas fotos dessa entrevista, e eu estou com uma cabeleira gigantesca, gigantesca... E eu levei essa foto pra mostrar pro James Johnston nesse dia da entrevista. E falei, "olha como você era jovem em 1993..." Pô, na hora que o cara viu a foto ele morreu de rir. Foi bem engraçado. Uma entrevista muito divertida. E, mais do que qualquer coisa, registra-se o prazer de trocar uma ideia com um cara como o Péron, que tem muita história, passou por muita coisa e faz um som simplesmente inimitável.

Aí vamos nós... Bem-vindos ao Brasil. O que você está achando de sua viagem ao país até agora?

Jean-Hervé Péron É a primeira vez na vida que estamos neste lado da Terra. Estamos muito gratos [e] muito honrados por termos sido convidados. A viagem foi bem tranquila. Um chegou de Berlim; o outro, de Londres... Todos viajamos separadamente e chegamos aqui. Foi um choque cultural, climático, positivo e fantástico. Há uma diferença grande, muito grande. O povo fala diferente, se move diferente... [Aqui] cheira diferente. [Risos] E a organização foi linda, o local é muito bom [e] gostamos do hotel, de modo que está tudo bem até agora.

Sempre que vocês viajam por aí, conseguem visitar e conhecer os lugares ou é sempre a rotina de turnês com hotéis e restaurantes?

JP Desta vez, infelizmente, é mais a rotina de turnês. Temos dois shows. Um foi ontem e saiu muito bem. E hoje temos um workshop e o outro show no CCS...

Centro Cultural [São Paulo].

JP Sim, Centro Cultural. E depois voamos de volta para Berlim, onde temos um outro show numa galeria de arte. Geralmente, tentamos ter mais shows em uma área, tentando reservar alguns dias de descanso porque, de certo modo, é burrice vir para tão longe... Mas, desta vez, é o oposto.

Ok. Você citou o workshop. Como isso funciona? Que prazer vocês tiram dele? Que tipo de coisas as pessoas devem esperar desse evento?

JP O workshop – gostamos de fazer isso porque é um outro aspecto de nosso... Não gosto de dizer "missão" – nosso papel enquanto artistas. Fazemos shows, que são situações artificiais, mas os workshops são muito mais íntimos. Basicamente, fazemos a mesma coisa: tocamos música. Nós compartilhamos nossa arte com as pessoas e não temos nenhuma pretensão nem intenção, e também não acho que temos a qualificação para dar algo como uma *masterclass*. Apenas ficamos trocando ideias de um modo comum. Obviamente, temos algo em mente, entende? Temos 40 anos de música e temos um certo estilo. Obviamente, as pessoas estão interessadas nisso. Entretanto, basicamente ficamos trocando ideias. Desta vez, usaremos esta oportunidade para praticar, ou melhor, para descobrir – prefiro essa palavra – para redescobrir antigas músicas, que fizemos no passado, de modo que vamos desconstruí-las e reconstruí-las com as pessoas. E, também, novos temas que descobrimos recentemente. E tentaremos desenvolvê-los com essas pessoas que virão e, no final, os apresentaremos hoje à noite durante o show.

Eu ia perguntar a você sobre o setlist. Há um setlist?

JP Sim. Há um setlist, sim. Nós o preparamos antes do show. É esse o costume. Tentamos achar um tempinho de descanso. Daí, em pedaços de papel, nós todos escrevemos [nomes de] músicas, ideias, cores, números, paisagens... Em pedaços de papel ou o que houver. Então, nós os jogamos no chão ou na mesa. Assim, no final, temos um *brainstorm*. Temos, digamos, algo entre 20 e 50... 60 pedaços e fragmentos, e então fazemos uma colagem. Assim, nós os reunimos e aí tentamos decidir espontaneamente sobre uma certa dinâmica – queremos começar com força total ou queremos ter um diminuendo longo? Sabe, há todas as possibilidades. Queremos que ele tenha muitas palavras, muito *spoken word*? Vamos preferir ter uma série de músicas antigas? Tudo é possível. Assim, é inédito toda vez.

Então, nunca é a mesma coisa. Assim, se as pessoas que estavam lá ontem forem lá hoje, verão um show diferente.

JP Sim, elas verão um show diferente. Sim, sim, sim, sim. Temos a sensação de que, por estarmos aqui pela primeira vez, temos que apresentar certas músicas que sei – estou convencido disso – que as pessoas esperam que toquemos. E, por respeito a elas e – talvez esta seja uma expressão importante – pelo amor que temos por nosso público, tocaremos essas músicas antigas. Talvez de um jeito um pouco diferente, mas vamos tocá-las. Ainda assim, hoje à noite, o repertório vai ser diferente.

Como é a formação? Quero dizer, há Geraldine [Swayne] aqui, há James [Johnston] lá adiante, em algum lugar. Que tipo de formação é essa? Há quanto tempo vocês tocam juntos?

JP Estamos muito satisfeitos por Geraldine e James terem trombado com a gente. Acho que foi quase o destino. A sorte nos fez cruzar nossos caminhos. Nós nos encontramos com Geraldine e James pela primeira vez em meu festival de vanguarda, que acontece geralmente em junho no norte da Alemanha. É um festival dedicado a artistas peculiares. Então, por estarem interessados, Geraldine e James foram lá pela primeira vez.

Acho que eles o descobriram pela Internet e ficaram muito interessados.
Geraldine Swayne Na verdade, alguém nos convidou.
JP Sim... Então vocês eram do ...Bender – "Ponto, ponto, ponto, Bender"?
GS Sim. [Geraldine ri]
JP Sim. Sim, sim, sim. E... Minha mente está um pouco confusa, mas, sim, eu me lembro disso: "Ponto, ponto, ponto, Bender" – "Hesitação, Bender". [Massari ri] Eu não conhecia Geraldine e não conhecia James. Eu tinha acabado de descobrir a música deles e também estava bem impressionado pela fotografia muito boa – excelente – de seu grupo. Provavelmente, era de Steve...
GS Steve Gullick. Sim, Steve Gullick. Ele é um fotógrafo de rock bem conhecido. E neste ano ele está em Genebra.
JP Ele fez um projeto de apresentação excelente. E eu ouvi a música. Fiquei impressionado. Então, eu disse: "Sim, vamos convidá-los com certeza". E aí as coisas evoluíram. Quero dizer, eu poderia lhe contar um monte de episódios, mas enfim, depois de um tempo, eles foram ao festival de novo. Dessa vez, com uma outra formação. Dessa vez, como Bad Servant.
GS Bad Servant. [Geraldine ri]
JP Excelente. Com acordeão e outras coisas. Foi muito bom. E, após isso, eles entraram para nossa formação para uma turnê. Foi um pouco catastrófico... Eu me lembro de Paris. Foi em Paris, a primeira vez. Era para o Bad Servant abrir para a gente. Por alguma razão, eles não puderam, mas Geraldine Swayne, a brava heroína irlandesa, disse: "Meu grupo não vai. Eu vou e abro para você". [Risos] E esse foi o começo, esse foi exatamente o início.
GS É.
JP Eu me lembro que você entrou. Foi em Paris e a plateia estava muito barulhenta. E Geraldine pisou no palco. Acho que você bateu os pés no chão. Sim, e recitou alguns trechos da Bíblia e de suas próprias letras.
GS Sim.
JP E houve um silêncio imediato.
Parece muito bom.
JP Sim, muito intenso.
Sim. E quanto a você [Geraldine]? Como vocês entraram em contato? Você era

fã da banda? Quero dizer, você tinha ciência da banda, da lenda?

GS Não tinha. Lamento dizer, mas não conhecia o Faust nem um pouco. Quando fomos ao festival, tivemos uma sensação realmente extraordinária. Nós nos sentimos em casa. Estávamos em meio a pessoas que nos entendiam. E foi uma experiência muito feliz.

O fato de você não conhecer e nunca ter ouvido falar da banda torna as coisas mais fáceis ou mais difíceis como artista? Quero dizer, você sente a responsabilidade ou você sentiu algum tipo de pressão ao unir-se a eles?

GS Estou muito contente por não ter sentido, porque eu teria ficado muito amedrontada, pois é uma banda muito importante mas também [é] uma atitude e o conjunto de uma obra para muita gente, e eu respeito muito isso. No entanto, estou contente por não conhecer antes, pois assim eu me aproximei pela arte, sabe? Então, essa é uma grande oportunidade para fazer uma colaboração ou experimentar ou algo assim.

Você tem um background diferente, não exatamente a de um músico. Você começou no cinema? Nas artes visuais, certo?

GS Sim, creio que nas artes visuais, no cinema. A pós-produção faz parte do meu background. Entretanto, eu era muito ligada à música quando era criança, e tive aulas de piano até os 18 anos.

Tenho que lhe perguntar sobre o krautrock.

JP Sim. Vá em frente, vá em frente.

Esta deve ser a pergunta que você escuta muito. O que você pode nos dizer a respeito dessa coisa do krautrock? Quero dizer, tantas pessoas usam o termo, diferentes tipos de bandas: "Ah, fazemos isso, fazemos aquilo..." Você compôs a música ["Krautrock"], você é responsável por isso de certa forma. O que você pode nos dizer a respeito dessa coisa do krautrock?

JP Ok, krautrock. Tente dizer "krautrock" bem depressa. Tente dizer isso algumas vezes. É muito difícil. Bem, enfim, rimos muito ontem: "Vamos reproduzir [a palavra] 'krautrock' bem depressa". É muito difícil. Enfim, essa palavra tem uma saga bastante interessante.

Exatamente, é uma saga.

JP É uma saga. Vamos expô-la de modo sucinto. Primeiramente, ela estava a meio caminho de um insulto ou uma expressão em tom de gozação dada pelos britânicos.

Uma expressão britânica, sim.

JP Então, depois de um tempo, ela se transformou em um termo acadêmico com conteúdo respeitado. E então, ficou como uma palavra prostituída, como se todo mundo subitamente estivesse fazendo krautrock. E hoje existe algo entre a prostituição e o alto respeito. Assim, não gosto mais da palavra, mas quando surgiu pela primeira vez, nos anos 70, ficamos muito entretidos com isso, sabe? "Aí vem os repolhos, tocando seu rock de repolho." Ninguém aceitava. Poucas pessoas no Reino Unido acreditavam e apreciavam esse tipo de música, mas nós... Quando digo nós, não estou falando somente sobre o Faust. Estou falando sobre todos os grupos que estavam...

Especialmente, porque as bandas eram muito diferentes entre si. Neu, Can e vocês – bandas com sons diferentes, né?

JP Isso que é tão bom sobre o krautrock. Não é um estilo sobre o qual você pode sacar facilmente. Na verdade, são tipos muito diferentes de expressar um ambiente político-social dos anos 60 e 70, entende? Assim, pensamos que enfim também poderíamos voltar a ser uma brincadeira, pois todos nós tínhamos um pouco de humor escondido aí, e dizer: "Ok, vocês querem rock de repolho, então vamos agitar o repolho em vocês". [Jean-Hervé ri]

Você mencionou a coisa política, a coisa social. Noto que as pessoas não entendem essa parte do termo krautrock. Elas pensam em um tipo de som. Elas não percebem que há uma conexão com os anos 60 e 70, e a coisa política, não é mesmo?

JP É, tem razão. Muitas pessoas jovens que apreciam nossa música agora – e estou muito feliz por isso –, como podem saber o que aconteceu em 68? Elas não eram nascidas. Iriam nascer bem depois. Então tudo bem, mas é verdade que o krautrock era um reflexo, um espelho, do que estava acontecendo. Então, algumas bandas de krautrock deixavam isso bem claro em suas letras, como o Ton Steine Scherben, e outras também deixavam claro de um modo abstrato, como o Tangerine Dream ou gente assim, que realmente rompiam com todo o modo convencional de fazer música. Pensando naquele tempo, acho que nós, do Faust, provavelmente éramos até mais implacáveis, mais sem quaisquer limites ou fronteiras. Éramos totalmente anarquistas. E então, não criávamos conscientemente, não éramos politicamente ativos, mas, por nossa atitude através de nossa arte, acho que inspiramos muita gente para ultrapassar os limites e olhar, abrir as portas que estavam fechadas e ninguém esperava que se abririam. Desse modo, acho que também éramos e ainda somos assim. Éramos políticos. Agora, acho que somos ativos em um nível social. Percebo, quando vejo a plateia, que estamos deixando muitas pessoas felizes. Algumas delas, em lágrimas – lágrimas de felicidade. Outras ficam felizes mas confusas, o que é muito bom. Assim, algo entrou na cabeça delas. Essa é a razão de nossa música.

Seu caso é meio como aqueles em que dá para ver o público crescendo com o artista? Vocês vêem pais levando filhos ou vice-versa? Vocês sentem isso?

JP Sim, vemos. Ontem, havia uma garotinha pequena com o pai e a mãe. Obviamente, o pai e a mãe disseram: "Você deve ir e assistir a essa banda". E, em ocasiões frequentes, eu me lembro de ver um tio com o sobrinho ou a sobrinha, os pais meio que considerando um momento bem importante levar os filhos a um show do Faust para deixá-los em contato com algo diferente. Vi isso, sim, e isso me deixa imensamente feliz. Isso me dá forças para continuar.

E quanto ao relacionamento com outras bandas? Sei que vocês trabalharam com diferentes tipos de bandas de gerações mais jovens. Elas vêm até vocês com uma espécie de admiração e respeito?

JP Por favor, responda, Geraldine.

GS Mmm... Um pouco de cada. As pessoas vêm e parecem entrar em nossa órbita de certa forma. Nós as reconhecemos e elas nos reconhecem. Quero dizer, em termos de atitude. E há certas bandas com as quais trabalhamos recentemente: Black Carrot...

JP Sim, somos muito interessados na arte local. No passado, não intencionalmente, nós nos mantínhamos afastados de todo mundo. Não fazíamos isso porque tínhamos escolhido fazê-lo ou porque tínhamos o nariz empinado – arrogantes, sabe? Não. Era porque sempre estávamos muito ocupados com o que estava acontecendo conosco, em nossas cabeças, com nossa música. Ela era tão intensa que não tínhamos nenhum tempo e nenhum desejo para procurar outros impulsos. Com o passar do tempo, entramos em turnês e conhecemos muitas pessoas, muitas bandas, através do festival também. Sou procurado por muitas bandas. E agora temos tempo e um pouco mais de paz e quietude em nossas cabeças, para estarmos abertos e atentos ao que está acontecendo, e tenho notado que esse sangue novo – pode-se chamá-lo assim – é extremamente positivo. Então, estamos abertos a colaborações muito mais do que costumávamos estar. E todo tipo de colaboração. Estou acabando de voltar de uma turnê que não foi mesmo lá grande coisa no Leste Europeu. Nada em grande escala. Viajamos em minha van. Coisas bem despretensiosas, mas conhecendo pessoas das mais notáveis e vivendo situações muito enriquecedoras. Então, estamos abertos a isso agora, e temos tempo para isso agora.

Qual é sua relação com a Internet? Graças à Internet, as pessoas podem escutar seus discos. Às vezes, no passado, era difícil conseguir os discos porque eles não eram lançados aqui. Em contrapartida, as pessoas podem baixar suas músicas de graça. Tudo bem para vocês?

JP Geraldine, o que você diz?

GS Mmm... Sou ambivalente em relação ao acesso ao trabalho das pessoas, porque não conheço nenhum artista que esteja ganhando dinheiro agora quando lançam discos. Sempre gravamos músicas. Quero dizer, quando éramos jovens, acho que se conseguia comprar, mas também compartilhar. Então, é um pouquinho dos dois. No entanto, conheço tantas pessoas que têm tanto orgulho por nunca ter que pagar por música e eu me sinto bem confusa por conta disso, pois elas geralmente são [pessoas] muito ligadas à música, mas simplesmente parecem não fazer conexão entre essas coisas.

JP Isso é, infelizmente, o aspecto negativo para nós, artistas. Também há um aspecto mais positivo. Há um monte de gente, de garotada por aí, que simplesmente não pode pagar e isso dá a ela a oportunidade. Isso é extremamente positivo. Contudo, isso é bem verdade, Geraldine. É uma grande vergonha, pois vivemos para isso e supostamente devemos viver disso, o que não é o caso, mas é assim que a coisa funciona. Uma outra coisa boa é que hoje, se você quiser trabalhar com alguém, se você quiser conhecer alguém...

Em questão de segundos você tem o contato.

JP Sim, você pode entrar em contato as pessoas. É muito bom. Isso é

muito positivo no que diz respeito à Internet. Você facilmente pode ir longe demais e você pode estar sozinho em meio a milhões de pessoas. Então, esse também é um perigo da Internet. Você tem 10 mil amigos no Facebook, mas fica sozinho e depressivo no seu quarto.
Sim, exato.
JP Então, vamos dar boas vindas ao grandalhão com narigão.
Zappi, o cara.
Werner "Zappi" Diermaier Oi!
Prazer em conhecê-lo. Camisa bonita. Vai fazer bastante sucesso.
WD Isso é uma folha de *Cannabis*.
Sim, sim. É como a chamamos aqui também – Cannabis. Há muito aqui no Brasil. Não sei se você reparou nisso... [Risos]
WD Reparei.
Bem, já estou quase terminando. Aqui estamos, no século XXI, fazendo uma entrevista de rádio. Quero saber quão importante foi o rádio para a banda e quão importante ele ainda é nos dias de hoje, se é que é importante para vocês.
JP Vou traduzir a pergunta para o Zappi.
Ok, ok. [Jean-Hervé pergunta e Zappi responde em alemão.] Ok, esta é a primeira vez que isso acontece comigo no rádio. [Risos]
JP Então: "O rádio não é nem mais nem menos importante agora do que era no passado. É, para nós, uma ocasião para compartilhar com as pessoas nossas intenções e nossos desejos".
É isso? Isso parece ser menos do que ele disse.
JP Sim. Bem, fiz um resumo.
Concentrado.
JP Sim, fiz um resumo. [Risos]
Tenho que fazer a pergunta final. Sou um imenso fã de Frank Zappa. Eu cheguei a entrevistá-lo...
WD Uau!
JP Ah, essa é boa.
Vocês alguma vez tiveram contato com o cara? Vocês eram fãs da música [dele]?
JP Certamente. Posso falar por Zappi e posso falar por mim e pelo resto da banda – pela maioria do resto da banda de qualquer modo. Sim, definitivamente sim, apreciávamos muito o que o sr. Zappa fazia. E por

quê? Porque ele colocou no rock'n'roll na música popular, muitos aspectos diferentes. E, na minha opinião, as letras também eram [assim], pois, pela primeira vez, a gente podia ter rock'n'roll com algumas [letras] interessantes e socialmente importantes, entende? Então, é disso que gosto. E também ele meio que chacoalhava todas as harmonias, as estruturas e tudo o mais. Era muito bom, era muito renovador.

Você mencionou o rock'n'roll. Alguns anos atrás, encontraríamos os discos do Faust na seção de rock de uma loja de discos. E quanto à hoje? O que vocês tocam ainda é rock? Vocês chamariam assim?

JP Não, eu não chamaria de rock'n'roll. [Jean-Hervé traduz a pergunta a Zappi e ele responde em alemão] Ah, isso é muito bom. "Não, o que estamos fazendo definitivamente não é rock'n'roll porque o rock'n'roll é específico demais e o que estamos fazendo está aberto a tudo. Pintamos no palco, cozinhamos no palco. No final das contas, fazemos música no palco. Atuamos, temos spoken word, recitamos poesia, convidamos pessoas para interferir – isso é o que fazemos no palco." Não acho que você possa chamar isso de rock'n'roll, mas gostamos do combustível do rock'n'roll, sabe? Dessa energia. Gostamos disso.

Ok. Muito obrigado por isso.

JP Obrigado, obrigado, mas diga-me: como era Frank Zappa?

Ele era muito legal. Eu o entrevistei na casa dele, em Los Angeles. Eu sempre fui muito fã dele. E consegui contatá-lo.

JP Amigável?

Muito amigável. Passei toda uma tarde [com ele]. Eu entrevistei o filho dele, sabe? Dweezil, a família...

JP Sim, sim.

Ele foi muito legal e ligou para mim no hotel e me fez voltar à casa dele no outro dia para ficar por lá. Ele me levou para uma visita pelo estúdio.

JP É mesmo? Uau! Que bom! Então, sempre que você for à Alemanha, perto de Hamburgo... Procure-nos e você encontrará meu endereço.

Sim, sim, vou levar alguns presentes do Brasil para vocês.

JP Sim. [Risos] Sei o que você quer dizer.

Sabe o que eu quero dizer?

JP Sim, sim, sim. Legal.

THE KILLS

Entrevista com The Kills em 26 de outubro de 2011.

A

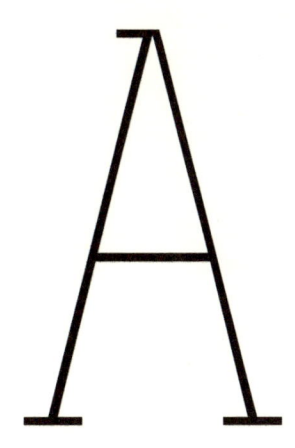

A primeira lembrança é sempre a do primeiro show. Eles estiveram por aqui naquele Campari Rock de 2005, que trouxe o MC5 com o Mark Arm (do Mudhoney) cantando. E nesse festival a apresentação do The Kills foi espetacular. Jamie Hince, o guitarrista, é discípulo do Wilko Johnson (do Dr. Feelgood), e fica ali apontando a guitarra pra galera; a Alison Mosshart grandona, cabelos vermelhos, não tem tempo ruim com essa banda! Uma banda quente, banda do momento (do momento no sentido que é relevante, tem 4 discos, está fazendo sua correria e atingindo um status bem interessante), e uma banda que, curiosamente, chegou ao programa com uma dessas notas de aviso: "se perguntar alguma coisa sobre a Kate Moss, eles levantam e vão embora" [porque o Jamie Hince é casado com a Kate Moss].

Se você recebe um aviso desses é porque, muito provavelmente, a banda vai levantar e vai embora mesmo. Eu lembrei de uma entrevista que fiz, daquele filme *Velocidade Máxima 2*. A entrevista deveria ser com a Sandra Bullock e o Jason Patric, que atuam juntos no filme. Quem foi entrevistá-los antes de mim foi o José Wilker, para o Telecine se não me engano, e na primeira pergunta que ele fez o Jason Patric levantou e foi embora. Ninguém sabe o que ele perguntou, mas [o Jason Patric] ficou ofendido e foi embora. Quando chegou minha vez, a empresária me perguntou: "Você se importa de fazer só com a Sandra Bullock?" Eu falei, "não, claro que não." É melhor mesmo você entrevistar o artista sozinho. E me lembrei disso na hora do Kills, porque veio com o aviso para não perguntar nada sobre a Kate Moss. É claro que você fica com vontade de perguntar de cara: "E aí, e a Kate Moss, como é que vai?" Mas eles foram bem tranquilos e gentis, e a coisa progrediu de maneira tão agradável, que obviamente eu não faria nenhuma bobagem nesse sentido. Fica ali no seu ouvido o bonequinho irônico buzinando: "pergunta da Kate Moss!" Mas acabei não perguntando... Até falei de fama, de hype e oba-oba, mas não fui diretamente ao assunto. Se fosse uma coisa realmente relevante, aí você tenta abordar de algum jeito, mas não era o caso.

Estou aqui com o pessoal do [duo] The Kills. Bem-vindos ao Brasil! Muito obrigado por terem aceitado o convite.
Alison "VV" Mosshart Obrigado por nos receber.
Jamie "Hotel" Hince Muito obrigado.
A esta altura, estou sabendo que vocês estão com o português bem afiado. Estou certo?
AM Não, nem um pouco, me desculpe. [Alison ri]
JH "Oi!"
"Oi?" "Oi" é britânico, né? O clássico "Oi!".
JH É clássico: "Oi! Oi!", é.
Exatamente. Vocês têm boas lembranças de sua primeira viagem ao Brasil? Um belo show em um festival.
JH Sim, lembranças muito boas. Tocamos no mesmo dia que o CSS. Na verdade, foi a primeira vez que assisti ao CSS. Foi ótimo.
E MC5.
JH É mesmo?
Na segunda noite. Wayne Kramer, lembra?
JH Não sabia disso.
AM Eu disse a mesma coisa quando alguém disse para mim que tocamos com o MC5 naquela turnê. Eu não me lembro disso.

Provavelmente, eles tocaram na segunda noite.

JH Sim, sim, sim.

Aquele foi o último show do CSS antes da primeira viagem internacional da banda. Foi bem importante.

JH É isso aí, sim.

Vocês tocaram num festival e agora vocês vieram para tocar sozinhos. Imagino que posso falar por muitas pessoas: felizmente, vocês tocam sozinhos. E quanto a vocês? [É] a mesma coisa em festivais e tocando sozinhos?

AM É muito diferente. Acho que fazer shows em clubes é melhor. É mais interessante e a gente tem um controle maior do ambiente – como é a configuração do palco e do som – e acho que dá ao público uma interpretação mais honesta do que a gente faz ao vivo, sabe? É um pouco louco em um festival, com toda a correria e a espera de um milhão de pessoas para tocar.

E quanto ao set list? Com que frequência vocês mudam o set list em uma turnê?

JH Bastante, na verdade. Temos uma bateria eletrônica. Então, temos que saber que os trechos da bateria estejam nela, entende? Eles são programados. Simplesmente não dá para tocá-los, suponho. Assim, temos um repertório bem grande para escolher e tentamos mudar toda a noite e, com certeza, eles se renovam. Gosto do perigo de tocar ao vivo se a gente sabe o que vai acontecer na maior parte do tempo.

Vocês conseguem improvisar e mudar as coisas durante o show?

JH Sim.

Por conta da bateria eletrônica?

JH Por conta do público. [Risos]

E quanto a coisa de estúdio? Vocês também curtem trabalhar no estúdio ou a dimensão ao vivo é a coisa mais importante para vocês?

JH Acho que um é um bom antídoto para o outro, sabe? Definitivamente há momentos na estrada em que a gente perde a cabeça... Isso é ok por nove ou dez ou doze meses, sabe? Por catorze meses, isso é ok. Por um ano e meio, a gente começa a perder a cabeça e, talvez, seu coração depois disso. Assim, acho que então é bom a gente ir para o estúdio, ficar intensamente criativo e depois enjoar-se daquilo e precisar cair na estrada de novo.

Como é estar na estrada para uma banda como The Kills? [Há] algo da imagem poética que as pessoas têm?
AM É muita viagem, são muitos aviões, muitos ônibus... Muita espera nisso tudo, sabe? Viajamos e meio que damos uma volta pelo mundo toda vez que fazemos um disco, e passamos bem rápido pelos lugares. Tentamos tirar uns dias de folga em cidades que queremos visitar. Tentamos ver as coisas, conhecer as pessoas e coisas assim. Então, às vezes, é bem divertido. Às vezes, é bem difícil. No entanto, na maior parte da turnê, tudo gira em torno do show – o dia todo culminando no show. Isso é tudo que fica na mente da gente na verdade. É fazê-lo o melhor possível. É para isso que a gente está lá.
Acho que li uma entrevista na qual você menciona que costuma ir a shows para ver as bandas tocando ao vivo.
JH Sim.
E você sempre desejava mudar algo nas bandas. Estou certo? Era assim mesmo a citação?
JH Nem sempre eu queria mudar algo nas bandas que eu via. Foi bem tarde na minha vida que vi bandas em locais grandes. Eu sempre via bandas em locais pequenos.
De que tipo de bandas estamos falando aqui?
JH Quando eu era adolescente, a primeira banda que fui ver foi The Fall. Foi uma noite com The Fall e uma banda chamada Brilliant, de Youth, do Killing Joke.
Eu me lembro, sim, claro.
JH Eu gostava quando as músicas não soavam como nos discos. Eu não queria sair para ver uma banda que simplesmente soava como eu escutava em meu quarto. Eu queria ver os integrantes cometendo erros e queria vê-los bravos uns com os outros, rugindo como uma bela gangue. Mas o ponto crucial era que eu queria que a música soasse como em uma interpretação ao vivo. E isso sempre ficou em mim. Não quero que apresentações ao vivo sejam ensaiadas, sabe? Demasiadamente ensaiadas e demasiadamente produzidas. Quero que elas sejam uma experiência diferente.
Quem mais o impressionou naquele momento de sua vida ao ver ao vivo? Tam-

bém vale para você, Alison. Você também era bastante interessada em ver bandas tocando ao vivo quando você era adolescente?
AM Sim. Eu comecei a excursionar bem cedo e consegui ver muitas bandas tocando. Elas tocavam com minha banda quando eu era mais jovem. Então, a primeira vez que vi o Fugazi foi que o jogo mudou completamente, sabe? Acho que os vi de 30 a 35 vezes. Eu os seguia com meu carro.
Isso é demais.
AM Porque o show era completamente diferente a cada noite e a gente nunca sabia o que iria acontecer. E foi a coisa mais excitante que já vi até hoje.
É, eles tocaram algumas vezes no Brasil. Eles eram impressionantes. Vocês já foram fãs do Dr. Feelgood?
JH Sim, claro.
Foi a impressão que muitas pessoas tiveram depois de seu primeiro show no Brasil.
JH Sim, Wilko Johnson.
Brilhante.
JH Sim, sim, sim, Wilko Johnson. Quer dizer, eu me lembro de ficar brigando com a guitarra. Na primeira vez que peguei uma guitarra, eu fiquei tentando entender como ele fazia. "O que você faz? Eu aprendo os acordes, mas eles não soam como os que escuto nos discos. Não fica igual." Então, sem querer, vi um programa de TV com Wilko Johnson como convidado. Fiquei de queixo caído até o chão. Foi, tipo, "Ah, meu Deus, este é um mundo completamente novo!" E ele ficava fazendo a base e o solo ao mesmo tempo, e acelerava feito louco. Os olhos dele eram simplesmente... Ah, meu Deus, agora mesmo fico arrepiado só de pensar.
Vocês diriam que a internet mudou o aspecto criativo como vocês lidam com as coisas, considerando que hoje em dia as pessoas baixam as coisas? Elas tem um tipo diferente de atenção. Elas ouvem algumas músicas e partem para outra coisa. O modo como vocês lidam com as coisas mudou para vocês enquanto artistas?
AM Não. Acho que começamos a pensar que iríamos mudar por causa disso. No entanto, somos criativos do mesmo jeito. Somos demasiadamente criativos. Passamos um milhão de anos trabalhando um disco mesmo que quem nos veja tenha o tamanho de um polegar. Não ligo, sabe? Ainda vou passar todo esse tempo burilando-o. É muito importante para mim. E acho que acontece o mesmo ao compor músicas.

Não as tornamos públicas até que elas estejam perfeitas. Se o mundo está se movendo rápido demais, tudo bem. Eu quero ter orgulho de tudo que faço. Assim, nosso processo criativo não mudou em nada. Gosto de me sentir assim.

Vocês tem que estar juntos para compor músicas? A esta altura, vocês têm um método para isso?

AM Não, não temos que estar juntos, pois nós dois compomos, mas temos que estar juntos para finalizá-las. Nós levamos músicas um para o outro e então as trabalhamos juntos.

Tudo bem se as pessoas baixam coisas suas de graça na internet?

JH Talvez tenhamos visões diferentes em relação a isso. Eu acho que isso é uma tradição. Sempre houve música de graça, fosse ela nos anos 50 com o jazz underground ou nos anos 60 com festivais hippies gratuitos. O punk chegou nos anos 70 e disse: "Isso é música para o povo. Não tem nada a ver com gravadoras". E eu sinto que, talvez, essa coisa do download grátis está dentro dessa tradição. Sempre haverá música feita para o povo. É se é criada uma tecnologia estúpida que pode ser espicaçada por qualquer um, é isso o que a gente vai ter. Temos que encarar isso. É uma tradição que acontece. A gente sempre colhe o que planta.

Exatamente.

JH Então, se criamos isso, se fomos com tanta determinação para essa tecnologia e fomos com tanta determinação para essa atitude de individualismo e liberdade de gravadoras, essa talvez seja – se você vê como desvantagem – a desvantagem disso. Pessoalmente, não vejo como desvantagem. Vejo como inevitabilidade.

Você tem uma opinião diferente em relação a isso?

AM Eu só acho que é importante criar algo que as pessoas queiram comprar, entende? Não estou falando em MP3 ou algo tangível, que pode ser pego, como um disco com uma capa e tudo o mais. Então, sinto que, de algum modo, as bandas estão ganhando algum dinheiro, mas elas também são responsáveis por fazer coisas que as pessoas realmente querem ter para guardar e apreciar. Acho que é a única coisa que realmente me fez manter minhas convicções firmes em relação a isso. Está difícil para todo mundo, sabe? Os tempos estão mudando. Acho que a música é muito especial e única, mas corre o risco de estar num setor em que as pessoas esperam que sejamos voluntários, entende?

JH Em qualquer outro setor, as pessoas esperam ser pagas. Para falar a verdade, as pessoas esperam que se faça algo cagado e seja pago por isso, sabe? Na música, não dá para se dar esse luxo. Então acho que é isso que quero dizer: a gente sempre colhe o que planta. Se esta é a situação que criamos, então temos que aceitar certas coisas que vão acontecer. Se não formos pagos pela música, então teremos que fazer outras coisas para ganhar dinheiro e continuar a fazer música. E então os fãs não vão gostar disso. Acho que a gente tem que ter um approach niilista em relação a isso.

Ok. Estamos aqui conversando sobre a internet, mas fazendo rádio – o tipo de rádio old school. Quão importante foi o rádio para vocês quando vocês estavam crescendo e quão importante é o rádio hoje em dia para uma banda como The Kills, no século XXI?

AM As gravadoras acham o rádio importante. Acho o rádio importante ainda que eu não passe muito tempo ouvindo rádio. Sei que é importante. Não tenho carro, mas se eu tivesse um, eu ouviria rádio o tempo todo. No entanto, quando eu era criança, o rádio foi incrivelmente importante para mim porque não havia lojas de discos por perto. Não havia muitas maneiras de eu ter música e todas as noites antes de eu me deitar, costumava ouvir as 40 Mais ou qualquer coisa que fosse, sabe? Todas as noites quando eu era criança. Para mim, foi uma coisa ótima, mas assim que eu consegui um toca-discos, tudo mudou.

JH É verdade. Foi a mesma coisa para mim. Ouvir rádio era um rito de passagem. Quando a gente tinha 11 ou 12 anos de idade, ouvia as 40 Mais todo domingo. E meio que ensinava a gente a discernir o que era legal e o que não era, sabe? A gente ouvia a parada das 40 melhores e ouvia umas bandas horrendas. E então, de repente, aparecia Blondie. Ou [The] Specials ou algo assim. E ficávamos: "Aaahhh!", superanimados.

AM É. "Minha música! Minha música!" [Risos]

JH É uma espécie de rito de passagem bacana, eu acho. E isso me ensinou a ir a lojas de discos e descobrir discos olhando as capas.

Vocês ainda vão a lojas de discos?

AM Sim.

JH Quando podemos. Entretanto, é como dizíamos: suponho que quanto mais você fica envolvido com música, ironicamente, mais tempo você passa na estrada e menos tempo você tem para satisfazer seu amor pela música. É o que eu acho.

AM Tem algumas lojas de discos no meu bairro. Quando caminho de volta para casa, sempre entro nelas, sabe? É legal.

É bom saber que elas ainda estão por aí.

JH Sim.

AM Sim, na verdade, há duas na minha rua. São locais velhos, mas são ótimos, são ótimos.

JH Comprei uma jukebox e isso meio que me faz sempre estar na busca de discos de 7".

Para terminar, a pergunta sobre vampiros: vocês curtem vampiros por conta da coisa do True Blood e Diários de um Vampiro. É bacana ter músicas nessas séries? E vocês têm a possibilidade de [dizer]: "Não sei, talvez eu devesse checar antes de ter a música lá"? Vocês podem dizer não para algo assim?

JH Ah, sim.

AM Claro que podemos dizer não. Voltando a falar sobre a coisa da internet e do rádio e as maneiras como as pessoas descobrem música – e as maneiras como elas não descobrem mais –, a televisão e o cinema têm sido uma coisa excelente para a gente, sabe? Na verdade, eu assisto a maioria dos programas e filmes nos quais colocamos músicas nossas, e gosto muito. Gosto muito de *True Blood*. Para falar a verdade, nunca assisto a *Diários de um Vampiro*, mas temos amigos e parentes (da geração mais jovem) que são obcecados pela série. Bem, de todo modo, eles são a nova garotada, né? É isso o que eles curtem. E é importante. Acho legal porque faz parte de nossa cultura. Faz parte do mundo. E nós fazemos parte do mundo.

E quanto à imprensa musical? Vocês têm um bom relacionamento com a imprensa musical? Vocês acham que a imprensa os trata de modo justo ao tratar de sua música?

AM Não tenho uma opinião formada. Acho que ela vai de um lado para o outro o tempo todo. Acho que é muito difícil ter um relacionamento propriamente dito com qualquer imprensa. Ela é muito enjoada e...

JH Vinda da Inglaterra, acho difícil.

Lá existe uma tradição.

JH A imprensa é bem diferente lá, entende? E é lá, suponho, onde eu realmente presto atenção à imprensa. Ela parece muito mais complacente no resto do mundo.

Especialmente nos dias de hoje em que qualquer um que escreva em um blog faz parte da imprensa musical, né?

JH É.

Isso torna as coisas difíceis, imagino.

AM Eu tenho muita saudade do jornalismo old school, sabe? Havia escritores.

JH Mas é a natureza. Na Inglaterra, você pode estourar. Você pode ser um ninguém e então acontecer na Inglaterra, porque é um país muito pequeno com uma imprensa muito forte.

Sim, exatamente.

JH As pessoas leem e acreditam, não importa o que... É difícil encontrar alguém para conversar sobre o *NME* que diga: "Ah, o *NME* é maravilhoso!" [Alison ri] Ele ainda é incrivelmente influente.

Sim, claro.

JH Eu fui influenciado pelo *NME*. Até mesmo as gravadoras são influenciadas por ele. E por ser um jornal semanal, ele tem que sair com uma cena nova a cada semana. Então, uma banda como a nossa – 10 anos na ativa, quatro álbuns – não é carne tão nova para o *NME*, entende? Ele não está tão interessado [em nós]. Acho que não. Sei lá. Na verdade, nunca fomos afetados por isso.

AM Isso não vai mudar minha carreira a esta altura. [Risos]

Definitivamente não. Ok, acho que é isso. Muito obrigado.

AM De nada.

Espero que vocês passem uns dias muito bons no Brasil.

JH Eu também.

Dois shows esgotados – isso é muito legal, né?

AM Eba!

Ok, vejo vocês lá.

JH Muito obrigado.

AM Obrigado. Tchau!

X

Entrevista com John Doe (X) em 4 de outubro de 2011.

E

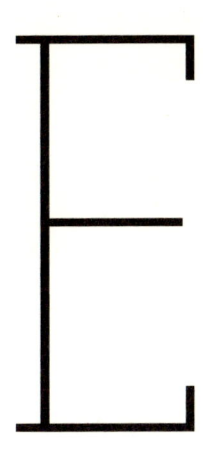

Essa é uma entrevista muito importante para mim como fã. Também como profissional, mas principalmente como fã, essa oportunidade de encontrar alguém que fez a sua cabeça por muitos anos é algo especial. Esse é o caso do X. John Doe e Cia estiveram aqui no Brasil para abrir para o Pearl Jam e eu, claro, fiquei alucinado: queria porque queria falar com o cara.

    Fui encontrá-lo no dia seguinte ao primeiro show, pela manhã, no Fasano, ali nos Jardins (foi a oportunidade de conhecer o Fasano, porque do contrário não teria oportunidade para entrar lá!). Aconteceram umas coisas bem interessantes. Primeiro: cheguei no hotel e fiquei esperando no lobby. Na hora em que sentei numa das belas poltronas, vi na minha frente a Exene Cervenka, a vocalista do X. Ela tinha passado por um perrengue grave de saúde, tanto que em algum momento falaram que ela estava perto de morrer mesmo, mas também desmentiram parte do diagnóstico. O fato é que ela não estava muito bem de saúde, mas veio para o Brasil tocar. E vejo ela sentadinha na poltrona na minha frente, dormindo, com as mãozinhas no joelho, uma figura aparentemente frágil, mas aí você começa a reparar: coturno, cabelo vermelho... Ela levantou, abriu os olhos - olhos injetados de quem estava dormindo mesmo -, se levantou e foi embora. Depois eu fiquei pensando, "Será que ela estava me esperando para a entrevista?", mas achei que não porque o combinado era com o John Doe.

Nesse ínterim, vi também ali no lobby um senhor chamado Seu Ático. Uma figura lendária dos hotéis de São Paulo. Ele foi maître do Ca'd'Oro por uns 50 anos, que era um hotel famoso que ficava ali no Baixo Augusta (antes de ser Baixo Augusta). Hoje ele deve ter uns 80 anos, mas continua trabalhando, nesse cargo mais de recepcionar as pessoas, um concierge ou algo do tipo. Fui cumprimentá-lo, disse que o conhecia desde criança, ele ficou feliz, lembrou, conversou, uma figura!

Daí desce o John Doe. Entrevista fantástica, porque foi feita ali num cantinho do hotel, microfone na mesa e conversamos sobre tudo. Principalmente sobre uma das bandas mais representativas do punk rock de LA, da Califórnia, dos EUA e do planeta. Para mim, essa entrevista foi um sonho realizado depois de velho. Mas para essas coisas a experiência acaba contando pouco, no sentido em que você fica feliz na frente de um cara como esse. Eu estava lá para trocar ideia com um ídolo. E o cara foi de uma gentileza suprema. Depois que a entrevista acabou, ali no papo, eu comentei com ele, "aquele é o Seu Ático". E ele ficou muito, muito interessado na história, tanto é que ele foi até lá falar com o Seu Ático, abraçou, ficou conversando... Enfim, o John Doe é uma figura de verdade, pé no chão, e que além da música também trabalha em Hollywood como ator, tem carreira solo, é pai de família e, como se não bastasse, é o líder de uma das bandas mais espetaculares da história.

Seu português é bom pelo que eu entendi.
John Doe Não, meu português é terrível.
Mas como você sabe sobre futebol?
JD Eu amo futebol. E treinei. Eu jogava quando era mais jovem. Treinei minhas filhas no Sub-19 – para menores de 19 anos de idade. Tenho três filhas. Todas elas jogaram quando eram jovens. Eu as vi serem treinadas por pessoas que eram más com crianças e não sabiam jogar. E não sabiam treinar. E pensei: "Vão se foder". [Risos]
Atividades erradas para essas pessoas, né?

JD Exatamente. "Vocês vão assistir e eu vou treinar". E treinei por aproximadamente 7 anos. E agora elas estão na faculdade, então... Mas eu amo esse jogo. Eu amo a Primeira Divisão do Campeonato Inglês de Futebol, [e] meu amigo é um grande torcedor do San Lorenzo, da Argentina. Assisto à Liga dos Campeões [da UEFA]. Eu meio que estou esperando que o Arsenal apronte alguma coisinha, sabe? É um time forte que tem um grande programa para jovens. Muitos de seus jogadores vêm do programa. Eu adoro o Barcelona por causa do jeito que eles jogam e também pelo método deles. E eles são um modelo. Quero dizer, o que pensam sobre o mundo. A UNICEF torce para o time.

Eles gerenciam bem essa coisa toda, né?

JD É, então... Mas você não vai querer ficar escutando eu falar sobre futebol.

Não, tudo bem se você quiser. Você mencionou suas filhas. Elas curtem música? Elas já curtiram sua música?

JD Ah, sim. Claro, claro. Mmm, elas gostam de música trabalhada por compositores. Elas não curtem muito rap – sou grato por isso – ou death metal norueguês, sabe? [Massari ri] Também sou grato por isso.

Tem coisa pior...

JD Mas elas têm de 19 a 23 anos de idade. 23, 21 e 19 anos. E minha filha caçula canta um pouco [e] minha filha primogênita cantou em alguns de meus discos.

Seus discos solo?

JD Sim. É, elas amam música. Eu não as encorajei a serem musicistas, [algo] de que me arrependo um pouco, mas, ao mesmo tempo, como a gente consegue encorajar alguém a assumir uma vida tão difícil e provavelmente ter o coração partido repetidas vezes? Isso é foda.

Vamos conversar sobre o Brasil. Foi uma grande surpresa para muitos fãs do X saber que vocês viriam ao Brasil para tocar pela América do Sul com o Pearl Jam. Isso foi uma surpresa para você? Você já tinha pensado em vir para a América do Sul com a banda em algum momento?

JD Mmm, nunca tivemos contatos. Tentávamos mostrar nossa cara, mas nunca conseguimos um promotor. Assim, quando o Pearl Jam nos pediu para vir, quero dizer, foi... A princípio, eu disse não. [Massari ri] Porque eu tinha acabado de lançar um disco solo. E pensei: "Trabalhei 3 anos para fazer esse disco solo e agora vou abandoná-lo para ir para a América do Sul?". Entende? É como... Para os EUA, é como desaparecer. Entretanto, minha namorada disse... "Mi novia dice" [John repete em espanhol] não. [Risos] É uma grande emoção, e o Pearl Jam e o X tem sido "compadres" ["amigos", John fala em espanhol] há muito tempo.

Qual é o tipo de relação aí? Foi uma conexão musical que iniciou isso tudo?

JD Bem, conheço Mike McCready, Eddie [Vedder] e Jeff [Ament]. Todos eles gostavam do X quando eram mais jovens, e há uma grande conexão entre o punk rock e o grunge, eu acho. O som de Seattle e o que o punk rock fazia. Porque é direto, é honesto. Uma conexão com a plateia. Não há uma grande diferença entre a plateia e o músico. Éramos do mesmo time. E tocamos com eles em 98, 99. Fizemos quatro shows e, então, Eddie e eu nos tornamos amigos um pouco depois. E fizemos alguns projetos juntos. Ele gravou algumas músicas do X. É isso.

Que tipo de turnê é essa? É apenas uma coisa isolada ou o X vai excursionar mais? Ou vocês pretendem voltar para os EUA e você fará sua turnê solo? Você definitivamente está na estrada com o X ou é uma coisa diferente, algo apenas para a turnê na América do Sul?

JD Bem, até que o X toca bastante nos EUA. Quero dizer, fazemos de 50 a 75 shows por ano. Então... A gente só toca músicas dos quatro primeiros discos: Los Angeles, Wild Gift, Under the Big Black Sun e More Fun in the New World. Clássicos.

JD Sim, e fazemos isso pelas pessoas jovens que não viram a banda, entende? Acho que, se tivéssemos apenas uma plateia velha e um cachê ruim, não faríamos isso. [Risos] Mas há uma faixa etária larga...

Sim. Pais levando as crianças, novas gerações?

JD Sim, de 12 a 20 anos de idade, que estão lá sozinhos, até as primeiras pessoas que viram a gente. E ainda tocamos forte e tocamos alto. E ainda tocamos bem, então, sabe como é...

Você sente falta dos velhos dias do X na estrada, dos dias selvagens do passado ou algo assim? É mais uma coisa americana? Vocês realmente excursionaram bastante pela Europa e Japão ou você diria que é mais um fenômeno americano?

JD Ah, o X é definitivamente um fenômeno americano. Nos dávamos bem na Itália e acho que é porque a Califórnia e a Itália são bem parecidas. O terreno é parecido e "la dolce vita"... Esse tipo de coisa. No entanto, houve momentos selvagens, sim. Mas Exene [Cervenka] e eu éramos casados. Então, não era como os momentos selvagens com... Orgias e... Sabe? No entanto, nós consumimos nossa cota de cocaína e nossa cota de heroína e todos os outros tipos de coisas ruins, mas não foi algo que gostávamos mais do que a música, entende? É por isso que evitamos o estilo de vida. Escolhemos a vida mais do que o estilo de vida. [Risos]

Tocar ao vivo é a coisa mais importante? Ou você também curte todo o trabalho em estúdio? Pois eu tenho a impressão de que todo mundo que viu a banda ao vivo ficou muito impressionado e vocês mudaram a vida por causa da atuação ao vivo, certo?

JD Sim, acho que o X sempre foi melhor ao vivo e em lugares menores. É difícil, para nós, traduzir a velocidade e o tipo de força do punk rock. Acho que para qualquer um. Talvez os Ramones tenham sido uma exceção. Pois eles eram um pouco mais lentos. Entretanto, é difícil traduzir isso em um lugar grande. É por isso que o Pearl Jam é tão bom. Ou até mesmo U2 ou outras bandas que são um pouco mais lentas, pois [o som] dá para ir até o fundo do estádio e voltar sem causar confusão, mas...

Mas houve um momento em que vocês perceberam que eram muito bons ao vivo? Houve um momento em que vocês perceberam isso?

JD Acho que quando D.J., nosso baterista – D.J. Bonebrake – se juntou a nós. Alguns meses depois, percebemos que tínhamos quatro pessoas que eram totalmente semelhantes. Assim, contribuições iguais.

Era a química?

JD Sim, a química... Cada pessoa da banda trouxe algo único. Assim, sou um pouquinho do diretor de tráfego, sou um pouquinho do policial na esquina, dizendo: "Você vai lá e você vai acolá", entende? Então, Exene e eu compondo as músicas juntos era importante para o punk rock, pois significava mulheres e homens iguais, não apenas uma garota bonita cantando, sabe? E isso é algo que está um pouco perdido hoje em dia. As mulheres não têm um papel mais forte como intérpretes.

Quem o impressionou? Imagino que você tenha visto centenas de bandas tocando ao vivo [e] tocou com muita gente diferente...

JD Certo, certo.

Fiquei sabendo que você viu o pessoal de Nova York nos meados dos anos 70, né? Você viu The Heartbreakers...

JD Sim, sim.

Alguma dessas bandas o impressionou?

JD Mmm... The Damned – eles eram excelentes –, Devo... Quando o Devo foi à Califórnia, todo mundo ficou de queixo caído até quicar no chão, pois eles eram muito coesos. E eles faziam passos de dança. [Massari ri] E dançavam juntos, e tinham uniformes. Eu falei: "Puta merda!" Nós simplesmente nos sentimos como... Eu tenho que ter essa roupa! Mas tenho muita sorte. Sou mais velho e vi alguns dos grandes. Vi Jimi Hendrix duas vezes, vi The Doors três vezes, vi Janis Joplin três vezes, vi The Rolling Stones em 1966. Então, vi muita coisa. Mas sabe uma banda excelente? The Replacements. Quando os Replacements começaram, eles eram incríveis. Eles eram formidáveis porque eles acreditavam que podiam ser a melhor banda de todas. Recentemente, Iron & Wine estava muito bom. Calexico, ótimo realmente. The Sadies, com quem trabalhei – eles são bons para caralho, são muito bons. Os Sadies são fantásticos. Ahn, quem mais? Neko Case é sensacional... Ahn, eu já vi bastante banda.

Você ainda sai para ver bandas tocar? Você é do tipo que ainda compra discos?

JD Ah, claro.

Você ainda fica animado para ouvir música e descobrir coisas novas?

JD Sim, com certeza. Nos últimos anos, já que eu estava trabalhando em meu próprio disco, fiquei um pouco menos, mas gosto de muitos compositores. Pego inspirações deles. Joanna Newsom... Que é meio doida, mas linda. Tem uma mulher... My Brightest Diamond. Ela é bem operística, mas bem legal.

Ela é ótima.

JD Enfim, um monte de coisa diferente.

Internet: você usa bastante? Você descobre muitas coisas pela internet? E quanto a sua música? Tudo bem se as pessoas descobrirem coisas suas pela internet e talvez baixem-nas de graça?

JD Sabe, isso é algo que dá para deter. Assim, a gente pode muito bem aceitar isso. Quero dizer, sou muito zen a respeito disso. Porque você pode ficar bravo e você pode não ligar e perceber que tem um outro benefício. Alguém fica conhecendo sobre sua banda e chega a consertar seu computador de graça. Aí, é como você ter sido pago. [Risos] Você acaba de receber 175 dólares. Sabe como é? Alguém gosta de sua banda, então você entra em um show de graça. Assim.

E quanto à coisa física – o disco. Você acha que todo esse negócio da internet é um tipo diferente de limiar de atenção, que especialmente a criançada tem hoje em dia, ouvindo algumas músicas e passando batido depois... E quanto à coisa física? Quão importante é, para você, lançar discos neste ponto de sua carreira?

JD Nos EUA, ainda há um nível de atenção crítica, entende? Quero dizer, jornalístico. E as pessoas veem anúncios e coisas assim. E então, se elas ouvem duas músicas ou o disco inteiro é menos importante. Elas percebem que algo aconteceu. E, se você tiver sorte, elas compreendem que algo aconteceu. Essa é a coisa mais difícil nos dias de hoje. É justamente encontrar as pessoas que sabem que você lançou algo para que se elas quiserem comprar, elas poderão, entende? Isso é o mais difícil.

E aqui estamos fazendo uma entrevista radiofônica no século XXI. O rádio foi importante para você lá atrás, nos anos 80, ou para uma banda ou um garoto crescendo? Você ainda vê esse meio como um negócio importante para bandas, talvez?

JD Ah, sim o rádio foi [importante]. Sou velho o bastante para estar lá quando o rádio FM se tornou importante pela primeira vez, em 1967, 68, em todas as cidades, até mesmo nas pequenas. A gente conseguia captar uma cidade maior que tinha um programa de rádio tarde da noite – da meia-noite à uma da manhã. Era incrível, porque tinha cada coisa maluca! Acho que, hoje em dia, o rádio está se tornando importante de novo por causa da internet, porque você pode ouvir uma estação de rádio de Los Angeles pela rede. Ou uma estação de rádio de Chicago ou Barcelona, entende? Quero dizer, qualquer tipo de música pela qual você se entusiasma. Se você adora tango, pode encontrar esse gênero ou uma estação que pode transmiti-lo.

Certo.

JD Sim, acho que o rádio é muito importante agora.

Mencionei que muitas pessoas chegam até vocês e dizem: "Vocês mudaram minha vida", e eu estava lendo o encarte, sabe? E há muita gente, desde Flea até diferentes tipos de músicos. Vocês ainda têm muito disso? Muitas bandas indo até vocês e dizendo: "Ah, vocês mudaram minha vida"? Quão importante é escutar uma coisa dessas?

JD Ahn... Mais pessoas que não são músicos, mas é incrivelmente lisonjeiro. E não ligo de estar em uma posição em que alguém diz: "Você mudou minha vida", e a pessoa seguinte diz: "Quem?"

Exatamente.

JD Em vez de todo mundo: "Ai, meu Deus! Ai, meu Deus! Ai, meu Deus!" Isso é difícil. Eu não... Quer dizer, invejo Pearl Jam um pouquinho, mas eu não queria ter que lidar com...

A loucura.

JD Sim, o que o cerca, sabe? É difícil. No entanto, sim, sempre que uma pessoa – músico ou não – diz: "Você acrescentou algo a minha vida", você tem que se colocar na posição dela e perceber o que isso significa para você. Se eu pudesse dizer a Chuck Berry como eu me sentia sobre o que ele fez por mim...

Não que sejam dois universos diferentes, mas vocês têm muito disso com pessoas que encontram que fazem TV e cinema? Você já ficou surpreso com alguém que chegou até você [e disse]: "Eu curtia sua banda", "Vi vocês tocando ao vivo"...

JD Sim, sim, sim.

E, talvez, alguém famoso do cinema?

JD Mmm... Cameron Crowe. Não foi uma surpresa, mas foi gratificante saber que ele realmente gostava da banda. E teve um... Não consigo me lembrar do nome dele. Fiz um teste para um papel em um filme e o teste foi ok. Pensei: "Ah, seja o que Deus quiser". E, quando eu estava saindo, o diretor disse: "Você se importa se tirarmos uma foto?". E eu, tipo: "Me dê a porra do papel!" [Massari ri] "Sim, me dê o papel e eu estarei em todas as fotos que você quiser. Você pode me filmar, sabe? O quanto você quiser..." E aí, não consegui o papel.

Você ainda trabalha bastante para a TV e o cinema? Você pode escolher as coisas ou ainda tem que fazer muitos testes? Isso é uma rotina?

JD Nos últimos tempos, só tenho feito música. Quando eu tinha 40 anos, dava para me encaixar em mais papeis... Entende? Papeis coadjuvantes e coisas assim. Agora, se alguém chega até mim e diz: "Tenho uma ideia. Eu gostaria que você colaborasse", tudo bem, mas não faço um montão de testes. É... Não é muito recompensador, e se não pagasse uma bela grana a você, você não faria, entende?

Exatamente.

JD É, tipo, posso fazer isso sozinho, sabe? [John ri] Posso ficar hospedado num hotel fuleiro e viajar pelo país...

E quanto a suas atividades solo? Você está com um novo disco, que acabou de ser lançado. Você planeja excursionar com ele? Você está pensando sobre uma turnê mundial e talvez vir ao Brasil para apresentar o trabalho solo?

JD Qualquer um que esteja ouvindo a este programa de rádio e queira me trazer ao Brasil com a banda que acompanha minha carreira solo: eu adoraria. Nem preciso ganhar tanto dinheiro para quando eu voltar para casa.

Isso é como música para um monte de gente que está ouvindo.

JD Eu sei. [Massari ri] Tenho que pagar os músicos e tenho que ter as passagens pagas. Estamos fazendo esta turnê com o Pearl Jam. Estou para voar da Cidade do México para Chicago para começar a turnê solo.

Como é a banda que o acompanha? É grande? É com pessoas que tocam com você há muito tempo?

JD Há várias pessoas diferentes com quem toco, mas a pessoa com a qual estou mais entusiasmado é da Dinamarca. Ela toca pedal steel. O nome dela é Maggie Björklund e ela tem um disco pela Bloodshot. E ela é bem bonita, e toca pedal steel, e é da Dinamarca. Ela é, tipo, a única mulher que toca pedal steel na Dinamarca.

Você fez uma ótima apresentação dela.

JD Sim. O [meu] novo disco se chama *Keeper* e é como um "protetor". "Ele é um protetor e ela é uma protetora". É meio que dedicado a minha namorada. Muitas das músicas são sobre ela. E vamos à Espanha em janeiro e faremos algumas outras turnês pelos EUA. É isso.

Muito obrigado por isso. Foi um grande prazer.

JD Fabio, o prazer foi meu.

Muito obrigado.

BIGBANG

Entrevista com Bigbang em 18 de novembro de 2011.

O Bigbang é uma banda de rock norueguesa, da conexão do skate, e apareceu na vida do programa por conta da vinda deles ao Brasil – vieram tocar no Studio SP e alguns outros lugares. Como bandas norueguesas estavam sempre na pauta do programa, nada mais justo do que fazer alguma coisa com o Bigbang. O legal foi que acompanhei os caras em alguns rolês pela cidade, fomos fazer aquela clássica turnê pelo centro de São Paulo, gastaram uma grana na Galeria [do Rock], no Calanca [da loja Baratos Afins] e arrumamos uma pequena confusão no caminho. Eu falei pra eles: "Olha, é centro, correria, uma parada um pouco mais intensa. Cuidado com câmera, não fiquem apontando a câmera pra qualquer pessoa..." Eles estavam acompanhados por uma equipe que estava fazendo um filme, eu até cheguei a ver um trechinho... Enfim, dito e feito: no primeiro quarteirão, já vejo uma rapaziada com cobertor perseguindo a banda e pedindo para eles apagarem o que tinham gravado. Eles perceberam que tinham sido filmados, porque quando eu cheguei pra tentar aliviar a barra, um dos caras falou (e ele foi muito correto na colocação, apesar da intensidade da abordagem): "Eu gostaria que ele apagasse porque eu vi que ele me filmou." Daí eu disse pro cara [que estava filmando] que ele teria que mostrar a filmagem, e apaga-la se ele tivesse gravado mesmo. E, de fato ele tinha gravado os caras, de uma maneira até meio ostensiva. Ou seja, tudo o que falei pra ele não fazer. Então, ele apagou a gravação na frente dos caras. Fui obrigado a dizer para ele: "eu avisei que isso ia acontecer."

Mas o Bigbang é uma bela banda. Um pouco diferente daquilo que se destaca na cena norueguesa atual: é uma banda quase mais conservadora, no sentido que fazem uma espécie de hard rock com cara de anos 70. É uma banda consistente, e foi bem legal cruzar com os caras. Anos depois, encontrei com um deles na feira da Benedito Calixto, dando rolê e comprando disco... Os caras são do skate e do surf, e vira e mexe estão por aí, meio que adotaram o Brasil como segunda base. As apresentações ao vivo foram muito boas. Tipo de banda que você percebe que tem estrada e tem intimidade entre si. Apesar desse aparente conservadorismo do som, é uma banda bem esperta.

Øystein Greni Você está gravando...
Sim, [vai] direto para o ar. Dá para fazer bonito ao vivo. Ok, muito obrigado por estarem aqui. Bem-vindos ao Brasil. Eu estava me perguntando sobre seu português. [Vocês não sabem falar] nem os palavrões? Os clássicos?
ØG "Safado". [Risos]
Eu nunca esperaria essa palavra. É muito boa.
ØG É tudo que sei.
Muito, muito legal. Eu queria saber quão surpresos ou felizes vocês ficaram pelo convite de vir ao Brasil; não só para um ou dois shows, mas uma turnê propriamente dita, e, talvez, curtir o lugar por um tempo. É diferente de outras bandas que vêm, fazem alguns shows e então vão embora. Vocês vão passar um bom tempo aqui, imagino eu.
ØG Sim. Parece um velho clichê, mas definitivamente é um sonho que se realizou. Quero dizer, estive aqui anos atrás como turista e tenho sonhado em voltar aqui, e vínhamos conversando a respeito disso porque eu vivia dizendo a estes caras: "Vocês têm que ir e conferir. O povo é ótimo, a comida é surpreendente..." Então, é um sonho que se realizou.
Que parte do Brasil você conheceu quando você veio como turista?

ØG Fui a Salvador e ao Rio [de Janeiro], como a maioria das pessoas.

É. Agora vocês estão aqui em São Paulo, um lugar lindo, não é?

ØG Gostamos, gostamos muito.

Então, vamos conversar sobre o show de ontem. Foi meio um show de aquecimento? Foi uma festa fechada, certo?

ØG Certo. Foi excelente. Foi uma experiência divertida. O Anthony [Huus, agente de shows] estava lá, e o Stian [Andersen, fotógrafo], os amigos do promotor, a equipe dele, um monte de surfistas, skatistas e alguns músicos – pessoal de outras bandas. O espaço tinha um som horrível, mas todo mundo se divertiu.

Você mencionou a coisa do skate. Você ainda pratica? O Brasil tem a tradição de ter bons skatistas.

ØG Sou uma droga. Eu parei...

Não foi o que ouvi dizer, sabia?

ØG Não, antigamente eu era um bom skatista, mas não sou mais.

Você tem viajado com a banda pelo mundo por um bom tempo. Que impressões você acha que as pessoas têm quando você menciona que toca numa banda de rock norueguesa? Você acha que as pessoas têm noções estranhas sobre o que uma banda de rock norueguesa representa?

ØG Claro. Elas acham que vamos matá-las e comê-las depois, sabe? Isso é o que elas esperavam. Então, quando viemos para cá e tocamos um rock clássico, às vezes elas ficam um pouco desapontadas. Não há sangue o bastante, cabelos pretos... Tudo aquilo. Acho que, na medida em que as exportações seguem – bacalao [Øystein pronuncia "bacalhau" em espanhol] e black metal –, é isso que temos.

Pelo menos vocês criaram um tipo específico de black metal, né? O black metal norueguês.

ØG É. Tenho orgulho de todas essas coisas, embora não ouça muito.

Vocês ficam juntos com essas bandas quando tocam em festivais na Noruega? Por ser um país pequeno, vocês têm que ter um relacionamento com esse pessoal, certo?

ØG Você está absolutamente certo. Nosso primeiro local de ensaio ficava bem ao lado de [onde] o Darkthrone [ensaiava]. Não pagávamos nossa conta de luz e eles também não, mas eu sabia fazer uma maracutaia com uma chave de fenda. Eu a usava quando cortavam a luz. A gente a conectava com esse tipo de coisa – uma solução prática. No entanto, eu me lembro de ficar com muito medo, pois ia lá à noite para compor músicas e eles ficavam tocando todo aquele troço meio de igreja nas trevas e queimando cruzes. Eles tinham suásticas na parede. Era um pessoal bem pitoresco.

Sim, pitoresco [Øystein ri]. É um termo esquisito para os caras, mas eu entendo. Algumas dessas bandas estiveram aqui no Brasil. E o A-ha também ficou muito famoso aqui também. O que vocês têm na água de lá que cria bandas como o A-ha e como o Satyricon e o Darkthrone?

ØG Vou lhe dizer. Não é o que está na água. Tem a ver com o que não está no céu. Não há luz do sol. Então, as pessoas ficam dentro de casa e pensam demais.

Sim. Sob o ponto de vista criativo, é bom ter alguns meses sem luz? Como isso afeta vocês em termos criativos? Se é que afeta vocês...

ØG Acho que isso nos afeta muito. Totalmente. Se você olhar para outros grandes artistas da Noruega, como o pintor Munch ou outros assim, é uma coisa melancólica e soturna. Acho que isso está de alguma forma em nosso gene.

Ok. Eu vi o Bigbang. Vocês têm referências diferentes, imagino. Quero dizer, hard rock dos anos 70, certo? Você diria que é a principal influência?

ØG Provavelmente até mais, algumas das influências que as bandas anos 70 tinham. Meu pai tocava em uma banda de soul. Então, muito blues e muito soul. Assim, acho que ouvimos a música que os caras do Led Zeppelin escutavam mais do que ouvimos Led Zeppelin.

E quanto às influências da conexão do skate e das bandas de hardcore? Vocês já curtiram esse tipo de música? A gente pode escutar esse tipo de música nos primeiros discos do Bigbang?

ØG Sim, acho que sim. Nós vamos dar um monte de discos a você. Pegue uma faixa como "Wherever You Are". Há bastante influência de J Mascis e Dinosaur Jr. E adoro Bob Mould e Hüsker Dü. Foi uma das bandas mais importantes para mim. Assim, acho que definitivamente quanto a escrever letras e a um pouco da energia, há muito dessa tradição da SST [Records] e do skate.

E quanto às apresentações ao vivo? Sei que vocês curtem o tempo em que estão

em estúdio, mas a coisa mais importante para vocês é tocar ao vivo?
ØG É, sim. Quero dizer, acho que no comecinho, quando começamos a tocar, nunca pensamos em gravar. Tudo tinha a ver com sair para tocar. Tinha a ver com esses momentos em que, de repente, a bateria, o baixo e tudo o mais se tornam uma coisa só.
Como você citou, a bateria é extraordinária no vídeo ao vivo no momento em que os bateristas estão tocando com você. Quem são aqueles caras? São bateristas famosos na cena local ou algo assim?
ØG Sim, alguns deles são. E tem o meu pai. Ele está lá. [Risos]
Ah... O segundo à esquerda?
ØG O velho que fica sorrindo o tempo todo. As after-parties são sempre na casa dele, sabe? [Risos]
Você já cantou em norueguês ou a língua sempre foi um problema para a banda?
ØG Sempre em inglês. E acho que é porque tenho sofrido uma lavagem cerebral desde que sou um garotinho. Toda música que escutei era em inglês, e minha primeira canção surgiu desse jeito.
As bandas que cantam em norueguês e as bandas que cantam em inglês também se reúnem? Ou são cenas separadas?
ØG Não [são separadas]. Como você citou antes, é um lugar tão pequeno que todo o pessoal do jazz, todo o pessoal do black metal e todos nós interagimos. E acho que isso é ótimo; tipo, há só um sujeito que pode fazer arranjos para cordas e ele está nos discos de todo mundo. As pessoas se conhecem e se dão bem na maioria das vezes.
Vocês vêm criando umas coisas de jazz bem esquisitas por lá, né? O selo Rune Grammofon... Shining, bandas assim. É jazz o que eles tocam ou não? [Risos]
ØG Eu chamaria de jazz. Quero dizer, não que eu ouça tudo aquilo, mas há uma forte tradição até mesmo desde os anos 70 com Jan Garbarek e Keith Jarrett, que costumava ir para lá.
Sim, discos da ECM. Eram ótimos.
ØG Sim. Tenho orgulho disso.
Você tem tocado há 20 anos com a banda?
ØG Quase.
Mas Edendale foi o primeiro disco lançado nos EUA?
ØG Bem, temos uma espécie de coletânea de sucessos que saiu um ano

antes. Ela se chama *From Acid to Zen and Back Again* [Na verdade, esse é o título de uma faixa do álbum *Poetic Terrorism*, de 2005. A coletânea se chama apenas *From Acid to Zen*]. É uma espécie de coletânea com as faixas mais fortes dos outros discos. E então, *Edendale* um ano depois.

Vocês têm excursionado bastante pelos EUA? Vocês estão morando lá atualmente?

ØG Sim, moramos lá. Toda a banda morou lá por pouco mais de um ano. Então, gostei tanto que fiquei por mais quatro anos. Eu viajava de um lado para o outro. Daí, eu comprei uma casa lá. Assim, moro um pouco em Los Angeles e um pouco em Oslo.

Ok, e como mudar para os EUA foi importante para a banda? Sei que na Noruega vocês são bem grandes e não precisam mais provar isso. Ir aos EUA é uma estratégia para crescer ainda mais?

ØG Acho que, mais do que qualquer coisa, para aprender, pois você sabe, é de lá que vem a música. Sabemos que é difícil [e há] muita competição, mas acho muito inspirador porque a gente não passa a nos dar por satisfeitos e não fica demasiadamente confortável. É voltar para a van e tocar para pessoas que nunca vimos antes. E acho que nos beneficiamos com isso.

Vocês têm alguns convidados especiais no disco mais recente, não têm? Algumas pessoas importantes. Jack White, não é mesmo? Eles estão no disco ou somente são fãs da banda?

ØG Bem, nós excursionamos com Jack White e The Raconteurs. Mas ele não participou do disco. No entanto, há uma cantora que não sei se você conhece, Lissie, que eu considero a melhor cantora que apareceu...

Ah, é?

ØG Você deveria dar uma conferida nela.

Ok.

ØG E foi uma grande honra quando ela quis participar do disco. Compusemos uma música juntos. E então, em *Edendale*, nós conseguimos, na minha opinião, o melhor guitarrista, David Rawlings, que toca com Gillian Welch, sabe?

Sim.

ØG Então, ele está naquele disco. Daí, fizemos um show numa after-party do Oscar, em Hollywood, e Billy Gibbons veio e se juntou a nós.

Foi um grande momento para nós.

E quanto a toda essa coisa da Internet? O que vocês acham das pessoas baixarem as coisas de vocês de graça? Isso tem um lado positivo e um lado negativo?

ØG É difícil dizer. É uma situação muito nova, então... Eu me lembro de ter lido que, quando o rádio apareceu lá pela década de 1910, todos os sindicato de músicos disseram: "Não, vocês têm que parar com isso ou as pessoas não irão mais a shows". Então, acho que há coisas boas e coisas ruins. Mas, principalmente, coisas boas, pois as pessoas genuinamente interessadas em música podem encontrar qualquer coisa que quiserem. E espero que elas ouçam o MP3 e vão comprar o vinil.

Alguns anos atrás, uma banda como a de vocês nunca tocaria no Brasil, pois, sem tocar no rádio e sem discos lançados, ninguém conseguiria conhecer a banda. Agora, pelo menos, as pessoas têm a Internet. Elas são capazes de conferir a banda, certo?

ØG Exatamente.

Ah, como você mencionou o rádio, estamos fazendo uma entrevista de rádio. O rádio foi importante para a banda, digamos, 20 anos atrás? E como vocês veem a importância do rádio nos dias de hoje?

ØG Bem, eu acho que é muito importante. E também parece que o rádio pode estar mudando para que agora você realmente possa tocar a música que você quer. Dá para ter uma estação de rádio na Internet. E tenho esperança de que o formato rígido não morra. Não parece que isso vai acontecer neste momento, mas acho que morrerá, porque o marketing musical que controla o consumidor nunca foi para a música.

A música de vocês é tocada no rádio, TV e tal na Noruega?

ØG Sim, sim.

Vocês são seguidos por paparazzi?

ØG Não. [Risos]

Ok. Talvez haja alguns paparazzi para vocês aqui no Brasil.

ØG Tem um paparazzo bem aqui.

Ah, é. Vamos conversar sobre os integrantes da banda, que estão quietos aí em frente. Você pode apresentá-los.

ØG Sim, este é Nikolai [Eilertsen]. Ele é o baixista.

[Fale sobre] suas impressões sobre o Brasil.

Nikolai Eilertsen É excelente. [Risos]

Ok. Alguma coisa de música brasileira além do Sepultura?

ØG Ah, posso falar por horas. Aí vai ser um todo um novo programa.

Ah, é?

ØG de Morais...

Ah, sei o que você quer dizer.

ØG Toquinho, Cartola... Todas essas pessoas. Maria Bethânia, Maria Creuza, Baden Powell...

Conhecimento.

ØG Eu amo essa música. Minha ex-esposa é da Argentina e a gente sempre escutava música brasileira. Elis Regina...

Você sabe que não pode mencionar a Argentina no Brasil? Você sabe disso, não sabe?

ØG Ah, é. Eu tinha uma namorada de São Paulo e, sempre que eu falava da Argentina, ela me socava.

Exatamente. Algumas bandas fazem piada com isso, sabe? Mas nunca funciona. [Øystein ri] Então, estou avisando vocês. E sobre este cara aqui?

ØG Bem, ele é um verdadeiro viking disfarçado, Olaf Olsen. Acho que ele é o melhor baterista do mundo.

Você tem tocado em muitas bandas na Noruega?

Olef Olsen Não.

Não?

OO Não muitas.

Não muitas?

OO Com tipos de música um pouco diferentes.

Ok, ok. Vocês sempre fazem chamadas? Vocês podem fazer uma chamada para o programa?

ØG Claro, claro.

Para a Oi FM?

ØG Oi...

FM. Como os britânicos, sabe? "Oi!"

ØG Oi!, ska...

Exatamente.

ØG Tudo bem, tudo bem.

Qualquer coisa que vocês quiserem dizer e então "Oi FM" está bom para nós.

ØG "Safado!" Não, não... [Øystein ri] "Sou Øystein, do Bigbang, e você está ouvindo a Oi FM."

Você pode fazer em norueguês?

ØG Sim, é claro. "Alô, Brasil!" [Øystein começa a chamada em português e continua em norueguês] "Dette er Øystein fra Bigband, fra Oslo, og dette er radio Oi FM."

Ah, cara, soa muito bem. Espero que você tenha dito algo legal.

ØG Ah, sim, sim, sim. O de sempre. [Risos]

THE BELLRAYS

Entrevista com Lisa Kekaula e Bob Vennum (The BellRays) em 5 de dezembro de 2011.

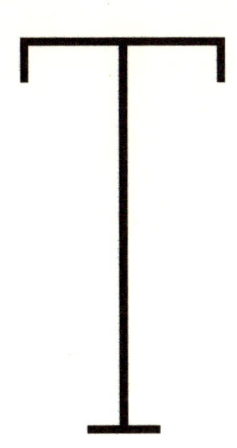

The BellRays! Lisa Kekaula! Se tinha uma pessoa que deveria mesmo ter participado daquela reunião do MC5 [como vocalista convidada] era ela! Na primeira passagem do BellRays pelo Brasil, a apresentação no Inferno, às quatro da manhã, foi simplesmente devastadora! Não sobrou nada! Então, nessa segunda visita da banda ao país, claro que quis encontrá-la de qualquer maneira. Foi uma entrevista feita num flat perto da Av. Paulista, na cobertura, na beira da piscina, com um visual incrível da cidade. Conversei com ela e com o guitarrista, Bob Vennum. Foram extremamente agradáveis, e ficaram deslumbrados com a vista. Estavam um pouco cansados, mas também tem isso: a gente acha que a vida da rapaziada é fácil, mas provavelmente tinham acabado de chegar do aeroporto, e foi o tempo de descarregarem as malas e já tiveram que trocar uma ideia com o "mala" do rádio. E depois disso teriam passagem de som, aí então comeriam alguma coisa rápida e tocariam de noite. E muitas vezes têm que ir embora no dia seguinte. Então, as entrevistas de rádio te garantem um pouco de descontração, mas ao mesmo tempo elas são condicionadas por muitas coisas. E, às vezes, a correria de algumas dessas bandas fica evidente ali no semblante [dos integrantes], você vê que estão cansados, mas pelo menos nessa seleção de bandas entrevistadas para o programa, todo mundo estava interessado em trocar uma ideia.

Bob, Lisa, muito obrigado por fazerem isso. Bem-vindos ao Brasil mais uma vez. Vocês estão se divertindo?

Lisa Kekaula Estamos nos divertindo muito no Brasil. Sim!

A esta altura, vocês estabeleceram um relacionamento com o pessoal? Vocês conseguiram conhecer o pedaço, de verdade? As cidades do Brasil? Ou é só hotéis e aeroportos e passagens de som e coisas assim?

LK Sempre que subimos no palco, acho que passamos a conhecer a galera. Por exemplo, já fizemos um show em Goiânia e foi impressionante. Então, assim que isso acontece, a gente sente que está com o povo. [Kekaula ri]

E sobre esse show em Goiânia? Foi em um festival, certo? Como a coisa muda pelo fato de ser em um festival e, aqui em São Paulo, vocês tocarem sozinhos? Existe muita diferença?

Bob Vennum Não existe tanta diferença. Ainda é um palco e tudo o mais, mas shows em clubes definitivamente são mais pessoais. A gente ficar mais perto das pessoas e a coisa é transmitida um pouco mais. Quero dizer, a energia parece ricochetear nas paredes e no teto um pouco mais facilmente, sabe? Então, sim, as coisas tendem a ficar mais excitantes em um show em um clube.

Vocês diriam que tocar ao vivo é o momento mais importante para a banda?

LK Bem, do modo como essa banda está estruturada, com toda certeza. Isso sempre esteve no primeiro plano do que queremos passar e acho que, em parte, é o motivo pela qual ainda estamos na ativa – ainda fazemos um show ótimo.

Vocês ensaiam bastante? Há espaço para improvisar e deixar coisas doidas acontecerem?

BV Cara, coisas doidas sempre tendem a acontecer, não importa o que a gente tente fazer. Sim, os caras com quem estamos agora são bem profissas. Nós chegamos ao ponto em que todos conhecem o material que estamos tocando. Demora um tempo até a gente sincronizar tudo.

LK De modo que sim, a gente ensaia mesmo.

Imagino que vocês tenham assistido a muitas bandas tocando ao vivo. Há bandas que impressionaram vocês bastante quando vocês estavam começando? Porque The BellRays é uma banda bastante impressionante ao vivo. Vocês ficaram impressionados por [outras] pessoas quando vocês eram garotos ou algo assim?

BV Sim, sempre notei a diferença entre shows ao vivo e álbuns, sabe? Eu notava quando uma banda se esforçava para soar exatamente igual ao disco e isso não era grande coisa para mim, entende? Era uma coisa sem importância... Você ouve Ike & Tina Turner no rádio e depois você os vê no *Rock Concert*, de Don Kirshner e são duas coisas completamente diferentes. Há a coisa ao vivo, que é realmente... Sabe? Se você tocar ao vivo, é melhor preparar um bom show.

LK Sim, sempre tive a impressão que, para o artista, a apresentação ao vivo significava mais nos anos passados do que agora, sabe? Nos dias de hoje, acho que há muita criação de situações e artistas com truques de mágica. Se essas coisas não funcionam, não vão acontecer. E somos parte de um grupo de poucos músicos por aí que ainda valorizam ser capazes de fazer esse correria.

Ok. E vocês mencionaram o rádio, e aqui estamos conversando no rádio no século XXI. Quão importante era o rádio para vocês – novamente – quando vocês estavam crescendo como banda e quão importante ele é nos dias de hoje?

BV Acho que provavelmente é mais importante hoje em dia por conta de como tudo é embalado e vendável, entende? Ter aquela voz ao vivo onde coisas podem acontecer e coisas podem mudar, e você pode levar uma mensagem imediata a alguém. Sem que ela seja destilada e aguada e tudo mais, entende? E durante nossa juventude, [o rádio] era o sol, sabe? Basicamente, era de onde tudo vinha. Todas nossas novas experiências musicais e tal.

Você já foi fã de rádio?

LK Totalmente. Quando criança, eu me lembro de ouvir a KGFJ. A gente sabia qual estação de rádio que a gente ouvia todos os dias, mesmo que a gente não tivesse o controle do dial. A gente sabia o que nossos pais gostavam e o que eles ouviam. E eu me lembro bem de ser apresentada a muitos tipos de [estações de] rádio quando criança. Quero dizer, muitos tipos diferentes de música de uma estação de rádio ao contrário de quando a gente ficou mais velho, quando [o rádio] ficou mais focado. Pelo menos nos EUA, ele se tornou essa coisa que eles segmentam: isso é country...

Isso é isso e isso é aquilo. Acho que quando estávamos crescendo, o rádio realmente era uma grande mistura, e eu gostava daquilo. Curtia mesmo.
BV E havia uma ciência estranha [nisso] também... Você ouvia suas estações de rádio local ou coisa parecida, mas se você tinha um rádio em casa – um com um dial de verdade – e podia sintonizar frequências diferentes, você captava muita coisa estranha que ficava ricocheteando nas nuvens. Eu ouvia programas que estavam a quase 5 mil quilômetros de distância, sabe? A gente nunca sabia o que iria aparecer no ar.
LK Era como a viagem espacial na época. A gente meio que fazia coisas estranhas e não eram exatas, sabe? Isso era uma das coisas legais naquilo. E a coisa mudava quando a gente se mudava. Eu me lembro que eu morava em Los Angeles até os 8 anos de idade. Então, nossa família se mudou para Riverside. E de repente a gente tinha que encontrar novas estações de rádio porque a transmissão das nossas não chegava até lá. Então, isso forçava a gente a ampliar os horizontes, entende?
Exatamente.
LK Hoje em dia, as pessoas conseguem captar a mesma estação de rádio em todo o mundo, o que eu acho que tem vantagens também, mas também tem essa coisa em que o movimento regional da música não acontece como costumava. Acho que sofremos como músicos e também como ouvintes por causa dessa mudança.
E quanto a lançar discos nos dias de hoje? Vocês têm lançado um monte de discos por selos diferentes. Qual é a razão de se lançar o negócio físico nos dias de hoje?
BV É importante para mim. Gosto de ter a representação física do que foi feito, a cópia impressa daquilo. Não sei se é apenas vaidade ou o quê. Quero dizer, acho que há uma enorme confiança nessa [computação em] nuvem e todo esse tipo de coisa. E, para mim, é como muitos problemas que a gente vê hoje. É justamente a confiança de que há algo a mais aí que vai cuidar da preguiça, sabe? E quando você está segurando aquele negócio na mão e você pode colocá-lo em uma máquina e tocá-lo, é uma experiência mais íntima. Ele está bem ali na sua frente.
LK Também há [o fator] realidade. Se você tem uma banda e quer excursionar, ninguém vai deixá-lo a não ser que você tenha um disco lançado. Isso é fato, de verdade. Antigamente, você conseguia arranjar um jeito

de cair na estrada se você tivesse um disco ou não, mas, hoje em dia, tudo está totalmente encolhido e tem gente que precisa de alguma coisa para continuar. Havia um monte de outros artistas que podiam e tinham o costume de relaxar e só vender discos. Agora, já que eles não podem fazer isso, eles têm que cair na estrada também. Assim, sempre há uma competição aí fora para sair e ganhar dinheiro na estrada. Então, é uma necessidade. Temos que lançar um disco fisicamente.

Mas as pessoas também têm um acesso mais fácil ao disco sem realmente comprá-lo. Tudo bem se elas o baixarem de graça?

LK Eu adoro que elas o baixem de graça. Mesmo porque nunca ganhamos dinheiro vendendo discos. E verdade seja dita: duvido que muitas bandas que pensam que estavam ganhando dinheiro vendendo discos, estavam ganhando dinheiro assim. Para mim, sempre foi uma seara onde sei lá... Onde somente poucas pessoas ganham dinheiro vendendo discos. Ouvi dizer que Tupac Shakur, quando morreu, o que tinha? 50 mil dólares? Isso era aproximadamente o que um nome como o dele tinha quando morreu. Todo mundo o conhecia. Ele era grandioso, todo mundo o conhecia. E ele não tinha porra nenhuma. Agora, no entanto, quantas vezes você viu um disco com a figura dele? E as músicas dele? E quero dizer, alguém está vendendo esses discos, mas ele não ganhou nada desse dinheiro. Então, para mim, a questão nem é essa, sabe? Vamos lançar discos e músicas porque temos que fazer isso.

Mas o fato de as pessoas terem acesso fácil e, talvez, passarem rápido pelas coisas hoje em dia – elas ouvem algumas músicas de uma banda e então já passam para a próxima – mudou o modo como vocês criativamente abordam as coisas no estúdio?

BV Não. Esse sempre foi o jeito que agi com um álbum. Foi por isso que bandas prediletas sempre foram como The Beatles (depois de 1965 – *Rubber Soul*, *Revolver* e todos eles, entende?), The Kinks, The Who e todas essas – porque nenhuma música do álbum era igual às do álbum anterior, sabe? A variedade da música me manteve ouvindo. Não se sabia que tipo de música seria lançada a seguir. Não consigo ouvir um álbum que fique na mesma escala e no mesmo andamento – a mesma coisa música após música. Três músicas assim e basta, sabe? Até mesmo ao vivo, eu perco o interesse se for a mesma coisa. Eu entendo, mas, como banda, tentamos trabalhar contra isso. Para manter interessante para nós.

ZOLA JESUS
Entrevista com Zola Jesus em 19 de janeiro de 2012.

N

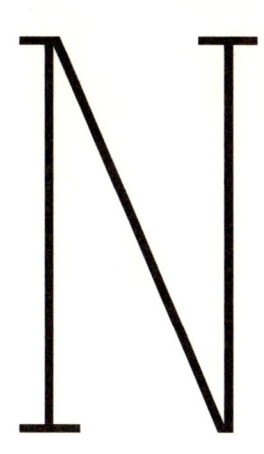

Nika Roza Danilova. Grande figura. A entrevista aconteceu no mesmo flat do Bellrays, a um quarteirão da [Av.] Paulista, ali perto da Gazeta. Ela tinha acabado de chegar de viagem, mas foi muito solícita. É bem jovem para ter a bagagem cultural que tem. Ela possui uma formação toda diferenciada de música erudita, e tem também referências muito interessantes de cinema e de literatura. Por exemplo, um dos seus discos chama-se *Stridulum*, que é um filme italiano muito obscuro dos anos 70, de terror, ou horror, ou esquisitice, enfim... Ela construiu um caminho de fazer um som que é quase inclassificável, mas, ao mesmo tempo, hoje em dia você já identifica imediatamente que é um som Zola Jesus. Um som que possui esses elementos eletrônicos e algo de sombrio, mas bonito também, porque a mulher tem um vozeirão incrível. Ela é uma daquelas pessoas tipo Patti Smith: você não acredita que toda aquela voz e todo aquele poder sai de dentro de uma pessoa aparentemente frágil. A Zola Jesus me pareceu, na verdade, uma garota. Ela tinha acabado de chegar de viagem e estava com sua bolsa cheia de coisas, então colocou [a bolsa] no chão perto da piscina, e molhou tudo, deu risada pra burro... Mas quando você vê ao vivo, são pessoas que se transformam, que crescem muito em cima do palco. Ainda que os discos da Zola Jesus, apesar de um pouquinho irregulares, também sejam super bem produzidos e caprichados, porque destacam de fato o principal instrumento dela que é a voz.

Como está seu português?
Zola Jesus Não muito bem. "Obrigado" é tudo que sei. [Zola ri]
Fiquei sabendo que você chegou ontem [e] está dando entrevistas aqui. Quão louca é a vida na estrada para você? É sempre assim?
ZJ Quase sempre. Às vezes, nem consigo dormir. Estou contente de poder dormir hoje à noite.
Você tenta sair para conhecer os lugares sempre que viaja por aí ou é sempre assim? Hotéis, talvez um restaurante...
ZJ Depois de um tempo, caio nessa rotina de nunca ver as cidades de fato, mas há tanta coisa que quero conferir nelas que sempre tento arranjar um tempo.
Que tipo de coisa você gosta de fazer quando tem tempo livre para passear por aí?
ZJ Gosto de ir a museus e catedrais. Quando estou na Europa, gosto de ver catedrais e ir à praia. [Zola ri] Coisas assim.
Você curte estar na estrada com uma banda? A vida na estrada, como é agora, no século XXI? As pessoas ainda têm aquela imagem, sabe? Do rock'n'roll, da vida na estrada... Como é para você?
ZJ Bem, sou a pessoa menos rock'n'roll de todas. Então, minha tour é do tipo bem comedida. E também não gosto de ser uma dona de casa de modo que... Mas, sim, é bem comedida. É simplesmente como um trabalho. Você se levanta e vai trabalhar, sabe? Você faz o que tem que fazer.
Você é capaz de criar quando está na estrada ou o ambiente é importante para criar sua música? Você tem que estar em casa para trabalhar em músicas novas e pensar em coisas? Ou é capaz de fazer isso quando está em turnê?
ZJ É muito mais difícil fazer isso quando estou na estrada. Eu gosto de brincar e criar ritmos quando estou na estrada. E trabalhar em coisas no computador. Entretanto, composição de fato e tudo o mais vem simplesmente quando estou sozinha e estou em meu próprio espaço para ter a habilidade de fazer tanto barulho quanto eu quiser. No entanto, sempre há a inspiração de todos os lugares aonde vou. Isso é inspirador.

E quanto ao repertório? Você o muda muito em uma turnê? Quão importante para você é tocar sua música ao vivo?

ZJ É bastante importante. Pode ser complicado porque a música é toda eletrônica e eu a fiz completamente sozinha. Assim, ao ter que delegar todas as partes da música para as pessoas, elas naturalmente tomam uma forma própria. Entretanto, cada lugar em que toco, integrantes diferentes são chamados. Em determinados locais, só posso levar alguns deles. Em outros, posso levar a banda inteira. Assim, isso muda constantemente e o show nunca é o mesmo.

Você ensaia bastante? Esse é um tipo de música que você precisa ensaiar e praticar muito com a banda?

ZJ Sim, definitivamente ensaiamos bastante. Nunca costumávamos ensaiar, mas isso realmente me ajuda a ficar confortável no palco, pois sinto uma ansiedade muito grande quando estou me apresentando e preciso saber que nada vai dar errado.

É engraçado perguntar isso a você quando você é tão jovem: quais foram as primeiras bandas que você viu ao vivo?

ZJ Bem, o lance é que eu cresci no campo, muito longe de qualquer tipo de cena musical. Assim, nunca vi ninguém ao vivo. E é meio por isso que talvez minha vida se mostre tão despretensiosa ou coisa assim. É porque eu não sabia como ela deveria parecer ou ser, mas no que diz respeito a apresentações, sempre gostei do punk do tipo do Black Flag e GG Allin... [Zola ri] E gente que, quando está no palco, ficam completamente... Sei lá. Ficam cheios de vida. E, sim, gente assim nos faz sentir muito especiais por estarmos no show.

É surpreendente você ter mencionado esses nomes. Eu iria perguntar a você sobre referências. É espantoso. Sempre que a gente lê algo sobre você, as pessoas vêm com um montão de nomes, desde Siouxsie and the Banshees... Talvez você sempre ouça este tipo de pergunta, mas você sempre menciona GG Allin e bandas como Fear e The Residents. A gente consegue ver esse tipo de referência em sua música?

ZJ Não sei. Quer dizer, minha música é sempre o que quer que seja que sai de mim, o que quer que seja que esteja do lado de dentro. E, assim, realmente não tento trazer nenhuma influência de fora. É por isso que as pessoas que ouço realmente não soam como nada do que faço. Porque são duas coisas completamente diferentes. No entanto, as bandas que respeito são todas do punk do estilo marginal, bandas experimentais ou da música industrial.

Fiquei bem feliz quando você citou The Residents porque sempre fui fã [deles] e sempre pensei que havia algo de The Residents aí por causa da coisa experimental. Você descobriu a banda através de seu irmão, né?

ZJ Sim. Ah, sim, no final das contas, através de meu irmão, mas o primeiro disco que eu curti foi *Eskimo* e a partir daí... É engraçado o primeiro disco ter sido esse. [Zola ri]

É um clássico.

ZJ Sim, muito bom, mas, a partir daí, comecei a ver quantos discos eles tinham e como a discografia deles é gigante. Eu passava por tudo e simplesmente amava porque era muito divertido e porque não havia nada que eles tivessem medo de fazer.

Você falou em discos. Quão importante é fazer discos hoje em dia? Quero dizer, o negócio físico. E por que não apenas jogar coisas na internet como muitas pessoas fazem? Para você, ainda é importante fazer discos de verdade?

ZJ Ah, sim. Eu ouço discos. Então, para mim, ter discos dá legitimidade a isso. Assim, ver que tenho um disco lançado dá uma sensação maior de realidade, sabe? E acho que é importante ter aquela mídia física para manter isso, pois a música é uma coisa muito física, sabe?

Você ainda vai ou costumava ir a lojas de discos? Sente falta dessa cultura de ir a lojas de discos? Desculpe, você não cresceu com isso, cresceu?

ZJ É, não cresci com isso justamente por causa de onde eu morava. Agora, vou a lojas de discos o tempo todo. Moro em Los Angeles. Há a Amoeba e uma pá de ótimas lojas de discos. Então, sim, estou sempre na caça.

E sobre essa coisa dos vídeos? Trabalhei na MTV por bastante tempo e costumava conversar com as bandas sobre vídeos, e faz um tempo que não pergunto ao pessoal sobre vídeos porque, por um tempo, as pessoas quase que pararam de fazê-los, pararam de gastar dinheiro com isso, mas você tem um belo catálogo de vídeos legais, com uma relação interessante com Jacqueline [Castel], certo? Ela faz a maioria de seus vídeos?

ZJ Sim. Há aquela coisa nos vídeos que me ajuda a me comunicar mais, não apenas musicalmente, mas visualmente. E visceralmente. Então, gosto muito – muito mesmo – de fazer vídeos. Eles ajudam de verdade a traduzir a música para um contexto diferente, sabe? E levam a comunicação da música para mais além. Cada música tem sua história e um mundo próprio em que ela existe. Assim, acho que é bem justo eu tentar oferecer isso também.

Parece que você tem bastante controle sobre sua arte e sua imagem. Isso é algo consciente para você? Afinal, você é de uma geração de músicos que tem mais liberdade no que diz respeito a cuidar da própria carreira. Você se sente assim?

ZJ Totalmente. Eu não conseguiria... Tipo, eu realmente não conseguiria... Penso em todas as pessoas que estão em selos de gravadoras grandes, fazem discos e nem têm a permissão de lançá-los porque o selo não gosta deles. Simplesmente não consigo conceber isso, entende? O que você cria é seu e você deveria ter a liberdade de fazer o que quiser com isso e levá-lo aonde quiser. A ideia de ter isso tirado de você me parece inconcebível. Eu nunca deixaria isso acontecer.

Eu entrevistei os Ramones algumas vezes e eles sempre me diziam que nunca podiam escolher uma música de um álbum para o lançamento de um compacto. Era sempre uma escolha da gravadora. É chocante, né?

ZJ Sim, simplesmente parece que você está dispensando esse direito. Não entendo porque eu faria isso.

Você curte dar entrevistas? Há algo a aprender da imprensa musical? Você lê o que as pessoas escrevem sobre você?

ZJ Não mais. Isso me estressa completamente. Isso ficou tão alardeado que não consigo mais, mas sei lá... Acho que a gente só pensa como artista quando as pessoas entrevistam a gente, sabe? Então, as pessoas socam, alfinetam e querem respostas da gente mesmo que a gente não tenha pensado a respeito delas ainda.

Você já ouviu falar ou leu coisas estranhas a seu respeito?

ZJ Sim. Ah, sim. As pessoas... Agora mais do que nunca nesta geração, o jornalismo fatual é um tesouro muito raro, sabe? Encontrar alguém que realmente checa os fatos. É surpreendente as coisas que podem inventar e publicar sobre a gente na imprensa ou na internet.

PINK INDUSTRY

Entrevista com Jayne Casey (Pink Industry) em 28 de janeiro de 2012.

P

Pink Industry é um daqueles fenômenos que acontecem no Brasil – não são uma exclusividade do Brasil, mas acontecem por aqui também. Uma banda que encerrou atividades no final dos anos oitenta e voltou 25 anos depois para se apresentar em São Paulo. Isso demonstra a dimensão que algumas bandas tiveram por aqui num certo momento. O Section 25, banda inglesa, também tem um apelo gigantesco entre os fãs brasileiros; algumas outras bandas belgas; e o Pink Industry também se encaixa certamente nesse meio. Apelando aos góticos, galera da EBM, etc.

Para mim, particularmente, a Jayne Casey representa uma cena de Liverpool (da metade pro final dos anos setenta) que sempre me interessou muito. A cena de um clube chamado Eric's, que está citado na entrevista. Uma cena de onde surgiu muita gente bacana: Echo & The Bunnymen, Julian Cope, Dead or Alive, etc. Foi um período muito efervescente.

De alguma maneira, tudo começou com uma banda chamada Big in Japan, da qual a Jayne fez parte. O parceiro dela, o Ambrose, também tocou no Big in Japan e fez parte da primeira formação do Frank Goes to Hollywood. Então, aquele era um epicentro mesmo.

Quando eu fui morar na Inglaterra, em 1984, os primeiros shows que eu vi foram justamente num lugar chamado Upstairs at Eric's, que foi uma tentativa de fazer uma sucursal (informal/malandra?), no sul da Inglaterra, do Eric's Club de Liverpool. Durou pouco tempo, mas vi alguns dos shows mais loucos da minha vida nesse lugar. Lá eu vi um show surreal da Divine, a atriz clássica dos filmes do John Waters. Então, essa entrevista com o Pink Industry reúne uma série de elementos curiosos. Mas, nada mais curioso do que encontrar com alguém que volta com sua banda 25 anos depois para fazer uma única apresentação a 10 mil quilômetros de distância da sua casa. Isso não tem preço.

Jayne Casey Você disse que trabalha numa estação de rádio.
Sim, numa estação de rádio. Quando foi a última vez que você deu uma entrevista para uma estação de rádio?
JC Bem, ainda dou bastante entrevistas porque tenho uma vida profissional. Trabalho com cultura, então, sabe como é... Tenho um emprego de alto nível, então ainda dou entrevistas, mas é basicamente em torno disso. [Jayne ri]
Ok, Jayne. Bem-vinda ao Brasil! Conte-nos a respeito da viagem brasileira. Vocês ficaram surpresos com o convite e com o fato de vocês [Pink Industry] terem um monte de fãs aqui?
JC Acho que nossa percepção a esse respeito cresceu ao longo do tempo. Lançamos coisas em São Paulo. Daí, fizemos muitas amizades no Facebook com pessoas de São Paulo e ficamos sabendo do clube. Como ele se chamava? Alguma coisa Bom Bom.
Rose Bom Bom.
JC Sim, sim, sim.
Sim, um lugar clássico.
JC Sim, Rose Bom Bom. [Jayne ri] Que costumava tocar música eletrônica. Então, com o passar do tempo, passamos a entender que havia uma antiga cena, no Brasil, que curtia música eletrônica. Então, muitas pessoas que conhecemos iam no Bom Bom e curtiam música eletrônica se tornaram DJs. É meio que um caminho parecido com o qual trilhamos antes. Foi uma percepção lenta, mas conhecemos muitas pessoas amá-

veis do Brasil. Particularmente de São Paulo. E nosso amigo Dan [Daniel Hunt], que é do Ladytron e vai tocar conosco hoje à noite – vai tocar guitarra conosco –, é casado com uma garota de São Paulo.

Ah, ok. Aí está a conexão brasileira.

JC Sim. É a conexão brasileira. Então, muitas pessoas vêm para cá e os visitam. Assim, nós meio que lentamente chegamos a essa percepção de que "Uau! Sabe? Nossa música teve um certo impacto no Brasil", o que é ótimo.

Isso aconteceu também em outros lugares do mundo?

JC Sim.

Itália, talvez?

JC Sim. Na Itália, sim. Achamos que aconteceu nos lugares de sangue quente, sabe? [Risos] Pessoas com emoção [Jayne ri]

Quando foi, exatamente, a última vez que a banda tocou? Você se lembra do último show?

JC Sim.

Se é que propriamente existiu um último show.

JC Não, não tivemos um último show propriamente dito. E achamos que muito provavelmente foi cerca de 25 anos atrás. A única maneira que podemos saber é a partir da idade de meu filho. [Risos] Então, meu filho era um garotinho com o Pink Industry e ele sempre estava nos vídeos. Ele sempre estava tocando bateria e achava que era um membro da banda. E agora ele tem 30 anos e cuida do MIDI controller hoje à noite. Então, ele vai reprogramar a música.

Eu iria perguntar se ele curte a música. Definitivamente sim.

JC Sim, ele reprograma a coisa. Então, calculando pela idade dele, achamos que foi cerca de 25 anos atrás a última vez que tocamos, mas nunca fizemos um último show. Nunca. Não era aquela coisa de pensarmos: "Estamos terminando o Pink Industry". O negócio é que estávamos tão cansados de lutar contra a corrente, sabe? Você meio que sabe que está à frente e olha para as pessoas e pensa: "Por que vocês não entendem isso?". [Jayne ri] Então, ficamos muito cansados disso. No entanto, sempre achamos: "Talvez algum dia faremos alguma coisa com isso".

Como foi o desafio de tocar ao vivo agora, depois de tantos anos? Que tipo de apresentação vocês estão trazendo? Quem está na banda? Fiquei sabendo que vai haver uma espécie de filme junto.

JC Sim.

Conte-nos sobre isso. É uma volta ou é apenas esse único show? [Jayne ri]

JC Não sei. Achamos que tem sido um desafio e, você sabe, eu provavelmente tinha 29 anos na última vez que toquei com o Pink Industry. Assim, eu meio que era uma mulher jovem– uma moça jovem prestes a virar uma mulher – e agora vou fazer 56 anos neste ano. Então, é um estágio totalmente diferente da vida. Assim, foi um baita desafio, mas curti muito revisitar as músicas como uma mulher mais velha e pegá-las para apresentá-las como uma mulher mais velha. Sim, tem sido um desafio, mas temos tido um enorme apoio, sabe? Todo mundo tem sido formidável e nos ajudado de um modo maravilhoso. Teve um garoto chamado David Palmer, que era de uma banda chamada Space – uma banda de Liverpool –, e ele passou um tempão ouvindo todas as faixas e vendo o que tínhamos e impulsionando as coisas. E então, Danny chegou e disse: "Vou tocar guitarra". E o cinegrafista é um sujeito que conhecemos há muito tempo, que já havia iniciado um projeto quando ele era um rapaz na escola. Eu era um pouquinho punk, careca com orelhas do Mickey, e, sentado no ônibus escolar, ele costumava me ver, e todos os amigos dele costumavam ficar gritando para mim, e ele costumava olhar e pensar: "Ah, meu Deus, ela é maravilhosa!" [Risos]

Ótimo.

JC Enfim, ele estava fazendo um projeto em que olhava para trás – para aquele período que o influenciou. Então, pegamos algumas filmagens dele e passamos a colocar filmes junto com todas as músicas. E isso tem sido uma ótima experiência. O que tentamos fazer com os filmes foi colocar as músicas de volta às cenas das quais elas saíram.

Ah, isso é ótimo.

JC Estamos tentando olhar para as outras personagens que estavam nas cenas e sobre o que tratavam as músicas.

Você mencionou que estão revisitando as músicas. Qual é o frescor? O que vocês acham das músicas hoje em dia? Quero dizer, você está feliz com as músicas?

JC Acho que as músicas são maravilhosas, pois eram um experimento e tanto. Nunca, jamais voltamos para deixar as coisas mais limitadas. Tudo

foi sempre na base impetuosa da experimentação e, dentro disso, houve momentos em que capturamos uma emoção muito grande e coisas bem poderosas. Assim, voltar e tentar domá-las um pouquinho e olhar para o âmago das músicas e trazê-las para fora tem sido realmente fantástico. Quando eu era moça, costumava adorar nosso relacionamento com gente como David Bowie e Lou Reed. Adorávamos o lado Frank Sinatra daqueles artistas e o lado Anthony Newley daqueles artistas. Eu sempre costumava olhar para eles e pensar: "Mal posso esperar que eles fiquem mais velhos e possam fazer um grande show de cabaré".
Sim.
JC E nunca fizeram. Todos eles voltaram para o rock'n'roll.
Exatamente.
JC Assim, para mim, é realmente ótimo revisitar aquelas músicas como uma cantora de músicas sobre amores não correspondidos e interpretar a emoção das músicas sem a dificuldade do fato de estarmos experimentando e as pessoas não estarem acostumadas com esse tipo de som. Agora, podemos simplesmente voltar, pegar uma música e apresentá-la. A dance music e todas as coisas que aconteceram ajustaram o ouvido das pessoas para o digital.
Sim. E quanto à dimensão das apresentações ao vivo? Quão importante era, para vocês, tocar ao vivo naquela época? No passado, como era o Pink Industry ao vivo?
JC Nós tínhamos um pequeno selo independente. Assim, tínhamos que criar uma pequena economia e parte dessa economia vinha de turnês, então... Na verdade, era muito fantástico, pois era apenas três de nós e um gravador. Então, podíamos viajar sem muita bagagem. Assim, costumávamos sair em turnê e divertir-nos maravilhosamente. Se estávamos na Itália, podíamos ir para o teatro para assistir a uma ópera. Quando Frankie Goes to Hollywood ou outra das bandas maiores iam para a Itália, eu falava: "Ah, vá visitar o teatro de ópera!" E todos costumavam ficar com inveja do modo como excursionávamos, pois tudo o que tínhamos era um gravador, sabe? [Jayne ri] Eles tinham toneladas de equipamento. Assim, sempre curtimos bastante excursionar, sempre curtimos a interação com a plateia e, você sabe, gosto muito de interpretar. Ao longo dos anos, nunca deixei de interpretar mesmo que eu não estivesse empre-

gada como uma intérprete. [Jayne ri] Passei anos trabalhando no Cream e a pista de dança se tornou a base de nossa interpretação. Então, eu e meus contemporâneos sempre tivemos interesse na interpretação, no poder da interpretação, sabe? De certa forma, somos meio exibidos. Sou uma pessoa quieta, mas sou meio exibida. [Risos]

Como você mencionou isso – você provavelmente viu muita gente tocar ao vivo e tocou com muitas bandas diferentes – quem a impressionou mais?

JC Os artistas que me impressionaram?

Sim.

JC Sempre gostei dos americanos. Nunca fui tão interessada em bandas com quatro carinhas. Eu sempre procurei algo um pouquinho diferente, então... Todos os meu amigos ficavam loucos pelo Clash. É óbvio adorar o Clash. Eles eram ótimos, mas, na verdade, nunca admiti que eu adorava o Clash. [Massari ri] Eu era mais interessada em Patti Smith e Tom Verlaine...

Ele esteve aqui alguns meses atrás.

JC E Iggy Pop. Sempre gostei daquela cena americana. Eu achava aquela cena bem interessante.

Vocês tinham fãs nos EUA?

JC Na verdade, não muitos. Quero dizer, agora, acho que temos, mas acho que os americanos não conseguiam entender o Pink Industry na época. Entretanto, em retrospecto, acho que muita gente passou a curtir.

E quanto aos lançamentos de discos? Vocês acompanharam de perto os relançamentos e coletâneas ao longo dos anos?

JC Não. Na verdade, não. Nós estávamos muito numa espécie de onda do futuro. Assim, por exemplo, sabíamos que algum dia as pessoas fariam música em seus quartos como estávamos fazendo. E quando dissemos... Eu me lembro de dizer isso numa entrevista ao *NME* e certas pessoas riram e disseram: "Quem dera!" E eu disse: "Não, todo mundo vai criar indústrias caseiras e vai fazer música a partir de casa. E estúdios se tornarão obsoletos". Então, eu tive um bom pressentimento para a música do futuro. Desde o comecinho, percebemos que o download destruiria a venda de música e nós dependeríamos disso, pois temos um selo independente. Então, tomamos a seguinte decisão:

quando os fãs começassem a montar sites e viessem até nós, daríamos músicas para eles e diríamos: "Vocês podem usá-las". E isso as manteve vivas. Para nós, isso é uma coisa muito linda porque nós simplesmente as colocamos na estante, mas os fãs as mantiveram vivas. É uma coisa muito bonita a música ter sido mantida viva não por nós, mas por pessoas para as quais ela significava algo, sabe?

Eu iria lhe perguntar sobre o download grátis. É legal porque a geração mais jovem pode ter acesso a sua música, mas, em contrapartida, ela consegue sua música de graça. Isso não incomoda você de algum modo?

JC Acho que é triste o que aconteceu com a indústria fonográfica. Você sabe, músicos têm que ganhar dinheiro, mas baixo de graça todo o tempo, e simplesmente é assim que é. Não sei o que vai acontecer com a música no futuro. Acho que talvez agora que a indústria cinematográfica está sendo afetada, poderá haver desdobramentos e voltarão a olhar para a indústria fonográfica e apertarão o controle um pouco. E também acho que as pessoas estão começando a sentir pena de nós enquanto músicos, sabe? Agora, há muita gente que começa a pensar: "Na verdade, participamos da destruição da indústria fonográfica ao baixar de graça". Eu começo a pensar nisso apesar de ter que admitir que ainda baixo de graça todo o tempo, sabe? [Jayne ri] No entanto, tenho consciência disso e começo a pensar que, em algum momento, teremos que parar com isso e dar aos músicos a oportunidade de serem músicos novamente e ganhar dinheiro, entende? Eu estava no Facebook um dia desses, e postei um negócio porque todo mundo estava atacando Iggy Pop porque ele faz aqueles anúncios estúpidos e toda aquela coisa...

Ah, sim, dizendo que é um vendido.

JC "Vendido! vendido!" Porra, se não baixassem a música dele de graça, Iggy voltaria a ser um músico. Não dá mais para ganhar dinheiro sendo um músico. Assim, tem que se fazer maluquices. Na verdade, isso é um pouco triste.

É.

JC Seria bom ver os músicos voltarem a ser músicos e acho que a sociedade perdeu muito ao perder os músicos, pois os músicos são os líderes, os músicos são as pessoas que sempre estiveram à frente, dizendo

às pessoas o jeito que a coisa é. Então, eu acho que a sociedade perdeu muito por essa liderança ter sido posta de lado.
Certo. Você ainda mora em Liverpool.
JC Sim.
Você ainda vê os músicos dos primórdios?
JC Sim, vejo todo mundo.
Big in Japan...
JC Sim.
Eric's Club...
JC Sim, sim.
O que você pensa dessa época? Tem boas lembranças? Estou lhe perguntando isso porque sempre fui interessado na cena e fiquei sabendo que há um filme a ser lançado sobre o Eric's. Você tem boas lembranças do período?
JC Sim, obviamente. Você sabe, foram anos fantásticos, e quando a gente começa a olhar para trás, talvez a gente esteja começando a enxergar mais como outras pessoas os veem, entende? A gente começa a entender como outras pessoas o veem...
É impressionante a quantidade de gente que saiu dessa cena.
JC Sim, quando você vive nela, você simplesmente vive nela e todo mundo é amigo e todo mundo faz música e todo mundo compete e tal. No entanto, quando você olha para trás, é tipo: "Ah, meu Deus, as chances de toda essa gente estar no mesmo lugar na mesma época..." Quero dizer, isso é muito raro de acontecer. Agora, quando olho para trás, percebo que realmente há algo de mágico nisso, sabe? Acho que acreditamos que nascemos muitas vezes juntos. Então, quando um de nós morre, é sempre como vê-lo na próxima vida, entende? Todos nós estaremos juntos na próxima vida, pois a conexão intelectual e criativa é uma coisa muito espiritual entre todos nós. O fato de aterrissarmos naquele lugar. Éramos todos muito jovens, fugíamos do convencional e levávamos outras pessoas conosco. É uma coisa muito linda. Então, todos nós sentimos que, talvez, na vida passada, éramos muito doidos. Viemos de um hospício na vida passada. E ele foi incendiado e todos morremos juntos. Então, todos nós renascemos juntos. [Jayne ri]
Ok, então quais são os planos para o futuro com o Pink Industry e a música?

Essa é só uma única apresentação no Brasil? Sorte nossa.

JC Sim, é uma apresentação única. Fizemos puramente como uma apresentação única e realmente tem sido uma grande experiência cantar as músicas de novo. Tem sido fantástico. Não sei se faremos outros shows. Tem sido um esforço muito grande montá-lo após 25 anos. Acho que talvez faremos alguns outros shows, mas…

Vocês vão fazer um disco ao vivo, um vídeo ao vivo ou algo assim a partir da gravação desse show?

JC Acho que vamos tentar fazer um DVD a partir dele. Sim, vamos tentar fazer um DVD.

Ok.

JC Então, na verdade, não temos nenhum plano para o futuro. Foi algo que nós simplesmente… Na verdade, recebemos tanto amor das pessoas de São Paulo. Acho que é a primeira vez que vamos tocar para pessoas que entendem, porque nós sempre ficávamos tocando para pessoas que não entendiam e ficávamos lutando contra isso, sabe? "Por que elas não conseguem entender isso?!" Ou abríamos shows de The Jesus and Mary Chain. Então, tocávamos para o público *deles* e tentávamos fazer o público deles entender. Assim, acho que essa vai ser uma experiência muito interessante para mim – me apresentar para pessoas que, 25 anos depois, conseguem entender. E, na verdade, nunca tivemos isso. Isso vai ser muito impressionante.

Vai ser impressionante. [Jayne ri] Obrigado por dar essa entrevista. Muito obrigado.

JC Muito obrigada.

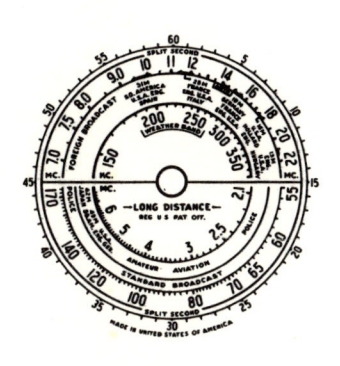

Este livro foi composto em Caecilia LT Std, com textos auxiliares em Soho Std.
Impresso pela gráfica R.R. Donnelley, em papel Offset 75g/m² e Luxcream 70g/m². São Paulo, Brasil, 2013.